Ulrich Karthaus

Sturm und Drang

Sturm und Drang
Epoche – Werke – Wirkung

Von Ulrich Karthaus

unter Mitarbeit von Tanja Manß

Zweite, aktualisierte Auflage

Verlag C. H. Beck München

Arbeitsbücher zur Literaturgeschichte
Herausgegeben von Wilfried Barner und Gunter E. Grimm

Zweite, aktualisierte Auflage. 2007

Umschlagentwurf: Bruno Schachtner, Dachau
Umschlagabbildung: „Die Räuber", Titelblatt der 2. Ausgabe 1782, AKG Berlin
© Verlag C. H. Beck oHG, München 2000
Satz: Fotosatz Janß, Pfungstadt
Druck und Bindung: Ebner & Spiegel, Ulm
Printed in Germany
ISBN 978 3 406 46189 7

www.beck.de

Inhalt

III. Kapitel: Die Genieästhetik

IV. Kapitel: Das nicht aristotelische Drama

VI. Kapitel: Romane, Erzählung und Idylle

VII. Kapitel: Statt einer Wirkungsgeschichte

Vorwort

Der Sturm und Drang – oder die Geniezeit – ist eine der am häufigsten beschriebenen Epochen der deutschen Literaturgeschichte. Es gibt über sie sehr viel mehr Gesamtdarstellungen und Sammelbände als z. B. über die Literatur der Aufklärung oder über den poetischen Realismus. Nahezu alle Texte liegen in mehreren Ausgaben vor; sie sind in ihrer Mehrzahl kommentiert worden und haben seit etwa hundert Jahren zahlreiche Bücher und Aufsätze angeregt, in denen sich die einander ablösenden Methoden und Tendenzen der Literaturwissenschaft erkennen lassen.

Angesichts dieser Fülle von Materialien und Gesichtspunkten kann dieses Arbeitsbuch nur einen Überblick und gelegentliche Einblicke bieten, zumal der Umfang einen bestimmten Rahmen nicht überschreiten soll. Es muß sich auf die wichtigsten Autoren und solche Werke beschränken, die die Eigenart der Epoche in besonderem Maße verdeutlichen. Und die Ergebnisse und Meinungen, die in der wissenschaftlichen Literatur zur Sprache kommen, können nur insofern berücksichtigt werden, als sie ins Zentrum der Sache führen.

Die Nötigung, den Umfang in engen Grenzen zu halten, darf indes nicht zum Verzicht auf gelegentliche Ausblicke in außerliterarische Bezirke führen. In einer Zeit, da man über die Literaturwissenschaft als Kulturwissenschaft diskutiert, ist es geboten, Beziehungen einzelner Werke zu den Lebensumständen ihrer Dichter und ihrer Zeit mindestens anzudeuten. Die Geschichte der Literatur vollzieht sich im Zusammenhang mit den Entwicklungen der Politik, der Volkswirtschaft, der Religion, der Künste und der Sitten, die die Mentalität der Dichter und des Publikums prägen, für das sie schreiben.

Es kann nicht das Ziel eines literaturwissenschaftlichen Arbeitsbuches sein, die Lektüre der Autoren zu ersetzen, sondern es will den Leser zu den Texten führen und ihn auf ihre Strukturen und Probleme aufmerksam machen. Deshalb ist dieses Buch für Studierende geschrieben, die sich, wie es die Berufsbezeichnung Student sagt, um die Sache bemühen wollen. Der Verfasser, seinerseits, hat sich bemüht, dem Leser die Mühe zu erleichtern, indem er möglichst verständlich schrieb. Wissenschaftlichkeit bekundet sich nicht im Gebrauch schwer verständlicher und ausgefallener Fremdwörter und nicht im Bau langer und vielfach verschlungener Sätze, sondern in der Klarheit der Gedanken, auch wenn solche Deutlichkeit die Gefahr mit sich bringt, daß ein an teutonische Wissenschaftsprosa gewohnter Leser die Ernsthaftigkeit eines Buches bezweifelt, das er versteht.

Herzlich danke ich Frau Dr. Mirjam Sprenger und namentlich Frau Tanja Manß, die die Bibliographien zusammengestellt haben, sowie Frau Hiltrud Fey und Frau Hannelore Knittel, die das Manuskript betreut haben, endlich Herrn Jan Schäfer, der das Register erstellt hat.

Giessen, März 2000　　　　　　　　　　　　　　　　　　　U. K.

Zur Zitierweise

Die in den Analysen abgehandelten Texte werden durchweg nach den leicht greifbaren und philologisch korrekten Ausgaben des Reclam Verlags mit Angabe der Seitenzahl zitiert. Ausnahmen sind die Gedichte Goethes, *sein Götz* und *Werther*, Jung-Stillings Romane und Schillers *Der Verbrecher aus verlorener Ehre*.

Die Bibliographien der Forschungsliteratur sind möglichst knapp gehalten, um den Umfang des Buches in vertretbaren Grenzen zu halten. Aufsätze wurden nur in wenigen Ausnahmefällen aufgeführt. In den letzten Jahren sind zu den bekannten bibliographischen Informationsmitteln wie dem „Eppelsheimer" und der „GERMANISTIK" die neuen Möglichkeiten gekommen, die das Internet bietet. Zudem enthalten die zu vielen Texten vorliegenden „Erläuterungen und Dokumente" ausführliche Literaturangaben, die eine umfassende Orientierung ermöglichen.

In den einzelnen Bibliographien und den Analysen wurden die folgenden Abkürzungen verwendet:

ADB   Allgemeine Deutsche Biographie, 56 Bände, Leipzig 1875–1912

Bürger   Gottfried August Bürger: Sämtliche Werke. Hg. von Günter und Hiltrud Häntzschel, München 1987

DU   Der Deutschunterricht. Beiträge zu seiner Praxis und wissenschaftlichen Grundlegung

DuW.   Johann Wolfgang Goethe: Aus meinem Leben. Dichtung und Wahrheit. Bd. I: Text. Bd. II: Kommentar. Nachwort. Register. Hg. von Walter Hettche. Stuttgart 1991

DVjs.   Deutsche Vierteljahrsschrift für Literaturwissenschaft und Geistesgeschichte

DWb.   Deutsches Wörterbuch. Begründet von Jacob und Wilhelm Grimm. Leipzig 1854 ff. Fotomechanischer Nachdruck der Erstausgabe. München 1984

GJb.   Goethe-Jahrbuch

HA   Goethes Werke. Hamburger Ausgabe in 14 Bänden. Hamburg 1953 u. ö. München 1981 u. ö.

Herder   Johann Gottfried Herder: Werke in zehn Bänden. Hg. von Martin Bollacher, Jürgen Brummack, Ulrich Gaier, Gunter E. Grimm, Hans Dietrich Irmscher, Rudolf Smend, Johannes Wallmann, Frankfurt am Main 1985 ff.

HWP.   Joachim Ritter, Karlfried Gründer u. a. (Hg.): Historisches Wörterbuch der Philosophie. Basel, Darmstadt 1971 ff.

JbDSG.   Jahrbuch der Deutschen Schillergesellschaft

Kant   Immanuel Kant: Werkausgabe. Hg. von Wilhelm Weischedel. Bde. I–XII. Frankfurt a. M. 1968

Keller   Gottfried Keller: Sämtliche Werke und ausgewählte Briefe. 3 Bde. Hg. von Clemens Heselhaus. Darmstadt 1969

KLL   Walter Jens (Hg.): Kindlers Neues Literatur Lexikon. München 1988–1992

Lenz   Jakob Michael Reinhold Lenz: Werke und Schriften. Hg. von Britta Titel und Hellmut Haug. Bde. I und II. Stuttgart 1966–1967

Lessing Gotthold Ephraim Lessing: Werke und Briefe in zwölf Bänden. Hg. von Wilfried Barner, Klaus Bohnen, Gunter E. Grimm, Helmuth Kiesel, Arno Schilson, Jürgen Stenzel, Conrad Wiedemann, Frankfurt a. M. 1989–1994

NA   Schillers Werke. Nationalausgabe. Hg. von Julius Petersen u. a. Weimar 1943 ff.

VdAK.   Herder, Goethe, Frisi, Möser: Von deutscher Art und Kunst. Einige fliegende Blätter. Hg. von Hans Dietrich Irmscher. Stuttgart 1968 u. ö.

WA   Goethes Werke. Hg. im Auftrage der Großherzogin Sophie von Sachsen. 133 Bde. Weimar 1887–1919. Fotomechanischer Nachdruck München 1987

Zedler   Johann Heinrich Zedler: *Grosses vollständiges Universal-Lexikon.* Halle und Leipzig 1732–1750. 2. Vollständiger photomechanischer Nachdruck Graz 1993 ff.

ZfdPh.   Zeitschrift für deutsche Philologie

I. Kapitel: Die Epoche

A. Der Epochenbegriff

Es ist üblich, die Epoche Sturm und Drang von den späten sechziger bis zu den frühen achtziger Jahren des achtzehnten Jahrhunderts zu datieren. Man nennt dies Jahrhundert in der politischen Geschichtsschreibung die Zeit des Absolutismus; in der Geschichte der Volkswirtschaft spricht man vom Merkantilismus, in der Geistesgeschichte von der Aufklärung, und, bezogen auf die Jahre etwa ab 1760, der Empfindsamkeit. Ein neuer Begriff ist die Bezeichnung Sattelzeit für die Jahrzehnte um 1770. Literaturhistoriker benutzen neben der Epochenbezeichnung Sturm und Drang bisweilen auch den Begriff Geniezeit.

Solche Epochenbezeichnungen sind heuristische Begriffe. Das heißt: sie sagen nicht, „wie ein Gegenstand beschaffen ist, sondern wie wir, unter der Leitung desselben, die Beschaffenheit und Verknüpfung der Gegenstände der Erfahrung überhaupt suchen sollen" (Kant, Bd. IV, S. 583 f.). Diese Definition, die Kant in der zweiten Auflage der *Critik der reinen Vernunft* 1787 formulierte, beschreibt, was wir heute eine Arbeitshypothese, eine Vermutung, ein Gedankenexperiment oder ein Modell nennen. Epochenbegriffe sind, so verstanden, Ordnungsprinzipien. Wer sie benutzt, sagt, unter welchem Gesichtspunkt er die Personen, Ereignisse, Texte und Kunstwerke eines bestimmten Zeitraumes sieht. Damit räumt er die Möglichkeiten der Nachfrage, des Zweifels und des Widerspruchs ein.

Daraus ergeben sich zwei Konsequenzen: zunächst gibt es die Aufklärung, den Sturm und Drang, die Geniezeit nicht in dem Sinne, wie es z. B. die Freie Reichsstadt Frankfurt am Main in diesen Jahren gab; wenn man einen der Autoren jener Jahre einen Aufklärer, einen Stürmer und Dränger oder ein Genie nennt, so läßt sich eine solche Klassifizierung in Frage stellen. Und bei genauerer Betrachtung der Lebensläufe jener Theoretiker, Publizisten und Dichter, die in diesen Jahren ihre Werke schrieben, wird man kaum einen finden, der einem vorgefaßten heuristischen Begriff des Stürmers und Drängers völlig und genau entspräche; vielmehr wird man in fast jedem Text der Epoche Züge finden, die den vorausgesetzten Epochenbegriff falsifizieren. Aber solche Falsifikation kann insofern für die Erkenntnis der Sache fruchtbar sein, als sie zu genaueren Unterscheidungen und damit zur Erweiterung unseres Wissens führt.

B. Deutschland im 18. Jahrhundert

Mit dem Westfälischen Frieden, der 1648 den Dreißigjährigen Krieg been-
dete, waren die machtpolitischen Rechte des Kaisers so gut wie erloschen.
Ihm blieben nur die formelle Lehnshoheit und wenige Regierungs- und
Privatrechte wie z. B. die Erhebung einzelner Personen in den Adelsstand.
Der Herzog von Weimar mußte am kaiserlichen Hof zu Wien für Goethe
und Schiller das Adelsdiplom beantragen. Deutschland bestand aus annähernd dreihundert Staaten, deren jeder seine eigene Politik betrieb. Das
konnte eine Reichsgrafschaft sein, der Herrschaftsbereich eines Klosters,
einer freien Reichsstadt oder auch ein größeres Gebiet wie Preußen oder
Sachsen, Kurfürstentümer, die von Königen regiert wurden. Sie führten als
Herrscher über außerdeutsche Gebiete diesen Titel, der ursprünglich nur
dem Haupt des Deutschen Reiches zugekommen war. Diese Teilstaaten des
nach wie vor noch bestehenden Deutschen Reiches besaßen ihre eigene
Landeshoheit in konfessioneller, politischer und rechtlicher Hinsicht. Sie
konnten eine eigene Bündnispolitik betreiben: gegen- und miteinander,
auch mit fremden Staaten, nur nicht gegen den Kaiser. Aber das verhinderte
nicht die drei Schlesischen Kriege, die Friedrich II. von Preußen von 1740
bis 1763 gegen die österreichisch-ungarische Königin Maria Theresia führte, die mit Kaiser Franz I. verheiratet war, um die Provinz Schlesien zu
erobern. Die Teilstaaten des Deutschen Reiches hatten ihre eigenen Verfassungen. Bisweilen führte das zu absonderlichen Verhältnissen. Das Bistum
Osnabrück z. B. wurde abwechselnd von einem katholischen und evange-
lischen Bischof, die Reichsstadt Augsburg von beiden Konfessionen gemeinsam regiert. In den oft sehr kleinen Gebieten wurde jeweils eine eigene
Gerichtsbarkeit geübt. Wozu das in seltenen Extremfällen führen konnte,
zeigt ein krasses Beispiel: südlich von Ulm – damals eine freie Reichsstadt
– liegt das Benediktinerkloster Wiblingen – damals eine selbständige Herrschaft. Ein katholischer Jurist, Joseph Nickel, 26 Jahre alt, stand bei den
Mönchen im Verdacht, ein Ketzer zu sein. Als er das Klosterbräuhaus
zusammen mit einem Bekannten besuchte, wurde er festgenommen. Man
verurteilte ihn zum Tode, enthauptete ihn am 1. Juni 1776, verbrannte
seine Leiche und streute die Asche in die Iller. Begründet wurde das Urteil
damit, daß „er als Gotteslästerer, der sich gegen die göttliche Majestät, die
heilige Mutter Gottes, den heiligen Joseph und besonders die heilige Mag-
dalena versündigt habe, die Todesstrafe verdiene." (Vgl. Ulrich Karthaus
[Hg.]: Christian Friedrich Daniel Schubart: Gedichte. Aus der *Deutschen
Chronik.* Stuttgart 1978, S. 173)
Die meisten Staaten wurden absolutistisch regiert. Man versteht darunter eine Regierungsform, in der der Monarch – wörtlich: der Alleinherr-
scher – alle Macht in seiner Person vereint. Es gab nicht die für moderne
demokratische Verfassungen grundlegende Trennung von gesetzgebender,

ausführender und rechtsprechender Gewalt, so daß von dem Charakter, den individuellen Neigungen, oft auch von der Laune des Fürsten das Schicksal des Einzelnen abhängen konnte. Vor allem in den kleineren Staaten, wo Fürst und Untertanen bisweilen persönlich einander bekannt waren, konnte das zu schwerwiegenden Folgen für den Einzelnen führen.

Die Regierungsform des Absolutismus wurde mit dem Gottesgnadentum des Monarchen gerechtfertigt, das heißt mit dem Anspruch auf göttliche Legitimität; die Könige, Herzöge und Fürsten nannten sich in der ersten Person Pluralis „Wir ..., von Gottes Gnaden ..." Diese aus dem frühen Mittelalter stammende Vorstellung von der göttlichen Qualität des Königtums wurde in der frühen Neuzeit, zumal in den protestantischen Ländern, durch die lutherische Obrigkeitslehre ersetzt, die sich auf Römer 13, 1 berief: „Jedermann sei untertan der Obrigkeit, die Gewalt über ihn hat. Denn es ist keine Obrigkeit ohne von Gott; wo aber Obrigkeit ist, die ist von Gott verordnet." Nach dieser Theorie waren die Untertanen einerseits zum Gehorsam verpflichtet, andererseits aber der Fürst zur Achtung des göttlichen und geschichtlich gewachsenen Rechtes: das unterscheidet ihn vom antiken Tyrannen oder vom Diktator. Da aber die obrigkeitliche, von Gott eingesetzte Gewalt im Fürsten Person geworden war, regierte er absolut – losgelöst – ohne an die Mitwirkung politischer Körperschaften gebunden zu sein. Das waren im achtzehnten Jahrhundert in einigen Staaten v. a. die Stände, ursprünglich Inhaber von politischen Rechten und einer vom Staat unabhängigen Herrschaftsgewalt. Sie waren Zwischengewalten, die zwischen der Bevölkerung und der Obrigkeit standen, indem sie bestimmte Rechte und Privilegien vertraten und auf Land- oder Reichstagen gehört wurden. Ihr Einfluß war schon seit Beginn der Neuzeit im Schwinden begriffen; sie wurden durch den Absolutismus weitgehend entmachtet, indem eine moderne Staatsverwaltung ihnen keinen Spielraum mehr ließ. Gegen die absolute Gewalt des Monarchen gab es kein Widerstandsrecht, da er über den Gesetzen stand und sie auch brechen konnte. Der Absolutismus trug wesentlich zur Modernisierung des Staatswesens bei. In den Jahrzehnten nach dem Westfälischen Frieden wurden in vielen deutschen Staaten nach französischem Vorbild stehende Heere eingerichtet, und es wurden Verwaltungen geschaffen, die einen neuen Berufsstand schufen: den Beamten. Die Volkswirtschaft wurde unter die Obhut des Staates genommen; die Staatsfinanzen – Steuern, Zölle – wurden nach rationalen Grundsätzen modernisiert, die Kirchen wurden der Herrschaft des Staates unterstellt, die staatliche Einheit wurde betont; das Wort Staatsräson entstand, und der Staat übernahm Aufgaben, die er in früheren Jahrhunderten nicht wahrgenommen hatte, wie z. B. die Sorge für die Bildung seiner Bürger. Es wurden Schulen eingerichtet, und in Preußen führte Friedrich Wilhelm I. 1717 die Schulpflicht ein.

Die Macht der absolutistischen Herrscher stützte sich auf den Adel, dessen Einfluß mancherorts so groß war, daß auch der Fürst ihn nicht erschüttern konnte. Diese Stellung des Adels beruhte auf seinem Grundbesitz und – v. a. im ostelbischen Brandenburg, Mecklenburg, Pommern, teils in Schleswig-Holstein, Schlesien und in Böhmen – auf der Erbuntertänigkeit der Bauern, die vom adligen Grundbesitzer abhängig waren. Aufgrund dieser Gegebenheiten war der Adel gegenüber dem Bürgertum in den größeren Staaten mit bedeutenden Vorrechten ausgestattet: ihm waren die Offiziersstellen im Heer und die Führungspositionen in der Verwaltung vorbehalten. Und der Adel war von der Steuer befreit. Da diese Vorrechte wie auch das Herrscheramt durch die Geburt erlangt wurden, zog der Adel eine scharfe Grenze zwischen sich – den „Standespersonen" – und dem Bürger. Dies hatte u. a. eine in vielen Texten des achtzehnten Jahrhunderts zu beobachtende Adelsfeindschaft zur Folge.

Die Volkswirtschaft wurde nach den Grundsätzen des Merkantilismus betrieben: man versuchte, den Wohlstand des eigenen Landes zu heben und das knappe Geld dorthin zu ziehen. Es sollten möglichst viele Waren ausgeführt, möglichst wenige eingeführt werden; ausländische Luxusgüter – wie z. B. der Kaffee – wurden mit hohen Zöllen belegt, so daß der Kaffeegenuß als „Laster" galt. Bücher sollten nach Möglichkeit im eigenen Land hergestellt werden. Da es noch kein Urheberrecht gab, dienten Bücher, die in anderen Ländern erschienen waren, als Manuskripte: der Berufsstand des selbständigen Schriftstellers wurde so in seiner Entwicklung, die damals begann, nachdrücklich gehemmt. Hingegen war man bemüht, die Erzeugnisse des einheimischen Handwerks und der Industrie zu verkaufen. Es begann allmählich die Industrieproduktion, zwar noch nicht in Fabriken, sondern in Manufakturen, in denen die Arbeit weitestgehend als Handarbeit verrichtet wurde. Maschinen kamen erst in der zweiten Hälfte des Jahrhunderts auf; mit Wasserkraft, später mit Dampfkraft betriebene Maschinen wurden in den sechziger Jahren in England aufgestellt, die erste Dampfmaschine in Deutschland 1785 in Preußen. Wenn die Nachfrage nicht der Produktion entsprach, griff der Staat als Betreiber solcher Manufakturen mitunter zu einem einfachen Mittel: in Preußen wurden Juden, wenn sie heiraten wollten, genötigt, das von der Königlich Preußischen Porzellanmanufaktur erzeugte Geschirr zur Aussteuer zu kaufen. Der Berliner Verleger Himburg entschädigte mit solchem Porzellan Goethe für einen Raubdruck seiner Werke (Vgl. DuW, Bd. I, S. 723). Gleichzeitig war man bemüht, die Bevölkerung zu vermehren, da man in der Arbeitskraft der Menschen einen wichtigen Beitrag zur Hebung der Produktion und damit des Wohlstandes sah. Hier und da gab es deshalb besondere Steuern für Junggesellen, Unterstützungen für neuverheiratete und kinderreiche Familien; die Landesherren förderten die Einwanderung und bemühten sich, die Auswanderung zu verhindern.

Erst gegen Ende des achtzehnten Jahrhunderts wurde das merkantilistische Wirtschaftssystem durch die Theorie der Physiokraten in Frage gestellt; sie entwickelten ein volkswirtschaftliches Modell, das von der natürlichen Harmonie der Wirtschaft ausging; der Staat sollte dieser Theorie zufolge nur in dem Maße tätig werden, als er mit seinen Gesetzen die bestehende unvollkommene Ordnung der natürlichen Ordnung annähere. Dahinter steht die Vorstellung des Wirtschaftskreislaufs, der sich als eine Kette von Tauschakten durch alle Bevölkerungskreise vollzieht. Absolutismus, Merkantilismus, auch die physiokratischen Theorien stammten ursprünglich aus Frankreich, dessen Einfluß sich politisch, kulturell und wirtschaftlich auf nahezu allen Lebensgebieten unübersehbar geltend machte.

Ludwig XIV., der „Sonnenkönig", regierte von 1643 bis 1715. Stil und Methoden seiner Regierung wurden zum allenthalben in deutschen Kleinstaaten nachgeahmten Vorbild des Absolutismus bis in die Einzelheiten der Residenzbauten und des Hofzeremoniells. Seine politische Leistung war die Stärkung der Zentralmacht, indem er den feudalen Schwertadel an den Hof band und die Befugnisse der Parlamente zurückdrängte. Das waren in Frankreich Juristenkollegien, die ein gewisses Prüfungs- und Einspruchsrecht aus der Vollmacht ableiteten, königliche Erlasse rechtsgültig zu registrieren; v. a. das Pariser Parlament war einer der stärksten Gegner der Krongewalt. Die Nachahmung dieses Regierungsstils führte in den deutschen Kleinstaaten, namentlich, wenn die Person des Herrschers den Anforderungen des Amtes nicht gewachsen war, bisweilen zu grotesken Verhältnissen; Schiller hat sie in *Kabale und Liebe* satirisch dargestellt.

C. Die Aufklärung

Etwa um die Mitte des achtzehnten Jahrhunderts kommt das Wort Aufklärung in Gebrauch. Es bezeichnet eine gesamteuropäische Bewegung, deren Anfänge im siebzehnten Jahrhundert liegen und sich mit dem Namen des französischen Philosophen, Mathematikers und Naturwissenschaftlers René Descartes (1596–1650) verbinden. Seine Philosophie erstrebt die eindeutige Sicherung menschlicher Erkenntnis. Er findet sie als Ergebnis radikalen methodischen Zweifelns in der Selbstgewißheit und Selbständigkeit des Denkenden, die er mit dem Satz „Cogito ergo sum" – Ich denke, also bin ich – formulierte.

Die Aufklärung entwickelte sich zu einem Prozeß der Erkenntnis, der die Menschen von allen Traditionen, Normen und Konventionen befreite, die nicht die Prüfung durch die autonome menschliche Vernunft bestehen und die sich deshalb als Irrtum, Vorurteil oder Aberglaube darstellen. Indem sie den Menschen vom geschichtlichen Herkommen befreite, rationalisierte sie die Welt; indem sie die institutionalisierte Religion in Frage stellte, leitete sie den Prozeß der Säkularisierung ein. Säkularisierung bedeutete ursprünglich im Kirchenrecht den Übertritt eines Ordensgeistlichen in den Stand des Weltgeistlichen, dann im politisch-rechtlichen Bereich die Übertragung geistlichen Besitzes unter weltliche Herrschaft. Man kann sie im Zusammenhang der Geschichte der Aufklärung in mehrfacher Bedeutung verstehen, zunächst allgemein als Zurückdrängung der Religionen und als ihre Entmächtigung; aus der Perspektive der Theologie bedeutet sie eine Anpassung der Religion an die Gesellschaft. Man versteht sie auch als eine Übertragung von religiösen Vorstellungen und Verhaltensformen auf weltliche Verhältnisse und endlich als eine Entsakralisierung und „Entzauberung" (Max Weber) der Welt.

Gemeinsam ist allen Vertretern der Aufklärung die grundlegende Überzeugung von der Autonomie der menschlichen Vernunft. Vor ihrem Gerichtshof müssen sich alle Erkenntnisse, alle Methoden und alle Wahrheiten ausweisen, vor ihr müssen sich alle Grundsätze des Handelns in Politik, Gesellschaft und persönlicher Ethik rechtfertigen. Sie setzt die Normen des gesellschaftlichen, des politischen und moralischen Handelns. Das wichtigste Instrument der Vernunft ist die Kritik, vor der jede Überzeugung und jeder Glaube besteht oder versagt. Das Wort „Kritik" wurde zu einem Losungswort des achtzehnten Jahrhunderts, es erscheint in zahlreichen Buchtiteln, deren bekannteste wohl die drei Hauptwerke Immanuel Kants sind: *Critik der reinen Vernunft* (1781/1787), *Critik der praktischen Vernunft* (1788) und *Critik der Urtheilskraft* (1790). In der Vorrede der *Critik der reinen Vernunft* von 1781 spricht er von „der gereiften Urtheilskraft des Zeitalters, welches sich nicht länger durch Scheinwissen hinhalten läßt" und von der „Aufforderung an die Vernunft, das beschwerlichste aller ihrer Geschäfte, nämlich das der Selbsterkenntnis aufs neue zu übernehmen". In einer Fußnote betont er den anderen Pol der Kritik, der die Selbsterkenntnis ergänzt: „Unser Zeitalter ist das eigentliche Zeitalter der Kritik, der sich alles unterwerfen muß. Religion, durch ihre Heiligkeit, und Gesetzgebung durch ihre Majestät, wollen sich gemeiniglich derselben entziehen. Aber alsdann erregen sie gerechten Verdacht wider sich und können auf unverstellte Achtung nicht Anspruch machen, die die Vernunft nur demjenigen bewilligt, was ihre freie und öffentliche Prüfung hat aushalten können." (Kant, Bd. III, S. 13)

So entsprechen der Kritik die Forderungen nach Meinungsfreiheit und nach Toleranz. Beide bedingen einander: Toleranz, der Grundsatz, religiöse, ethische, gesellschaftliche, politische und andere Normen andersdenkender Menschen gelten zu lassen, ist die Bedingung für den Anspruch auf die Duldung der eigenen Normen durch andere. Das sind im ausgehenden zwanzigsten Jahrhundert selbstverständliche Rechtsgrundlagen u. a. in den Ländern, wo im achtzehnten Jahrhundert die Aufklärung begann. Betrachtet man indes die politische und gesellschaftliche Wirklichkeit im Europa des achtzehnten Jahrhunderts, so liegt der Gedanke nicht fern, daß sie den Menschen dieser Jahre als Utopien erschienen sein mögen.

Daher verband sich mit dem Glauben an die Vernunft auch der Glaube an den Fortschritt, der von der Aufklärung als prinzipiell unendlich gedacht wurde: sowohl was die Lebensgebiete betrifft, auf die er sich bezog, wie auch hinsichtlich seiner zeitlichen Erstreckung. Die Überzeugung, daß die Geschichte der Menschheit auf dem Wege zu einer besseren und endlich gar vollkommenen Welt begriffen sei, gehört zu den Grundüberzeugungen der Aufklärung. Sie ist im achtzehnten Jahrhundert mit der Entwicklung zu einer sich allmählich durchsetzenden Weltgesellschaft verbunden. Indem die letzten, bis dahin unbekannten Flecken der Erde entdeckt wurden, wurden die Bedingungen geschaffen, die die Ausbreitung europäischer Zivilisation über die gesamte Erde ermöglichten. Man begann, die Welt und ihre Geschichte als Einheit zu betrachten. Dem entspricht die gleichzeitig zu beobachtende Tendenz zur geschichtsphilosophischen Reflexion. Lessings *Erziehung des Menschengeschlechts* (1780) und Herders *Auch eine Philosophie der Geschichte zur Bildung der Menschheit* (1774) sind zwei der bekanntesten Werke.

Der Fortschrittsglaube der Aufklärung kann als Säkularisation christlicher Enderwartungen verstanden werden: wenn die Entwicklung der Geschichte als Weg zur Herrschaft menschlicher Vernunft über die Natur verstanden wird, tritt der Mensch an die Stelle Gottes und wird zum Subjekt der Geschichte. Der Glaube an Gott wird abgelöst durch den Glauben an die grenzenlos mächtige und unendlich fortschreitende Vernunft.

Mit dem Fortschrittsgedanken verbindet sich seit der Mitte des 18. Jahrhunderts der Gedanke der Perfektibilität des Menschen: das Wort „Perfektibilität" stammt aus dem Französischen und konnte durch die deutschen Lehnübersetzungen „Vervollkommnungsfähigkeit" und „Vervollkommnung" nie völlig verdrängt werden. Es bezeichnet die Überzeugung, daß der Mensch moralisch, intellektuell und körperlich verbesserungsfähig sei, ja am Ende zur Vollkommenheit gelangen könne.

Der Glaube an den von der Vernunft geleiteten Fortschritt in der Geschichte der Menschheit und des Einzelnen hatte das Interesse an der Erziehung zur Folge, das in der Aufklärung deutlicher als je zuvor aufkam. Erst seit der Aufklärung gibt es Pädagogik als Begriff und wissenschaftliche Disziplin. Man kann, wenn man Aufklärung als eine Tätigkeit betrachtet, sie nahezu mit Erziehung gleichsetzen. Sie folgt aus dem Bestreben, den Fortschritt der Geschichte herbeizuführen und aus der Überzeugung, den an sich unvollkommenen, aber zur Vollkommenheit fähigen Menschen in seiner Entwicklung zu fördern. Das ausgehende 18. Jahrhundert ist das Zeitalter der Erziehung.

Johannes Bernhard Basedow gründete 1774 in Dessau das Philanthropin, eine Erziehungsanstalt für sechs- bis achtzehnjährige Zöglinge; der evangelische Theologe Christian Gotthilf Salzmann folgte ihm nach Dessau und gründete eine eigene Erziehungsanstalt, ebenso wie Joachim Heinrich Campe, der später als Schulrat die Braunschweigische Schulreform organisierte und ein sechzehnbändiges Werk *Allgemeine Revision des gesamten Schul- und Erziehungswesens* (1785–1792) verfaßte. In der Schweiz gründete Johann Heinrich Pestalozzi in den siebziger Jahren eine Erziehungsanstalt, die geistige, moralische und praktische Kräfte des Menschen – „Kopf,

Herz, Hand" – entwickeln sollte. Diese Neigung zur Erziehung wurde auch von Herzog Karl Eugen von Württemberg geteilt, der 1770 ein als Militärische Pflanzschule geplantes Waisenhaus errichtete und 1773 zur Herzoglichen Militärakademie erweiterte – das Institut wurde v. a. durch seinen bedeutendsten Schüler Friedrich Schiller berühmt, der diese „Sklavenplantage" 1773 bis 1780 besuchen mußte.

In den Wissenschaften, zumal den Naturwissenschaften, vollzog sich im achtzehnten Jahrhundert eine Entwicklung, die von der an Aristoteles orientierten Scholastik zur modernen Wissenschaft führte; an die Stelle der Berufung auf Autoritäten traten die Beobachtung und Berechnung, das Experiment und der logisch überzeugende Beweis: die Aufklärung schuf die Grundlage für die alle Bereiche des Lebens revolutionierende Entwicklung der Naturwissenschaften, der Medizin und der Technik, die sich dann im neunzehnten Jahrhundert vollziehen sollte. Welche Veränderungen die Aufklärung bewirkte, kann man sich vor Augen führen, wenn man bedenkt, daß zahlreiche Verfahren und Verhaltensweisen, die heute allgemein üblich und selbstverständlich sind, damals eingeführt wurden: der niederländische Arzt Hermann Boerhaave (1668–1738) z. B. unterrichtete als erster Professor Studenten am Krankenbett, man begann regelmäßige Wetterbeobachtungen und meteorologische Messungen, man begründete die mathematische Wahrscheinlichkeitslehre, klassifizierte systematisch Tiere und Pflanzen und gründete wissenschaftliche Akademien. Zugleich war man bestrebt, das Wissen der Zeit zu sammeln, zu ordnen und der Welt zur Verfügung zu stellen: In Frankreich erschien von 1751–1772 die große *Encyclopédie ou dictionnaire raisonné des sciences, des arts et des métiers* in siebzehn Folio- und 11 Tafelbänden. Sie wurde von Denis Diderot (1713–1784) und Jean le Rond d'Alembert (1717–1783) herausgegeben und versammelte an die zweihundert Mitarbeiter: Beamte, Offiziere, Ingenieure, Ärzte, Gelehrte und Handwerker, die in mehr als 60000 Artikeln das gesamte Wissen der Zeit darstellten. Die Mitarbeiter bildeten eine „societé de gens des lettres", die sich als Vertreter einer aufgeklärten, und von staatlichen wie kirchlichen Autoritäten freien Vernunft verstanden. Mathematik, Medizin, Philosophie, Militärwesen, Geschichte, Physik, Chemie, Biologie, Handwerke, Ökonomie und, nicht zuletzt, die Politik waren die wesentlichen Gegenstände, deren Darstellung den aufgeklärten Menschen zur Herrschaft über die Natur befähigen sollte.

D. Das Literarische Publikum

Die Aufklärung brachte eine Verhaltensweise hervor, die es in dieser Art zuvor nicht gegeben hatte: die Menschen begannen zu lesen. Deutlich wird die Entstehung des Lesepublikums, wenn man die Zahl der in Deutschland veröffentlichten Bücher betrachtet. Die Leipziger Meßkataloge verzeichnen von 1740 bis 1770 ein außerordentliches Anwachsen von schöngeistigem Schrifttum. Die deutsche Produktion von Dramen, Romanen und Gedichten vervierfachte sich in diesem Zeitraum. Waren 1740 insgesamt nur 30 Titel dieser Art erschienen, so waren es 1770 gut viermal so viele: 122. . Man darf daraus schließen, daß nicht nur mehr Bücher geschrieben und gedruckt, sondern auch verkauft und gelesen wurden. Der Kreis der Leser weitete sich mächtig aus: Neben die Wissenschaftler, die seit dem Humanismus bis weit ins 18. Jahrhundert hinein nahezu die einzigen Sammler und Leser von Büchern waren, treten nun der Bürger und, vor allem, die Frauen: das „Frauenzimmer", wie man damals freundlich sagte, tut seine ersten zaghaften Schritte auf dem Wege zur Emanzipation. Hatten Bürger und – wohl seltener – Bauern bisher intensiv gelesen, so weitete sich nun ihre Lektüre aus. Es war allgemein üblich gewesen, wenige Bücher immer wieder zu lesen: die Bibel und womöglich einige religiöse Erbauungsschriften. Von dem preußischen König Friedrich II. wird berichtet, daß er wiederholt Bücher gelesen habe, die ihm schon bekannt waren, vor allem lateinische Klassiker und französische Zeitgenossen, Voltaires *Candide* allein viermal im Jahre 1759. Und noch Napoleon las Goethes *Werther* siebenmal. Das änderte sich nun: man las sehr viel extensiver. Statt ein und dasselbe Buch des öfteren zu lesen, ging man dazu über, neue Bücher und Zeitschriften zu lesen. Das schöngeistige Schrifttum und die unterrichtende Aufklärungsliteratur verdrängten die Bibel und die religiösen Erbauungsschriften. Das persönliche und gesellschaftliche Leben wurde zunehmend von Büchern beeinflußt und von einer besonderen Literaturgattung: den Moralischen Wochenschriften.

Das waren Zeitschriften eines Typs, der in England um 1710 entstanden war. Richard Steele (1672–1729) und Joseph Addison (1672–1719) hatten 1709–1711 *The Tatler* und 1711–1712 *The Spectator* herausgegeben. In ihrem Gefolge entstanden in Europa und auch in Nordamerika zahlreiche ähnliche Publikationsorgane. Man hat allein in Deutschland etwa 110 von ihnen gezählt. Sie stellten die Theorien und Überzeugungen der Aufklärung dar und wandten sie auf Fragen der Lebensführung an; sie forderten dazu auf, sich in der Welt einzurichten und auch Unglücksfälle „vernünftig" zu ertragen, um ihnen einen moralischen Sinn abzugewinnen. Sie lehrten Selbstbeschränkung und Bescheidenheit, Frömmigkeit und Wahrheitsliebe, Toleranz und Gerechtigkeit, Fleiß und Uneigennützigkeit. Sie priesen Einsicht, Klugheit und „gesunde" Vernunft. Sie bekämpften Heuchelei, Bigotterie und Aberglauben, den Glauben an Teufel und Hexen. Wie nötig das war, zeigt die Hinrichtung der „letzten Hexe Europas" Anna Göldi, die noch 1782 in Glarus geköpft wurde. Die meisten Wochenschriften erschienen nur ein oder zwei Jahre lang; ihre Blütezeit waren die Jahrzehnte zwischen 1740 und 1760.

E. Pietismus und Empfindsamkeit

Ist das achtzehnte Jahrhundert das Zeitalter der Aufklärung, so ist es zugleich das Zeitalter des Pietismus und seit den sechziger Jahren der Empfindsamkeit. Neben der Überzeugung von der Kraft und dem Recht der autonomen menschlichen Vernunft ist eine Frömmigkeitsbewegung im Protestantismus zu beobachten, die auf eine Verinnerlichung des Glaubens und auf seine praktische Betätigung zielt. Ihre Anfänge gehen in das siebzehnte Jahrhundert zurück; ihre Blütezeit fällt in die erste Hälfte des 18. Jahrhunderts. Der Pietismus verbindet sich mit Namen wie Philipp Jakob Spener, August Hermann Francke, Johann Albrecht Bengel und Nikolaus Ludwig Graf von Zinzendorf, die in Frankfurt am Main, Halle an der Saale, in Württemberg und Herrnhut andere Geistliche um sich scharten, Waisenhäuser und Gemeinden gründeten und durch ihre Schriften wirkten. Für pietistische Frömmigkeit ist ein Erweckungserlebnis kennzeichnend: der Pietist erfährt die Wahrheit des Glaubens in einem Akt geistlicher Wiedergeburt. Der sündige Mensch wird durch eine radikale Umkehr zu einem neuen Sein wiedergeboren. Das setzt eine möglichst genaue und peinliche Selbsterforschung voraus. Mit dem Pietismus entwickelte sich eine verstärkte Gefühlskultur, die sich von der religiös begründeten Sensibilität für die eigenen Empfindungen ausgehend auch auf andere Bereiche erstreckte. Das Gefühl für die Schönheiten der Natur und der Landschaft kam auf; die Aufmerksamkeit auf Empfindungen anderer Menschen entwickelte sich, Freundschaft und Liebe wurden durch das individuelle Gefühl als wahr bewiesen.

Mit dem Roman *A sentimental journey through Italy and France* von Laurence Sterne, der 1768 und im selben Jahr in einer deutschen Übersetzung von J. J. Bode unter dem Titel *Yoricks empfindsame Reise durch Frankreich und Italien* erschien, begann die Konjunktur des Wortes „Empfindsamkeit", das Lessing dem Übersetzer vorgeschlagen hatte, in der Meinung, es sei eine Neuprägung; allerdings finden sich bereits Belege für diesen Begriff vor Lessings Empfehlung. Man hat die Empfindsamkeit lange als säkularisierten Pietismus verstanden; neuerdings ist sie jedoch nicht als Opposition gegen den Rationalismus der Aufklärung gedeutet worden, sondern als eine „nach innen gewendete Aufklärung", die „mit Hilfe der Vernunft auch die Empfindungen" (Gerhard Sauder) aufklären wolle. Es ist indes kaum anzunehmen, daß die Gefühlskultur der Freundschaftszirkel und der zahlreichen Korrespondenzen, die Tränenseligkeit mancher literarischen Werke und die gefühlsselige Rührung angesichts moralischer Handlungen oder landschaftsästhetischer Eindrücke ohne die Vorbereitung durch die religiös orientierte Sensibilität für eigene Empfindungen und die Gefühle anderer sich so stark hätte entwickeln können. Goethe hat im dreizehnten Buch von *Dichtung und Wahrheit* eine gesellschaftliche Äuße-

rungsform dieser Gefühlskultur beschrieben; er spricht von der „allgemeine[n] Offenherzigkeit", mit der man „sein eigen Herz [...] und das Herz
der andern" ausspähte, indem man einander vertraute Briefe „bei freundschaftlichen Zusammenkünften" vorlas (DuW, Bd. I, S. 598 f.).

F. Rousseau

Die Aufklärung war keine in sich geschlossene Bewegung gleichdenkender
Menschen mit gleichförmigen Überzeugungen, und der Fortschrittsoptimismus, den man dem Zeitalter zuzuschreiben pflegt, war keineswegs unge-
brochen. Hatte schon die Querelle des Anciens et des Modernes in Frankreich um die Wende vom siebzehnten zum achtzehnten Jahrhundert die
Frage diskutiert, ob das Wesen des Menschen durch die Fortschritte der
Kenntnisse und der Zivilisation verbessert worden sei, so wurde diese Frage
erneut zur Jahrhundertmitte aufgeworfen, als Jean-Jacques Rousseau
(1712–1778) den *Discours sur les sciences et les arts* veröffentlichte. Die
Akademie von Dijon hatte die Preisfrage gestellt, „Ob der Fortschritt der
Wissenschaften und Künste zum Verderben oder zur Veredelung der Sitten
beigetragen hat?" In der kleinen Abhandlung, mit der er die Frage beant-
wortete – sie erschien 1750 unter dem Titel *Discours qui a remporté le
Prix à l'Académie de Dijon, en L'Année de 1750* – entwickelt er eine
nachhaltig wirksame Kritik an der Zivilisation seiner Zeit, indem er an
Beispielen aus der alten Geschichte zeigt, daß die Verfeinerung des Lebens
und die Zunahme des Wissens zur moralischen Verderbnis und zur Ungleichheit unter den Menschen geführt hätten.

„Rom, von einem Hirten gegründet und durch Ackerbauern berühmt,
begann zu den Zeiten des Ennius und Terenz zu degenerieren. Aber nach
Ovid, Catull, Martial und dieser Menge obszöner Autoren, deren Namen
einem schon die Schamröte ins Gesicht treiben, wurde Rom, einst der
Tempel der Tugend, das Theater des Verbrechens, der Schandfleck der
Nationen und der Spielball der Barbaren". So gelangt er zu der Behauptung, der Mensch sei von Natur aus gut, und der Fortschritt der Wissenschaften und Künste habe zu unserer wahren Glückseligkeit nichts beigetragen, sondern unsere Sitten verdorben (Jean-Jacques Rousseau: *Discours
sur les Sciences et les arts*. Paris 1971, S. 42, 58, übers. U.K.).

Die Schrift machte Rousseau mit einem Schlage berühmt, und er führte
den Grundgedanken in den folgenden Jahren weiter aus. Er zeitigte nahezu
unabsehbare Wirkungen auf allen Lebensgebieten; in den Künsten, der
Dichtung, im Erziehungswesen und in der Philosophie lassen sich seine
Folgen beobachten. Man sah in Rousseau sogar den geistigen Wegbereiter
der Großen Revolution von 1789; in der Tat kann der Eingangssatz des
Ersten Kapitels des *Contrat social* in diesem Sinne verstanden werden:
„Der Mensch wird frei geboren, und dennoch liegt er in Ketten" („L'homme

est né libre, et partout il est dans les fers.") zumal Rousseau aus dieser Beobachtung folgert, ein Volk, das zu gehorchen gezwungen sei, tue gut daran zu gehorchen – wenn es sich aber befreien könne, tue es noch besser daran, sich zu befreien.

Das außerordentliche Echo, das die Gedanken Rousseaus hatten, gestattet den Schluß auf ein verborgenes Krisenbewußtsein, das er zum Ausdruck bringt. Rousseau selbst traf 1762 im *Emile* die Vorhersage: „Wir nähern uns dem Zustand der Krise und dem Jahrhundert der Revolutionen". Der Philosoph Paul Heinrich Dietrich Baron von Holbach schrieb 1766 an Voltaire: „Ganz Europa befindet sich in einer für den menschlichen Geist günstigen Krise", und Herder spricht 1773 in einem Paralipomenon seiner Schrift *Auch eine Philosophie der Geschichte zur Bildung der Menschheit* von „einer so merkwürdigen Krisis des Menschlichen Geistes" (Herder, Bd. IV, S. 840).

G. Die Sattelzeit

In den Jahrzehnten vor 1789, als zugleich der Wandel der alten europäischen Agrarstaaten zu modernen Industriestaaten begann, veränderten zahlreiche Einrichtungen in Gesellschaft und Politik ihren Charakter: die Großfamilie als Hausgemeinschaft wandelte sich zur Kleinfamilie; die Arbeitsteilung brachte die Trennung von Wohnsitz und Arbeitsplatz mit sich. Das Bürgertum begann mit den Fortschritten der Gewerbe und des Handels, einen Wohlstand zu schaffen, der die wirtschaftliche Bedeutung des grundbesitzenden Adels minderte. Zugleich begann die bürgerliche Intelligenz, die gesellschaftliche und politische Führungsrolle des Adels in Frage zu stellen; *Der Hofmeister* von Lenz und Goethes *Werther* sind literarische Niederschläge dieser Tendenz.

Ein Anzeichen des tiefgreifenden Wandels, der sich zu vollziehen begann, ist die Veränderung zahlreicher Begriffe des öffentlichen Lebens wie z. B. Bürger, Freiheit, Republik oder Revolution, die ihre neuen, heute geläufigen Bedeutungen annahmen. Der Historiker Reinhart Koselleck hat deshalb den Begriff Sattelzeit geprägt. Es ist die Zeit, „in der sich die Herkunft zu unserer Präsenz wandelt" (Reinhart Koselleck: Einleitung. In: *Geschichtliche Grundbegriffe. Historisches Lexikon zur politisch-sozialen Sprache in Deutschland*. Hg. Otto Brunner, Werner Conze, Reinhart Koselleck. Bd. I. Stuttgart 1972, S. XV), die Jahrzehnte um 1770, das Menschenalter vor der Französischen Revolution, mit dem man in der Geschichtswissenschaft das Ende der frühen Neuzeit datiert. Es ist die Zeit des Aufbruchs in die Moderne. In der deutschen Literatur geschah dieser Aufbruch mit dem Sturm und Drang. Es sind vor allem die Begriffe Natur und Vernunft, die ihre Bedeutung verändern. In ihrem Gefolge werden die literarischen Gattungsbegriffe Lyrik, Drama und Roman mit neuen Vorstellungen gefüllt. Das Wort Genie tritt in die Ästhetik ein, zugleich mit Vorbildern, die dem Begriff Leben verleihen: Homer und Shakespeare. Sieht man die literarische Bewegung in diesem geschichtlichen Zusammenhang, so stellt sich die Frage: wie politisch und wie revolutionär waren die Stürmer und Dränger?

Sie waren sicherlich nicht politisch im heutigen Sinne, aus dem einfachen Grund, weil sie als Untertanen absolutistisch regierter Staaten keine Informationen und Erfahrungen sammeln konnten, die ihnen ermöglicht hätten, politisch tätig zu werden; der einzige, dem das beschieden sein sollte, war der weimarische Minister Goethe. Das hinderte sie nicht, Mißstände, die sie als Unrecht sahen, darzustellen und anzuprangern: seien es die durch Geburt erworbenen Vorrechte des Adels, den Machtmißbrauch einzelner Fürsten oder den Aberglauben ihrer Zeitgenossen. Da sie evangelisch erzogen waren, waren sie durch die lutherische Obrigkeitslehre auch vor ihrem eigenen Gewissen zu Gesetzestreue und Gehorsam verpflichtet. So sahen sie bei den Übelständen, die sie wahrnahmen, die Ursache im persönlichen Charakter des Mächtigen und die Folgen im Leiden des betroffenen Menschen. Bestätigt wird dies durch die späteren Reaktionen der Stürmer und Dränger auf die Französische Revolution: eindeutig positive Äußerungen finden sich nur in Texten von Christian Friedrich Daniel Schubart, den der Herzog Karl Eugen von Württemberg willkürlich zehn Jahre lang eingekerkert hatte, von Johann Heinrich Voß, dem Enkel eines leibeigenen Bauern, und von Gottfried August Bürger. Etwas anderes ist die Wirkungsgeschichte einzelner Werke. Man kann deshalb in einigen Fällen von einer mittelbar politischen Wirkung des Sturm und Drang sprechen, wie sie Rudolf Hildebrand schon 1897 in dem Artikel Genie des Grimm'schen Wörterbuches andeutete: „der sturm richtete sich vor allem gegen die formen, in denen die schulüberlieferung die geister erzog, regeln, principien, system, sodasz nun wankend wurde, was bisher als das festeste und nötigste für den bestand der geisteswelt und nicht blosz dieser galt." (DWb, Bd. IV, Sp. 3429)

Der Sturm und Drang oder die Geniezeit war eine literarische Bewegung; keineswegs war ganz Deutschland von Genies bevölkert, es gab kaum außerliterarische Erscheinungen in der Kultur jener Jahre, die sich mit der Dichtung zu einem Epochenstil verbunden hätten wie etwa dem Rokoko oder der Klassik. Es war die junge literarische Intelligenz, die gegen erstarrte poetische Regeln, gesellschaftliche Konventionen und Einseitigkeiten der Aufklärung protestierte, indem sie ihre eigenen Überlegungen und Kunstwerke denen ihrer Väter entgegensetzte. Und die ältere Generation hörte nicht auf, weiterhin produktiv zu sein: Lessings *Nathan der Weise* (1779) erschien sechs Jahre nach dem *Götz*; Kants *Critik der reinen Vernunft* 1781, im selben Jahr wie Schillers *Räuber*. Das achtzehnte Jahrhundert war auch insofern modern, als es eine Vielzahl künstlerischer und literarischer Stile, Moden und Verhaltensweisen nebeneinander und gleichzeitig gab. Während Goethe mit dem Herzog Karl August im Wertherkostüm

1779 die Schweiz bereiste, musizierte Mozart in Salzburg und Paris mit dem Zierdegen an der Seite. Und in Weimar, wo die Herzogin Anna Amalia ihren Musenhof führte, mußten eingefangene Deserteure Spießruten laufen.

Bibliographie zum Ersten Kapitel

Bahner, Werner: Aufklärung als europäisches Phänomen: Überblick und Einzeldarstellungen, Leipzig 1985

Bahr, Ehrhardt (Hg.): Was ist Aufklärung? Thesen und Definitionen. Stuttgart 1974
[Enthält Texte von Moses Mendelssohn, Immanuel Kant, Johann Georg Hamann, Christoph Martin Wieland, Andreas Riem, Johann Gottfried Herder, Gotthold Ephraim Lessing, Johann Benjamin Erhard und Friedrich Schiller.]

Beyreuther, Erich: Geschichte des Pietismus, Stuttgart 1978

Bruford, Walter H.: Die gesellschaftlichen Grundlagen der Goethezeit, Berlin 1979 (mit Literaturhinweisen von Reinhard Habel, übers. von Fritz Wälcken, zuerst in deutscher Übers. Weimar 1936)

Brunner, Otto/Conze, Werner/Koselleck, Reinhart (Hg.): Geschichtliche Grundbegriffe. Historisches Lexikon zur politisch-sozialen Sprache in Deutschland, Bd. 1, Stuttgart 1972
[Standardwerk auf breiter Quellengrundlage, das einen großen Reichtum an Informationen bietet.]

Cassirer, Ernst: Die Philosophie der Aufklärung, Tübingen [2]1932

Conze, Werner (Hg.): Sozialgeschichte der Familie in der Neuzeit Europas, Stuttgart 1976

Duchhardt, Heinz: Das Zeitalter des Absolutismus, München 1989 (auch hg. von E. Hinrichs, 1985)

Dülmen, Andrea van (Hg.): Frauenleben im 18. Jahrhundert, München 1992

Durant, Will/Durant, Ariel: The age of Voltaire, New York 1965 (übersetzt von Lionor Lipper: Das Zeitalter Voltaires, Bern/München 1967, in: Durant, Will: Kulturgeschichte der Menschheit, Bd. 9)

Elias, Norbert: Die höfische Gesellschaft, Neuwied/Berlin 1969
[Analysiert das Herrschaftssystem des Absolutismus, wie es am Hofe Ludwigs XIV. (1643–1715) in Versailles ausgebildet wurde.]

Engelsing, Rolf: Der Bürger als Leser. Lesergeschichte in Deutschland 1500–1800, Stuttgart 1974
[Stellt am Beispiel Bremens die Entwicklung der Lesekultur vom Beginn des Buchdrucks bis zur bürgerlichen Lesegesellschaft dar.]

Ders.: Analphabetentum und Lektüre. Zur Sozialgeschichte des Lesens in Deutschland zwischen feudaler und industrieller Gesellschaft, Stuttgart 1973
[Beschreibt u. a. die Veränderung der Lesegewohnheiten der nichtgelehrten Leser von der intensiven zur extensiven Lektüre.]

Fetscher, Iring: Rousseaus politische Philosophie, Frankfurt a. M. [3]1978

Friedell, Egon: Kulturgeschichte der Neuzeit in 3 Bdn., München 1954
[Originelle „seeliche Kostümgeschichte" Europas von der Renaissance bis zum Ersten Weltkrieg, glänzend geschrieben.]

Gallmeister, Petra (Hg.): Das Jahrhundert Voltaires. Ein Lesebuch zur Aufklärung am Vorabend der Französischen Revolution, Rastatt 1989

Gerth, Hans: Bürgerliche Intelligenz um 1800, Göttingen 1976

Grimminger, Rolf (Hg.): Deutsche Aufklärung bis zur Französischen Revolution 1680–1789, München 1980

Groethuysen, Bernhard: Die Entstehung der bürgerlichen Welt- und Lebensanschauung in Frankreich, 2 Bde., Halle/Saale 1927–1930

Guthke, Karl Siegfried: Literarisches Leben im 18. Jahrhundert in Deutschland und in der Schweiz, Bern/München 1975
[Für den Sturm und Drang ist v. a. Kap. IV wichtig, in dem das deutsche Theaterrepertoire des Jahres 1776 untersucht wird.]

Hazard, Paul: Die Krise des europäischen Geistes, Hamburg 1939 (Frz. Ausg. 1935)
[Philosophiegeschichtliches Werk. Es untersucht die geistesgeschichtlichen Entwicklungen in Frankreich, Italien, Deutschland und England zwischen 1680 und 1715, die zur Aufklärung führten.]

Holmsten, Georg: Jean-Jacques Rousseau mit Selbstzeugnissen und Bilddokumenten, Reinbek [14]1996
[Übersichtliche Kurzinformation.]

Horkheimer, Max/Adorno, Theodor: Dialektik der Aufklärung, Frankfurt a. M. 1969
[Sozialphilosophische, sozialpsychologische und wissenschaftstheoretische Untersuchungen über den Zusammenhang von aufklärerischem Denken und dem Rückfall in die Barbarei.]

Hubatsch, Walther: Das Zeitalter des Absolutismus. 1600–1789, Braunschweig 1975

Krauss, Werner: Studien zur deutschen und französischen Aufklärung, Berlin 1963
[Zwölf Aufsätze des Verfassers, die die Wechselbeziehungen zwischen deutscher und französischer Aufklärung, v. a. ihre radikalen Formen Materialismus und Atheismus, beleuchten.]

Mann, Golo (Hg.): Propyläen-Weltgeschichte. Eine Universalgeschichte, 10 Bde., Berlin/Frankfurt a. M./Wien 1960–1964
[Ausführliche Darstellungen von zahlreichen Autoren, die eine umfassende Information ermöglichen.]

Marramao, Giacomo: Säkularisierung, in: HWP, Bd. 8, Basel 1992, Sp. 1133–1161

Möser, Justus: *Patriotische Phantasien.* Mit Einleitung und Anmerkungen versehen und hg. von Siegfried Sudhof, Stuttgart 1970
[Eine Auswahl von 53 Stücken aus den vier Bänden, die ein Bild der thematischen Vielfalt, der journalistischen Darbietungsformen und der geschichtlichen Bedeutung von Mösers Beiträgen zu den Wöchentlichen Osnabrückischen Intelligenzblättern vermitteln.]

Nivelle, Armand: Kunst und Dichtungstheorien zwischen Aufklärung und Klassik, Berlin 1960
[Kenntnisreiche und gründliche Abhandlung. Die Jahre zwischen 1750 und 1790 sind die „Zeit des ästhetischen Bewußtwerdens", die der Kunst ihre Selbständigkeit zuerkennt.]

Pikulik, Lothar: Leistungsethik contra Gefühlskult. Über das Verhältnis von Bürgerlichkeit und Empfindsamkeit in Deutschland, Göttingen 1984

Rathmann, János: Historizität in der deutschen Aufklärung, Diss. Jena 1989

Ritschl, Albrecht: Geschichte des Pietismus, 3 Bde., Bonn 1880–1886 (Nachdruck 1966)

Ritter, Joachim: Fortschritt, in: HWP, Bd. 2, Basel/Darmstadt 1972, Sp. 1032–1059

Rousseau, Jean-Jacques: *Discours sur les Sciences et les Arts,* hg. von Jacques Roger, Paris 1971

Ders.: *Diskurs über die Ungleichheit,* hg. von Heinrich Meier, Paderborn/München u. a. ³1993

Ders.: *Emile: oder Über die Erziehung,* hg., eingeleitet und mit Anmerkungen versehen von Martin Rang, Stuttgart 1978

Ders.: *Vom Gesellschaftsvertrag: oder Grundsätze des Staatsrechts,* Jean Jacques Rousseau, Bürger von Genf, Stuttgart 1979

Sauder, Gerhard: Empfindsamkeit. Bd. 1: Voraussetzungen und Elemente, Stuttgart 1974
[Analysiert Empfindsamkeit als „Tendenz" der Aufklärung, vergleichbar dem Rokoko oder Sturm und Drang und als bürgerliche emanzipatorische Bewegung.]

Ders.: Empfindsamkeit. Bd. 3: Quellen und Dokumente, Stuttgart 1980
[Enthält Quellen zu der in Bd. I ausgeführten These, Texte zur Pädagogik, Popularphilosophie, Seelenkunde, Rechtsprechung, Ästhetik, Literaturtheorie, Gartenkunst u. a.]

Schalk, Fritz – Mahlmann, Theodor: Aufklärung, in: HWP, Bd. 1, Basel 1971, Sp. 620–635

Schmidt, Jochen (Hg.): Aufklärung und Gegenaufklärung in der europäischen Literatur, Philosophie und Politik von der Antike bis zur Gegenwart, Darmstadt 1989
[Sammlung von insgesamt 26 Beiträgen, davon 13 auf das Thema Aufklärung bezogen.]

Schubart, Christian Friedrich Daniel: Gedichte. Aus der *Deutschen Chronik*, hg. von Ulrich Karthaus, Stuttgart 1978

Spaemann, Robert: Rousseau, München 1980

Troeltsch, Ernst: Der Historismus und seine Probleme, Tübingen 1922

Valjavec, Fritz: Geschichte der abendländischen Aufklärung, Wien/München 1961

Vierhaus, Rudolf (Hg.): Bürger und Bürgerlichkeit im Zeitalter der Aufklärung, Heidelberg 1981

Ders.: Deutschland im Zeitalter des Absolutismus (1648–1763), Göttingen 1978

Voltaire: Vermischte kleine philosophische und historische Schriften, übersetzt von K. F. Romanus, 6 Bde., Dresden 1768–1775

Ders.: Kritische und satirische Schriften, übersetzt von K. A. Horst u. a., mit einem Nachwort von Fritz Schalk, München 1970

Ders.: Erzählungen, Dialoge, Streitschriften, übersetzt von Ch. Gersch u. a., hg. von Martin Fontius, 3 Bde., Berlin-Ost 1981

Wallmann, Johannes: Pietismus, in: HWP, Bd. 3, Basel/Darmstadt 1989, Sp. 972–974

Weber, Max: Die protestantische Ethik, hg. von Johannes Winckelmann, 2 Bde., Hamburg 1968

Wittkowski, Wolfgang (Hg.): Revolution und Autonomie: deutsche Autonomieästhetik im Zeitalter der Französischen Revolution. Ein Symposium, Tübingen 1990

Wolff, Hans M.: Die Weltanschauung der deutschen Aufklärung in geschichtlicher Entwicklung, München/Bern 1949 (2. Aufl. durchges. von Karl S. Guthke, Bern 1963)
[Stellt die anthropologische Bestimmung des Menschen in den Mittelpunkt. Die Neuauflage enthält wichtige Rezensionen der Erstauflage des kontrovers diskutierten Werkes.]

II. Kapitel: Fragen an die Aufklärung

A. Der „Magus in Norden" Johann Georg Hamann

1. Grundlageninformation

1.1. Texte und Materialien

Sokratische Denkwürdigkeiten für die lange Weile des Publicums zusammengetragen von einem Liebhaber der langen Weile. Mit einer doppelten Zuschrift an Niemand und an Zween. Amsterdam [richtig: Königsberg], 1759
Kreuzzüge des Philologen. o. O. [Königsberg] 1762 Darin: *Aesthetitca. In. Nuce. Eine Rhapsodie in kabbalistischer Prose.*
Hamanns Schriften 1–7, hg. von Friedrich Roth. Berlin 1821–1825. Nachträge, Erläuterungen und Berichtigungen. Register, von G. A. Wiener. 1842 f.
Johann Georg Hamann: Sämtliche Werke. Historisch-kritische Ausgabe von Josef Nadler. 6 Bde., Wien 1949–1957. [Maßgebliche Ausgabe, trotz der Kritik von Walter Boehlich (Die historisch-kritische Hamann-Ausgabe, in: Euphorion 50, 1956) Fritz Blanke (s. u.) und Sven-Aage Jørgensen (s. u.)]
Johann Georg Hamann: Sokratische Denkwürdigkeiten. Erklärt von Fritz Blanke. Gütersloh 1959 (= Johann Georg Hamanns Hauptschriften erklärt von Fritz Blanke, Elfriede Büchsel, Karlfried Gründer, Odo Marquard, Willi Oelmüller, Evert Jansen Schoonhoven, Lothar Schreiner, Martin Seils, Bd. 2)
Johann Georg Hamann: Sokratische Denkwürdigkeiten. Aesthetica in nuce. Mit einem Kommentar. Hg. von Sven-Aage Jørgensen. Stuttgart 1968 u. ö. (UB 926) [Enthält weitere Literaturhinweise]
Johann Georg Hamanns Briefwechsel. Hg. von Walter Ziesemer u. Arthur Henkel. 5 Bde. Wiesbaden 1955–1965

1.2. Forschungsliteratur

Alexander, William M.: Johann Georg Hamann. Philosophy and Faith, Den Haag 1966
Bayer, Oswald/Gajek, Bernhard/Simon, Josef (Hg.): Insel Almanach auf das Jahr 1988. Hamann, Frankfurt a. M. 1987 [mit Beiträgen von Wolfgang-Dieter Baur, Bernhard Gajek, Helgo Lindner, Frank Simon, Elfriede Büchsel, Günter Wohlfahrt, Sven-Aage Jørgensen, Reiner Wild, Josef Simon, Klaus Hammacher, Renate Knoll, Antoinette Fink-Langlois, Jörg-Ulrich Fechner, Michael Wetzel, Johannes von Lüpke.]
Berlin, Isaiah: Der Magus in Norden. J. G. Hamann und der Ursprung des modernen Irrationalismus. Hg. von Henry Hardy, aus dem Englischen übersetzt von Jens Hagestedt, Berlin 1995

Hurlebusch, Klaus: Klopstock, Hamann und Herder als Wegbereiter autorzentrischen Schreibens: ein philologischer Beitrag zur Charakterisierung der literarischen Modelle, Tübingen 2001
[Betont die Bedeutung einer an der Textgenese orientierten Editionsphilologie. Die genannten Autoren sehen im Schreiben einen Prozeß der Selbsterfahrung.]

Johann Georg Hamanns Hauptschriften erklärt, mit einer Einführung von Fritz Blanke. Hg. von Fritz Blanke und Lothar Schreiner, Bd. 1, Gütersloh 1956

Küsters, Marie-Theres: Inhaltsanalyse von J. G. Hamanns *Aesthetica in nuce*, Diss. Münster 1936

Lumpp, Hans-L.: Philologica crucis. Zu Johann Georg Hamanns Auffassung von deutscher Dichtkunst, mit einem Kommentar zu *Aesthetica in nuce* (1762), Tübingen 1970

Nadler, Josef: Johann Georg Hamann 1730–1788. Der Zeuge des Corpus mysticum, Salzburg 1949

Unger, Rudolf: Hamann und die Aufklärung. Studien zur Vorgeschichte des romantischen Geistes im 18. Jahrhundert, 2 Bde., Tübingen [3]1964 (zuerst 1911)

Wild, Reiner (Hg.): Johann Georg Hamann, Darmstadt 1978 [mit Beiträgen von Karl Rosenkranz, Wilhelm Dilthey, Rudolf Rocholl, Fritz Lieb, Fritz Blanke, Rudolf Unger, Josef Nadler, Elfriede Büchsel, Erwin Metzke, Karlfried Gründer, Arthur Henkel, Martin Seils, Willi Oelmüller, Sven-Aage Jørgensen, Josef Simon, Reiner Wild = Wege der Forschung, Bd. 511]

2. Einleitung

Johann Georg Hamann (1730–1788) hörte sich gern mit dem von Friedrich Karl v. Moser geprägten Übernamen den „Magus in Norden" nennen, der an die Weisen aus dem Morgenland erinnert. Ein Gemeinplatz literatur- und ideengeschichtlicher Forschung nennt sein Denken irrational und ihn selbst den Begründer des Irrationalismus. In der deutschen Literaturgeschichtsschreibung war diese Bezeichnung bis etwa 1945 mit hoher Wertschätzung verbunden, da Hamann die Überwindung der Aufklärung eingeleitet habe. Dieser Ansicht liegen sicherlich antiaufklärerische Vorurteile zugrunde, aber auch die Erfahrung von Literaturhistorikern, die in ihm aus ihrer Kenntnis der 1770er Jahre den Wegbereiter einer Dichtung sahen, von der sie persönlich angesprochen wurden. Ganz anders die neue Darstellung von Isaiah Berlin. Auch er nennt Hamanns Denken den „Ursprung des modernen Irrationalismus". Sah man aber diesen Irrationalismus in Deutschland mindestens bis in die Nachkriegszeit als Fortschritt, so ist er in der Sicht des aus dem Baltikum stammenden Engländers I. Berlin der Beginn einer Entwicklung, in der die „Verbindung von Obskurantismus, Populismus, Fideismus und Antiintellektualismus, von Vertrauen in die einfachen Leute und Haß auf Naturwissenschaft und Kritizismus in den beiden folgenden Jahrhunderten einen so mächtigen und fatalen Einfluß haben sollte" (S. 83). Hamann erscheint hier nach den geschichtlichen Erfahrungen des 20. Jahrhunderts und an seinem Ende als „nordischer Wilder" (S. 102), der das Angriffssignal geblasen habe zum teutonischen Kampf gegen westliche Zivilisation, Vernunft und Philosophie – mit einem Wort: gegen die Moderne (Vgl. Isaiah Berlin).

Wie immer man ihn aber beurteilen mag – ohne seine Anregungen sind Herders und Goethes Begeisterung für Homer und Shakespeare oder die deutsche Romantik kaum vorstellbar. Für die Zeitgenossen, namentlich für die junge Generation, muß zumindest ein Gedanke Hamanns befreiend gewirkt haben: Es gibt keine Vernunft jenseits der Geschichte und des Individuums.

Die Aufklärung war insgesamt von der unveränderlichen einen Vernunft überzeugt, die in allen verständigen Menschen gleichbleibt, selbst über die Grenzen von Ländern, Kulturen und geschichtlichen Epochen hinweg. Auch wenn sich Glaube und Sitten, Werte und Normen, Urteile und Vorurteile im Laufe der Generationen ändern, so liegt ihnen allen doch die gemeinsame Vernunft zugrunde, die dem Menschen angehört wie seine fünf Sinne. Hamann erkennt diese Überzeugung als Illusion. Vernunft ist geschichtlich, durch Erziehung, Erfahrungen und Sinne vermittelt. Deshalb ist sie sehr persönlich und wird von Neigungen und Abneigungen beeinflußt. 1776 schreibt er: „Die Gesundheit der Vernunft ist der wohlfeilste, eigenmächtigste und unverschämteste Selbstruhm, durch den alles zum voraus gesetzt wird, was eben zu beweisen war, und wodurch alle freye Untersuchung der Wahrheit gewaltthätiger als durch die Unfehlbarkeit der römisch-katholischen Kirche ausgeschloßen wird" (Werke, hg. J. Nadler, Bd. III, S. 189).

Jede Erkenntnis beruht auf Überzeugungen, die selbst nicht mit der Vernunft begründet oder widerlegt werden können. Jeder, der nachdenkt und etwas versteht, wird dabei seine eigenen Voraussetzungen ins Spiel bringen; seine Erziehung, seine Erfahrungen, seine natürlichen Begabungen, seine Interessen und Neigungen prägen nicht nur seinen Charakter, sondern auch seine Erkenntnisse.

Für Hamann gehört der Glaube zu den wichtigsten „natürlichen Erkenntniskräften und zu den Grundtrieben unserer Seele". Dieser Glaube schließt die Vernunft keineswegs aus, sondern nur, was die Aufklärung meinte, als Vernunft ausgeben zu müssen. Der Hamann-Forscher James C. O'Flaherty macht auf eine Äußerung aufmerksam, die das nachdrücklich bestätigt: „Glaube hat Vernunft ebenso nöthig, als diese jene [!] hat. Philosophie ist aus Idealismo und Realismo, wie unsere Natur aus Leib und Seele zusammengesetzt ist ..." (James C. O'Flaherty: Hamanns Begriff vom ganzen Menschen. In: Manfred Wacker (Hg.): Sturm und Drang, Darmstadt 1985, S. 165–183). Deutlich hat Goethe dies gesehen. In *Dichtung und Wahrheit* erzählt er von dem Aufsehen, das die *Sokratischen Denkwürdigkeiten* bei ihrem Erscheinen erregten und erklärt es so: „Man ahndete hier einen tiefdenkenden gründlichen Mann, der mit der offenbaren Welt und Literatur genau bekannt, doch auch noch etwas Geheimes, Unerforschliches gelten

ließ, und sich darüber auf eine ganz eigene Weise aussprach." (DuW., Bd. I,
S. 550) Das ist Hamanns Forderung: Beobachtung und Gefühl, Sinne und
Leidenschaften sind an der Erkenntnis zu beteiligen.

Ebenso deutlich hat Goethe aber auch gesehen, in welchem Maße Hamanns Denken notwendig zu Einseitigkeiten des Verständnisses führen
mußte. Er charakterisiert ihn durch das „Prinzip, auf welches die sämtlichen Äußerungen Hamanns sich zurückführen lassen": „›Alles was der
Mensch zu leisten unternimmt, es werde nun durch Tat oder Wort oder
sonst hervorgebracht, muß aus sämtlichen vereinigten Kräften entspringen;
alles Vereinzelte ist verwerflich.‹ Eine herrliche Maxime! aber schwer zu
befolgen. Von Leben und Kunst mag sie freilich gelten; bei jeder Überlieferung durchs Wort hingegen, die nicht gerade poetisch ist, findet sich eine
große Schwierigkeit: denn das Wort muß sich ablösen, es muß sich verein-
zeln, um etwas zu sagen, zu bedeuten. Der Mensch, indem er spricht, muß
für den Augenblick einseitig werden" (DuW., Bd. I, S. 552).

Hamanns Kritik an seinen Zeitgenossen ist daher bisweilen überspitzt
formuliert und mißverständlich. Seine Aufklärungskritik unterscheidet sich
grundsätzlich von Rousseaus Zivilisationskritik: wies dieser seine Zeitgenossen auf die unverfälschte Natur hin, die er zum Ideal erklärte, so der
Magus auf die Vernachlässigung wesentlicher menschlicher Möglichkeiten
durch einige – in der Tat wohl nicht allzu kluge – Vertreter der populären
Frühaufklärung. Wie notwendig die nachdrückliche Erinnerung des Zeitalters an Empfindung und Sinnlichkeit war, kann man sich an einer Stelle
in Gottscheds *Versuch einer Critischen Dichtkunst*, die 1751 in vierter
Auflage erschien, klarmachen. In dem Kapitel Von Komödien oder Lustspielen heißt es dort über Molières Komödie *L'Avare (Der Geizige)*, sie
sei „unnatürlich". Gottsched begründet das mit dem Hinweis auf ein von
Plautus übernommenes Motiv. Der Geizhals untersucht nicht nur Taschen
und Hände seines Dieners, sondern „fordert, daß er ihm die dritte Hand
zeigen solle: gerade als ob jemals ein Mensch so närrisch seyn könnte, zu
glauben, daß jemand drey Hände habe." (Johann Christoph Gottsched:
Versuch einer Critischen Dichtkunst. Unveränderter photomechanischer
Nachdruck der 4., vermehrten Auflage, Leipzig 1751. Darmstadt 1962,
S. 641) So wenig aufgeklärt war dieser Theoretiker der Aufklärung. Die
„dritte Hand" ist eine obszöne Metapher.

Entscheidend für die Dichtung des Sturm und Drang wurden Hamanns
Hinweise auf Homer und Shakespeare, die er als Genies verstand. Das Wort
„Genie" wird zum Grundbegriff der Kunst, die sich damit aus der Herrschaft eines geschrumpften Vernunft- und eines verkümmerten Naturbe-
griffs befreit. Zu seinen Lieblingswörtern gehören „verstümmeln", „ver-
schnitten", „Kastration"; er setzt dagegen „fruchtbar", „Leidenschaften",
„Affect" und „Empfindung". Derartige Ausdrücke umschreiben die lebendige Subjektivität des Menschen. Sie ist konkret – unterschieden von anderen – und frei von Regeln, Vorurteilen und allem, was Hamann „tot" nennt.

In dieser Subjektivität sehen die Dichter des Sturm und Drang die Wahrheit des Kunstwerks. Der Geniebegriff, von Gottsched noch 1757 als „undeutsches Ding" aus der Erörterung ästhetischer Fragen verbannt, rückt mit Hamanns – über Herder vermittelte – Einsichten in den 1770er Jahren in die Mitte der Kunsttheorie.

3. Sokratische Denkwürdigkeiten

Analyse

Hamann schrieb die *Sokratischen Denkwürdigkeiten* in der zweiten Augusthälfte 1759; sie erschienen im Dezember desselben Jahres. Wer die Beschäftigung mit dieser frühen Schrift Hamanns aufnimmt, in der seine wesentlichen Gedanken bereits enthalten sind, sieht sich der Schwierigkeit, sie zu verstehen, gegenüber. Hamann schreibt absichtlich dunkel; was er sagen will, drückt er mit Metaphern aus. Es gehört zu deren Wesen, daß man den Vergleichspunkt finden muß und bisweilen mehrere finden kann. Es ist ähnlich wie beim Witz: nur wer Doppeldeutigkeiten und Anspielungen versteht, wird lachen können. In der Tat aber verbirgt sich hinter der Dunkelheit dieser Schreibweise eine klare und schlüssige Gedankenführung. In einem Brief, am 27. Juli 1759, zur Zeit der *Denkwürdigkeiten* an Kant gerichtet, behauptet er: „In meinem mimischen Stil herrscht eine strengere Logic und geleimtere Verbindung als in den Begriffen lebhafter Köpfe." (Johann Georg Hamann: Briefwechsel. Bd. I. 1751–1759, S. 378) Eine genauere Analyse bestätigt das. Wer sich den Beginn erleichtern möchte, kann mit dem dritten Abschnitt der *Denkwürdigkeiten* anfangen; er ist am leichtesten verständlich. Man sollte aber dabei nicht in den Fehler verfallen, zu pedantisch und genau alles und jedes verstehen zu wollen. Wenige Jahre schon nach dem Tode Hamanns schrieb Jean Paul in der *Vorschule der Ästhetik* (1803–04): „So ist der große Hamann ein tiefer Himmel voll teleskopischer Sterne und manche Nebelflecken löset kein Auge auf" *(Vorschule der Ästhetik* § 14; Jean Paul: Werke, Bd. V, Darmstadt 1962, S. 64).

Anlaß der *Denkwürdigkeiten* war Hamanns persönliche Lage. Er hatte sich von dem Rigaer Handelshaus Berens nach London schicken lassen mit kaufmännischen, vielleicht auch politischen Aufträgen. Genau läßt sich das nicht mehr ermitteln. Die Reise war ein Mißerfolg; er kehrte unverrichteter Dinge im Sommer 1758 nach Königsberg zurück. Vorher hatte er jedoch ein bestimmendes Erlebnis: er las in der Einsamkeit seiner Londoner Wohnung „den 31. März des Abends das V. Kapitel des V. Buchs Moses" und bekehrte sich zu einem neuen, verinnerlichten Glauben. Ein solches Bekehrungs- oder Erweckungserlebnis lag im Sinne des Pietismus. Aber anders als viele bekehrte Christen seiner Zeit geriet Hamann dadurch in einen

Gegensatz zu seinen Freunden, vor allem zu seinem Studienfreund Johann Christoph Berens, der gehofft hatte, Hamann werde im Sinne der Aufklärung tätig werden, so wie er selbst es war. Er besuchte Hamann in Königsberg und versuchte, ihn mit Hilfe des Magisters Immanuel Kant wieder für die Aufklärung zu gewinnen. Es kam im Juli 1759 zu zwei Begegnungen, und Kant regte an, Hamann möge doch einige Artikel der französischen *Enzyklopädie* ins Deutsche übertragen. Das lehnte er in dem genannten Brief an Kant ab: es sei „Eitelkeit und Fluch", auch nur „einen Theil der *Encyclopedie* durchzublättern" (Johann Georg Hamann: Briefwechsel, Bd. I, 1751–1759, S. 374). Damit war indes die Auseinandersetzung für ihn nicht beendet; er setzte sie mit den *Sokratischen Denkwürdigkeiten* fort. Das deutet die Widmung auf dem Titelblatt an: „[...] an Zween" meint die beiden Adressaten Berens und Kant. Der eine – Berens – arbeitet „am Stein der Weisen" (S. 9); er ist als Aufklärer um die Förderung des Fortschritts bemüht; daß der andere Adressat Kant ist, wird durch den Vergleich mit Newton (1643–1727) deutlich, der 1699 zum Vorsteher des königlichen Münzwesens in London berufen worden war; ein Waradein ist ein Münz- oder Erzprüfer. Kant hatte sich 1755 im Titel seines naturphilosophischen Werkes *Allgemeine Naturgeschichte und Theorie des Himmels, oder Versuch von der Verfassung und dem mechanischen Ursprung des ganzen Weltgebäudes nach Newtonschen Grundsätzen abgehandelt* auf ihn berufen (Vgl. Kant, Bd. I, S. 225–400). Sokratisch ist Hamanns Auseinandersetzung mit den Widersachern durch die Methoden, die Analogie und die Ironie. Jene entdeckt durch den Vergleich Entsprechungen in verschiedenen Personen, Sachen und Situationen – daher ist Sokrates nicht als historische Gestalt, sondern als Vorläufer Jesu Christi, des Apostels Paulus und Hamanns selbst zu sehen. Man nennt ein solches Verfahren auch typologisch. Die Typologie sucht in einer Person oder in einer historischen Situation das zugrundeliegende Vor- oder Urbild; sie sieht durch die Individuen hindurch das ihnen gemeinsame Muster. Ironisch aber sind die *Denkwürdigkeiten*, insofern ihr Verfasser sich wie Sokrates verstellt. Der Wissende gibt sich unwissend, um den Gesprächspartner seiner wirklichen Unwissenheit zu überführen.

Der erste Absatz der Einleitung sagt ebenso viel über Hamanns Methode wie über den wesentlichen Gedanken der Schrift. Er beginnt mit einem weit ausgreifenden Vergleich der von Girardon 1694 geschaffenen Bildsäule des Kardinals Richelieu mit der Geschichte der Philosophie: der Künstler zeigte seine Kunst, der Auftraggeber Ludwig XIV. seinen Reichtum, „der Scythe" (S. 17) – Peter der Große – verhielt sich wie Pygmalion, der sagenhafte zyprische König in Ovids *Metamorphosen*, der sich in die von ihm selbst geschaffene Bildsäule einer Frau verliebte: als er sie umarmte, belebte sie sich, so daß er sie zu seiner Frau machen konnte. Indem er das Standbild des Staatsmannes umarmt, meint der Zar, sich dessen Staatskunst aneignen zu können. Ebenso handeln Menschen, die sich mit der Geschichte der

Philosophie beschäftigen, um aus Erkenntnissen vergangener Zeiten Gewinn für das eigene Leben zu ziehen: „Doch vielleicht ist die ganze Historie [...] gleich der Natur ein versiegelt Buch, ein verdecktes Zeugnis, ein Rätsel, das sich nicht auflösen läßt, ohne mit einem andern Kalbe, als unserer Vernunft zu pflügen." (S. 27) Wie sie üblicherweise betrieben wird, ist die Philosophiegeschichte ein „Götze" (S. 17) – tot und wirkungslos. Das bezieht sich auf die in Frankreich übliche Methode. Hamann tadelt den „gallicanischen Geschmack" (S. 19) und wendet sich gegen Charles Batteux (1713–1780), der v. a. in seiner Schrift *Les Beaux-Arts réduits à un même principe – Die Schönen Künste, zurückgeführt auf einen gemeinsamen Grundsatz* (1746) – die Nachahmung in den Mittelpunkt der Ästhetik gestellt hatte. Damit habe er sich das Verständnis alles dessen, was regelwidrig und seiner Vernunft nicht faßlich ist, verstellt. Die Natur war in einem Sinne formuliert, den Hamann schon hier in Frage stellt. An die Stelle der „vernünftig" regulierten Natur des Franzosen Batteux und seiner deutschen Epigonen setzt er einen wesentlich erweiterten Naturbegriff. Er umfaßt neben den Bereichen, die die „artige Welt" der Aufklärung wahrnimmt, das „Gemeine und Unreine", wie Hamann in anderem Zusammenhang in Anlehnung an die Apostelgeschichte (10,14) sagt, aber auch das Mögliche. Damit ist für die Philosophie der Kunst ein entscheidendes neues Verständnis ihres Gegenstandes und ihrer Aufgabe gefordert. Die anerzogene, von der Mode geprägte, der Diktatur des Geschmacks unterworfene Kunst wird zu neuen Möglichkeiten befreit. In Hamanns Polemik gegen den Vernunftglauben des aufgeklärten Jahrhunderts wird ein erweitertes Verständnis von Natur und Kunst vorbereitet. Wenn man einige Jahrzehnte später die beiden Begriffe gegeneinanderstellte, sprach man nicht allein von ästhetischen Fragen, sondern zugleich auch von menschlichen Verhaltensweisen. Neben diesem für die Kunst so wichtigen Verständnis von Natur steht die ebenso wichtige Aussage über das angemessene Verständnis des Kunstwerkes. Wie es geartet sein müsse, erläutert Hamann an den Beispielen der Fabeldichter Aesop und Lafontaine. Sie waren schlichte Gemüter, die sich, wie er ironisch unterstellt, „besser in die Denkungsart der Thiere als der Menschen zu schicken und zu verwandeln" (S. 21) wußten. In den Augen des aufgeklärten Zeitalters ist das eine Schwäche; in den Augen Hamanns aber eine Stärke. Beide kommen so dem Leben näher, als wenn sie Philosophiegeschichte schrieben. Die Autoren, die das tun, liefern nur „zierlich verstümmelte Brustbilder" (S. 21). Einzig angemessen ist ein Verständnis, das den Betrachter selbst und seine eigenen Fragen berührt. „Schwärmerey", „Aberglaube" und „philosophischer Heroismus" (S. 23) sind für den Umgang mit Geschichte unerläßlich. Wahres Verstehen bedarf des Gefühls und der Sympathie, wenn es denn ein lebendiges Verständnis sein soll.

Damit klingen Gedanken an, die später von den Stürmern und Drängern ebenso wie von Vertretern der Empfindsamkeit ausgesprochen wurden:

sowohl Karl Moors Ekel vor dem „Tintengleksenden Sekulum" wie Friedrich Leopold Graf zu Stolbergs Lobpreis der „Fülle des Herzens". Hamann erläutert sie mit Beispielen. Sie besagen: Empfindungen wie Neid, Eifersucht oder Bewunderung werden zwar durch die Geschichte geweckt, setzen aber persönliche Bereitschaft und Beteiligung voraus. Dahinter stehen Erfahrungen, die Hamann in den *Gedanken über meinen Lebenslauf* aus seiner Schulzeit berichtet: „ich konnte einen Römer verdeutschen, ohne die Sprache noch den Sinn des Autors zu verstehen. So waren meine lateinischen und griechischen Zusammensetzungen Buchdruckerarbeit, Taschenspielerkünste, wo das Gedächtnis sich selbst überfrist und eine Schwindung der übrigen Seelenkräfte entsteht, weil es an einem gesunden und gehörigen Nahrungssaft fehlt." (Werke, hg. J. Nadler, Bd. I, S. 13)

Die Abhandlung selbst beginnt mit einer Deutung des Sokrates. Sein Vater war Bildhauer, seine Mutter Hebamme: damit ist zunächst die philosophische Methode des Sokrates erklärt. Plato nennt seine Gesprächsführung Maieutik, Hebammenkunst. Sie regt den Gesprächspartner durch Fragen an, sich selbst bewußt zu machen, was in ihm an verborgenem Wissen liegt. Im Unterschied jedoch zur didaktischen Mode seiner Zeit, da die Maieutik v. a. in der kirchlichen Unterweisung ein Mittel war, die dem Kinde vermeintlich angeborene Vernunfterkenntnis ans Licht zu bringen, setzt Hamann auch hier einen wesentlich weiteren Begriff an: wie die Hebamme sich um den Körper kümmert, so der Lehrer um den Verstand. Gehört zum Körper das Gebein, das man nicht sieht, so zum Verstand unsere Begriffe, die „als Gliedmassen unsers Verstandes" (S. 29) anzusehen sind. Sokrates unterstützt, sofern er Hebamme ist, nur die Arbeit der Mutter. Sofern er aber, hierin seinem Vater vergleichbar, Bildhauer ist, nimmt er vom Holz, aus dem er seine Figuren schafft, nur das Überflüssige weg. Übertragen auf die Pädagogik: er wirkt als Geburtshelfer gegen die Trägheit und als Bildhauer gegen den Stolz. In diesen Neigungen sieht Hamann die wichtigsten Wurzeln von „Unwissenheit", „Irrthümern" und „Vorurtheilen" (S. 29 ff.). Griff er in der Einleitung auf seine Erfahrungen als Schüler zurück, so hier auf seine Erfahrungen als Lehrer oder Hofmeister, wie er sie in einem Brief vom Herbst 1758 ausgesprochen hatte: „Sentiments bey Kindern herauszubringen, die Hebammen Künste, die Bildhauer Handgriffe, welche Socrates von seinen 2 Eltern vermuthlich abgestohlen – Dies muß immer der Endzweck unseres Amtes seyn, und wir müßen dies mit eben so viel Demuth und Selbstverleugnung treiben, als er die Weltweisheit –" (Briefe, Bd. I, S. 277).

Pädagogen und Philosophen werden damit in eine bescheidene Rolle verwiesen: sie sollen die Begriffe nicht selbst erfinden, sondern nur aus dem Dunkel ans Licht bringen. Das setzt voraus, daß sie in der Natur des Menschen schon da sind. Und gegenüber der Praxis des 18. Jahrhunderts, die auf scholastische Disziplinierung und Zivilisierung aus war, versteht Hamann Erziehung hier, drei Jahre vor Rousseaus *Emile*, auch im Sinne

späterer philantropischer Tendenzen als „Handreichung" (S. 29) für natürliche Entwicklungen.

Die Tätigkeit des Maieuten wie des Bildhauers ist auch deshalb so wichtig, weil er Neues, der Mitwelt zunächst Unverständliches zutage fördert;
so zieht er sich die Gegnerschaft seiner Zeitgenossen zu, die nicht verstehen, was er will und die Ergebnisse seiner Arbeit verkennen. Zu Athen
bewahrte man drei von Sokrates geschaffene Statuen der Grazien. Sie waren, entgegen der Sitte seiner Zeit, nicht nackt, sondern nach altem Brauch
bekleidet. Hamann erklärt diese Metapher in den *Wolken. Ein Nachspiel
Sokratischer Denkwürdigkeiten* (1761): „Die Betrachtung über die Bild-
säulen der Grazien enthält schon eine Schutzrede derjenigen Einkleidung,
die chimärischen Einfällen allein anständig ist." (Werke, hg. J. Nadler,
Bd. II, S. 92) MaW.: auch ihm, Hamann, wird die Verhüllung der Wahrheit
mit Bildern, Vergleichen und Analogien den Vorwurf der Unverständlichkeit zuziehen. Wenn man den Bildhauer Sokrates schätzt, läuft man Gefahr,
den Philosophen Sokrates zu verachten. Hamann sieht ihn als Typus oder
Vorläufer Christi. Und da dieser verachtet wurde, wird auch jener verachtet. Die Adressaten der *Denkwürdigkeiten* gleichen hierin den Athenern:
sie verkennen ihn im Wichtigsten seiner Lehre, der typologischen Voraus-
deutung auf Jesus. Daher sind die „neuen Athenienser" „Nachkommen
seiner Ankläger und Giftmischer".

Der zweite Abschnitt beginnt mit einer Anspielung auf Berens, der Hamann zu einem Aufklärer machen wollte: Kriton wollte Sokrates zum Sophisten machen. Aber seiner Unwissenheit ist nicht abzuhelfen. Das mußte
Kriton kränken, aber er verzieh Sokrates die Darstellung seiner Unwissenheit, da er meinte, er schade damit nur dem eigenen Ansehen. Bei der
Mehrzahl der Menschen indes schuf er sich unversöhnliche Feinde, da er
zu verstehen gab, bei einigem Nachdenken müsse jeder vernunftbegabte
seiner Mitbürger sich ebenso verhalten wie er, Sokrates, selbst. Und die
Feindschaft wurde noch gesteigert, da man ihm seine Unwissenheit nicht
glaubte. Er wirkt solange lächerlich, bis seine Mitbürger angesteckt werden. Erst wenn man die Unwissenheit wie Sokrates selbst an sich erfahren
hat, versteht man sie. Dazu fordert der Imperativ „Erkenne dich selbst!"
über dem Eingang des Apollo-Tempels in Delphi auf. Man kennt das Wort
„auswendig" in dem Doppelsinn, es zwar hersagen zu können, aber es
dabei doch nicht zu verstehen; man trägt es nicht im Herzen, sondern „vor
der Stirn" (S. 43). Über die Frage, wer der weiseste aller Menschen sei, die
seinem delphischen Orakel vorgelegt wurde, muß daher Apollo gelacht
haben, denn der weiseste aller Menschen, weiser als Sophokles und Euripides, ist Sokrates, da er in der Selbsterkenntnis weiter gelangt war als sie
und erkannt hatte, daß er wirklich nichts wisse. Damit gelangt der Gedan-
kengang zu einer methodologischen Überlegung. „Ein sorgfältiger Ausleger
muß die Naturforscher nachahmen." (S. 45) Wie ein Chemiker einen Stoff
mit anderen zusammenbringt, um seine Eigenschaften zu erkennen, so geht

auch der Philologe vor: er vergleicht. So ist Hamann verfahren; er hat die Maxime des Sokrates „Ich weiß, daß ich nichts weiß" mit der des delphischen Orakels „Erkenne dich selbst!" zusammengebracht. Nun will er weitere Versuche unternehmen, um die „Energie" des sokratischen Grundsatzes zu erproben.

Die sokratische Unwissenheit ist kein feststehender Satz und keine unüberholbare Erkenntnis, sondern sie zeigt sich in verschiedenen Situationen von verschiedenen Seiten. Hamann erläutert das durch den Hinweis auf einen hermeneutischen Sachverhalt. Dasselbe Wort kann in verschiedenen Zusammenhängen Verschiedenes bedeuten. Wenn die Schlange zu Eva sagt: „Ihr werdet seyn wie Gott" und wenn Jehova weissagt „Siehe! Adam ist worden als Unser einer" (S. 45; vgl. 1. Mose 3, 5 u. 22), so ist das jeweils etwas anderes. Von hier aus gewinnt die Erwähnung Newtons, des „Münzwaradeins" ihren Sinn: „Die Wörter haben ihren Werth, wie die Zahlen von der Stelle, wo sie stehen und ihre Begriffe sind in ihren Bestimmungen und Verhältnissen gleich den Münzen nach Ort und Zeit wandelbar." (S. 45) Das gilt sowohl für die geschichtliche oder diachrone wie für die gleichzeitige oder synchrone Sprachbetrachtung; hinzu kommt, daß jede Äußerung vom Leser oder Hörer mit „Nebenbegriffen" (S. 47) versehen wird: Mißverständnisse, mindestens unterschiedliche Deutungen desselben Wortes sind unvermeidbar. Wenn daher Sokrates sein Nichtwissen bekennt, ist das von Kriton, seinen Mitbürgern und von einem schönen Jüngling auf dreierlei Art verstanden worden. Hamann geht noch weiter, indem er das Experiment mit dem Satz „Ich spiele nicht" wiederholt. Er kann bedeuten, daß der Sprecher die Spielregeln nicht kennt, daß er ungern spielt oder gar: Ich spiele nicht mit Euch Betrügern. Damit aber wird die sokratische Maxime zu einer scharfen Polemik gegen die Sophisten und gegen Hamanns Zeitgenossen. Eine dritte Konsequenz des sokratischen Grundsatzes nennt Hamann Empfindung. Was man im achtzehnten Jahrhundert Empfindsamkeit nannte – den Protest gegen die Einseitigkeit der aufgeklärten Verstandeskultur, Sensibilität für psychische Vorgänge und sinnliche Eindrücke – deckt sich nur zu einem Teil mit Hamanns Begriff Empfindung, der durch den unüberbrückbaren Unterschied zum Lehrsatz definiert ist. Beide sind „einem lebenden Thier und anatomischen Geripppe desselben" (S. 49) zu vergleichen. Der Begriff wird so in bezeichnender Weise vertieft: aufgeklärter Skeptizismus ist tot, die Empfindung lebendig. Die Skeptiker unter den Sophisten und Aufklärern spielen nur die Rolle der Nichtwissenden, da sie zwar in der Tat unwissend sind, aber diesen Zustand nicht wie Sokrates hinnehmen. Sie behandeln ihre Unwissenheit wie einen Lehrsatz; Hamann will sie als Empfindung erfahren. Man kann Wahrheiten beweisen, ohne sie zu glauben; erst der Glaube macht sie zur lebendigen Wahrheit. Ja, man kann sogar einem Beweis glauben, ohne dem Bewiesenen beizutimmen. Es geht um den Glauben als – modern gesprochen – existenzielle Überzeugung, die das ganze Leben bestimmt: objektive Einsicht und persönliche

Betroffenheit sind zwei ganz verschiedene Dinge. Das gilt nicht allein vom religiösen Glauben, sondern auch von der Wahrnehmung eines Kunstwerkes. Was dem Dichter die Muse eingibt, ist für ihn so wahr wie für den Philosophen sein „Lehrgebäude" (S. 53). Aber erst ein Schicksalsschlag zeigt, was der Dichter oder Philosoph wirklich glauben. Hamann spielt damit auf zwei Zeitgenossen an: auf Voltaire, der nach dem Erdbeben von Lissabon am 1. November 1755 bekannte, er glaube „keine beste Welt" (S. 53), obwohl er sie beweisen kann, und auf Klopstock, der sich nach dem Tode seiner Meta seines guten Geistes beraubt sah. Der Weg zum wahren Wissen ist erst frei, wenn die menschliche Weisheit verwest ist. Der Sophist kann das so lange nicht verstehen, als er selbst keine gänzliche Umkehr wie Paulus vor Damaskus vollzogen hat.

Die für sein Denken bestimmende Form der Unwissenheit erläutert der Magus an Homer und Shakespeare. Zugleich führt er den Geniebegriff ein. Beide Dichter kannten die von Aristoteles erdachten Kunstregeln nicht; der Mangel wurde durch ihr Genie ausgeglichen. Was das Genie ist, zeigt Sokrates: sein „Gott", sein „Dämon" (S. 55). Das ist die Kehrseite seiner Unwissenheit; er ist begnadet und schöpferisch. Diese Gabe läßt sich weder definieren noch beschreiben, auch von Sokrates nicht. Hamann führt das humorvoll aus, indem er eine Folge skurriler Erklärungen aufführt und verwirft: das Genie ist weder ein Engel noch ein Kobold, auch kein physikalischer Apparat wie Thermometer, Barometer, Lupe oder Mikroskop und auch kein Hühnerauge, dessen Schmerz einen Wetterumschwung anzeigen mag. Selbst Sokrates kann seinen Dämon oder Genius nicht nennen oder beschreiben – das gehört zum Wesen des Genies: es hat seine Schöpferkraft nicht in der Gewalt wie ein Gelehrter oder Handwerker. Die Unwissenheit über seinen Genius ist Bedingung der Methode des Sokrates: er muß beständig fragen, „um klüger zu werden" (S. 57), den Naiven spielen und vorgeben, jede Meinung als wahr anzunehmen. Er bevorzugt die Analogie gegenüber der Dialektik der Sophisten und benimmt sich „wie alle Idioten" (S. 59), also Laien (die heute geläufige Bedeutung des Wortes „Idiot" kam erst im 19. Jahrhundert auf). Er war kein Schulphilosoph, sondern ein Philosoph der Lebenspraxis. Die Tätigkeit des Sokrates in seiner athenischen Umgebung war die Verlockung seiner Mitbürger zu einer verborgenen Wahrheit. Plato verstand ihn, indem er ihnen vorhielt, Sokrates sei von den Göttern gesandt, um sie von ihren „Thorheiten" zu überzeugen.

Der dritte Abschnitt der *Denkwürdigkeiten* ist Analogien zwischen Sokrates und Jesus und zwischen Sokrates und Hamann gewidmet: indem Sokrates den in der Schlacht vom Pferde gefallenen Xenophon rettete, entspricht er dem Erlösungswerk Christi; indem er sich politischer Aktivitäten enthielt, folgte er seinem Dämon, analog dem Petruswort: „Man muß Gott mehr gehorchen denn den Menschen" (Apg.5, 29). Als er sich dann zu einer Tätigkeit in der Ratsversammlung bereitfand, machte er sich durch

Formfehler und Ungeschicklichkeiten lächerlich: wer, wie auch Hamann bei seiner Mission in England, eine Tätigkeit übernimmt, die seiner Natur widerspricht, erleidet Mißerfolge. Daß Sokrates kein Autor war, findet seine Analogie in Hamanns Weigerung, die Encyclopédie zu übertragen: Sokrates brauchte keine Bücher zu schreiben, um dennoch unsterblich zu werden, so wie Epaminondas, der Sieger in der Schlacht bei Leuktra 371 v. Chr., keine Kinder brauchte, um in ihnen zu überleben, denn der Sieg hatte ihn unsterblich gemacht. Doch auch die Jesus-Typologie verbietet Sokrates, als Autor aufzutreten; diese Beziehung wird durch die Bezeichnung „der sanftmütige und herzlich-demütige Menschenlehrer" (S. 67) unterstrichen: sie bezeichnet ebenso Christus wie Sokrates. Und beiden ist gemeinsam, daß sie bisweilen angesichts des Unverstandes und der Arroganz der Sophisten – zu Jesu Zeiten waren es die Pharisäer – in eine Art von heiligem Zorn geraten konnten.

Wäre Sokrates aber Schriftsteller geworden, so hätte er eine plastische Schreibart gepflegt, die der Aufnahme seiner Schriften abträglich gewesen wäre: ein Hinweis auf Hamann selbst. „Die Kunstrichter waren mit seinen Anspielungen nicht zufrieden, und tadelten die Gleichnisse seines mündlichen Vortrages bald als zu weit hergeholt, bald als pöbelhaft." (S. 67) Das ist die Kritik an Hamanns eigenem Stil, seinen weit hergeholten Bildern und der Stilmischung, die auch den niederen Stil einschließt. Er tut Ähnliches wie Sokrates – dieser wandte sich in Athen gegen das Gewinnstreben von Sophisten und Priestern, der Magus gegen die „Encyclopedie der gesunden Vernunft und Erfahrung" (S. 69). Und die nachträgliche Ehrung des unschuldig hingerichteten Sokrates durch die Athener weist auf das Jesus-Wort voraus: „Weh euch, Schriftgelehrte und Pharisäer, ihr Heuchler, die ihr der Propheten Gräber bauet und schmücket der Gerechten Gräber" (Mt. 23, 29).

B. „Die Magna Charta des Sturm und Drang" Johann Gottfried Herder
Journal meiner Reise im Jahre 1769

1. Grundlageninformation

1.1. Text und Materialien

Johann Gottfried von Herders Lebensbild. Sein chronologisch-geordneter Brief-wechsel, verbunden mit den hierhergehörigen Mittheilungen aus seinem unge-druckten Nachlasse, und mit den nöthigen Belegen aus seinen und seiner Zeitge-nossen Schriften. Hg. von Emil Gottfried von Herder. Bd. 2. Erlangen 1846
Journal meiner Reise im Jahre 1769, in: Herders Sämmtliche Werke. Hg. von Bern-hard Suphan. 33 Bde. Berlin 1877–1913. Bd. IV, 1878, S. 343–461
Journal meiner Reise im Jahr 1769, in: Johann Gottfried Herder. Werke in zehn Bänden. Bd. IX/2. Journal meiner Reise im Jahr 1769. Pädagogische Schriften. Hg. von Rainer Wisbert unter Mitarbeit von Klaus Pradel. Frankfurt a. M. 1997, S. 9–126
Johann Gottfried Herder: *Journal meiner Reise im Jahr 1769*. Historisch-kritische Ausgabe. Hg. von Katharina Mommsen unter Mitarbeit von Momme Mommsen und Georg Wackerl. Stuttgart 1976

1.2. Forschungsliteratur

Bäte, Ludwig: Johann Gottfried Herder, der Weg, das Werk, die Zeit, Stuttgart 1948
Heise, Wolfgang: Der Entwicklungsgedanke als geschichtsphilosophische Programm-matik. Zur Gemeinsamkeit von Herder und Goethe in der frühen Weimarer Zeit, in: GJb. 93 (1976), S. 116–138
Kantzenbach, Friedrich Wilhelm: Johann Gottfried Herder in Selbstzeugnissen und Bilddokumenten, Reinbek 1970, [5]1992
[Der Vf., Kirchenhistoriker, stellt Herders theologisch-religiöse Entwicklung in den Mittelpunkt.]
Mommsen, Katharina: Herder's diary of his journey in the year 1769 as a journal of crisis and development, in: Literatur als Dialog. Festschrift zum 50. Geburtstag von Karl Tober, hg. von Reingard Nethersole, Johannesburg 1979, S. 189–194
Stockum, Thedorus Cornelis van: *Herders Journal meiner Reise im Jahre 1769*, Amsterdam 1960
[Kommentiert Auszüge aus Herders Text und behauptet dabei, H. habe sich in einer beinahe „neurotischen" Seelenlage befunden.]
Wisbert, Rainer: Das Bildungsdenken des jungen Herder. Interpretation der Schrift *Journal meiner Reise im Jahr 1769*, Frankfurt a. M./Bern 1987 (Diss. Köln 1985)
[Analysiert Herders Schrift mit großer Genauigkeit als die Keimzelle fast aller späterer Werke.]

2. Analyse

Johann Gottfried Herder (1744–1803), nach dem Studium der Theologie in Königsberg 1764 an die Domschule nach Riga berufen, bald auch Prediger dort, ist mit fünfundzwanzig Jahren bereits ein bekannter Autor. Seine Sammlungen von Fragmenten *Über die neuere deutsche Literatur*, ein Nachruf auf Thomas Abbt (1738–1766) und die *Kritischen Wälder zur Ästhetik* waren 1767–1769 erschienen. Diese Schrift hatte ihm die Gegnerschaft des Göttinger Professors Christian Adolf Klotz (1738–1771) zugezogen. Dessen Polemik, seine Tätigkeit an der Domschule, wo er seine Reformvorstellungen nicht verwirklichen konnte, und als Prediger, die Neid und Mißtrauen der Kollegen zur Folge hatte, machten ihm seine persönliche Lage in Riga schwer erträglich. Er reichte im Mai 1769 sein Entlassungsgesuch ein und reiste drei Tage später zu Schiff nach Nantes, wo er am 16. Juli eintraf und bis Anfang November verweilte. Dann brach er nach Paris auf.

Könnte man angesichts der persönlichen Lage Herders von einer Flucht aus Riga sprechen, so trägt der Text des *Journals* alle Zeichen eines Aufbruchs zu neuen Horizonten. Das Leiden an einer engen und beschränkten Welt, die die Entfaltung der eigenen Möglichkeiten unterbindet und das Ungenügen an der eigenen Lebensführung in diesen Verhältnissen sind die beiden einander ergänzenden Motive des Aufbruchs. Es sind zugleich die Züge der jungen Literatur der 1770er Jahre: zum Abschied von der beengenden Kultur der Väter gehört der begeisterte Schwung des Neubeginns. Deshalb hat Arno Schmidt das *Journal* „die Magna Charta des Sturm und Drang" (Arno Schmidt: Herder, oder Vom Primzahlmenschen. in: A. S.: Nachrichten von Büchern und Menschen I. Zur Literatur des 18. Jahrhunderts. Frankfurt a. M. 1971, S. 174) genannt: Die Magna Charta libertatum, die große Urkunde der Freiheiten von 1215, gilt als Grundgesetz des englischen Verfassungsrechts. Alle Vergleiche aber hinken, und auch dieser: trat die britische Magna Charta alsbald in Kraft, so wurde Herders Reisejournal erst 1810/1820 teilweise und 1846 vollständig veröffentlicht.

Das *Journal* ist kein Reisetagebuch, wie der Titel vermuten läßt. Es fehlen weitgehend Datierungen und Beobachtungen bemerkenswerter Ereignisse und Erscheinungen, die der Verfasser für sich oder seine Leser festhalten möchte. Zwar hat Herder wohl während der Reise Notizen gemacht, aber vermutlich erst nach dem 17. Juli 1769 begann er die Niederschrift. Ein Tagebuch jedoch ist die Schrift in einem anderen Sinne: eine Zusammenstellung von Wahrnehmungen, Einfällen, Plänen und Gedanken, die thematisch, nicht chronologisch geordnet sind. Herder schreibt für sich selbst; er legt seine Absichten und Projekte nieder, analysiert sich selbst und entwirft seine künftige Biographie. Er plant die Mehrzahl seiner späteren Werke und skizziert sie mehr oder minder ausführlich. Man darf deshalb den Titel in einem übertragenen Sinn verstehen: als Darstellung der Reise des Autors zu sich selbst und zugleich als Rechenschaftsbericht. Ist in der Kaufmannssprache ein Journal ein Buch, in dem alle Guthaben, Geld- und Warenbestände mit den Schulden aufgeführt und verrechnet werden, so zieht Herder hier die Bilanz seiner Pläne und Erfahrungen, seines künftigen und vergangenen Lebens. Wenn er schreibt, er wolle „ein Journal der Menschenkänntniße" (S. 34) führen, verwendet er das Wort in diesem Sinne.

Diese literarische Form ermöglicht es ihm, seine Gedanken zwanglos aneinanderzureihen. Er beginnt mit dem knappen Bericht über die Abreise, deutet die Gründe dafür an und zieht eine Summe seines bisherigen Lebens, dessen Versäumnisse und Mängel er beklagt. Das führt ihn zu dem Vorsatz, sich um „Fakta und Realitäten" (S. 14) zu bemühen, wenn er eine „Universalgeschichte der Bildung der Welt" (S. 17) schreibe, deren Umrisse er in Stichworten andeutet. Die Beobachtung des Meeres und der Fische bringt ihn auf das Schiff, in dessen Organisation er das „Urbild" (S. 19) der politischen Regierung sieht. Dabei denkt er an Rußland, dann an das antike Griechenland und seine Dichtungen. Von hier aus gelangt er zur Zivilisationskritik und beklagt die „Kunst", die an die Stelle von „Charakteren und Menschen" (S. 28) getreten sei. Er denkt dabei an Livland und faßt Entschlüsse zu eigenen künftigen Aktivitäten: Er will seine Versäumnisse nachholen und zugleich der „Genius Lieflands" werden, indem er sich zum „Prediger der Tugend" bildet, wobei er in einer für seine Lage bezeichnenden Weise diese Tugend mit „Glückseligkeit und Erregung" (S. 31) verbinden will: da ist einerseits die Bindung an die Ideale der Aufklarung – „der aufgeklärte, unterrichtete, feine vernünftige, gebildete, tugendhafte, geniessende Mensch" (S. 31) schwebt ihm als Bild seiner selbst vor – andererseits aber die Forderung der „Erregung", die ihn aus dem „Bagatellenkram" (S. 29) seiner Zeit befreien soll. Aus diesen Überlegungen entwirft er zwei weitere Werke: „Fragmente über die Moral und die Religion aller Völker, Sitten und Zeiten" (S. 32) und ein „Jahrbuch der Schriften für die Menschheit" (S. 34).

Der eigene Ehrgeiz und die Überlegungen über die „Sklaverei", die in Livland herrscht, bringen ihn auf den Gedanken, daß seine Pläne sich nur mit Hilfe der Regierung verwirklichen lassen; daher will er Einfluß auf die Zarin Katharina II. nehmen. Er gelangt damit zu dem größten zusammenhängenden Teil des *Journals*, zu einem pädagogischen Programm, das zunächst zur Reform der Rigaer Domschule bestimmt ist. Es wird auf annähernd vierzig Seiten beschrieben und bis in praktische Einzelheiten mit Tabellen und Plänen ausgearbeitet. Seine Phantasie greift in weite Zeiten und Räume aus, vor allem richtet sie sich auf Rußland; auf sein Geburtsland Preußen setzt er ebenso geringe Hoffnungen wie auf Schweden und die alten Hansestädte an der Ostsee, auf Holland und vollends auf Frankreich, dessen Mentalität ihm ganz fremd bleibt: Rußland hingegen regt ihn zu großen Hoffnungen an, die Ukraine sieht er als „neues Griechenland"

(S. 78). Vor allem die französische Sprache kritisiert er, da er sie für unphilosophisch hält; er setzt „die Sprache des Sturms der Wahrheit und Empfindung" (S. 108) dagegen. Hier fällt erstmals das Wort Sturm in dem für die Aufbruchsstimmung der Epoche bezeichnenden metaphorischen Sinn. Und es ist ebenso bezeichnend, daß Herder diese Beobachtung in Frankreich macht, denn hier, so sieht er es, beseitige der Geist des „Wohlstands" – im Sinne von Anstand oder Gesittung – das Gefühl und erziehe zur Oberflächlichkeit. Deutlich wird ihm das am Theater.

Man hat Herder seine Feindschaft gegen Frankreich vorgeworfen – teilweise zu Unrecht. Denn was er kritisiert, ist v. a. der Zustand der französischen Kultur seiner Zeit. In früheren Zeiten sieht er bei den Franzosen durchaus „Genie", wie aus seiner Beurteilung Montaignes und Montesquieus ersichtlich ist, auch aus seiner Forderung, Französisch als erste Fremdsprache zu unterrichten. Die französische Gegenwart aber, die er erlebt, erscheint ihm als Verfall: „man wohnt auf den Ruinen" (S. 92). Die große *Enzyklopädie* ist ihm Ausdruck einer gleichsam biedermeierlichen Kultur: man sammelt, ordnet, rubriziert und katalogisiert, aber Genie und Geist fehlen. Zugleich sind die kritischen Worte über Frankreich im Zusammenhang mit Anwandlungen von Melancholie zu sehen: er beklagt die Versäumnisse auf seiner Reise, vor allem, daß er Kopenhagen nicht besucht habe, wo er Klopstock und Gerstenberg hätte sprechen, den Prediger Cramer hätte hören und das Münzkabinett hätte besichtigen können; er bezweifelt, ob es überhaupt richtig gewesen sei, nach Frankreich zu reisen, allein seiner mangelnden Sprachkenntnisse wegen, die ihn isolieren. Das hindert ihn nicht, weitere Pläne zu Papier zu bringen. Sie betreffen Bücher über „Die geistliche Beredsamkeit" (S. 118), die „Christliche Kirchengeschichte" (S. 128), eine Schrift über Ästhetik und Bildhauerkunst sowie endlich „ein Werk über die Jugend und Veraltung Menschlicher Seelen" (S. 134).

Mit erneuten Gedanken über allgemeine Erziehungsfragen, in deren Mittelpunkt die Forderung steht, lebendig zu lehren und zu lernen, mit Ermahnung auch zur Selbsterziehung, zur seelischen und geistigen Diät, um sich selbst jung zu erhalten, bricht das *Journal* ab. Es blieb unvollendet.

Sprache und Stil des Reisejournals entsprechen der assoziativ reihenden Gedankenführung. Herder schreibt weniger begrifflich als bildhaft. Anstelle schul- und regelgerechter Definitionen bevorzugt er Worthäufungen, wie z. B. die Diärese oder enumeratio: „Wie klein und eingeschränkt wird da Leben, Ehre, Achtung, Wunsch, Furcht, Haß, Abneigung, Liebe, Freundschaft, Lust zu lernen, Beschäftigung, Neigung – wie enge und eingeschränkt endlich der ganze Geist." (S. 11) Auch der Parallelismus membrorum kommt vor: „Da lernte man beschreiben, erzählen, rühren, dadurch daß man sahe, hörte, fühlte!" (S. 63) Es geht ihm nicht um den Beweis seiner Einsichten, sondern um ihre Evidenz, die er oft durch Ausrufzeichen unterstreicht.

Lieblingsvokabeln sind „lebendig" und „Geist". Herder fordert eine „lebendige" Geschichtsschreibung (S. 49), eine „lebendige Welt" (S. 77), eine „lebendige Kultur" (S. 78), „lebendige Bemerkungen" (S. 70), ja eine „lebendige Daktyliothek" (Gemmensammlung) (S. 50). Lebendig sind Geist und Gefühl, Original und Genie – so ließe sich der Grundgedanke der Schrift zusammenfassen. Er ist bestimmend für die Epoche geworden. Zugleich rückt das Wort Geist in die Mitte der Erörterung. Herder verwendet es in verschiedenen Bedeutungen. Wenn er schreibt: „Ich will mich so stark als möglich vom Geist der Schriftstellerei abwenden und zum Geist zu handeln gewöhnen!" (S. 86 f.), dann meint Geist etwa die Charaktereigenschaft oder Begabung, so auch, wenn er vom „Handelsgeist" spricht. Zugleich ist der „Geist" ein überindividuelles Prinzip, z. B. in Formulierungen wie „Geist der Feudalkriege" oder „Geist der Zeit" (S. 87): da ist die bestimmende Kraft einer Nation oder Epoche gemeint, und der Geist einer Sprache ist der „Sinn des lebenden Volks" (S. 105). Geist kann auch einfach die Intelligenz, der Geschmack oder die Empfindung einer Epoche sein wie in der Formulierung „Feinheit des Geistes" in einem Volke. Fast immer ist für den Theologen Herder Geist die belebende Kraft, das pneuma. Er ist die Fähigkeit zur Einsicht und Erkenntnis. So spricht er vom „Gesicht des Geistes und der Einbildung" (S. 57). Geist steht, so verstanden, im engen Zusammenhang mit Natur; sie äußert sich als „Wahrheit, Lebhaftigkeit, Stärke" (S. 62). Und die Natur des Menschen wiederum ist seine Begabung, die Vernunft, Verstand und Phantasie einschließt: je weiter man sich auf eine Definition des Begriffs einläßt, desto vielseitiger und bedeutungsreicher wird er.

In enger Verbindung mit dem Geist steht das Gefühl, das höchste Organ der Wahrnehmung. Es steigert nicht nur Sinne und Einsicht, sondern auch das Herz. Es wird nicht durch logische Beweisführung, sondern durch „Lebhaftigkeit und Evidenz" (S. 62) überzeugt. So kann der Geist einer vergangenen Epoche am besten durch „ein feines innerliches Gefühl" (S. 105) erkannt werden. Herder zeigt das an den Altphilologen seiner Zeit; sie treiben ihre Wissenschaft ohne Gefühl für die antiken Autoren, die unter ihren Händen zu leblosen und papierenen Wesenheiten geworden sind. Er fordert von ihnen ein Gespür, das in seinen Augen die Voraussetzung des Verständnisses in der Philologie, den Künsten und der Geschichte ist. Dieses Gefühl ist original, also ursprünglich und angeboren. Herder spricht von „Originalgeistern des Ausdrucks" (S. 8). Früher einmal hat es sie auch in Frankreich gegeben, als dort die Kultur ihre Entwicklung begann; diese Anfänge nennt er „Origines" im Gegensatz zu den „aborigines" seiner Zeit. Deren Werke – „Abregés, Dictionaires[!], Histoires, Vocabulaires, Esprits, Encyclopedieen, u. s. w." (S. 91) – sind Abwege, auf denen sich der unnatürlich verfeinerte Geist verirrt.

Damit ist eigentlich schon Herders Geniebegriff umschrieben: er spricht vom Genius der Erleuchtung (S. 17), also der Inspiration, andererseits aber auch vom Genie, das beim Studium durch Treue, Fleiß und Aufmerksamkeit ersetzt werden könne. In anderer Bedeutung ruft er den „Genius meiner Natur!" (S. 43) an: seinen guten Geist oder Schutzgeist. Genie kann aber auch bedeutungsgleich mit „Geist" verwandt werden, wenn er vom Genie einer Sprache spricht. Er scheint sich noch nicht völlig im klaren zu sein über den genauen Wortgebrauch, wenn er es nicht allein in der Bedeutung, die vom lateinischen Genius abgeleitet ist, sondern auch in der auf „ingenium" zurückgehenden benutzt, indem er z. B. den Engländern die Verbindung des Genies mit der Erfahrung (S. 89) nachrühmt. Gleichwohl finden sich dann aber auch Zusammenstellungen mit „Wahrheit", „Stärke" und „Tugend" (S. 109), die in die für den Sturm und Drang bezeichnende Richtung des Geniebegriffs weisen: Herder greift nicht mehr auf psychologische Erklärungsversuche der inspirierten Produktivität zurück, sondern erweitert den Begriff in die Richtung des rational nicht Verfügbaren.

Betrachtet man die entscheidenden Begriffe des *Journals*: Geist, Gefühl und Genie im Zusammenhang mit dem Begriff Leben, so mag man die Genauigkeit und Klarheit vermissen, mit denen z. B. Kant diese Begriffe später definiert und benutzt hat. Das erklärt sich z. T. durch die geschichtliche Lage, in der sich Herder 1769 befindet. Was er verläßt – die russisch beherrschte baltische Hansestadt Riga mit ihrer überwiegend lettischen Bevölkerung und deutschen Oberschicht, seine Ämter als Lehrer und Prediger, seine literarische Fehde mit Klotz – ist leichter zu beschreiben als das Leben, das er sucht. Am ehesten kann man es verstehen, wenn man den Hinweisen auf Swift und Sterne im *Journal* folgt. Schon 1767 hatte er den Dubliner Dekan Jonathan Swift (1667–1745) in den Fragmenten *Über die neuere deutsche Literatur* neben Shakespeare und Fielding gestellt, weil er sich das „Gefühl" seiner „Nation" angeeignet und die „Fundgruben" der Sprache durchforscht habe. Andeutungsweise ist hier schon das Programm der späteren Volksliedersammlung vorweggenommen. Und Laurence Sterne (1713–1768), Herders Lieblingsschriftsteller in den Rigaer Jahren, fasziniert ihn durch seine skeptische und diagnostische Sichtweise, die er selbst sich aneignen möchte, das „Launische", wie er in den *Fragmenten* formuliert. Sehr viel später hat Goethe an ihn erinnert in einem kleinen Aufsatz von 1826, wo er ihn als einen Mann feiert, „der die große Epoche reinerer Menschenkenntniß, edler Duldung, zarter Liebe in der zweiten Hälfte des vorigen Jahrhunderts zuerst angeregt und verbreitet hat." (WA I, 41. 2, S. 253, vgl. WA I, 42. 1 u. WA III, 10, S. 144. 5. Januar 1826) Goethes Äußerung läßt sich auf Herder übertragen. Wenn er im Reisejournal kritisiert, Bilanz zieht und Pläne für die eigene literarische und berufliche Zukunft entwirft, so ist dahinter ein untrügliches Gespür zu erkennen für das, was veraltet und überlebt ist und gleichzeitig für das Neue und Zukunftweisende. Seine Zivilisations- und Literaturkritik gründet in einem höchst sensiblen Empfinden für die geschichtlichen Tendenzen der Epoche. Eben-

sowenig wie das Genie läßt sich dieser Sinn für das Veraltete, banal Gewordene definieren, erlernen oder lehren. Sicherlich gehören beide zusammen. Es ist dieser Blick für die neuen, fruchtbaren Züge seiner Zeit, der
ihn zum maßgeblichen Anreger des Sturm und Drang macht. Er selbst war
sich dieser Fähigkeit offenbar bewußt, denn er plante „ein Werk über die
Jugend und Veraltung menschlicher Seelen" (S. 134).

Herder, der sechzehnjährig in das Haus des Diakons Trescho in seine
Vaterstadt Mohrungen gekommen war, hatte dort erste Bekanntschaft mit
Hamanns Schriften machen können. Spätestens 1764 begegnete er ihm
selbst während des Studiums in Königsberg. Der Einfluß Hamanns auf
Herder ist im *Journal* deutlich wahrzunehmen. Denkt Hamann in Typen,
so Herder in Analogien und Vergleichen – die Sinneswahrnehmungen der
Fische seien „Analogisch" (S. 18) zu erforschen, die Bewegungen des Was-
sers sind wie die der Luft zu verstehen, das Schiff ist das „Urbild" (S. 19)
des Staates.

Später hat Herder in der Schrift *Vom Erkennen und Empfinden der
menschlichen Seele* (1774) des näheren ausgeführt, wie sehr menschliche
Erkenntnis auf die Analogie und Metapher angewiesen ist. Logische Ope-
rationen führen nicht sehr weit, denn „Was wir wissen, wissen wir nur aus
Analogie". Neue Einsichten und Erkenntnisse werden durch neue Metaphern hervorgerufen: „Wie unsre ganze Psychologie aus Bildwörtern be-
stehet, so wars meistens *Ein* neues Bild, *Eine* Analogie, *Ein* auffallendes
Gleichnis, das die größten und kühnsten Theorien geboren." (Herder,
Bd. IV, S. 330) Dieser Gedanke, den Herder bereits im Reisejournal 1769
andeutet, ist in der Wissenschaftstheorie des zwanzigsten Jahrhunderts zur
grundlegenden Einsicht geworden. Mit Hamann sieht er auch die Folgerung, die aus diesem erkenntnistheoretischen Grundsatz zu ziehen ist: die
wissenschaftliche Beweisführung mit Hilfe logischer Beweise nennt er ein
„Brettspiel, das auf angenommenen Regeln und Hypothesen ruhet". Das
ist eine Erkenntnis, die Hamann in der *Aesthetica* ausgesprochen hatte. Sie
hat unter anderem die Kritik Herders an seiner eigenen Erziehung zur
Folge: „Ich wäre nicht ein Tintenfaß von gelehrter Schriftstellerei [...]
geworden" (S. 9). Und weil er dies an sich selbst kritisch wahrnimmt, faßt
er den Vorsatz, künftig so zu lesen, wie Hamanns „herrliche Maxime" –
mit Goethes Worten – es fordert; Herder will sich „zum Gesetz machen,
nie zu lesen, wenn ich nicht mit ganzer Seele, mit vollem Eifer, mit unzer-
teilter Aufmerksamkeit lesen kann" (S. 152). Die Forderung der Lebendig-
keit, die Hochschätzung des Gefühls und der Natur, die es erfährt, auf der
einen Seite, und die Ablehnung der zeitgenössischen kleinlichen Buchge-
lehrsamkeit auf der anderen Seite: Herder hat sie vielleicht nicht von Hamann übernommen, aber sicherlich ist er von Hamann in diesen Grundsätzen bestärkt worden.

C. Die Entdeckung der Geschichtlichkeit
Auch eine Philosophie der Geschichte zur Bildung der Menschheit

1. Grundlageninformation

1.1. Text und Materialien

Auch eine Philosophie der Geschichte zur Bildung der Menschheit. Beytrag zu vielen
Beyträgen des Jahrhunderts. [o. O.] 1774
Auch eine Philosophie der Geschichte zur Bildung der Menschheit, in: Herders
Sämtliche Werke. Hg. von Bernhard Suphan. 33 Bde. Berlin 1877–1913. Bd. V.
Hg. von Bernhard Suphan und Reinhold Steig, Berlin 1891, S. 475–586
Auch eine Philosophie der Geschichte zur Bildung der Menschheit, in: Herder:
Bd. IV. Schriften zu Philosophie, Literatur, Kunst und Altertum 1774–1787. Hg.
von Jürgen Brummack und Martin Bollacher, Frankfurt a. M. 1994, S. 9–107
[Sorgfältig kommentierte Ausgabe]
*Johann Gottfried Herder: Auch eine Philosophie der Geschichte zur Bildung der
Menschheit*. Hg. von Hans Dietrich Irmscher, Stuttgart 1990
[Mit Kommentar und Literaturhinweisen]

1.2. Forschungsliteratur

Adler, Hans: Die Prägnanz des Dunklen: Gnoseologie, Ästhetik, Geschichtsphiloso-
phie bei Johann Gottfried Herder, Hamburg 1990
Arnold, Günter: Beiträge zur Geschichtsphilosophie Johann Gottfried Herders im
Zeitalter der Französischen Revolution, Diss. Leipzig 1983
Bollacher, Martin: „Natur" und „Vernunft" in Herders Entwurf einer Philosophie
der Geschichte der Menschheit, in: Gerhard Sauder (Hg.): Johann Gottfried Her-
der. 1744–1803, Hamburg 1987, S. 114–124
Frenz, Peter: Studien zu traditionellen Elementen des Geschichtsdenkens und der
Bildlichkeit im Werk Johann Gottfried Herders, Frankfurt a. M./Bern 1983 (Diss.
Hamburg 1982)
[Untersucht verschiedene Bildbereiche, die Herders Stellung zu Gott, Natur und
Geschichte erhellen.]
Gadamer, Hans-Georg: Nachwort, in: Ders. (Hg.): Johann Gottfried Herder. *Auch
eine Philosophie der Geschichte zur Bildung der Menschheit*, Frankfurt a. M.
1967
[Stellt Entwicklung und Eigenart von Herders Geschichtsdenken als „Sinn für
Kraft" dar.]
Grawe, Christian: Herders Kulturanthropologie. Die *Philosophie der Geschichte der
Menschheit* im Lichte der modernen Kulturanthropologie, Bonn 1967 (Diss. Ber-
lin)
[Gesamtdarstellung von Herders Anthropologie in ihrem Zusammenhang mit
seiner Geschichtsphilosophie.]

Irmscher, Hans Dietrich: Beobachtungen zur Funktion der Analogie im Denken Herders, in: DVjs. 55 (1981), S. 64–97

Ders.: Gegenwartskritik und Zukunftsbild in Herders Schrift *Auch eine Philosophie der Geschichte zur Bildung der Menschheit*: Beitrag zu vielen Beiträgen des Jahrhunderts, in: Recherches germaniques 23 (1993), S. 33–44

Meinecke, Friedrich: Die Entstehung des Historismus, in: Hans Herzfeld, Carl Hinrichs, Walther Hofer (Hg.): Friedrich Meinecke: Werke, Bd. 3, München 1965

Otto, Regine: „Nur ein Wort über Herders Philosophie der Geschichte": zu den Wirkungen der Bückeburger Abhandlung, in: Klaus Bohnen/Per Ohrgaard (Hg.): Aufklärung als Problem und Aufgabe: Festschrift für Sven-Aage Jørgensen zum 65. Geburtstag, München 1994

Pfaff, Peter: Hieroglyphische Historie. Zu Herders *Auch eine Philosophie der Geschichte zur Bildung der Menschheit*, in: Euphorion 77 (1983), S. 407–418

Brigitte Poschmann (Hg.): Bückeburger Gespräche über Johann Gottfried Herder 1983, Rinteln 1984
[Enthält u. a. Aufsätze von Wolfgang Düsing, Hans-Bernd Harder, Hans Dietrich Irmscher.]

Rathmann, János: Zur Geschichtsphilosophie Johann Gottfried Herders, Budapest 1978
[Die gut geschriebene Abhandlung stellt die Geschichtsphilosophie in den Mittelpunkt von Herders Denken.]

Schulze-Kadelbach, Hans-Gerd: Herders Geschichtsdenken und Humanitätsidee im Zusammenhang mit seinem Griechenbild, Diss. Würzburg 1950

Sommerhalder, Hugo: Herder in Bückeburg als Deuter der Geschichte, Frauenfeld 1945

2. Analyse

„Welch ein Werk über das Menschliche Geschlecht! Den Menschlichen Geist! Die Cultur der Erde! aller Räume! Zeiten! Völker! Kräfte! Mischungen! Gestalten!" (S. 17) Die Ausrufe umreissen im Reisejournal von 1769 den Plan zu der Schrift, die Herder 1773 in Bückeburg schrieb, in demselben fruchtbaren Jahr, als der Shakespeare-Aufsatz seine endgültige Form fand, die *Alten Volkslieder* zusammengestellt wurden und der Band *Von deutscher Art und Kunst* im Druck erschien. Herder schreibt den *Beytrag zu vielen Beyträgen des Jahrhunderts* „in einer so merkwürdigen Krisis des menschlichen Geistes" (Herder, Bd. IV, S. 840), wie er in einer älteren Fassung sagt. Er meint damit keine nur geistesgeschichtliche Krise – „Geist" war ja schon im *Journal* die bewegende Kraft der Geschichte – sondern eine Krise der Epoche auf allen Lebensgebieten.

Das umfassende Programm einer universalen Weltgeschichte löst diese erste geschichtsphilosophische Schrift Herders noch nicht ein. Aber sie entwirft den Begriff der Universalgeschichte. Man kann in ihm drei wesentliche Elemente erkennen.

Zunächst umfaßt Geschichte die gesamte Welt. Sie ist nicht auf die europäische Geschichte beschränkt, sondern ist ebenso die Geschichte fremder Völker, auch wenn wir darüber kaum etwas wissen, wie z. B. über die altägyptische Kultur, deren systematische Erforschung erst nach Herders Zeit begann und die der an Winckelmann geschulte Klassizismus des achtzehnten Jahrhunderts nicht wahrnehmen mochte. Mit diesem erweiterten Geschichtsbegriff deutet sich eine der großen Tendenzen der „Sattelzeit" an: die Entwicklung zur Weltgesellschaft. Zweitens umfaßt der Begriff Universalgeschichte alle Lebensbereiche – „Cultur", „Chronologie und Policei und Philosophie", Religion, Recht, Sitten, Wissenschaften. Endlich wird Geschichte durch „Kräfte" bestimmt, ist also lebendig. Dies Lieblingswort des *Journals* dürfte auch das der Bückeburger Schriften sein.

Man kann daher die Abhandlung ebenso als Stufe auf dem Weg zu den *Ideen zur Philosophie der Geschichte der Menschheit*, die zwischen 1782 und 1788 entstand, wie als Programmschrift des Sturm und Drang sehen. Sie ist in drei Teile gegliedert. Der erste entwickelt in elf Abschnitten, beginnend mit dem „Patriarchenleben" des Alten Testaments, dem goldenen Zeitalter der kindlichen Menschheit, fortfahrend mit dem alten Ägypten, dem Beginn des Knabenalters, über die Jünglingszeit in Griechenland und das Mannesalter in Rom den Gedanken: „jede Nation hat ihren Mittelpunkt der Glückseligkeit in sich, wie jede Kugel ihren Schwerpunkt!" (S. 35) Hatte Herder schon im *Journal* geschrieben: „Das Menschliche Geschlecht hat in allen seinen Zeitaltern, nur in jedem auf andre Art, Glückseligkeit zur Summe" (S. 30), so stellt er hier diesen Gedanken einer grundlegenden Überzeugung der Aufklärung entgegen, der er vorwirft, ihr Geschichtsverständnis am Fortschrittsglauben zu orientieren, so daß „Romane gemacht" werden. Damit bereitet er zugleich dem Historismus des neunzehnten Jahrhunderts den Weg, sofern er eine individualisierende Geschichtsbetrachtung fordert. Er nennt sich, im Gegensatz zu den Geschichtsphilosophen der Aufklärung, den „wahre[n] Schüler der Geschichte und des menschlichen Herzens".

Dies Selbstbewußtsein ist durch eine methodische Überlegung begründet, die Herder zuvor entwickelt hatte: jede allgemeine und abstrahierende Charakteristik ist fragwürdig, da sie von Einzelheiten notwendig absehen muß. Weil die einmalige Individualität einer Sache unaussprechlich ist, bringt jede allgemeine Charakteristik die Gefahr von Mißverständnissen mit sich. Die Sprache kann daher von der unverwechselbaren Einmaligkeit menschlichen Lebens und Fühlens nur ein „Schattenbild" liefern. Verstärkt gilt das vom Wesen der Nationen und Epochen. Damit sind zwei Probleme verbunden, auf die schon Hamann hingewiesen hatte. Einmal ist der Mensch zur Verständigung über die Welt und über sich selbst auf die Sprache angewiesen. Sie ist zwar allen Menschen gemeinsam, aber jeder versteht und empfindet anders, da er die Wörter mit eigenen Vorstellungen verbindet. Daraus ergibt sich das zweite Problem: man legt, womöglich

ohne es selbst zu merken und unabsichtlich, eigene Überzeugungen und
Wünsche in die Sache, die man verstehen will, so daß statt eines Bildes der
Welt Fiktionen oder „Romane" das Ergebnis des Verstehensvorganges sind.
Immer ist das Verstehen eine Bewegung am Leitseil eigener Vorurteile, die
das Bild der Wahrnehmungen färben. Es gibt kein Verständnis einer Sache,
das allen Menschen gemeinsam wäre, am wenigsten in der Geschichte, und
es gibt kein absolut sachlich richtiges Verständnis. Die allen Menschen
gemeinsame Vernunft ist eine Fiktion.

Mit Hamann versucht Herder, das Verstehensproblem zu lösen, indem
er auffordert zu „fühlen". Man muß, um eine vergangene Zeit oder eine
untergegangene Nation zu verstehen, mit ihr „sympathisieren", und zwar
möglichst tief: „fühle dich in alles hinein – nun allein bist du auf dem
Wege, das Wort zu verstehen" (S. 29). Nur so ist die „Kluft", die uns von
der Vergangenheit trennt, zu überwinden. Indes wird es dem Menschen nie
möglich sein, die Geschichte vollständig zu überblicken. Das liegt an der
Beschaffenheit der menschlichen Erkenntnis, die entweder das Einzelne
oder das Ganze wahrnimmt. Es ist das bekannte Problem des hermeneutischen Zirkels, und nur der Schöpfer kann die Vielfalt der Erscheinungen
denken, ohne ihre Einheit zu verkennen. Aufgrund dieser Erkenntnis stellt
Herder den Fortschrittsglauben der Aufklärung in Frage. Zwar schreitet
die Menschheit immer weiter voran, aber ihr Weg ist keine zielgerichtete
Entwicklung, die immer höher führt und immer bessere Menschen hervorbringt, sondern jedes Volk bildet sich gemäß seinem Charakter „national",
gemäß seiner geschichtlichen Stellung „säkular", immer aber „individuell"
aus. Diese Mannigfaltigkeit des geschichtlichen Lebens kann nur dann als
eine Folge von regelwidrigen Ausnahmen erscheinen, wenn man annimmt,
die Menschheit strebe einem einzigen gemeinsamen Ziel entgegen – aber
das ist eine Fiktion. Daher darf der Geschichtsschreiber die Vergangenheit
weder loben noch tadeln, denn er weiß nicht einmal, ob der Mensch zur
Vollkommenheit fähig ist. Wenn es eine „leitende Absicht auf Erden" gibt,
und Herder glaubt daran, so ist es dem Menschen doch verboten, sie zu
definieren. Das ist dem Schöpfer vorbehalten, und deshalb endet die Schrift
mit dem Wort des Apostels Paulus: „Jetzt erkenne ich stückweise; dann
aber werde ich erkennen, gleich wie ich erkannt bin." (1. Kor. 13,12 f.)
Wendet sich Herder gegen einen Grundgedanken der Aufklärung und ihren
Glauben an die menschliche Perfektibilität, so auch gegen Rousseau. Da
er an der menschlichen Fähigkeit zur Vollkommenheit zweifelt, die voraus-
setzt, daß der Mensch von Natur aus gut sei, muß er der Maxime Rousseaus widersprechen, der 1755 geschrieben hatte: „Cependant, l'homme
est naturellement bon, je crois l'avoir démontré" (Indes, der Mensch ist
von Natur aus gut, ich glaube, es bewiesen zu haben). Herder hatte das
schon im *Journal* zurückgewiesen; andererseits aber ist er auch kein Par-
teigänger Voltaires – vielmehr sei es gut, daß beide predigen, weil sie auf
diese Art einander aufheben.

Mit dem zweiten Abschnitt gibt Herder die Gliederung der Geschichte entsprechend den Lebensaltern des Menschen auf. Da kein Fortschritt der Geschichte auf ein Ziel hin erkennbar ist, ist auch die Analogie ihres Verlaufs mit dem Wachstum eines Menschenlebens preiszugeben. Zudem sieht er mit dem Ende des alten Rom und der Völkerwanderungszeit einen tiefen Einschnitt, der durch den Eintritt der nordischen Völker in die bisher um das Mittelmeer angesiedelte Weltgeschichte bezeichnet ist. Die Begegnung des Nordens mit der Welt des römischen Reiches wurde zugleich durch das Christentum bereichert. Es unterscheidet sich durch seine Universalität von den abgestorbenen Religionen des Mittelmeerraumes. Beanspruchten diese nur nationale und regionale Geltung, so sieht Herder im Christentum, durchaus mit seinen aufgeklärten Zeitgenossen, „die lauterste Philosophie der Sittenlehre, die reinste Theorie der Wahrheiten und Pflichten, von allen Gesetzen und kleinen Landesverfassungen unabhängig" (S. 45). Wenn er einerseits der Idee eines allgemeinen Zieles der geschichtlichen Entwicklung widerspricht und in ihr individuelle Ausprägungen unterschiedlicher Charaktere sieht, andererseits aber die von diesen vereinzelten Formen unabhängige und umfassende Geltung der einen christlichen Religion betont, so ist das kein Widerspruch, sondern ein Ergebnis seines anthropologischen Interesses. Alles, was die Geschichte zur Entwicklung des Menschen beigetragen hatte, war eine Vorbereitung auf das Christentum, und die aus dem Norden in den Mittelmeerraum dringenden Völker brachten eine besondere Empfänglichkeit dafür mit. Im achtzehnten Jahrhundert war die Überzeugung verbreitet, mit dem Deismus sei endlich eine reine, von Vorurteilen und Aberglauben befreite Religion entstanden. Der Deismus bekennt sich zu einer natürlichen Religion, leugnet aber die Offenbarung. Das legt die Frage nahe, wann und wo das Christentum in völliger Reinheit bestanden habe. Der von Hamann schon in den *Denkwürdigkeiten* ausgeführte Gedanke der Geschichtlichkeit der göttlichen Offenbarung ermöglicht Herder, die Frage nach einem „reinen" Christentum jenseits der Geschichte als unangemessen zurückzuweisen. Denn nur in der Natur und in der Geschichte habe sich Gott offenbaren, nur in der Geschichte das Christentum sich verwirklichen können. Gott und Natur, Religion und Geschichte stehen zueinander im Verhältnis der Analogie. Das Wort meint hier eine Entsprechung, die als Wahrscheinlichkeit erscheint. Herder benutzt auch den Begriff Gestalt, dessen Karriere im achtzehnten Jahrhundert begann. Er versteht darunter nicht die zufällige Form, die unabhängig von ihrem Inhalt ist, sondern die Einkleidung, die die Wahrheit notwendig annehmen muß, um erkennbar zu werden, und er erläutert das am Beispiel des „gotischen Geistes", der in der Kirche des Mittelalters das Innere wie das Äußere geformt habe. Er wählt auch die Metapher von Seele und Leib und spricht vor allem vom „Geist des Jahrhunderts", der jene Umstände und Verhältnisse miteinander verbunden habe, die den Augen der Nachgeborenen als Widersprüche erscheinen, wie z. B. „Tapferkeit und Möncherei, Abenteuer und Galanterie, Tyrannei und Edelmut" (S. 48). Dieser Begriff von Geist, den Hamann und Herder erstmals gebrauchen, ist der Versuch, eine Schwierigkeit geschichtlichen Verstehens zu lösen: beim Blick auf vergangene Epochen sehen wir Widersprüche, die aber den Zeitgenossen als selbstverständliche Verhältnisse erschienen sind. Zugleich gewinnt Herder mit diesem Begriff ein Instrument, das ihm ermöglicht, seine eigene Zeit zu kritisieren.

Es war im aufgeklärten achtzehnten Jahrhundert üblich, auf das finstere Mittelalter hinabzublicken; „gotisch" bedeutete soviel wie verworren, planlos oder unklar. Man sah diese dunklen Zeiten als glücklich überwundene Stufe auf dem Wege zur eigenen taghell aufgeklärten und fortgeschrittenen Gegenwart. Aber diesem Blick entgehen Widersprüche, die auch Herders Gegenwart zeigt. „Wärme in Ideen und Kälte in Handlungen", „scheinbare Stärke und Freiheit" sieht er neben „würklicher Todesschwäche und Ermattung unter Unglauben, Despotismus und Üppigkeit" (S. 49). Daher ist es sinnlos, entsprechende Gegensätze im Mittelalter zu verurteilen wie etwa „Völkerzüge und Verwüstungen, Vasallenkriege und Befehdungen, Mönchsheere, Wallfahrten, Kreuzzüge". Ihren Geist zu verstehen: das ist Aufgabe des Historikers und Philosophen. Damit ist der Begriff der Geschichte als einer hermeneutischen Geisteswissenschaft gewonnen, wie wir sie heute kennen. Es gab dieses Verständnis von Geschichte vor Herder in dieser Deutlichkeit nicht.

Er wendet den methodischen Grundsatz im zweiten Abschnitt der Schrift auf die Neuzeit an. Ihr Geist läßt sich durch einige Errungenschaften erkennen, die es zwar zuvor schon gegeben hatte, die aber auf eine neue Weise genutzt wurden, so daß die Technik entstand:

„Meist nur simple mechanische Erfindungen, die man zum Teil längst gesehen gehabt, damit gespielt, die aber jetzt durch einen Einfall so und nicht anders angewandt, die Welt veränderten." So z. E. die Anwendung des Glases zur Optik, des Magnets zum „Kompasse, des Pulvers zum Kriege, der Buchdruckerkunst für die Wissenschaften, des Calculs zu einer ganz neuen mathematischen Welt – und alles nahm andere Gestalten an. Man hatte das Werkzeug verändert, einen Platz außer der alten Welt gefunden, und so rückte man diese fort." (S. 58)

Das Erklärungsprinzip Herders sieht die Ursachen der geschichtlichen Entwicklung im Menschen selbst, nicht in seinen Lebensbedingungen oder in den materiellen Grundlagen dieser Lebensbedingungen. Und letztlich bleibt es unerklärlich, wie und weshalb der Geist sich derart ändert, daß mit einem Male ein Werkzeug zu neuen Zwecken benutzt wird: Der Beginn der Neuzeit, den er sieht, ist mit den Stichworten Reformation, Entdeckung Amerikas, Erfindung von Feuerwaffen und Buchdruckerkunst zu beschreiben, aber die bewegende Kraft, der Geist, ist nicht weiter zu definieren. Seine Wirkung jedoch ist in der Gegenwart des achtzehnten Jahrhunderts durchaus wahrzunehmen: er ist nichts anderes als Mechanik. Man kann ihn im Kriegswesen beobachten; aus dem ritterlichen Kampfgeist des Mittelalters ist die „Maschine" des modernen Heeres geworden, oder im Staatswesen; aus der Freiheit der Stände ist der absolutistische Staat geworden. Bauern, Bürger und Fürsten haben sich in Knechte und Despoten verwandelt – man nennt das „Landeshoheit! verfeinte Staatskunst! neue philosophische Regierungsart!" (S. 60), und getragen wird dies System von militärischer Macht.

Gegen diesen mechanischen Geist der Aufklärung, des Absolutismus und einer Philosophie, die von „Affen der Humanität" (S. 62) betrieben wird, klagt er ein: „Herz! Wärme! Blut! Menschheit! Leben!" (S. 63) Denn wo immer er hinblickt, sieht er, wie der mechanische Geist seiner Zeit die Natur tötet: im Gartenparterre der barocken Schlösser ebenso wie – sehr viel folgenreicher – im beginnenden Kolonialismus, der die von Rousseau entdeckten edlen Wilden durch Branntwein zur Üppigkeit verführen und den Europäern angleichen wird. Die zunehmende Mechanisierung der Welt ist ein unaufhaltsamer Prozeß, der zur Uniformität der einen Weltzivilisation führen wird. Das Krisenbewußtsein, das ihn beherrscht, läßt sich durch Herders geschichtliche Stellung erklären: so wie er um 1770 an der Schwelle einer neuen Zeit steht, steht er zugleich am Ende einer vergehenden. Deshalb ist seine Aufwertung des Mittelalters gegenüber der Aufklärung keine sentimentale Verklärung, sondern der Ausdruck dieses Krisenbewußtseins.

Der dritte Abschnitt des *Beytrags* trägt die Überschrift *Zusätze* und erörtert die Frage, ob in der Geschichte, dem „Gang Gottes über die Nationen" (S. 90), ein Plan erkennbar sei. Herder weist die Frage zurück: ein Plan göttlicher Vorsehung ist schon deshalb nicht zu erkennen, weil der scheinbare Fortschritt der Menschheit in Wahrheit Nachteile und vielerlei Übel mit sich gebracht hat statt des Guten. Man kann Philosophie und Laster, Unterdrückung, Blutdurst und Habsucht gleichzeitig beobachten. Vor allem die persönliche Freiheit der Menschen hat sich nicht fortentwickelt, ja die erweiterten Kenntnisse werden zu Mitteln der Unterdrückung fremder Völker. Wenn es einen Fortschritt gibt, dann ist es der der Sklaverei. Die Schrift endet mit einer polemischen Aufrechnung der Widersprüche und einer nachdrücklichen Absage an den Fortschrittsglauben der Zeit.

Das Wort Geschichte meint im heutigen Sprachgebrauch die Ereignisse, ihre Folge und ihren Zusammenhang, zugleich die Darstellung der Ereignisse und, drittens, die Wissenschaft, die die Ereignisse und ihre Zusammenhänge erforscht. Diese Wortbedeutung bildete sich im späten achtzehnten Jahrhundert, und Herders *Philosophie der Geschichte* hat sie wesentlich beeinflußt. Geschichte ist nicht mehr allein die Erzählung vergangener Ereignisse in ihrer zeitlichen Folge, wie sie das in der Nachfolge der antiken Geschichtsschreibung noch bis weit ins achtzehnte Jahrhundert hinein war, sondern selbst eine Macht. Wenn Schiller 1784 das Wort prägte: „Die Weltgeschichte ist das Weltgericht" (NA., Bd. II, 1, S. 403), so war das erst aufgrund von Herders Schrift möglich.

Zugleich hat sie maßgeblich an der Begründung der Geschichtsphilosophie mitgewirkt, obwohl der Begriff schon 1764 von Voltaire gefunden worden war. Er meint die Anwendung philosophisch begründeter, allgemeine Geltung beanspruchender Grundsätze auf einzelne Ereignisse und Ereignisfolgen. Seit Herder ist man sich einig über die Bedeutung des Wortes Geschichtsphilosophie: es heißt soviel wie Nachdenken über die Folge der Geschehnisse, ihre Zusammenhänge und Ursachen. Indem er sich gegen das Verfahren vieler seiner Zeitgenossen wendet, alle vergangenen Epochen an der eigenen zu messen, begründet er zugleich das Verfahren, nach Kräften die historische Gerechtigkeit anzustreben, die eine selbstverständliche Folge des Verständnisses ist. Die Ablehnung der zeitgenössischen Geschichtstheorie bedeutet nicht, daß Herder Geschichte nur als ungeordnete Abfolge unvernünftiger Zufälle sieht, sondern daß er, als Zeuge und Mitwirkender, Zweck und Ende der Ereignisse nicht abzusehen vermag. Zwar ist die Geschichte Gegenstand und Schauplatz einer absichtlichen Lenkung, aber deren Ziel ist dem Menschen nicht erkennbar. Indem der Geschichtsschreiber die Begebenheiten und ihre Zusammenhänge unter den ihm zugänglichen Gesichtspunkten darstellt, ist er zugleich an der Gestaltung der Geschichte beteiligt, denn der Zusammenhang von Ursache und Wirkung ist immer eine „Dichtung" des erkennenden Historikers, weil für den Menschen eine andere als deutende und ordnende Darstellung nicht möglich ist. Schon die Auswahl des Dargestellten ist eine Wertung.

Nicht nur einzelne Aussagen machen die Bedeutung der Schrift aus, sondern zugleich die Methode, mit der Herder sie gewinnt. Er denkt nicht in starren Begriffen, sondern in Analogien und Metaphern. Mag dieser Stil dem heutigen Leser das Verständnis erschweren, so war er im achtzehnten Jahrhundert ein Erkenntnisfortschritt. Die Wirklichkeit der geschichtlichen Vergangenheit wird in ihrer bunten Fülle nur erkannt, wenn man sie als beweglich begreift.

Herders Geschichtsbetrachtung fordert den Sinn für die bewegenden Kräfte, den „Saft und Kern aller Geschichte" – ein Bild, das, genau betrachtet, das Problem der Geschichtsphilosophie andeutet: Säfte sind flüssig, der Kern aber fest. Starre Formeln, Aussagen mit dem Anspruch allgemeiner Gültigkeit müssen der lebendigen Vielfalt der geschichtlichen Bewegung Gewalt antun – andererseits ist für den menschlichen Geist eine solche Fixierung notwendig: ein Problem jeder Beschäftigung mit Geschichte, das Herder mit der Methode der Analogie zu lösen versucht. Er geht damit einen wesentlichen Schritt über die Geschichtsphilosophie Voltaires hinaus, der 1756 in seinem *Essay sur l'Histoire Générale et sur les moeurs et l'Esprit des Nations depuis Charlemagne jusqu'à nos jours (Versuch über die allgemeine Geschichte, über die Sitten und den Geist der Nationen von Karl dem Großen bis auf unsere Tage)* mit den Begriffen der „vraisemblance" (Wahrscheinlichkeit) und „nature humaine" (menschlicher Natur) argumentiert hatte: Herder kritisiert diese Begrifflichkeit als das „flüchtigste Raisonnement" (S. 7), das die tatsächlich bewegenden Kräfte der Geschichte übersehe.

Für die Literaturgeschichte, versteht man sie als Teil der allgemeinen Geschichte, hat Herders *Auch eine Philosophie* eine kaum zu überschätzende Bedeutung: sie steckt den theoretischen Rahmen ab, innerhalb dessen sich die Umwertungen und Neuorientierungen Goethes und anderer Dichter der 1770er Jahre vollziehen. Herders Betonung des Einmaligen und Individuellen hat in der Dichtung die Abkehr von der Regelpoetik zur Folge. Seine und Goethes Bemühungen um die alten Volkslieder ebenso wie die Sesenheimer Lyrik verwirklichen den neuen Begriff von Dichtung. Indem sie das individuell Charakteristische suchten, machten sie Entdeckungen, die den „Maulwurfsaugen" Voltaires und anderer entgehen mußten. Indem sie auf voreilige Wertungen unter zeitbedingten Gesichtspunkten verzichteten, entdeckten sie den Zauber des Besonderen.

Läßt sich Geschichte allgemein nur durch mitempfindendes Fühlen ganz verstehen, so vor allem die Kunst; Gradmesser ihres Ranges ist, für den schöpferischen Künstler wie für den Leser und Betrachter, die Losung Herders: „Herz! Wärme! Blut! Menschheit! Leben!" Es ist auch die Losung der Volkslieder und der Sesenheimer Lyrik. Goethes Begeisterung angesichts des Straßburger Münsters, Herders und Goethes leidenschaftliche Huldigungen vor dem Genius Shakespeares sind wohl die eindringlichsten Zeugnisse dieser Revolution. Hier, im Geschichtsverständnis und der Kunsttheorie, wird zugleich deutlich, wie die Genies des Sturm und Drang die Romantik vorbereiteten.

III. Kapitel: Die Genieästhetik

A. Einleitung

Man kann, sucht man nach einer handlichen Formel, die literarische Revolution der 1770er Jahre als den Schritt von der normativen Poetik zur Ästhetik beschreiben. Sammlungen von Regeln und praktischen Hinweisen zur Verfertigung von Dichtungen, feste, vorgeblich überzeitliche Maßstäbe zur Beurteilung literarischer Werke: das ist noch der Inhalt von Gottscheds *Versuch einer Critischen Dichtkunst* (1730, 4. Aufl. 1751). Die Ästhetik fragt indes nach dem Genie des Dichters, nach den geschichtlichen Bedingungen seines Schaffens, nach den persönlichen Besonderheiten seiner Werke oder den Wirkungen auf die Leser. Sah die normative Poetik den Rang und die Wahrheit der Dichtung durch Autoritäten begründet und durch die Übereinstimmung mit Religion, Philosophie und Gesellschaft verwirklicht, so sieht die Ästhetik des Sturm und Drang sie in der Persönlichkeit des Dichters.

Wie sich dieser Wandel vollzog, zeigt die Entdeckung Shakespeares am deutlichsten. 1716–1718 war die erste deutsche Übersetzung in Halle erschienen; um 1740 setzte eine lebhafte Diskussion seiner Werke ein, die vor allem in Leipzig von Gottsched und seiner Frau sowie in Zürich von Bodmer geführt wurde. Diese Debatte wurde durch die Übersetzung des *Julius Caesar* von Caspar Wilhelm von Borck verstärkt. v. Borck war 1726–1728 und 1733 preußischer Gesandter in London und übertrug das Drama in deutsche Alexandriner; Gottsched kritisierte heftig Shakespeares Verstöße gegen die Regelpoetik des Aristoteles, wie er sie verstand; Johann Elias Schlegel hielt dem entgegen, das Theater müsse den Sitten und dem Charakter einer Nation entsprechen, wenn es Erfolg haben solle, und Lessing griff diesen Gedanken 1750 in den *Beyträgen zur Historie und Aufnahme des Theaters* auf. Zehn Jahre später kam er in der berühmten grundsätzlichen Auseinandersetzung mit Gottsched im 17. Literaturbrief vom 16. Februar 1759 auf das Argument zurück und führte es derart aus, daß seine Polemik gegen Gottsched fast als literarisches Programm des Sturm und Drang gelesen werden könnte:

„Er hätte aus unsern alten dramatischen Stücken, welche er vertrieb, hinlänglich abmerken können, daß wir mehr in den Geschmack der Engländer, als der Franzosen einschlagen; daß wir in unsern Trauerspielen mehr sehen und denken wollen, als uns das furchtsame französische Trauerspiel zu sehen und zu denken gibt; daß das Große, das Schreckliche, das Melancholische, besser auf uns wirkt als das Artige, das Zärtliche, das

Verliebte; daß uns die zu große Einfalt mehr ermüde, als die zu große Verwicklung etc. Er hätte also auf dieser Spur bleiben sollen, und sie würde ihn geraden Weges auf das englische Theater geführet haben." (Lessing, Bd. IV, S. 500)

Entscheidend für die Aufnahme Shakespeares auf den deutschen Bühnen war dann die Übersetzung, die Christoph Martin Wieland (1733–1813) von 1762 an veröffentlichte, trotz der Kritik, die ihr Herder, Nicolai und Gerstenberg entgegenhielten. Als sie 1773 vergriffen war, wurde sie von dem mit Lessing befreundeten Professor der Schönen Literatur Johann Joachim Eschenburg (1743–1820) verbessert und vervollständigt. Gerstenberg, Herder, Goethe und auch ein Außenseiter des literarischen Lebens wie Ulrich Bräker, „der arme Mann im Tockenburg", setzten sich in Briefen und Essays theoretisch mit ihm auseinander; angeregt, bewegt, begeistert. Als 1780 der preußische König Friedrich II. in seinem literarischen Rückzugsgefecht *De la littérature allemande* seine Werke „abscheuliche Stücke" nannte, nur würdig, „vor den Wilden von Kanada gespielt zu werden" (Horst Steinmetz (Hg.): Friedrich II., König von Preußen und die deutsche Literatur des 18. Jahrhunderts. Texte und Dokumente. Stuttgart 1985, S. 81), formulierte er noch einmal eine Position, die von der Literaturgeschichte vor allem durch Herders Shakespeare-Aufsatz längst überholt war. Der englische Dramatiker wurde von den Theoretikern des Sturm und Drang nicht mit wissenschaftlichem Anspruch analysiert und gedeutet – die Anglistik als systematische philologische Wissenschaft gibt es in Deutschland erst seit dem neunzehnten Jahrhundert – sondern er wurde als Vorbild und Muster der dramatischen Produktion gesehen.

B. Das Vorbild des Genies
Johann Gottfried Herder: *Shakespear*

1. Grundlageninformation

1.1. Text und Materialien

Shakespear, in: Von deutscher Art und Kunst. Einige fliegende Blätter. Hamburg, 1773. Bey Bode.

Shakespear, in: Herders Sämtliche Werke. Hg. von Bernhard Suphan. Bd. V. Berlin 1891, S. 208–231

Shakespear, in: Herder Bd. II. Schriften zur Ästhetik und Literatur 1767–1781. Hg. von Gunter E. Grimm. Frankfurt a. M. 1993, S. 498–521
[Gründlich kommentierte Ausgabe, die im Anschluß an den Text die Entwürfe mitteilt]

Shakespear, in: VdAK., S. 63–91

1.2. Forschungsliteratur

Belhalfaoui, Barbara: Johann Gottfried Herder: *Shakespear*, ein Vergleich der alten und der modernen Tragödie, in: DVjs. 61 (1987), S. 89–124

Dietzsch, Ulrich: Herders *Zerstreute Blätter* als Beitrag zu einer historisch fundierten Poetik, Diss. Leipzig 1989

Genée, Rudolf: Geschichte der Shakespeare'schen Dramen in Deutschland, Leipzig 1870

Guthke, Karl Siegfried: Shakespeare im Urteil der deutschen Theaterkritik des 18. Jahrhunderts, in: Deutsche Shakespeare-Gesellschaft West (1967), S. 37–69

Kathan, Anton: Herders Literaturkritik. Untersuchungen zu Methodik und Struktur am Beispiel der frühen Werke, Göppingen 1969
[Eingehende Untersuchung der Intentionen und Methoden der *Fragmente über die neuere deutsche Literatur* und des *Auszugs aus einem Briefwechsel über Ossian und die Lieder alter Völker*.]

Norton, Robert E.: Herders Aesthetics and the European Enlightenment, Ithaca u. a. 1991
[Stellt Herders Theorie als Fortsetzung und Synthese aufklärerischer Gedanken zur Psychologie, Metaphysik, Geschichte und Sprachtheorie dar.]

Pross, Wolfgang: Herders Shakespeare-Interpretation. Von der Dramaturgie zur Geschichtsphilosophie, in: Das Shakespeare-Bild in Europa, hg. von Roger Bauer, Bern 1988, S. 162–181

Purdie, Edna: Herder's quotations from Shakespeare, in: Dies.: Studies in German literature of the 18th century, London 1965, S. 1–30

Dies.: Hamann, Herder and *Hamlet*, in: Dies.: Studies in German literature of the 18th century, London 1965, S. 31–46

Sauder, Gerhard (Hg.): Johann Gottfried Herder. 1744–1803. Hamburg 1984
[Enthält 29 Vorträge, die während der 9. Jahrestagung der Deutschen Gesellschaft für die Erforschung des 18. Jahrhunderts vom 21.–23. 11. 1984 in Saarbrücken gehalten wurden.]

Stellmacher, Wolfgang: Herders Shakespeare-Bild. Shakespeare-Rezeption im Sturm und Drang, dynamisches Weltbild und bürgerliches Nationaldrama, Berlin 1978
[Rückt die Shakespeare-Rezeption in den Mittelpunkt von Herders Denken, die seinen Geniebegriff, die Kunsttheorie und das Geschichtsbild beeinflußt habe.]

2. Analyse

Von Herders *Shakespear*-Aufsatz, den er 1773 in dem Bändchen *Von deutscher Art und Kunst* zusammen mit dem *Auszug aus einem Briefwechsel über Ossian* veröffentlichte, gibt es zwei frühere Fassungen: einen ersten Entwurf vom Juni 1771, der als Antwort auf Gerstenbergs *Versuch über Shakespeares Werke und Genie* (1766) geplant war, und einen zweiten, der zwischen September 1771 und Anfang 1772 entstand. Die Arbeit an dem Aufsatz wird von Briefen begleitet, in denen Herder sich über einzelne Werke Shakespeares äußert.

Einer der beiden Gedanken, die im Mittelpunkt der Schrift stehen, ist die Geschichtlichkeit. An die Stelle einer an scheinbar zeitlosen Normen orientierten Kunstkritik setzt Herder das Kunstverständnis, das sich in die besonderen Bedingungen der Entstehung hineinfühlt. Das weist er zunächst an Aristoteles nach, indem er dessen *Poetik* nicht mehr als maßgeblichen Kanon unverbrüchlicher Regeln, sondern als Beschreibung des zu seiner Zeit bekannten Theaters versteht: hätte Aristoteles Shakespeare gekannt, so hätte er eine andere Theorie „gedichtet". Denn damals stand man – wie es schon *Auch eine Philosophie* gesehen hatte – in der „Kindheit" der Kultur, und so erklärt sich die Einheit der Handlung, als zwangloses und selbstverständliches Ergebnis der Erfahrungen, die zu Zeiten des Aischylos und Sophokles möglich waren: Das griechische Drama entstand aus einem Auftritt. Zunächst gab es nur den Chor und eine Person, seit Aischylos die zweite handelnde Person und seit Sophokles die dritte; damals war natürlich, was wir heute, im achtzehnten Jahrhundert, als künstlich empfinden. Denkt man den Gedanken weiter, so zeigt sich: was wir als natürlich empfinden, ist ein Ergebnis der Geschichte. Herder zieht für das Theater daraus die Folgerung, es sei im alten Griechenland Aufgabe des Genies gewesen, diese Einheitlichkeit weiterzuentwickeln, sie zu „vervielfältigen". Aber an diesem Prozeß gewann Aristoteles seinen Begriff der Tragödie. Ein Beweis dafür ist, daß er Sophokles höher als Aischylos schätzte. Hätte er den beschränkten Blick seiner Epigonen im achtzehnten Jahrhundert gehabt, so hätte er umgekehrt urteilen müssen. Indem Herder die aristotelische Poetik in dieser Weise versteht, vollzieht er den für die Theorie der Literatur entscheidenden Schritt von der normativen Poetik zur verstehenden oder deskriptiven Ästhetik.

Die Welt ist in dauernder Veränderung begriffen, und so haben sich auch die Umstände, die das griechische Theater bedingt haben, verändert. Wenn man dies verkennt und an überlebten Formen festhält, wird man keine lebendige Wirkung erzielen, denn es fehlt „die Seele". Es entsteht eine „Puppe" (S. 71), ein lebloses Bild neben den Sitten, der Politik, der Religion und anderen Lebensbedingungen. Solch eine „Puppe des griechischen Theaters" ist das französische, die Werke von Corneille, Racine und Voltaire. Alle Regeln der Schulpoetik sind scheinbar auf das sorgfältigste beachtet, aber wenn man die Personen dieser Stücke außerhalb der Bühne betrachtete, wären es nur „Narren". Kunstwerke sind nicht überzeitlich, den geschichtlichen Veränderungen entzogen, sondern um so überzeugender, je näher sie dem Leben kommen. Die klassischen griechischen Dramatiker rühren uns daher nicht, weil sie sogenannte ewig menschliche Züge zeigen, sondern weil sie das Wesen ihrer Zeit zur Anschauung bringen. Ihre französischen und deutschen Nachahmer indes lassen uns kalt, weil sie sich an Büchern statt am Leben orientieren; sie schildern nicht Menschen, die sie selbst gesehen und gesprochen haben, sondern Personen, die es nicht mehr gibt. Dies Theater ist die Frucht einer „Letternkultur", der Herder die Forderung einer sinnlichen Kultur entgegensetzte.

Statt also den Griechen nachzueifern, die wir doch nicht erreichen können, weil sie uns zu fern sind, könnten wir auf eine andere Nation blicken,
die ein Drama nach eigenen Voraussetzungen geschaffen hat. Das haben
die Briten getan im Werk Shakespeares: Geschichte, Zeitgeist, Sitten, Meinungen, Sprache, Nationalvorurteile, Traditionen und Liebhabereien sind
die Begriffe, mit denen Herder den Typus des natürlichen Dramas beschreibt. Sie umschreiben zugleich seinen Begriff der Geschichtlichkeit. Sie
bringt den Zeitgeist hervor, ein Wort, das von Hamann und Herder geprägt
wurde und dessen Karriere alsbald begann. Da die Zeit nicht stillsteht, hat
jede Epoche ihren eigenen Zeitgeist – eine Erkenntnis, die zugleich dem
verbreiteten Fortschrittsoptimismus des Jahrhunderts entgegengesetzt wird.
Indem Shakespeare diese Forderungen erfüllte, hat er als Gegentyp zum
klassisch griechischen das „nordische" Drama geschaffen. Zugleich sind
seine Werke aus dem Volk und seinen Belustigungen – „Fastnachts- und
Marionettenspiel" – hervorgegangen: das ist der Boden, auf dem einzig die
Kunst gedeihen kann.

Der zweite wichtige Gedanke der Schrift ist die Bestimmung des Geniebegriffs. Shakespeare ist der Inbegriff des Genies. Herder bezeichnet ihn
mit den Beiwörtern natürlich, groß und original. „Natürlich" meint hier
die eigene Art, den Ausdruck von Sitten und Überlieferungen: der Begriff
Natur, auf den Menschen und seine Schöpfungen angewandt, darf nicht
als die unbearbeitete, in der Wildnis anzutreffende rohe Natur mißverstanden werden. Herder und seine Zeitgenossen gebrauchen das Wort in verschiedenen Bedeutungen. Hier versteht er darunter im Blick auf Shakespeare
das uneingeschränkte, aufrichtige Bekenntnis des Künstlers zu sich selbst,
ohne Rücksicht auf die Konventionen der Gesellschaft, und er nennt das
auch „original" – wie umgangssprachlich ein Original genannt wird, wer
seine persönlichen Charakterzüge pflegt und zeigt. Hat das Original in
diesem Sinn aber meist lächerliche Züge, so ist Shakespeare groß, und der
Aufsatz beginnt mit einem Bild, das diese Größe beschreibt. Damit wird
das Genie Shakespeare über Menschenmaß gerückt. Wenn der Theologe
Herder das Personalpronomen „Er" mit großem E schreibt, ist das ein
deutliches Signal; es weist auf einen „Sterblichen mit Götterkraft begabt".

Mit dem Shakespeare-Aufsatz wird der Begriff menschlicher Größe neu
bestimmt. Verstand man im achtzehnten Jahrhundert als „groß" den gesellschaftlich Hochgestellten, vor allem den Fürsten, so bestimmt Herder
als groß das schöpferische Genie. Shakespeare ist mehr und vermag mehr
als seine Leser, Deuter und Gegner. Man spricht heute vom Charisma – der
Gnadengabe – oder von der Aura – der Ausstrahlung – eines außergewöhnlichen Menschen. Es ist eine menschliche Gabe, die rational und psychologisch nicht definierbar ist. Deshalb beschreibt Herder sie mit Vergleichen,
die Shakespeare in die Nähe des Weltenschöpfers rücken: er habe mit einem
„Göttergriff" eine „Welt dramatischer Geschichte" geschaffen. Damit deutet er an, daß der große Künstler vor allem ein großer Mensch sei; er

überzeugt durch seine überragende Persönlichkeit, die in seinem Werk Gestalt gewinnt.

So begeistert die Sprache des Shakespeare-Aufsatzes klingt, so klug ist er durchdacht. Herder stößt mit einem scharfsinnigen Gedanken die Lehre von den drei Einheiten der Zeit, des Ortes und der Handlung um, die sich im Verlauf der Aristoteles-Rezeption ausgebildet hatte, indem er an die Relativität der Zeit erinnert. Kant weist in der *Critik der reinen Vernunft* 1781 nach, daß Raum und Zeit keine an sich existierenden Dinge seien, sondern Anschauungsformen, so daß sinnliche Erfahrungen nur in Raum und Zeit möglich sind. Mit diesem Gedanken argumentiert Herder – er hatte bei Kant in Königsberg studiert – indem er auf die allgemeine Erfahrung verweist, daß dem subjektiven Empfinden gleiche Zeitspannen kurz oder lang vorkommen können. Daher sei es Sache der menschlichen Empfindung, sich ihre eigene Zeit und ihren eigenen Raum zu schaffen und Sache des Dramatikers, durch die Handlung eine eigene Ordnung von Folge und Gleichzeitigkeit zu schaffen: der Gedanke, gleichviel, ob Herder ihn von Kant übernommen hat oder nicht, ist von Bedeutung, weil er den Aufbau und die Wahrnehmung des dramatischen Kunstwerks in die Subjektivität des Künstlers und des Zuschauers verlegt. Die bunte Mannigfaltigkeit der in Shakespeares Stücken gezeigten Welt wird in der Seele des Zuschauers zur Einheit, indem er fühlt: das Gefühl wird zum wichtigsten Maßstab des Verständnisses einer Dichtung. Herder sagt das 1773, weil es geschichtlich notwendig war; wie bedenklich dieser Maßstab des ästhetischen Urteils sein kann, sollte sich erst später zeigen.

Und auf einen weiteren Stein des Anstoßes, den Shakespeare den Zeitgenossen bieten mußte, weist Herder hin: war die Dichtung des achtzehnten Jahrhunderts weitgehend didaktisch orientiert, also um Vermittlung moralischer Wahrheiten bemüht, so mußte es die Zeitgenossen befremden, wenn Shakespeare Gemeinplätze, moralische Lehren, die überall und nirgends passen, „am liebsten Kindern und Narren in den Mund" (S. 89) legt. Man kann diese Eigentümlichkeit Shakespeares als Verspottung solcher Banalitäten oder des Publikums verstehen oder auch als Mittel zur Charakterisierung seiner Figuren: immer aber zeigt sie die Freiheit des Kunstwerks von solchen moralischen Überzeugungen.

Auch Shakespeare wird einst veralten: das gehört zur Geschichtlichkeit des Menschen. Die Begeisterung, die Herders Essay ausstrahlt, hat die „traurige und wichtige" Einsicht zum Hintergrund, daß auch Shakespeares Werke vergehen werden. Schon der englische Schauspieler David Garrick (1717–1779), der in London und Stratford 1769 mit Shakespeare-Feiern die englische Shakespeare-Rezeption des achtzehnten Jahrhunderts geprägt hatte, mußte die Texte für die Aufführungen bearbeiten. So wird das Werk Shakespeares mit der Zeit unverständlich werden, und man wird es wie eine ägyptische Pyramide anstaunen; Herders Bewußtsein, an der Schwelle einer Epoche zu stehen, bekundet er mit dem Ausruf: „Glück-

lich, daß ich noch im Ablaufe der Zeit lebte, wo ich ihn begreifen konnte"
(S. 90).

Herder wäre nicht der Dichter und Theoretiker des Sturm und Drang,
wenn er seine Überlegungen zu Shakespeare mit dem pessimistischen Gedanken der Vergänglichkeit abschlösse, die auch Shakespeares Schicksal
ist. Deshalb sieht er in der Geschichtlichkeit neben der Vergänglichkeit
zugleich das Neue, das sie hervorbringt. Goethes *Götz von Berlichingen*
wird das Denkmal Shakespeares in „unserm so weit abgearteten Vaterlan-
de" (S. 90) sein.

Herders Aufsatz über Shakespeare darf als die bedeutendste kunsttheo-
retische Schrift des Sturm und Drang bezeichnet werden. Die wichtigsten
Gedanken und Begriffe der Ästhetik der Epoche sind hier zu finden: das
neue Verständnis der aristotelischen Poetik – aus ihrer normsetzenden Autorität wird eine geschichtliche Beschreibung des griechischen Theaters –
der Geniebegriff – begründet in der großen Persönlichkeit des Künstlers –
die Einsicht in die Geschichtlichkeit des Kunstwerks, die Neuorientierung
des deutschen Theaters an Shakespeare, dem Vorbild des „nordischen"
Künstlers, die Strukturierung des Kunstwerkes nach eigenen Gesetzen, die
in der Subjektivität des Künstlers begründet sind, die Bedeutung menschlicher Qualitäten – der Größe und des Gefühls – für die Entstehung und
das Verständnis von Kunstwerken, die Erkenntnis, daß wahre Kunst aus
volksläufigen Überlieferungen gespeist, sinnlich und lebendig sein müsse,
wenn sie bewegen und überzeugen soll: das sind Gedanken, mit denen
Herder dem epigonalen Klassizismus des achtzehnten Jahrhunderts den
Boden entzogen und die Kunsttheorie bis ins zwanzigste Jahrhundert beeinflußt hat.

Steht der Shakespeare-Essay dank den Erkenntnissen, die er formuliert,
in einer Reihe mit den bedeutendsten ästhetischen Abhandlungen des achtzehnten Jahrhunderts, so bezeichnet er zugleich einen Wendepunkt der
Kunsttheorie.

C. Johann Wolfgang Goethe: *Von deutscher Baukunst*

1. Grundlageninformation

1.1. Text und Materialien

Von deutscher Baukunst. D. M. *Ervini a Steinbach*. 1773, in: Herder, Goethe, Frisi,
  Möser: *Von Deutscher Art und Kunst*. *Einige fliegende Blätter*. Hamburg, 1773.
  Bey Bode
Von Deutscher Baukunst. D. M. Ervini a Steinbach. 1773, in: WA., I. 37, S. 137–151
Von Deutscher Baukunst. D. M. Ervini a Steinbach (1772), in: HA., Bd. XII. Text-
  kritisch durchgesehen von Werner Weber und Hans Joachim Schrimpf. Kommen-
  tiert von Herbert von Einem und Hans Joachim Schrimpf. Hamburg 1953 u. ö.
  München [7]1973 u. ö., S. 7–15.
Von Deutscher Baukunst. D. M. Ervini a Steinbach. 1773, in: VdAK., S. 93–104

1.2. Forschungsliteratur

Beutler, Ernst: *Von deutscher Baukunst*. Goethes Hymnus auf Erwin von Steinbach.
  Seine Entstehung und Wirkung, München 1943
Brion, Marcel: Génie et destinée. Goethe, Paris 1949
Eibl, Karl: „... Mehr als Prometheus ..." Anmerkung zu Goethes *Baukunst*-Aufsatz,
  in: JbDSG 25 (1981), S. 238–248
Einem, Herbert von: Goethe und Dürer. Goethes Kunstphilosophie, Hamburg 1947
Ders.: Beiträge zu Goethes Kunstauffassung, Hamburg 1956
Jolles, Matthijs: Goethes Kunstanschauung, Bern 1957
Krebs, Roland: Herder, Goethe und die ästhetische Diskussion um 1770: zu den
  Begriffen „énergie" und Kraft in der französischen und deutschen Poetik, in:
  GJb.112 (1995), S. 83–96
Sudheimer, Hellmuth: Der Geniebegriff des jungen Goethe, Berlin 1935

2. Analyse

Zu den Neubewertungen, die in Kunsttheorie und Sprachgebrauch der
1770er Jahre die Bedeutung vieler Worte veränderten, gehört auch der
Bedeutungswandel, den das Wort „gotisch" erfuhr: Goethe verband zunächst Vorstellungen von „unbestimmtem, ungeordnetem, unnatürlichem,
zusammengestoppeltem, aufgeflicktem, überladenem" (S. 99) damit. Mit
dem Aufsatz *Von deutscher Baukunst*, der 1771 und 1772 in Sesenheim
und Frankfurt oder Wetzlar entstand und im November 1772 in Frankfurt
erschien, bevor er in Herders Sammlung *Von deutscher Art und Kunst*
abermals gedruckt wurde, gewann das Wort die heutige Bedeutung, mit
einem bezeichnenden Unterschied: Goethe dringt darauf, wie er in *Dich-*

tung und Wahrheit schreibt, die gotische Kunst „deutsch" zu nennen, sie „nicht für ausländisch, sondern für vaterländisch [zu] halten" (DuW, Bd. I, S. 545) – eine Forderung, die nicht als politisch-nationalistisch verstanden werden sollte, sondern im Zusammenhang der Bemühungen um volksläufige Kunst zu sehen ist, zu denen Herder ja auch Shakespeare und Ossian zählte. Der Essay ist ein Niederschlag der ersten großen Erfahrung Goethes in Straßburg, als er bald nach seiner Ankunft 1770 das Münster sah und die Plattform des Turms bestieg.

Ähnlich Shakespeare in Herders Abhandlung erscheint hier Erwin von Steinbach als übermenschlich große Gestalt, der gegenüber die Menschen zu „Ameisen" werden. Goethe nennt ihn „heilig". Er ist ein Genius, weil sein Plan nicht aus theoretischen Grundsätzen abgeleitet ist, sondern das in die Augen fallende überzeugende Verhältnis des Ganzen zu seinen Teilen zeigt.

Wie Shakespeare seine Werke nach eigenen Gesetzen schuf, hat Erwin von Steinbach das Münster geplant, und Goethe leitet daraus den Maßstab zu seiner Beurteilung ab: es überzeugt zunächst durch den Gesamteindruck, der sich später bei der Betrachtung der Einzelheiten bestätigt. Kunstwerke entstehen nicht nach vorgegebenen Mustern, sondern überbieten sie. Der Genius stützt sich zwar auf Vorarbeiten, aber entscheidend ist sein Griff, der die Einzelheiten, mögen sie auch von anderen gearbeitet sein, miteinander zum Ganzen verbindet. Diese Verbindung entsteht in der Seele des Künstlers: der Genius kann nicht sagen, wie er zur Konzeption seiner Werke gekommen ist. Er hat es auch nicht in seiner Macht, sie nach Wunsch zu entwerfen, und er kann auch andere Menschen nicht belehren, daß sie, wie er unter dem Einfluß der Inspiration, selbst schöpferisch werden. Sein Werk ist ewig, es überdauert die Zeiten, und so steht der Schöpfer des Kunstwerkes nahe beim Schöpfer der Welt. Der Titan Prometheus, in der griechischen Mythologie der Schöpfer der Menschen, ist die vom jungen Goethe mehrfach berufene Verkörperung des schöpferischen Genius. Sein Werk erregt „himmlisch-irdische Freude", man muß es als „hoch erhaben" „anbeten", sich davor „beugen": die Worte, mit denen Goethe die Wirkung des Kunstwerks beschreibt, bezeichnen die Stelle, die in seinem säkularisierten Denken der Genius einnimmt. Er wird zum „Gesalbten Gottes", zum Begnadeten, den wir anbeten.

Mit dieser Bestimmung des Künstlers hängt aufs engste die der Kunst zusammen. Sie ist „charackteristisch"; sie wirkt auch dann harmonisch, wenn sie nicht nach berechenbaren Verhältnissen ihrer Maße geschaffen ist. Man kann das an der Kunst der Wilden beobachten, die ihre Entstehung einer einzigen Empfindung verdankt. Sie entspricht der Natur, wie es der Shakespeare-Essay formulierte, denn e i n Geist bestimmt sie und macht sie zu einem Ganzen, auch wenn nach klassizistischer Auffassung einzelne Proportionen als Mißverhältnisse erscheinen könnten. So wie sich Goethe zur selben Zeit in seinen Sesenheimer Liedern vom Rokokogeschmack der Anakreontik und der „Tändeley" verabschiedet, setzt er das Charakteristische und Erhabene an die Stelle des Schönen. Kunst ist, wie Goethe gegen Sulzer behauptet, eine allgemein menschliche Betätigung: der Mensch benutzt sie nicht, wie Sulzer annimmt, zum Schmuck, um das, was ohnehin seinem Gebrauch dient, zu verzieren, sondern „in dem Menschen ist eine bildende Natur, die gleich sich thätig beweist, wann seine Existenz gesichert ist. Sobald er nichts zu sorgen und zu fürchten hat, greift der Halbgott, wirksam in seiner Ruhe, umher nach Stoff ihm seinen Geist einzuhauchen." (S. 102) Auch diese Überlegung erhebt die Kunst aus ihrer dienenden Rolle und betont, daß sie nach eigenen Gesetzen entsteht: sie ist weder ein äußerlicher und entbehrlicher Schmuck kirchlicher oder höfischer Feste noch eine Vermittlerin von Wahrheiten, die andere Menschen erdacht haben.

Mit der Erwähnung des Titanen Prometheus im letzten Satz – sie ist für die Ästhetik des Sturm und Drang wichtiger als die Erörterungen über die Bedeutung der Säule – weist der Aufsatz auf die *Prometheus*-Hymne vom Herbst 1774 und auf das Fragment *Die Befreiung des Prometheus* (WA I, 11, S. 331–334) voraus. Hatte Goethe im Sendschreiben *Zum Shakespeares-Tag* geschrieben: „Er wetteiferte mit dem Prometheus, bildete ihm Zug vor Zug seine Menschen nach, nur in kolossalischer Größe", so wird hier der Künstler noch höher gestellt: „[...] und mehr als Prometheus leit' er die Seeligkeit der Götter auf die Erde." (S. 104)

Hermann August Korff deutet den Satz als „Keim für die Fortentwicklung der Kunstanschauung, die sich in der zweiten Phase des deutschen Idealismus vollzieht." (H. A. Korff: *Geist der Goethezeit*. I. Teil. *Sturm und Drang*. Leipzig [4]1958, S. 156) Der Abschnitt beginnt aber mit dem Ausruf: „Heil dir, Knabe! der du mit scharfem Aug für Verhältnisse geboren wirst, dich mit Leichtigkeit an allen Gestalten zu üben." (S. 104). Wer ist dieser „Knabe"? Karl Eibl versteht ihn als den „'puer', den Vergils 4. Ekloge begrüßt, und der seit der Deutung durch Kaiser Konstantin auf dem Konzil von Nicäa immer wieder als der Christus/Soter interpretiert wurde." (Karl Eibl: „... Mehr als Prometheus ...'. Anmerkung zu Goethes *Baukunst*-Aufsatz. In: Jb DSG, Jg. 25 1981, S. 238–248) Für diese Deutung spricht der typologische Bezug, den Eibl in der „Sprachgeste" „mehr als Prometheus" sieht. Er interpretiert sie, u. a. unter Berufung auf Mt. 12, 41f. und Lk. 11, 31, als Übernahme des christlichen Deutungsmusters, das Goethe durch seine Erziehung geläufig war.

Darf man noch einen Schritt weiter gehen und fragen, ob Goethe bei Erwähnung des „Knaben" nicht auch an sich selbst gedacht haben könnte? Dafür spräche sein „Aug für Verhältnisse" (S. 104): er berichtet in *Dichtung und Wahrheit*, wie er in einer Gesellschaft zu Straßburg behauptet habe, der eine, scheinbar vollendete Turm des Münsters sei in der Tat unvollendet, da ihm „vier leichte Turmspitzen [...] so wie eine höhere auf [der] Mitte" fehlten und wie er in der Vermutung „dieses offenbare -[n] Geheimnis"

(DuW., Bd. I, S. 536) durch die Baupläne, die man ihm zeigte, bestätigt wurde.

Daß mit dem „Knaben" zugleich der Künstler – also auch Goethe – gemeint sein kann, deutet der Aufbau des Aufsatzes an. Am Beginn steht das Versprechen eines Denkmals für Erwin von Steinbach, „wenn ich zum ruhigen Genuß meiner Besitzthümer gelangen würde" (S. 95). Und am Ende steht ein Blick in das künftige Leben des Knaben mit Bildern von „Arbeit" und „Menschengenuß", von der Ernte, die der schöpferische Künstler einbringen wird, und als dessen Ziel ihm ein Dasein beschieden sein wird „zwischen Göttern und Menschen" (S. 104) bei Hebe, der Göttin ewiger Jugend, wie es dem „vergötterten Herkules" nach seinem Heldenleben zuteil wurde. Prometheus – so Eibl – „bezeichnet den Heroismus der Unerlöstheit, Aufbegehren und Selbsttätigkeit unter der Signatur des gegenwärtigen Weltzustandes. Der Mangel des Prometheus ist der Mangel Adams. Wer ‚mehr als Prometheus' sein und leisten soll, muß den Sündenfall überwinden." (Eibl, a. a. O., S. 243) Deshalb „stehen wir da und beten an den Gesalbten Gottes." (S. 103)

Man mag sich fragen, was an diesem Aufsatz der spontane Niederschlag eines überwältigenden Eindrucks ist und was die durchdachte Antwort auf zeitgenössische Kunsttheorien, die unter dem Einfluß Herders entstanden ist. Goethe sah das Münster im April 1770 und schrieb den Aufsatz erst im nächsten und übernächsten Jahr. Er sieht Erwin von Steinbach so, wie Herder Shakespeare sah. Er spottet über die barocke Säulenarchitektur von Gian Lorenzo Bernini in Rom, ohne sie schon selbst gesehen zu haben. Er setzt sich, lebhaft und kritisch, mit der *Allgemeinen Theorie der schönen Künste* von Johann Georg Sulzer und mit dem Franzosen Marc-Antoine Laugier auseinander. So mag man den Aufsatz *Von deutscher Baukunst* kritisch als eine nur scheinbar spontane, dem unmittelbaren Gefühl eines großen Eindrucks entsprungene Bekundung der neuen Erfahrung lesen, die Goethe in Straßburg machte. Aber wie auch immer: in diesem kurzen Manifest sind viele wesentliche Gedanken der Kunsttheorie des Sturm und Drang enthalten. Die Genieästhetik ist nirgends knapper und genauer beschrieben worden.

Goethe hat seinen Aufsatz im Zwölften Buch von *Dichtung und Wahrheit* 1814 kritisiert. Er wirft sich vor, seine Überlegungen, „durch Hamanns und Herders Beispiel verführt", „in eine Staubwolke von seltsamen Worten und Phrasen" (DuW., Bd. I, S. 546) verhüllt zu haben. Dies Urteil bezieht sich jedoch auf die Sprache, in der er seine Ansicht 1772/73 darstellte, nicht auf die Grundsätze und Ergebnisse seiner Betrachtung des Straßburger Münsters, die er in dem Aufsatz *Von deutscher Baukunst* 1823 nachdrücklich bestätigte *(Über Kunst und Altertum*, IV, 2; WA I, 49. 2., S. 159-167).

IV. Kapitel: Das nicht aristotelische Drama

Bibliographie zum Vierten Kapitel

Alt, Peter André: Der Held und seine Ehre. Zur Deutungsgeschichte eines Begriffs im Trauerspiel des 18. Jahrhunderts, in: JbDSG. 37 (1993), S. 81–108

Daniel, Ute: Hoftheater. Zur Geschichte des Theaters und der Höfe im 18. und 19. Jahrhundert, Stuttgart 1995
[Am Beispiel von Mannheim und Karlsruhe untersucht die aufschlußreiche Studie, z. T. unter Berücksichtigung ungedruckten Archivmaterials, drei Entwicklungsphasen vom frühen 18. Jahrhundert bis 1914.]

Jens, Walter: Der Ort der Handlung ist Deutschland. Nationaltheater ohne Nation, in: Jürgen Brummack u. a. (Hg.): Literaturwissenschaft und Geistesgeschichte. Festschrift für Richard Brinckmann, Tübingen 1981, S. 119–135

McInnes, Edward: „Ein ungeheures Theater". The Drama of the Sturm und Drang, Frankfurt a. M. 1987

Martino, Alberto: Geschichte der dramatischen Theorien in Deutschland im 18. Jahrhundert, Bd. 1: Die Dramaturgie der Aufklärung (1730–1780), Tübingen 1972 (Aus dem Italienischen übersetzt von Wolfgang Pross)
[„Organische Darstellung der dramatischen Doktrinen" in Deutschland von 1730 bis 1780. Standardwerk.]

Mattenklott, Gert: Melancholie in der Dramatik des Sturm und Drang. Erw. und durchges. Aufl., Königstein 1985 (zuerst 1968)
[An Arbeiten von W. Benjamin und P. Szondi anknüpfend überprüft die aufschlußreiche Arbeit die Temperamentenlehre an der Ästhetik.]

Newald, Richard: Von Klopstock bis zu Goethes Tod (1750–1832). Erster Teil. Ende der Aufklärung und Vorbereitung der Klassik, in: Helmut de Boor, Richard Newald (Hg.): Geschichte der deutschen Literatur. Von den Anfängen bis zur Gegenwart, Bd. 6/1, München 1957

Schröder, Gerhart: Logos und List. Zur Entstehung der Ästhetik in der frühen Neuzeit, Königstein-Ts. 1985

Wenzel, Stefanie: Das Motiv der feindlichen Brüder im Drama des Sturm und Drang, Frankfurt a. M./Berlin 1993

A. Einleitung

Die Entwicklung des Dramas im Sturm und Drang ist im Zusammenhang mit den Bemühungen des 18. Jahrhunderts um ein deutsches Nationaltheater, um die Schauspielkunst und die Theaterkultur zu sehen. Gleichzeitig und aufeinander einwirkend vollzog sich die Modernisierung dramatischer Formen und darstellerischer Kunst; zugleich entwickelten sich die Ansprüche an Kostüme und Bühnenbilder in den Jahren um 1770 in einem mächtigen Schub.

Zwei Äußerungen Lessings zu Beginn und am Ende der sechziger Jahre verdeutlichen, wie sich die Situation des deutschen Theaters den um 1750 geborenen Dichtern darstellte. Im einundachtzigsten der *Briefe die neueste Literatur betreffend* schreibt er am 7. Februar 1760: „Die Bühne des Franzosen ist doch wenigstens das Vergnügen einer ganzen großen Hauptstadt; da in den Hauptstädten des Deutschen, die Bude der Spott des Pöbels ist. Der Franzose kann sich doch wenigstens rühmen, oft seinen Monarchen, einen ganzen prächtigen Hof, die größten und würdigsten Männer des Reichs, die feinste Welt zu unterhalten; da der Deutsche sehr zufrieden sein muß, wenn ihm ein paar Dutzend ehrliche Privatleute, die sich schüchtern nach der Bude geschlichen, zuhören wollen." (Lessing, Bd. IV, S. 700 f.) Und im 101. bis 104. Stück der *Hamburgischen Dramaturgie*, am Ende seiner Wirksamkeit an der Hamburger Bühne, stellte er 1769 seine eigenen Bemühungen selbstkritisch und ironisch in Frage mit dem Ausruf: „Über den gutherzigen Einfall, den Deutschen ein Nationaltheater zu verschaffen, da wir Deutsche noch keine Nation sind!" (Lessing, Bd. VI, S. 684)

Mit diesen Worten ist die Lage des deutschen Theaterwesens um 1760/1770 genau beschrieben: der politischen Zerrissenheit des Deutschen Reiches mit seinen zahlreichen und ganz verschieden regierten Staaten entsprach die Theaterkultur. Es gab Theatertruppen, wie Goethe sie in *Wilhelm Meisters theatralischer Sendung* darstellt, die von Ort zu Ort zogen; Friederike Karoline Neuber z. B. gastierte in den späten dreißiger Jahren mit ihrer Truppe alljährlich in Leipzig, Hamburg, Kiel, Frankfurt am Main und Petersburg. Die Schauspieler galten als Komödianten, sie gehörten zum fahrenden Volk, man nannte eine Gesellschaft von Schauspielern eine „Bande". Vor allem die Geistlichkeit stellte ihre Tätigkeit als unsittlich, den Theaterbesuch als sündhaft dar; als die Neuberin 1760 in Leuben bei Dresden beerdigt wurde, mußte man ihren Sarg über die Kirchhofsmauer heben, weil der Geistliche noch dem Leichnam der Komödiantin das Friedhofstor nicht öffnen mochte.

Joseph II. ernannte ein Menschenalter später die Schauspieler des Wiener Burgtheaters zu Hofbeamten, um das soziale Ansehen des Berufsstandes zu heben, und erst 1811 wurde August Wilhelm Iffland in Berlin vom Preußischen König als erster deutscher Schauspieler mit einem Orden ausgezeichnet.

Neben den gesellschaftlich und moralisch anrüchigen, von Ort zu Ort reisenden Theatertruppen gab es Hoftheater, wo fast nur Opern und Ballette aufgeführt wurden, und zu denen der Großteil der Bevölkerung, der nicht zur Hofgesellschaft gehörte, keinen Zutritt hatte. Hier wirkten bisweilen hoch bezahlte ausländische Sängerinnen und Sänger, denn diese höfischen Theater dienten vornehmlich der Repräsentation, ohne daß die Fürsten, die sich diesen Luxus leisteten, immer besonderen Kunstverstand an den Tag legten. Herzog Karl Eugen von Württemberg z. B. verbot Schiller, der sich ohne Erlaubnis nach Mannheim zur Uraufführung der *Räuber* begeben hatte, weiterhin „Komödien" zu dichten: das wirft ein Licht auf sein Verständnis der deutschen Theaterkultur.

Angesichts dieser Lage vereinigten sich die Bemühungen von dramatischen Dichtern, Literaturtheoretikern und einzelnen Schauspielern in dem Bestreben, ein deutsches Nationaltheater zu schaffen, denn die Interessen von Autoren und Theaterunternehmern – den Prinzipalen – trafen zusammen. Bisweilen wurden sie dabei auch von einzelnen Fürsten unterstützt. Friedrich II. von Preußen z. B. gestattete zunehmend bürgerlichen Kreisen den Zutritt zu seinem Theater und entließ hoch bezahlte ausländische Schauspieler und Sänger – wohl auch aus Sparsamkeit.

Die einheimischen Schauspieler modernisierten das Theater: die Bühnenbilder, wie die Landschaftsmalerei von Rousseau beeinflußt, und die Schulung der Schauspieler in Körperbewegungen und Aussprache kündigten einen neuen Theaterstil an. Es lag im Interesse der Darsteller wie der Prinzipale, das Ansehen des Berufsstandes durch den Beifall gebildeter Bürger zu heben.

Zugleich setzte sich eine Entwicklung fort, die von Gottsched und Lessing angebahnt war: Dichtung und Bühne näherten einander an. Das war selbstverständlich eine langsame, bisweilen unterbrochene Entwicklung, die auch regional sehr unterschiedlich verlief. Noch 1784 sah sich Schiller veranlaßt, eine Schrift mit dem Titel *Die Schaubühne als eine moralische Anstalt betrachtet* zu veröffentlichen. Die Theatertruppen hatten gegen Vorurteile zu kämpfen, die nicht sowohl finanzielle Einbußen infolge Besuchermangels mit sich brachten, als vielmehr oft ihre Wirksamkeit überhaupt in Frage stellten. Es gab eine Theaterzensur, die bisweilen zu nachhaltigen Eingriffen in die Texte nötigte. Und die Regierungen hatten die Befugnis, Theateraufführungen zu genehmigen oder zu verbieten. Zudem war auf den Geschmack eines sehr unterschiedlich zusammengesetzten Publikums Rücksicht zu nehmen; man erwartete vom Theater Unterhaltung wie von einer Jahrmarktsbelustigung. So wird berichtet, daß die Aufführung von *Minna von Barnhelm* im November 1767 in Hamburg mit akrobatischen Darbietungen beendet wurde.

Die heute noch bekannten Theaterstücke, die in den Jahren zwischen 1760 und 1790 entstanden, waren nur ein sehr geringer Teil der Spielpläne. Noch um die Jahrhundertwende und bis weit ins neunzehnte Jahrhundert wurden sie von Autoren wie August von Kotzebue (1761–1819) und August Wilhelm Iffland (1759–1814) beherrscht. Nur selten wurden Werke Shakespeares und der Dramatiker des Sturm und Drang, später auch der Klassiker gespielt.

Verdankt das deutsche Theaterwesen, wie es heute als öffentlich anerkannte und finanzierte Einrichtung besteht, seine Existenz den Bemühungen Gottscheds, Lessings, Schillers, Goethes und vieler anderer Dichter, so zugleich in einem nicht geringeren Maße den Schauspielern und Prinzipalen dieser Jahre. Unter den bedeutenden Persönlichkeiten, die das deutsche Theater entwickelten, sind die Namen Neuber, Ackermann, Schröder, Ekhof, von Dalberg, Koch und Doebbelin zu nennen.

Friederike Caroline Neuber, „die Neuberin" (1697–1760), leitete von 1725 bis 1750 eine Theatertruppe und erhielt 1727 das sächsische Privileg, in Leipzig ein feststehendes Theater zu leiten; sie arbeitete zeitweilig mit Gottsched zusammen. In Norddeutschland wirkte Konrad Ackermann (1710/1712–1771), der 1761 eine eigene Truppe und seit 1764 das Nationaltheater in Hamburg führte. Mit ihm war Sophie Charlotte Ackermann (1714–1792) verheiratet; sie hatte schon 1742–1744 eine eigene Truppe geleitet, und nach dem Tode ihres Mannes übernahm sie dessen Truppe bis 1780. Ihr Sohn Friedrich Ludwig Schröder (1744–1816) war vielleicht der bedeutendste deutsche Schauspieler des achtzehnten Jahrhunderts; Goethe hat ihm in der Gestalt des Serlo im *Wilhelm Meister* ein Denkmal gesetzt. Er war zunächst als Schauspieler und Tänzer bei verschiedenen Wandertruppen tätig. Seine Reisen verschafften ihm vielfältige Erfahrungen mit den Ansprüchen und Reaktionen des Publikums; seine Schulung als Tänzer entwickelte die Ausdrucksfähigkeit seines Körpers, seine Aufgabe, der Mutter Sophie Charlotte Schröder-Ackermann alle neuen Theaterstücke vorzulesen, schulte seine Sprache für die Bühne. Nach dem Tode seines Stiefvaters Konrad Ernst Ackermann 1771 unterstützte er seine Mutter bei der Leitung des Hamburger Theaters. Er wird als leidenschaftlicher und ausdrucksstarker Darsteller gerühmt; auch als Übersetzer und als Verfasser eigener Stücke machte er sich einen Namen. Er war bestrebt, die Forderungen nach Natürlichkeit und persönlicher Eigenart der dramatischen Person, wie sie die *Anmerkungen übers Theater* von Lenz forderten, in seinem Spiel einzulösen. Er schulte sich am Vorbild Ackermanns, der vor allem in der Verkörperung komischer Rollen erfolgreich war, und an Conrad Ekhof (1720–1778).

Schröder machte sich durch Aufführungen Shakespeares verdient, dem er v. a. ab 1776 großen Raum auf seiner Bühne einräumte. Er bearbeitete die Texte dramaturgisch, um sie dem Leistungsvermögen seiner Schauspieler anzupassen, und widerlegte damit das Vorurteil, Shakespeare sei unaufführbar. Machte er sich einerseits um die dramatische Literatur des Sturm und Drang verdient durch Uraufführungen von Goethes *Clavigo* (1774), Wagners *Reue nach der Tat* (1775), Klingers *Zwillingen* (1776), Lenz' *Der Hofmeister* (1778), Schillers *Don Carlos* (1787) und durch Aufführungen des *Götz von Berlichingen*, des *Julius von Tarent*, Schillers *Fiesko* und *Kabale und Liebe*, so trug er anderseits zur Entwicklung der Schauspielkunst wesentlich bei, indem er den üblichen Deklamationsstil überwand und seine Schauspieler anhielt, ihren Körper und ihr Gesicht bei der Darstellung ihrer Rolle einzusetzen. Auch die Einteilung in verschiedene Rollenfächer wie z. B. den jugendlichen Helden, die komische Alte usf. verwarf er. Dem entsprach die von ihm eingeführte, für jedes Stück besonders neu geschaffene Ausstattung in Bühnenbild, Requisiten, Kostüm und Beleuchtung.

In Mannheim gab es seit Beginn der 1770er Jahre Bemühungen zur Reform des Theaters am Hofe des Kurfürsten Karl Theodor (1724–1799), der 1770 die französischen Schauspieler entließ und deutsche Singspiele in den Spielplan aufnahm. Als er 1777 Bayern mit der Pfalz vereinte und seine Residenz nach München verlegte, beauftragte er den Freiherren Wolfgang Heribert von Dalberg (1750–1806), den Bruder des Mainzer Kurfürsten, mit der Leitung eines guten Nationaltheaters in Mannheim. Im folgenden Jahr 1778 wurde es eröffnet und war bald eines der wichtigsten Häuser in Deutschland; hier wurden Schillers dramatische Erstlinge – *Die Räuber*, *Kabale und Liebe*, *Die Verschwörung des Fiesco zu Genua* – uraufgeführt. In der Leitung des Theaters führte er ein demokratisches Element ein, indem er einen „Theaterausschuß" bildete, wo interessierte Mitglieder des Publikums zusammen mit Schauspielern arbeiteten. Hier wurden Dramen Lessings, auch des Sturm und Drang sowie mehrere Bearbeitungen von Shakespeare-Stücken aufgeführt, hier wirkten so bedeutende Schauspieler wie Iffland mit seinen Freunden Johann David Beil (1754–1794) und Heinrich Beck (1760–1803); alle drei stammten aus der Schule Conrad Ekhofs; Beck leitete später, als Iffland nach Berlin übersiedelt war, die Mannheimer Bühne; Johann David Beil verfaßte auch eigene Theaterstücke, die seinerzeit viel gespielt wurden.

Conrad Ekhof (1720–1778), der seit 1740 in Schönemanns Truppe und von 1771 an in Weimar gespielt hatte, übernahm 1774 die Leitung des Theaters in Gotha, das er zu einer der wichtigsten deutschen Bühnen machte. Er gilt als einer der größten Charakterdarsteller seiner Zeit; er war um einen werkgetreuen Stil bemüht und förderte das Ensemblespiel; er hatte diese Grundsätze während seiner Arbeit unter Schröders Leitung in Hamburg entwickelt. Ekhof förderte das deutsche Singspiel, aber auch die jungen Autoren jener Jahre wie Goethe und Leisewitz; er war um das Ansehen des Berufsstandes bemüht und versuchte, eine deutsche Schauspielschule zu gründen. Man nannte ihn den Vater der deutschen Schauspielkunst.

In Berlin gab es zeitweilig sieben verschiedene Hoftheater gleichzeitig; das deutsche Theater wurde v. a. durch die Truppen von Koch und Doebbelin gefördert. Heinrich Gottfried Koch (1703–1775) hatte 1766 das Leipziger Theater mit der Tragödie *Hermann* von Johann Elias Schlegel eröffnet und erhielt 1771 die Lizenz des Königs zur Eröffnung der Komödie in der Behrenstraße zu Berlin; sein Erfolg beruhte auf einem umfangreichen Repertoire von mehr als hundert Stücken, vor allem französischen und italienischen Lustspielen, Balletten und komischen Opern; wenn der Hofmeister Läuffer in dem Drama von Lenz über den Italiener Pintinello sagt, er sei „auf dem Kochischen Theater [...] ausgepfiffen" worden, ist das ein historisches Motiv. Erst um die Mitte der siebziger Jahre erweiterte

Koch seinen Spielplan auch um deutsche Stücke; 1774 wurde auf seiner Bühne *Götz von Berlichingen* uraufgeführt und bisweilen auch andere Dramen des Sturm und Drang und der Aufklärung, denn er mußte gegenüber dem Theater von Karl Theophilus Doebbelin (1727–1793) konkurrenzfähig bleiben. Doebbelin, der seit 1775 in Berlin wirkte, machte sich dort namentlich um die Werke Shakespeares und der deutschen Dramatiker verdient. Sein Spielplan war vom Hamburger Theater Schröders angeregt, das insofern tatsächlich eine Funktion als Nationaltheater gewann, indem es in Repertoire und Stil zum Vorbild über die Grenzen Hamburgs hinaus wurde. 1786, unter der Regierung Friedrich Wilhelms II., übernahm Koch das Schauspielhaus am Gendarmenmarkt als Königliches National-Theater.

In Wien unterstellte Joseph II. 1776 das Burgtheater seiner Hofverwaltung und machte es zum Hof- und Nationaltheater; daneben bestanden in Wien mehrere Volkstheater, die von Maria Theresia in die Vorstädte verwiesen worden waren und im neunzehnten Jahrhundert von großer Bedeutung werden sollten. Indes hemmte die Theaterzensur in Wien die Entwicklung mehr als in anderen deutschen Theater-Zentren: Klingers *Die Zwillinge* wurde schon nach der ersten Aufführung verboten, Shakespeares *Romeo und Julia* wurde gar nicht zur Aufführung zugelassen, und die Werke Schillers mußten Veränderungen erdulden, die sie nahezu unkenntlich machten.

Das Theater gewann in Deutschland in den Jahrzehnten nach 1760 zunehmend an Bedeutung; die Bühnen emanzipierten sich langsam von Kirchen und Geistlichkeit, die die Reinheit des Glaubens und die Ehrbarkeit des Lebenswandels überwachten. Wenn Goethe im Dritten Buch von *Wilhelm Meisters Theatralischer Sendung* erzählt, wie ein Geistlicher die Aufführung einer Komödie zu verhindern sucht, so stellt er dar, welche Befugnisse die Geistlichen im achtzehnten Jahrhundert hatten und welche Vorurteile sie zur Geltung bringen konnten. Überblickt man die Entwicklung der Theaterkultur in diesen Jahrzehnten, so fällt zudem das Nord-Süd-Gefälle ins Auge: Hamburg, Gotha, Weimar und Mannheim waren die führenden Städte in dieser Entwicklung, die die höfische Theaterkultur verbürgerlichte und zugleich modernisierte. In Wien, wo der Einfluß der Kirche auch zur Zeit der Josephinischen Reformen sehr stark war, gelang der Anschluß an die allgemeine Entwicklung erst im neunzehnten Jahrhundert. Man muß sich bei dieser Entwicklung bewußt machen, daß Bühnen, Bücher und Zeitschriften – die Moralischen Wochenschriften, später Periodika wie der *Wandsbecker Bote* und Schubarts *Deutsche Chronik* – die einzigen Kommunikationsmedien waren, die der Predigt Konkurrenz machten. Liest man im *Anton Reiser* von Karl Philipp Moritz, mit welcher Spannung eine ganze Arbeitswoche hindurch der sonntägliche Gottesdienst erwartet wurde und welch tiefe Gemütsbewegung die Hörer aus ihm gewannen, so wird deutlich, wie sehr das Theater den Kirchen als Konkurrenz erscheinen mußte, wie aber auch das Publikum das Theater zuneh-

mend als Bereicherung des Lebens empfinden mußte. Man kann, ohne allzu
sehr zu vereinfachen, behaupten, daß das Theater die Kirche zu verdrängen
begann. Als Herzog Karl von Braunschweig im Fragmenten-Streit mit dem
Hamburger Hauptpastor Johann Melchior Goeze (1717–1786) Lessing
weitere Veröffentlichungen verbot, dichtete er *Nathan der Weise* und
schrieb in einem Brief an Elise Reimarus vom 6. September 1778: „Ich muß
versuchen, ob man mich auf meiner alten Kanzel, auf dem Theater wenigstens, noch ungestört will predigen lassen." (Lessing, Bd. XII, S. 193) Dazu
kam es erst nach Lessings Tod: *Nathan der Weise* wurde am 14. April 1783
in Berlin in Doebbelins Theater an der Behrenstraße uraufgeführt. Das
Beispiel kennzeichnet deutlich die Entwicklung, in der sich die Bühne von
theologischen Dogmen, von Vorurteilen und amtlichen Vorschriften in den
Jahren des Sturm und Drang zu befreien begann – ein Prozeß, der selbstverständlich mit dem Ende des Sturm und Drang keineswegs abgeschlossen
war.

Die Dramen des Sturm und Drang, von denen einige im folgenden analysiert werden, sind im Zusammenhang mit dieser Entwicklung zu sehen:
sie stellen Menschen und Probleme dar, die die Zeitgenossen ansprechen
konnten. Hatte Gottsched versucht, das Theater zu heben, das gesellschaftliche Ansehen auch des Schauspielerberufs zu fördern, indem er moralische
Wahrheiten und Grundsätze auf die Bühne zu bringen suchte und die sog.
sächsische Typenkomödie förderte, so kamen nun, etwa ein Menschenalter
später, nicht mehr die Verkörperungen von Lastern und Tugenden auf die
Bühne, sondern Menschen mit Leidenschaften, keine Illustrationen allgemein bekannter Wahrheiten, sondern lebendige Menschen. Wie sehr Geist
und Geschmack sich im Laufe einer Generation gewandelt hatten, mag
man sich an einem bezeichnenden Beispiel vor Augen führen: 1737 ver-
bannte die Neuberin in einer allegorischen Szene den Harlekin von ihrer
Bühne in dem Bemühen, das niedrig Komische vom Ernsten zu trennen,
das Theater vom Charakter einer bloßen Belustigung zu befreien und damit
seine Seriosität zu unterstreichen. 1761 veröffentlichte Justus Möser die
Schrift *Harlequin oder Vertheidigung des Groteske-Komischen*, in der er
der komischen Figur eine Rechtfertigung der Karikatur und der Freude am
Spott in den Mund legte. Die Schrift wurde von Lessing, den Dichtern des
Sturm und Drang und noch von den Romantikern hoch geschätzt. Die
Vorstellung von dem, was das Theater zu sein habe und bieten solle, hatte
sich ändern können, weil Gottsched die Bühne zwar von „Unsinn, Bom-
bast, Schmutz und Pöbelwitz" – so Lessing im 17. Literaturbrief (Lessing,
Bd. IV, S. 499) – gereinigt, damit zugleich aber auch alle Spuren von Sinn-
lichkeit und volksläufiger Kultur unterdrückt hatte.

Zugleich bahnte sich eine literarische Entwicklung an: mit den Dramen
des Sturm und Drang vollzog sich die Abkehr von der bis dahin in der
Theorie des Dramas gültigen Lehre der „drei Einheiten". Indem die Autoren der 1770er Jahre die Verpflichtung des Dramas auf die Einheit der Zeit,

des Ortes und der Handlung als schwer erträgliche Einengung der Charaktere und Probleme verstanden, die sie auf die Bühne bringen wollten, entwickelten sie neue dramatische Formen, die das Theater lebendiger, vielfältiger, reizvoller machten; die von den führenden Prinzipalen und Prinzipalinnen eingeführten Neuerungen regten zugleich auch die literarische Produktion an; die Kluft, die zwischen der anspruchsvollen dramatischen Literatur auf der einen und der auf Unterhaltung abzielenden Theaterpraxis auf der anderen Seite bestanden hatte, begann sich zu schließen. Auch diese Entwicklung war mit dem Sturm und Drang selbstverständlich nicht abgeschlossen, aber ihr Beginn ist der theatergeschichtlich wichtige Vorgang dieser Jahre.

Das Drama des Sturm und Drang entdeckte die verdrängte Sinnlichkeit, die Leiblichkeit und ihre Probleme. Gerstenberg stellte in *Ugolino* den körperlichen Schmerz dar, den Hunger, dem ein Vater mit seinen Söhnen erliegt; Goethes Götz von Berlichingen ist eine Gestalt, die am Übergang zweier Epochen steht, vergleichbar der Zeit des Übergangs von der frühen zur späteren Neuzeit gegen Ende des 18. Jahrhunderts. Lenz zeichnete, namentlich in seinen heute bekanntesten Dramen, dem *Hofmeister* und den *Soldaten*, von denen als Beispiel für seine Dramatik hier *Der Hofmeister* ausgewählt wurde, konkrete gesellschaftliche Probleme. Das tat auch Wagner in *Die Kindermörderin* und Schiller in *Kabale und Liebe*. Zugleich stellte Klinger Menschen auf die Bühne, die nicht mehr, wie es die Ethik der Aufklärung gefordert hatte, ihre Leidenschaften beherrschen, sondern deren Spielball sind und ihr Opfer werden: damit wurden Theaterstücke geboten, die das Publikum anzusprechen vermochten, weil dessen eigene gesellschaftliche und persönliche Probleme auf der Bühne verhandelt wurden.

Das Theater gewann in den Augen des Publikums allmählich ein höheres Ansehen; die Dramatiker des Sturm und Drang waren seine Nutznießer und förderten es zugleich. Nicht mehr allein das Bedürfnis nach Unterhaltung lockte den „Pöbel" an, sondern gebildete und ehrbare Bürger besuchten die Aufführungen. Zugleich mit der Entwicklung des Lesepublikums bildete sich das Theaterpublikum. Es mögen wohl dieselben Menschen gewesen sein; später nannte man sie das Bildungsbürgertum.

B. Im Hungerturm zu Pisa
Heinrich Wilhelm von Gerstenberg: *Ugolino*

1. Grundlageninformation

1.1. Text und Materialien

Ugolino. Eine Tragödie in fünf Aufzügen. Hamburg und Bremen: Johann Hinrich
Cramer. 1768
Gerstenbergs Vermischte Schriften. Von ihm selbst gesammelt und mit Verbesserun-
gen und Zusätzen herausgegeben in drei Bänden. Altona 1815 [Bd. I: *Minona,
Ugolino.* Bd. II: Lyrik. Bd. III: Philosophische und literarische Schriften]
Briefe über Merkwürdigkeiten der Litteratur. Hg. von Heinrich Wilhelm von Ger-
stenberg et. al. Drei Sammlungen und Fortsetzung in einem Band, Hildesheim,
New York 1971 (Reprografischer Nachdruck der Ausgaben Schleswig und Leip-
zig 1766–1767 und Hamburg und Bremen 1770)
Heinrich Wilhelm von Gerstenberg: *Ugolino. Eine Tragödie in fünf Aufzügen.* Mit
einem Anhang und einer Auswahl aus den theoretischen und kritischen Schriften.
Hg. von Christoph Siegrist, Stuttgart 1966

1.2. Forschungsliteratur

Bühler, Arnim-Thomas: Hat das Drama *Ugolino* von Heinrich Wilhelm von Ger-
stenberg eine „aufklärerische Lehre"?, Wetzlar 1995
Dollinger, Hans: Die dramatische Handlung in Klopstocks *Der Tod Adams* und
Gerstenbergs *Ugolino*, Diss. Erlangen 1930
Jacobs, Monty: Gerstenbergs *Ugolino* – ein Vorläufer des Geniedramas, Diss. Hei-
delberg 1898
Mattenklott, Gert/Scherpe, Klaus R. (Hg.): Literatur der bürgerlichen Emanzipation
im 18. Jahrhundert. Literatur im historischen Prozeß. Ansätze materialistischer
Literaturwissenschaft. Analysen, Materialien, Studienmodelle, Kronberg 1973.
[Sammlung von theoretisch und didaktisch orientierten Aufsätzen, methodisch
dem Materialismus verpflichtet.]
Redlich, Carl: *Gerstenberg* in: ADB Bd. 9, (1879), S. 60–66
Wagner, Albert Malte: Heinrich Wilhelm von Gerstenberg und der Sturm und
Drang, 2 Bde., Heidelberg 1920–1924
[Grundlegende Monographie auf breiter Materialgrundlage.]

2. Analyse

Graf Ugolino della Gherardesca, ein namhaftes Haupt der ghibellinischen
Partei in Pisa, schloß sich nach der Heirat seiner Schwester mit einem
Guelfen deren Partei an, so daß er sich den Haß seiner ehemaligen Partei-

gänger zuzog. Er wurde gestürzt, des Verrats bezichtigt und eingekerkert, zusammen mit seinen Söhnen Gaddo und Uggocione sowie den Enkeln Brigata und Anselmuccio. In der Haft ließ man ihn mitsamt Söhnen und Enkeln verhungern.

In der *Göttlichen Komödie* beschreibt Dante, wie er bei seiner Wanderung durch die Hölle im neunten Höllenkreis, wo sich die Qual der Verdammten auf das höchste gesteigert hat, dem Grafen Ugolino begegnet und seinem Widersacher, dem Erzbischof Ruggieri; sie sind miteinander verurteilt, Ugolino nagt am Haupte des Ruggieri, und Dante hört von ihm die Erzählung seines grausamen Todes im Hungerturm zu Pisa.

Das ist der Stoff der Tragödie *Ugolino*, die 1768 bei Johann Hinrich Cramer in Hamburg und Bremen erschien. Gerstenberg läßt nur Ugolino und seine drei Söhne, den zwanzigjährigen Francesco, den dreizehnjährigen Anselmo und den sechs Jahre alten Gaddo auftreten. Die Handlung spielt während der letzten Nacht vor dem Tode Ugolinos und seiner Söhne, nachdem sie schon zwei Tage gefangen sind. Indem Gerstenberg auf die Darstellung der politischen Auseinandersetzungen, die zu Ugolinos Gefangenschaft geführt haben, ebenso verzichtet wie auf einen Auftritt des Gegenspielers Ruggieri, verlegt er das Interesse auf die innere Handlung: auf die Gemütsbewegungen, die von der Hoffnung über Furcht und Verzweiflung zur Resignation führen. Ein Ausbruchsversuch Francescos und der mit äußerster Grausamkeit der Familie bekanntgegebene Tod von Ugolinos Gemahlin Gianneta – man bringt sie in einem Sarg zugleich mit dem bei seinem Fluchtversuch gefangenen Francesco auf die Bühne – sind die einzigen Momente einer Handlung, wie man sie von einem herkömmlichen Drama erwartet. Beide Geschehnisse sind in den dritten Aufzug gelegt, der im klassischen Drama die Peripetie enthält; hier aber ist es kein Umschlag der Handlung oder ein Wechsel des Glücks im Geschick des Helden, sondern der Höhepunkt der Verzweiflung: Ugolino und seine Söhne erfahren, daß ihre Gattin und Mutter durch einen Brief umgekommen ist, den ihr Ugolino gesandt und den Ruggieri vergiftet hat, so daß sie nach der Lektüre starb und Ugolino mittelbar, ohne es zu wollen, an ihrem Tode mitschuldig ist. Aber dies Motiv dient nicht zur Begründung einer tragischen Schuld, sondern zur Steigerung der Verzweiflung der dem Hungertod preisgegebenen Familie.

Gerstenberg zeigt keinen Kampf um Macht und Recht, sondern stellt die Empfindungen seiner Personen dar. Das ist das Neue an diesem Drama, das im übrigen den herkömmlichen Regeln der drei Einheiten des Ortes, der Zeit und der Handlung folgt. Es hätte sich die Möglichkeit geboten, die politischen Auseinandersetzungen, die zum Sturz und zur Gefangenschaft Ugolinos geführt haben, in Gesprächen mit Vertretern der Gegenpartei darzustellen oder sie in Erzählungen Ugolinos zu berichten. Gerstenberg verzichtet darauf, um den Blick des Zuschauers auf die inneren Vorgänge zu lenken. Da berichtet im zweiten Aufzug Gaddo dem Bruder

Anselmo von seinem Traum, in dem er sich gesättigt hat, und Anselmo antwortet mit Beschreibungen der schönen freien Natur; im vierten Aufzug bittet Gaddo um ein einziges Vogelei, das er von Anselmo kaufen will; es kommt zu Streitigkeiten zwischen den beiden um eingebildete Besitztümer und um die ebenso eingebildeten Geschenke, die sie einander machen möchten oder verwehren wollen. Einen Höhepunkt findet diese Darstellung des Leidens in dem großen Monolog Ugolinos zu Beginn des vierten Aufzugs, in dem er sich die Schuld am Tode seiner Frau vorwirft und sich selbst der Vermessenheit bezichtigt. Er ist ein „großer Mann"; nannten ihn im ersten Aufzug seine Söhne Anselmo und Francesco edel, erhaben und sogar „göttlich", so zeigt er selbst diese Größe, indem er, durchaus im Geiste christlicher Schicksalsergebenheit, dem Glanz des Ruhmes und der Herrschaft – die ihm ohnehin genommen sind – entsagt und das wahre Glück in der Liebe zu seiner verstorbenen Gianetta erkennt. An ihrem Sarge verwirft er „die geprahlten Nichtswürdigkeiten" für „ein dankbares Lächeln ihrer errötenden Wangen" (S. 42). Und der äußerste Gegensatz dieser erhabenen Haltung des großen Ugolino ist der Monolog Anselmos im fünften Aufzug nach dem Tode Francescos, in dem er sich entschließt, allen Bedenken zum Trotz, vom Fleisch seiner toten Mutter zu essen und deshalb von seinem Vater verflucht wird.

Es geht Gerstenberg im *Ugolino* nicht um die Entwicklung einer Handlung, sondern um die Darstellung dieser Affekte: in der Sprache der Zeit sind das alle Leidenschaften und Gemütsbewegungen von den sanften und rührenden bis zu den rohesten und grausigsten. Und entgegen einer verbreiteten aufklärerischen Haltung sind gerade die äußerst schaudererregenden Leidenschaften der Gegenstand dieses Dramas; indem die erhabene Größe von Ugolinos Entsagung am Sarge seiner Frau dem tierisch rohen Verhalten seines Sohnes entgegengestellt wird, werden zugleich die äußersten Grenzen der menschlichen Möglichkeiten ermessen. Anstelle der sich steigernden Spannung durch eine lebhaft bewegte und vielfach motivierte Handlung tritt die Steigerung der Affekte. Damit ist, mindestens andeutungsweise, der Begriff „tragisch" verändert: nicht das selbstverschuldete Leiden des Helden soll Furcht und Schrecken erregen, sondern die Leiden des Helden und seiner unschuldigen Kinder sollen den Schauder und das Mitleid des Zuschauers bewirken. Ebenso wenig wie es im *Ugolino* um Macht und Recht geht, geht es um tragische Schuld und Sühne oder um poetische Gerechtigkeit, vielmehr um Wahrheit der Empfindungen und ihre natürliche Stärke. Damit unternimmt Gerstenberg den Versuch, sein Shakespeare-Verständnis dichterisch zu verwirklichen. Im 14. bis 18. seiner *Briefe über Merkwürdigkeiten der Literatur*, in denen er sich mit Shakespeare auseinandersetzte, hatte er 1766/67 geschrieben:

„Aber merken Sie sich, daß ich ihm die Erregung der Leidenschaften nicht streitig mache, sondern sie nur einer höhern Absicht unterordne, welche ich durch die Zeichnung der Sitten, durch die sorgfältige und treue

Nachahmung wahrer und erdichteter Charaktere, durch das kühne und leicht entworfne Bild des idealischen und animalischen Lebens andeute. [...] ich nenne sie lebendige Bilder der sittlichen Natur."(S. 93) Kein Dichter, so Gerstenberg, sei ihm bekannt, der die „Leidenschaft tiefer überdacht und frappanter gemalt hätte als Shakespeare"(S. 95).

Obwohl er sich auf Shakespeare beruft, scheint er im *Ugolino* den Regeln des klassizistischen Dramas zu folgen; das Stück ist eine Tragödie in fünf Akten, es spielt nur eine Handlung an einem Ort während einer Nacht. Dieser Widerspruch deutet die geschichtliche Stellung des Dramas wie seines Dichters an: er steht am Kreuzungspunkt von moralisierender Aufklärung und dramatischem Klassizismus und an der Schwelle der von Goethe wenig später formulierten Tragödientheorie, die den tragischen Konflikt als Zusammenstoß des Individuums mit dem Gang der Geschichte versteht. 1737 geboren, steht er auch biographisch zwischen der Generation Klopstocks (*1724) und Lessings (*1729) auf der einen und den jüngeren Stürmern und Drängern Herder (*1744), Goethe (*1749), Lenz (*1751), Klinger (*1752) und Leisewitz (*1752) auf der anderen Seite. 1762 noch gab er eine Moralische Wochenschrift heraus, *Der Hypochondrist*, zu einer Zeit, als diese literarische Gattung zu veralten begann (Wolfgang Martens: Die Botschaft der Tugend. Die Aufklärung im Spiegel der deutschen Moralischen Wochenschriften. Stuttgart 1968, S. 2). Sein *Ugolino* steht auch zeitlich an der Schwelle zum Sturm und Drang: das Stück erschien ein Jahr vor der Niederschrift von Herders *Journal*, im selben Jahr, als in Triest Winckelmann ermordet wurde, als Goethe noch in Leipzig studierte, und ein Jahr vor dem Tode Gellerts.

Diese geschichtliche Stellung am Schnittpunkt der literaturgeschichtlichen Epochen zeigt sich auch in der Unsicherheit Gerstenbergs hinsichtlich des Ausgangs seiner Tragödie. In der Buchfassung von 1768 sieht Ugolino inmitten der Leichen seiner Familie am Ende in christlich-stoischer Gefaßtheit dem Tode entgegen. Ursprünglich hatte Gerstenberg vorgesehen, ihn in völliger Verzweiflung enden zu lassen, verfluchend, daß er geboren ist. Und in der Ausgabe der *Vermischten Schriften* (Altona 1815) folgte Gerstenberg dem Rate Lessings, der ihm am 25. Februar 1768 geschrieben hatte:

„Wenn ich in dem Kerker des Ugolino wirklich zugegen gewesen wäre, würde ich mich wohl gehütet haben, ihn zu etwas andern, als zur Geduld zu ermahnen; denn ich hätte mich mit ihm in gleicher Ungewißheit befunden: aber vor der Bühne kann ich den Augenblick kaum erwarten, da er endlich den Entschluß faßt, seiner und meiner Marter auf die kürzeste die beste Art ein Ende zu machen."(Lessing, Bd. XI, 1, S. 507)

Ugolino endet in dieser späten überarbeiteten Fassung durch eigene Hand.

Obwohl – trotz der erfolgreichen Aufführung durch Doebbelin 1769 in Berlin – Ugolino keinen Platz auf dem Theater gefunden hat, ist die Tragödie von großer literaturgeschichtlicher Bedeutung. Das zeigen v. a. die zwei Kritiken von Lessing und Herder.

Lessing rühmt in seinem ausführlichen Brief an Gerstenberg vom 25. Februar 1768 zunächst das „Genie seines Verfassers". Der Dramatiker, der das Handwerk beherrschte wie kaum einer, schreibt:

„Sie haben Schwierigkeiten überstiegen, die mich zur Verzweiflung gebracht hätten. Der körperliche Schmerz ist unstreitig unter allen Leiden am schwersten zu behandeln: und Sie haben die schrecklichste Art desselben mit so großer Wahrheit, und mit so mannichfaltiger Wahrheit behandelt, daß meine Rührung mehr als einmal durch das Erstaunen über die Kunst unterbrochen worden." (Lessing, Bd. XI, 1, S. 504)

Abgesehen von dem Lob, das Lessing dem Dichter des *Ugolino* zollt, weist die Äußerung auf eine Aufgabe der Literatur hin, die zuvor kaum gesehen wurde: die natürliche Seite des Menschen, seine körperlichen, kreatürlichen Lebensbedingungen werden in Gerstenbergs Drama zum Thema. Nicht ein erhabenes Pathos, dessen Höhe allzu leicht ins Lächerliche abstürzen kann, beherrscht das Drama im Hungerturm, sondern die Natur in dem Sinne, der von der guten Gesellschaft nicht erörtert wird. Der Begriff Natur gewinnt in Gerstenbergs Drama eine Bedeutung, die er in der Literatur und Philosophie der Zeit bislang kaum hatte: die Abhängigkeit des Menschen in seinem moralischen Verhalten von seiner körperlichen Befindlichkeit wird krass und grausam dargestellt, z. B. wenn Anselmo, vom Hunger getrieben, sich mit knirschenden Zähnen dem Leichnam seiner Mutter nähert und ausruft: „Der Wolf ist in mir!" (S. 58)

Dem Lob jedoch, das Lessing dem „Genie" Gerstenbergs zollt, folgt seine Kritik. Die meisten Personen „leiden völlig unschuldig – Kinder müßten die Schuld ihres Vaters nie mit tragen –" (Lessing, a. a. O., S. 505), und Ugolinos Leiden ist so übermäßig, daß es in keinem Verhältnis zu seiner Schuld steht. Sie ist zudem abstrakt – „völlig außer dem Stücke", wir erfahren „fast gar nichts" von ihr, so daß Ugolinos Leiden vom Zuschauer auch nicht als Sühne begriffen wird.

Lessing begründet das mit der Wirkung dieses Leidens: „Mein Mitleid ist mir zur Last geworden: oder vielmehr, mein Mitleid hörte auf Mitleid zu sein, und ward zu einer gänzlich schmerzhaften Empfindung." (a. a. O.). Wenige Wochen zuvor hatte er, in Übereinstimmung mit seinem Freund Moses Mendelssohn, im Vierundsiebzigsten Stück der *Hamburgischen Dramaturgie* vom 15. Januar 1768 das Mitleid als „eine vermischte Empfindung, die aus der Liebe zu einem Gegenstande, und aus der Unlust über dessen Unglück zusammengesetzt" (Lessing, Bd. VI, S. 554) sei, bestimmt. Bei der Lektüre des *Ugolino* habe er jedoch nur Schmerz empfunden, aber kein Mitleid. Obwohl Gerstenbergs Drama auf den ersten Blick scheinbar durchaus den Grundsätzen der aristotelischen Poetik folgt, indem es die Vorschrift der drei Einheiten befolgt, ist es in Wahrheit nach Lessings Überzeugung keine Tragödie mehr im aristotelischen Sinn, denn in der Erregung des Mitleidens erkennt er deren eigentliche Bestimmung.

Weshalb sein Mitleid ausbleibt, erklärt Lessing mit dem „Wesen der Gattung"(Lessing, Bd. XI, 1, S. 506). Dante habe die Geschichte Ugolinos erzählt, sie sei also zum Zeitpunkt der Erzählung abgeschlossen, während sie im Drama in ihrem Verlauf gezeigt werde. Daran knüpft Lessing die Überlegung, daß Ugolino als Gefangener wohlgetan habe, lieber zu verhungern, als sich das Leben zu nehmen, da er bis zuletzt ja noch habe hoffen können, befreit zu werden. Diese Hoffnung aber, die der historische Ugolino habe hegen können, verbiete sich „in den Nachahmungen der Kunst" (a. a. O.). Aus der Anlage des Dramas gehe das Ende eindeutig von Anfang an hervor. Deshalb erteilt er Gerstenberg den Rat, Ugolino möge sich selbst das Leben nehmen – nicht um seine Qual zu beenden oder seine Größe zu zeigen, sondern um die Qual des Zuschauers zu beenden.

Herders Rezension, die, im Januar 1769 geschrieben, in der *Allgemeinen Deutschen Bibliothek*, Bd. 11, 1770 erschien, geht von anderen Voraussetzungen aus. Er will nicht als „Kunstrichter von Handwerk" (Herder, Bd. II., S. 723) urteilen, sondern der eigenen Empfindung folgen. Nur scheinbar sagt er damit das gleiche wie Lessing in seinem Brief an Gerstenberg. Denn Lessing begründet die Forderung, die Tragödie solle Mitleid erregen, aus seinem Aristoteles-Verständnis, Herder aber seine *Ugolino*-Kritik mit seinem persönlichen Ermessen: der Maßstab der Literaturkritik wird aus der philosophischen Erkenntnis in die Subjektivität des Kritikers verlegt, die in Lessings Kritik nur zu prüfen hatte, ob die der Gattung angemessene Wirkung auch erreicht werde.

Zunächst sieht Herder an der Handlung, die so einfach sei wie Klopstocks *Der Tod Adams* (1753/57) und Lessings *Philotas* (1759), wie Gerstenberg die „Simplizität der Griechen" nahezu erreiche. Das ist indes kein zweifelsfreies Lob, denn diese Simplizität beruhe auf dem Mangel einer Handlung, so daß ein „einfaches Gemälde"(a. a. O., S. 725) entstehe, dessen Darstellung, „einartig und monotonisch"(a. a. O., S. 726), keine Spannung entstehen lasse, so daß sich das Stück „fortschleppet"(a. a. O., S. 727).

Der zweite kritische Einwand betrifft die durch das Stück bewirkten Empfindungen: wenn Ugolino leidet, müsse man fragen, ob er unseres Mitleids würdig sei, denn durch sein Verhalten zeige er, daß er sich als Charakter wenig von seinem „hartherzigen, unversöhnlichen" Gegenspieler unterscheide. So sei nicht Sympathie und Mitgefühl das im Zuschauer erregte Empfinden, sondern „widerlicher Abscheu" (a. a. O., S. 728). Auch die Zeichnung der Charaktere von Ugolinos Kindern tadelt Herder: man müsse mit ihnen „zu lange kindisch sympathisieren, um ihr Charaktergeschwätz auch nur zu ertragen" (a. a. O., S. 730). Gleichwohl sieht er in dem Stück viele gelungene Szenen, die er „sanftrührend" nennt und die nur aus der „gesetzten holden Seele" (a. a. O., S. 734) dieses Dichters entsprungen sein können. Damit steht Herders Kritik im Zusammenhang sei-

ner sich um 1770 entwickelnden Kunsttheorie: Rang und Qualität einer
Dichtung bestimmen sich nach der Möglichkeit, die sie bietet, mit dem
Dichter und seinen Geschöpfen zu empfinden.

Herder hat Gerstenberg sehr geschätzt. Das wird auch im *Journal* deutlich, wo er seine Achtung vor dem Bardendichter, Anakreontiker, Literaturkritiker und Shakespearekenner (Vgl. Herder: *Journal meiner Reise im
Jahr 1769*, a. a. O., S. 118 f.) zum Ausdruck bringt. Hier, in der *Ugolino*-
Rezension, nennt er Gerstenberg einen „Dichter der ersten Größe“, „der
unsrer Nation in der Folge was Außerordentliches zusagt.“ (a. a. O.,
S. 723 f.) Die Hoffnung sollte sich nicht erfüllen: Gerstenberg verfaßte noch
ein zweites Drama, *Minona oder die Angelsachsen. Ein Melodrama*, das
1785 erschien und von Ossian inspiriert ist. Es war ein Mißerfolg. Dann
verstummte er bis zu seinem Tod im Jahre 1823. Die letzten Jahrzehnte
seines Lebens verbrachte er teilnahmslos und unproduktiv, obwohl er doch
von 1759 bis zum Beginn der 1770er Jahre zu den wichtigsten Persönlichkeiten des literarischen Lebens in Deutschland gehört hatte. Sein *Ugolino*
war ein Wurf, der im Jahrzehnt des Sturm und Drang ein anderes Drama
anregte: *Der Aufruhr zu Pisa, ein Trauerspiel in fünf Aufzügen* (Ulm 1776),
dessen Verfasser Ludwig Philipp Hahn (1746–1814) sich im Vorwort zu
dem Ansehen bekennt, das der Dichter des *Ugolino* genoß: „Der Odem
des Originalgeists weht drinn“, und obwohl das Werk keinen Platz auf der
Bühne gefunden habe, sei Gerstenbergs Lohn „der stille Dank der wenig
edlen und empfindungsvollen Seelen, die mit ihm fühlten, bebten, schau-
derten.“ (Vgl. Ludwig Philipp Hahn: *Der Aufruhr zu Pisa, ein Trauerspiel
in fünf Aufzügen*. Ulm 1776, S. 4) Daß Rodins Plastik, die Ugolino schüt-
zend über seine Kinder gekauert zeigt – sie steht inmitten des Teiches im
Garten des Musée Rodin zu Paris – von Gerstenbergs Trauerspiel angeregt
wurde, ist kaum anzunehmen: Rodin hat Dante gewiß, Gerstenberg wohl
kaum noch gekannt.

C. Die Tragödie des großen Menschen
Johann Wolfgang Goethe
Geschichte Gottfriedens von Berlichingen mit der eisernen Hand. Dramatisiert

1. Grundlageninformation

1.1. Text und Materialien

Geschichte Gottfriedens von Berlichingen mit der eisernen Hand, dramatisiert, in: J. W. Goethe: Werke. Vollständige Ausgabe letzter Hand. Bd. 42. Stuttgart, Tübingen 1832
Geschichte Gottfriedens von Berlichingen mit der eisernen Hand. Dramatisirt. In: WA I, 39, Weimar 1897
Die *Geschichte Gottfriedens von Berlichingen. Götz von Berlichingen* (Parallel-druck). Bearb. von Jutta Neuendorff-Fürstenau, Berlin/Ost 1958 (Werke Goethes. Hg. von der Deutschen Akademie der Wissenschaft zu Berlin unter Leitung von Ernst Grumach)
Lebensbeschreibung des Ritters Götz von Berlichingen. Ins Neuhochdeutsche übertragen von Karl Müller. Mit einem Nachwort von Hermann Missenharter, Stuttgart 1963

1.2. Forschungsliteratur

Blumenthal, Hermann (Hg.): Zeitgenössische Rezensionen und Urteile über Goethes *Götz* und *Werther*, Berlin 1935
[Grundlegende Quellenedition.]
Braemer, Edith: Geniezüge an Goethes *Erwin von Steinbach* und *Gottfried von Berlichingen*, Diss. Jena 1952
[Marxistisch-materialistische Deutung des Geniebegriffs beim jungen Goethe.]
Emrich, Wilhelm: Goethes Tragödie des Genius. Von *Götz* bis zur *Natürlichen Tochter*, in: JbDSG. 26 (1982), S. 144–162
Graham, Ilse A.: Vom Urgötz zum Götz: Neufassung oder Neuschöpfung? Ein Versuch morphologischer Kritik, in: JbDSG 9 (1965), S. 245–282
Henkel, Silke: „Ich habe mich zu einem Versuch verführen lassen, meinen Götz von Berlichingen aufführbar zu machen": zur Überlieferung der Bühnenbearbeitungen von Goethes *Götz von Berlichingen* im Goethe- und Schillerarchiv, in: Jochen Golz (Hg.): Goethe- und Schillerarchiv 1896–1996: Beiträge aus dem ältesten deutschen Literaturarchiv, Weimar 1996, S. 175–193
Laufs, Adolf: Frieden durch Recht – Der Wormser Reichstag 1495, in: Juristische Schulung. Zeitschrift für Studium und praktische Ausbildung, Jg. 35, 1995, H. 8, S. 665–671
Meyer-Benfey, Heinrich: Goethes *Götz von Berlichingen*, Weimar 1929
Michelsen, Peter: Goethes *Götz*: Geschichte dramatisiert?, in: GJb., Bd. 110, 1993, S. 41–60

Nägele, Rainer: *Götz von Berlichingen*, in: Walter Hinderer (Hg.): Goethes Dramen. Neue Interpretationen, Stuttgart 1980, S. 65–77

Neuhaus, Volker: Erläuterungen und Dokumente. Johann Wolfgang Goethe. *Götz von Berlichingen*, Stuttgart 1973 u. ö.

Ders.: Johann Wolfgang Goethe: *Götz von Berlichingen*, in: W. Hinck (Hg.): Geschichte als Schauspiel, Frankfurt a. M. 1981, S. 82–100

Ders.: *Götz von Berlichingen* als konstituierendes Datum des Sturm und Drang, in: Jeanne Benay (Hg.): Nouveaux Cahiers d'Allemand, Nancy 1996, S. 7–25

Reiss, Hans: Goethe, Möser und die Aufklärung: das Heilige Römische Reich in *Götz von Berlichingen* und *Egmont*, in: Ders. (Hg.): Formgestaltung und Politik: Goethe-Studien, Würzburg 1993, S. 143–187

Roetzel, Patrick: Goethes *Götz*: oder „die Welt ist ein Gefängnis", in: Neue Juristische Wochenschrift 48 (1995) H. 13, S. 849–851

2. Analyse

Im November und Dezember 1771 schrieb Goethe in Frankfurt, ermuntert von seiner Schwester Cornelia, die erste Fassung des *Götz* innerhalb von sechs Wochen, „ohne Plan und Entwurf, bloß der Einbildungskraft und einem innern Trieb" (DuW Bd. I, S. 613) folgend und „ohne weder rückwärts, noch rechts, noch links zu sehn" (DuW Bd. I, S. 612), wie er im dreizehnten Buch von *Dichtung und Wahrheit* erzählt. Der so beschriebene Schaffensprozess, scheinbar mit nachtwandlerischer Sicherheit sich selbst vollziehend, hatte eine längere Beschäftigung mit dem Stoff zur Voraussetzung. Goethe hatte zunächst die Autobiographie Götz von Berlichingens gelesen. Sie war 1731 von Georg Tobias Pistorius im Verlag Felßecker in Nürnberg unter dem Titel *Lebens-Beschreibung Herrn Gözens von Berlichingen, Zugenannt mit der Eisern Hand* herausgegeben worden. Daneben hatte er sich mit der Rechtsgeschichte des Deutschen Reiches um 1500 befaßt; belegt ist die Beschäftigung mit dem Werk von Johann Philipp Datt *Volumen rerum Germanicorum novum sive de pace publica libri V.*, Ulm 1698, mit dem *Corpus iuris Germanici publici ac privati hactenus ineditum e bibliotheca Senckenbergiana*, Frankfurt 1760, mit *dem Grundriß der Staatsveränderungen des teutschen Reichs*, 1764, von Johann Stephan Pütter und die Lektüre der *Patriotischen Phantasien* von Justus Möser.

1773 überarbeitete er die erste Fassung; es entstand *Götz von Berlichingen mit der eisernen Hand. Ein Schauspiel*, das er im selben Jahr im Selbstverlag herausgab. Maßgebend für die Umarbeitung sei das Bemühen gewesen, dem Werk „immer mehr historischen und nationalen Gehalt zu geben, und das was daran fabelhaft oder bloß leidenschaftlich war, auszulöschen." (DuW Bd. I, S. 643). So tritt die Figur der Adelheid zurück, und die Zigeunerszene zu Beginn des fünften Aufzuges wird ebenso gekürzt wie die Liebesgeschichte zwischen Adelheid und Franz. In dieser veränderten Fassung wurde der *Götz* 1774 in Berlin und Hamburg aufgeführt. Eine stilistische Überarbeitung nahm Goethe 1787 für die Ausgabe seiner Schriften bei Göschen vor, und 1804 verfaßte er eine Bearbeitung für die Weimarer Bühne, die abermals deutliche Änderungen zeigt. Erst nach Goethes Tod wurde „der Wurf" (DuW Bd. I, S. 612) von 1771 in der Ausgabe letzter Hand 1832 veröffentlicht.

Mag, nach Goethes späterem Urteil, das Stück in der zweiten Fassung um den „tadelhaften Überfluß" vor allem der Adelheid-Handlung gekürzt, deutlicher als im Ur-*Götz* die von Goethe angestrebte „höhere Einheit" (DuW Bd. I, S. 613) zeigen, so darf man andererseits fragen, ob Goethe nicht in der Überarbeitung die eigenen ursprünglichen künstlerischen Absichten verdeckt hat. Indem die erste Fassung zahlreiche unvermutete Szenenwechsel zeigt und eine sprunghafte Handlung mit vielen Brüchen hat, wird die Orientierung an Shakespeare deutlicher als in der zweiten Fassung, die eine „Einheit" anstrebt und sich damit dem herkömmlichen Theater wieder um einen Schritt annähert. In der ersten Fassung zeigen die scheinbar um ihrer selbst willen entwickelten Einzelszenen und Episoden, die bisweilen keine ursächliche Verbindung untereinander haben, den Begriff einer dramatischen Handlung, wie er für den *Götz* bezeichnend ist. Die „dramatisierte" Geschichte von 1771 ist ein „Raritätenkasten", wie der junge Autor wenige Wochen vorher zum *Schäkespears Tag* geschrieben hatte.

Götz von Berlichingen lebt, ein Zeitgenosse Luthers, an der Wende des fünfzehnten zum sechzehnten Jahrhundert; der geschichtliche Reichsritter diktierte seine Lebensgeschichte nach der Abdankung Karls V., der von 1519 bis 1556 deutscher Kaiser war, dem Pfarrer von Neckarzimmern auf seiner Burg Hornberg. Goethes Götz stirbt wahrscheinlich etwa dreißig Jahre früher im Gefängnis, wo er nach seiner Teilnahme an den Bauernkriegen des Jahres 1525 eingekerkert ist, während der historische Götz noch in den 1540er Jahren an Feldzügen Karls V. teilnahm. Die Zeit, in der die Handlung der dramatisierten Geschichte spielt, läßt sich nicht genau bestimmen: sicherlich ist der Beginn nach dem Verlust von Götzens rechter Hand im Landshuter Erbfolgekrieg 1504 anzusetzen. Im ersten Aufzug erwähnt er seine Gefangenschaft, die er von 1519 bis 1522 in Heilbronn verbüßen mußte; er spricht zu Weislingen von „zwey Jahr". Aber im Dritten Aufzug tritt Kaiser Maximilian auf, der schon 1519 gestorben war. Im Ersten Aufzug ist Götzens Sohn Carl noch ein kleiner Junge, dem seine Tante Maria Märchen erzählt; schon im Zweiten Aufzug erfahren wir, daß er in ein Kloster eingetreten ist: das würde voraussetzen, daß er um mehrere Jahre gealtert ist. Im Fünften Aufzug nimmt Götz an den Bauernkriegen des Jahres 1525 teil, und wenig später spricht Weislingen vom Tod des Kaisers: das würde bedeuten, daß die Ereignisse des dritten und vierten Aufzugs – Belagerung, Verurteilung in Heilbronn, Weislingens Ehe mit Adelheid – zeitlich schwer einzuordnen sind.

Goethe hätte, wenn es ihm darum gegangen wäre, ein historisches Schauspiel zu schreiben, derartige Unstimmigkeiten leicht beseitigen können. Daß er sie stehen ließ, erlaubt die Vermutung, er habe sich der historischen Tatsachen, die ihm aus der Lebensbeschreibung bekannt waren, zur Illustration seines Dramas bedient. Sie werden nicht erwähnt und dargestellt, um Geschichte nachzuzeichnen, sondern um das Leben Götz von Berlichingens zu beleuchten. Sein Charakter gewinnt lebendige Wirklichkeit durch geschichtlich überlieferte Züge seiner Biographie und der Welt, mit der er sich auseinandersetzen mußte. Die *Geschichte Gottfriedens von Berlichingen*, wie Goethe sie im Herbst 1771 schrieb, folgt eigenen Gesetzen; die Tatsachen sind dabei in gewissem Grade vertauschbar. Andere Beobachtungen bestätigen das.

Das Drama spielt in fünf Aufzügen und achtundfünfzig Auftritten an dreiundzwanzig verschiedenen Örtlichkeiten; die Zahlen sind insofern ungenau, als man hie und da zweifeln kann, ob derselbe Ort bei verschiedener Bezeichnung oder ob verschiedene Orte bei gleicher Bezeichnung gemeint seien: der bischöfliche Palast zu Bamberg etwa ist in dieser Zählung nur ein Ort, obwohl ein Auftritt dort im Speisesaal, ein anderer im Saal, ein weiterer in Adelheids Zimmer spielt. Ähnlich ist es mit der Burg Götz von Berlichingens, wo Auftritte in verschiedenen Räumen spielen. Insgesamt treten fünfundfünfzig Personen auf; auch diese Zahl mag man anzweifeln: im Lager der Reichsexekution im Dritten Aufzug erscheinen einmal zwei Offiziere, ein andermal zwei Ritter; im Zweiten Aufzug tritt einmal ein Kammerfräulein Adelheids auf, ein andermal ein „Fräulein" – sind die Personen identisch oder verschieden voneinander? Im Fünften Aufzug ist der Zweite Auftritt überschrieben „Hauptmann. Vier Zigeuner" (S. 142). Selbstverständlich ist dieser Hauptmann nicht derselbe wie im Dritten Aufzug der Hauptmann der Reichstruppen. Und von den vier Zigeunern sprechen nur drei – weshalb sind dann aber vier genannt? Das sind womöglich geringfügige Nachlässigkeiten, durch die Entstehungsgeschichte bedingt. Solche pedantischen Beobachtungen zeigen zunächst, daß Goethe, dem es ja 1771 noch an praktischen Erfahrungen im Theaterwesen fehlte, vorerst nicht an eine Aufführung gedacht haben mag. Sie lassen aber auch die Absicht erkennen, dem im Deutschland des achtzehnten Jahrhunderts bestehenden Theater das Muster eines neuen Dramentyps entgegenzuhalten. Denn das Personenverzeichnis der zweiten Fassung von 1773 läßt sich nicht genau durchzählen, da bisweilen unklar ist, ob es sich um eine oder um mehrere Personen handelt, um stumme Statisten oder um Nebenfiguren; es führt insgesamt dreiundzwanzig Namen auf sowie zahlreiche im unbestimmten Plural benannte Personen. Und auch von einer Einheit der Handlung kann man nicht sprechen: das Leben Götzens tritt in den letzten Aufzügen in den Hintergrund, die Figur der Adelheid wird wichtiger, und schon im Ersten Aufzug erscheint Adelbert von Weislingen als fast ebenso wichtig wie Götz.

Wäre der Begriff episches Theater nicht im zwanzigsten Jahrhundert von Brecht mit der Zurückweisung der angeblich bürgerlichen Einfühlung des Zuschauers in die handelnden Personen verbunden worden, so ließe sich im Blick auf den Ur-Götz mit noch größerem Recht als in Bezug auf die überarbeitete Fassung von 1773 von einem erzählenden oder epischen Theater sprechen. Auch an eine Revue ließe sich denken. Alle Stände treten auf; die Gesellschaft des späten Mittelalters und der beginnenden Neuzeit ist in ihren wichtigsten Vertretern gegenwärtig: der Kaiser, seine Räte, der Schwertadel (die Reichsritter Götz, Sickingen und Selbitz) und der Hofadel (Weislingen und Adelheid), die Geistlichkeit (Klosterbruder, Abt und Bischof, der zugleich Fürst ist), der gelehrte Humanist, die Bürger als Kaufleute und vielleicht auch als Mitglieder des heimlichen Gerichts, Knechte, Bauern und das fahrende Volk, die Zigeuner.

Dieser äußerlich sichtbaren Darstellung der Gesellschaft und des Volks entspricht das Geschick Götz von Berlichingens. Er hat keinen einzelnen Widersacher, der an seinem Untergang schuldig wäre. Der Bischof von Bamberg, im Ersten Aufzug sein Gegenspieler in politischen Händeln wie um die Zuneigung Weislingens, spielt im weiteren Verlauf keine Rolle mehr. Im fünften Aufzug, kurz vor seinem Tod, sagt Götz das selbst:

„Wen Gott niederschlägt, der richtet sich selbst nicht wieder auf. Ich weis am besten was auf meinen Schultern liegt. Es ist nicht das Unglück. Ich habe viel gelitten. Liebe Frau, wenn so von allen Seiten die Wiederwärtigkeiten hereindringen und ohne Verbindung unter sich selbst auf einen Punckt dringen, dann fühlt man den Geist der sie zusammen bewegt. Es ist nicht Weislingen allein. Es sind nicht die Bauern allein, es ist nicht der Todt des Kaysers allein. Es sind sie alle zusammen. Meine Stunde ist kommen. Ich hoffte nicht dass es eine der Wintermitternächtlichsten seyn sollte." (WA I, 39, 166 f.)

Es wäre daher unangebracht, Weislingen, Adelheid, den – im Drama nicht genannten – Nachfolger Kaiser Maximilians oder die Anführer der aufständischen Bauern als Gegenspieler Götzens zu bezeichnen. Am Ende sind auch Weislingen und Adelheid tot. Es gibt niemanden, der über das Ende des Helden triumphierte, und keinen dramatischen Antagonisten. Der „Geist", der die „Wiederwärtigkeiten" vereinigt, wird im Atmosphärischen deutlicher als im Aufbau der Handlung. Der spätere Anführer der aufständischen Bauern, Georg Metzler, tritt schon in der Ersten Szene des Ersten Aufzugs auf; Götzens Sohn beweist die Unfähigkeit zur Nachfolge des Vaters ebenso im Ersten Aufzug, und auch die Umgestaltung des deutschen Rechts, das später gegen Götz angewendet wird, wird im Ersten Aufzug erörtert.

All das sind einzelne „Wiederwärtigkeiten", deren Entfaltung in den fünf Auftritten des Ersten Aufzugs die Aufgabe hat, die im klassischen Drama der Exposition zukommt: die Welt, in der Götz lebt und mit der er sich auseinandersetzen muß, ist vielschichtig; zu ihr gehören Weislingen, der bischöfliche Hof, die Bauern und der eigene Sohn. Ähnlich wie die Tragödie Gottfried von Berlichingens durch die Gesamtheit der atmosphärisch gegenwärtigen Handlungsteile herbeigeführt wird, wird auch das Ende

Adelheids durch die schaurige und geheimnisvolle Eingangsszene des Fünften Aufzugs vorbereitet: das Zigeunerlager mit dem an eine Volksballade
erinnernden Gesang der Zigeunerin und der Begleitung durch den Chor im
wilden Wald mit dem lautmalenden Kehrreim „Wille wau wau wau / Wille
wo wo wo" dient der lebendigen Illustration, die sich mehr an das Gefühl
des Zuschauers als an seinen Verstand wendet. Die nächtige Welt hinter
der des verstandesklaren Tages zeigt, wie Verhängnis und Geschick sich
der planenden Berechnung entziehen.

Die dramatisierte Geschichte Gottfriedens von Berlichingen ist das erste
größere Werk Goethes; es entstand noch vor den ersten Szenen des Ur-
Faust und vor dem *Werther*. Schon hier erkennt man ansatzweise, was
Goethe im Alter als sein Kunstprinzip beschreiben sollte:

„Da sich gar manches unserer Erfahrungen nicht rund aussprechen und
direct mittheilen läßt, so habe ich seit langem das Mittel gewählt, durch
einander gegenüber gestellte und sich gleichsam in einander abspiegelnde
Gebilde den geheimen Sinn dem Aufmerkenden zu offenbaren." (WA IV,
43, S. 83)

Diese Worte aus einem Brief vom 27. September 1827 beziehen sich auf
den Helena-Akt in *Faust II*; schon in der ersten Fassung des *Götz* aber
treten Personen auf und werden Worte gesprochen, die, isoliert betrachtet,
für den Gang der Handlung kaum eine greifbare Bedeutung haben, sondern das Werk wie musikalische Motive und Klänge beleben und vertiefen,
indem sie einander widersprechen oder entsprechen.

Das ist die Aufgabe Weislingens: er ist nicht allein ein Gegenspieler
Götz von Berlichingens im dramaturgischen Sinn, sondern er ist als Kontrastfigur des Helden entworfen. Er ist der Unsichere, Bestimmbare,
Schwache; bei seinem Monolog im Ersten Aufzug fragt er sich: „Bist du
noch Weislingen? oder wer bist du." Als Knabe schon hing er an Götz
„wie an seiner Seele" (S. 27); begegnet er Götzens Schwester, so verliebt
er sich in sie, sieht er Adelheid, so ist die Verlobte vergessen; im Dienst
des Bischofs erniedrigt er sich; Liebetraut, der als Hofnarr die Wahrheit
zu sagen hat, kennzeichnet ihn: „Und wenn er nie an Hof gekommen
wäre, könnte er unvergleichlich geworden sein." (S. 39) Er ist vielseitig
bestimmbar; Adelheid nennt ihn „ein Camäleon" (S. 64) und „nachge-
bend" (S. 66). Sie sieht seine Schwäche in voller Klarheit, wenn sie feststellt: „Der elendeste Zustand ist: nichts wollen können." (S. 74); schon
im Zweiten Aufzug ist es so weit mit ihm gekommen, daß er nicht einmal
mehr Georg, einem „schlechten Reutersjungen" (S. 77), ins Auge sehen
kann.

Die von allen Seiten auf Götz eindringenden Widerwärtigkeiten bewegen
sich „ohne Verbindung unter sich selbst" auf den „geheimen" Punkt „in
dem das Eigenthümliche unseres Ich's, die prätendirte Freyheit unsres Willens, mit dem nothwendigen Gang des Ganzen zusammenstösst." (WA I,
37, S. 133) Goethes moderner Tragödienbegriff, den er in der Beschäfti-

gung mit Shakespeare gewonnen hatte, wird im *Götz* verwirklicht. Die geschichtliche Entwicklung, die zu Götzens Lebenszeit das Mittelalter enden und die Neuzeit beginnen läßt, ist ein vielfältiger Vorgang, für den kein Einzelner verantwortlich ist, der jedoch in das Leben jedes Einzelnen eingreift. Daher ist die Tragik dieses dramatischen Helden keine Schuld, kein Fehler und kein Irrtum, sondern ein Verhängnis. Es wird in scheinbar nebensächlichen Elementen und verbindungslos aneinandergereihten Auftritten der dramatisierten Geschichte deutlicher als in der straffer gebauten Handlung der Fassung von 1773. Der „notwendige Gang des Ganzen" geht über die Freiheit des Einzelnen hinweg. Das Beiwort „prätendirt" ist hier wichtig: die Freiheit ist der selbstverständliche Anspruch des Menschen, ihre Verwirklichung immer ein Problem. Daher ist der „Geist", der die gegen Götz wirkenden Kräfte zusammenführt, zwar zu umschreiben, aber nicht in einer einzelnen Person zu fassen.

Am deutlichsten wird die Wirkung der geschichtlichen Entwicklung in einer Zeit des Übergangs wie den Jahren um 1500. Deshalb hat Goethe den Reichsritter Götz von Berlichingen zum Helden seines Dramas gemacht. Er steht am Ende einer Epoche. Viele Episoden und Auftritte, die als überflüssig erscheinen könnten, wenn man sie als vorwärtstreibende oder verlangsamende Momente einer dramatischen Handlung betrachtete, verdeutlichen das. Da ist einmal das Schicksal des Kaisers, der im Dritten Aufzug auf dem Reichstag zu Augsburg seine Machtlosigkeit und Isolation erfahren muß. Erkennbar wird das auch an der Beziehung Götzens zum Kaiser: zwischen beide schieben sich Instanzen und Institutionen, die das von Götz angestrebte und ursprüngliche persönliche Verhältnis stören. Es entsteht das moderne Staatswesen mit seinen mannigfachen Einrichtungen, wie Herder es in seiner Geschichtsphilosophie 1773 beschreiben sollte: das Heer ersetzt die Gefolgschaft des Vasallen, das Gericht mit kaiserlichen Räten den Rechtsspruch des Kaisers, und die Macht der Fürsten nimmt zu, so daß die Reichsunmittelbarkeit der freien Ritter eingeschränkt wird und sie selbst in die Rolle von Untertanen gedrängt werden. Im Drama findet dieser Prozeß seinen Höhepunkt im Fünften Aufzug, da Götz sich verleiten läßt, am Bauernaufstand teilzunehmen. Hier zeigt sich, daß seine Zeit vergangen ist. Insofern steht er an einer Zeitenwende wie Goethe und seine Zeitgenossen zur Entstehungszeit des Stückes, aber, anders als dieser, ist er nicht der Vertreter der neuen, sich eben ankündigenden Zeit, sondern lebt, vor Beginn des neuen Jahrhunderts geboren, noch im Bewußtsein des alten. Weil er ein tragischer Held ist, geht er als Zeitgenosse der endenden Epoche zugrunde. Dies vorzuführen, ist die Aufgabe des Sohnes Carl. Hatte der geschichtliche Gottfried von Berlichingen in zwei Ehen zehn Kinder, darunter sieben Söhne, so hat Goethes Götz nur den einen, und der wird als Klosterbruder keine Kinder haben.

Die Entwicklung zur Neuzeit, die Götz an der Schwelle zweier Zeitalter erlebt, ist sein tragisches Schicksal. Goethe hat ihn zum Helden seines

ersten Dramas gemacht, weil er in seiner Person alte deutsche Charakterzüge ausgeprägt sieht, die dem Werk seinen „nationalen Gehalt" geben.
Hatte Klopstock in seinen Hermanns-Dramen das germanische Altertum
dargestellt, von dem wir kaum etwas wissen, so greift Goethe im Zusammenhang mit der Gestalt Götzens Fragen auf, die zu dessen Zeit Bedeutung
gewinnen und für Gesellschaft und Staat über Goethes Zeit hinaus Bedeutung behalten sollen. Sie sind dem jungen Dichter durch Studium und
Erfahrung vertraut. Im Ersten Aufzug wird in der Umgebung des Bischofs
von Bamberg die Veränderung des Rechtswesens erörtert, die mit dem
Wormser Reichstag von 1495 das alte Faustrecht außer Kraft setzte, das
aus dem spätantiken *Corpus iuris civilis* abgeleitete und in Oberitalien
ausgebildete ius commune in Deutschland einführte und damit eine Ratio-
nalisierung des gesamten öffentlichen Lebens bewirkte. Das Reichskammergericht wurde gegründet, und der neue Berufsstand des Juristen entstand.

Goethe hat diese Entwicklung, noch bevor er als Praktikant in Wetzlar
das Reichskammergericht kennenlernte, im Gespräch des Bischofs mit
Olearius nachgezeichnet: Olearius nennt sich lateinisch statt mit dem Na-
men seines Vaters Öhlmann; er berichtet, wie sich der deutsche Adel zu
Bologna in Oberitalien der juristischen Studien befleißigt und wie auf diesem Wege die welsche Lebensweise in das deutsche Leben eindringt. Betrachtet man unter diesem Gesichtspunkt die in Götz von Berlichingen
Person gewordene und untergehende Freiheit, dann stellt sie sich als ein
Leben nach eigener Art und nach eigenen, bewährten Überlieferungen dar.
Goethe waren diese Überlieferungen seit früher Kindheit vertraut. Sein
Großvater Johann Wolfgang Textor war Schöffe und Schultheiß in Frank-
furt. Sein Haus „schien ehmals eine Burg gewesen zu sein"; Goethe be-
schreibt das Leben dort mit den Worten: „Überhaupt erinnere ich mich
keines Zustandes, der so wie dieser das Gefühl eines unverbrüchlichen
Friedens und einer ewigen Dauer gegeben hätte." (DuW., Bd. I, S. 42) Im
Ur-*Götz* kritisiert Olearius die Tätigkeit der Frankfurter Schöffen:
„Es gelangt niemand zur Würde eines Richters als der durch Alter und
Erfahrung eine genaue Kenntniss des innern und äussern Zustandes der
Stadt, und eine starcke Urteilskrafft sich erworben hat das vergangne auf
das gegenwärtige anzuwenden. So sind die Schöffen lebendige Archive,
Chronicken, Gesetzbücher, alles in einem, und richten nach altem Her-
komm, und wenigen Statuten ihre Bürger und die Nachbaarschafft.
Abt. Das ist wohl gut.
Olearius. Aber lange nicht genug. Der Menschen Leben ist kurz und in
einer Generation kommen nicht alle Casus vor. Eine Sammlung solcher
Fälle vieler Jahrhunderte ist unser Gesetz Buch" (S. 36).
Hier wird deutlich, wie die fremde Rechtsordnung von dem in altem
Herkommen heimischen Götz als unverständlich und unnatürlich empfun-
den werden muß. Die lebendige Rechtsprechung nach alter, von Mund zu

Mund weiter gereichter Erfahrung wird durch das fremdartige Recht ersetzt; die eigene Lebensweise wird durch unverständliche Neuerungen in Frage gestellt, ja für Unrecht erklärt und verfolgt. Für Götz bleibt dieses neue und fremde Recht unverständlich. Goethe konnte wenig später in den *Patriotischen Phantasien* (1774–1778) des Osnabrücker Staatsmannes und Historikers Justus Möser (1720–1794) eine Verteidigung des alten Faustrechts lesen, die schon im April 1770 in den Osnabrücker Intelligenzblättern erschienen war. Ist der vom Wormser Reichstag 1495 verkündete allgemeine Landfrieden unter dem Gesichtspunkt einer Modernisierung des Rechtswesens ein Fortschritt, so sieht der Jurist Möser im mittelalterlichen Faustrecht, wie Götz es übt, keine Störung der öffentlichen Ordnung, sondern eine gerechtfertigte Maßnahme zur Selbsthilfe, die das Unrecht bekämpft und damit der Verwirklichung des Rechtes dient. „Die einzelnen Raubereien", die mit unterliefen, seien geringfügig gewesen im Vergleich mit den Folgen moderner Kriege; daß sie überhaupt erwähnt werden, zeige ihre Seltenheit. In den Kriegen des 18. Jahrhunderts bestehe keine Gelegenheit mehr, persönliche Stärke und Mut unter Beweis zu stellen, auch würden die meisten Kriege jetzt um Privatinteressen einzelner Fürsten geführt (Vgl. Justus Möser. *Patriotische Phantasien.* Hg. von Siegfried Sudhof, Stuttgart 1970, S. 65–70 passim).

Indem Götz das alte Faust- und Fehderecht übt, verkörpert er alte deutsche Traditionen. Das Drama ist, so gesehen, eine nationale Dichtung, auch in der patriarchalischen Lebensweise, die Götz im Umgang mit seinen Knechten übt, vor allem aber in der Sprache, die er spricht. Sie enthält zahlreiche Archaismen, wie z. B. „das Mannlin" (S. 23), „ich redts laut mit Fleis" (S. 24), „wahrscheinlicher Weisse" (S. 57), „Vorschub tuhn" (S. 58), „Spitze bieten" (S. 99), sie ist bildhaft, wie z. B.: „roth wie ein Krebs am Hals vor Zorn" (S. 24), „der Katze die Schelle anhängen" (S. 57), „der Kayser sitzt an der Quelle" (S. 89), „mit der Hand in die Kohlen schlagen" (S. 92), und sie ist bisweilen drastisch: die goldnen Ketten stehen des kaiserlichen Räten „wie dem Schweine das Halsband" (S. 121), „sie sind angefaulte Hundsfütter" (121), oder „Esel der Gerechtigkeit", und den Hauptmann der gegen ihn aufgebotenen Belagerungstruppen fordert er auf – aber das ist bekannt (vgl. S. 110). Damit ruft Goethe literarische Traditionen des fünfzehnten Jahrhunderts auf; sie sind teils mit der Sprache Luthers – sie war Goethe von Kindheit an durch die Bibel vertraut – teils mit dem Grobianismus verbunden.

Im Zusammenhang mit der Sprache Götzens und anderer Figuren sind auch die v. a. gegen Ende des Dramas sichtbaren Züge volksläufiger Traditionen zu sehen: gehört das heimliche Gericht, das das Urteil über Adelheid spricht, in den Zusammenhang des alten deutschen Rechts, das Götz als „Wiedervergeltungs Recht" übt, so gehört das Orakel, das die Zigeunerin aus Adelheids Hand liest, ebenso wie die Geistererscheinung, die Adelheid vor ihrem Ende heimsucht, in den Bereich der vom Aberglauben gedeuteten Vorzeichen, wie auch das Pferd Weislingens, das bei seinem Ritt ins Schloßtor scheut.

Das Drama führt vor, wie die Lebensmöglichkeiten des ursprünglich freien und großen Götz zunehmend eingeengt werden, so daß er, der zu Beginn bei seinen Unternehmungen die Wälder durchstreifte, nun auf „ein Gärtgen am Gefängniss" eingeschränkt ist. In der Welt ist kein Platz für ihn.

Die Tragödie Götz von Berlichingens ist die Tragödie des großen Menschen. „Groß" hat hier die für den Sturm und Drang kennzeichnende Bedeutung. Nicht die gesellschaftliche Stellung, Macht oder Einfluß machen die Größe aus, sondern eine unerklärliche Ausstrahlung, die man mit dem griechischen Wort Charisma – Gnadengabe – bezeichnen kann. Sie wird daher von einem Geistlichen, dem Bruder Martin, erkannt und ausgesprochen, der Götzens Nähe fast wie die eines übermenschlichen Wesens empfindet, mit der eigentümlichen Verbindung von Beklommenheit und Beglückung, die den Menschen bei der Begegnung mit einem Begnadeten anwandeln mag: „Wie mir's so eng um's Herz ward da ich ihn sah. Er redete nicht's, und mein Geist konnte doch den seinigen unterscheiden, es ist eine Wollust einen großen Mann zu sehn." (S. 15) Das ist eine deutliche Anspielung auf 1. Kor. 12, V. 10, wo die Gabe, „Geister zu unterscheiden" als eine Gnadengabe des Christen in der Gemeinde genannt wird. Götz wird damit in die Nähe des Genius gerückt; er ist, wie Erwin von Steinbach, ein „Gesalbter Gottes", indes, anders als der Künstler, ein Genius ohne Werk. Er wirkt durch sein Dasein und seine Taten.

Die Größe zeigt sich in der Freiheit des konkreten Lebensvollzuges. Der Bruder Martin beschreibt sie am Beispiel des Weingenusses. Er ist für Götz ein Stärkungsmittel, das ihn über den Augenblick hinaus steigert, ohne daß es ihn abhängig machen würde wie ein Suchtmittel. „Gottfried. Wie ich ihn trincke, ist es wahr." (S. 10)

Dieser Freiheit zum Genuß entspricht die Freiheit, auch aus der Not eine Stärke zu machen. Daher will Bruder Martin die eiserne Hand küssen, da sie „mehr wehrt als Reliquien Hand durch die das heiligste Blut geflossen ist." (S. 15) Erhebt sich Götz mit dem unbelebten Hilfsmittel über den körperlichen Mangel, so ist er auch frei, da ihn der Mangel in seinen Lebensgewohnheiten angreift: während der Belagerung seiner Burg teilt er die letzte Flasche Wein mit seinen Leuten. Der Freiheit im Genuß entspricht die Freiheit zum Verzicht. Und der wiederum entsprechen Offenheit und Zutrauen zu anderen. Die Beziehung zu Weislingen stellt das dar. Obwohl einen Kenner der Person der Treubruch des Freundes kaum überraschen dürfte, mag Götz nicht daran glauben, weil er sich in seiner Geradlinigkeit – er nennt sich selbst „getreuherzig" (S. 57) – weder den Bruch eines Versprechens, noch die Schwäche einer durch die Umstände bestimmbaren Existenz, noch ein Leben als Höfling vorstellen mag: Freiheit ist Autarkie – Unabhängigkeit – und Autonomie – Leben nach eigenen Gesetzen. Seine kriegerische Tüchtigkeit und seine körperliche Kraft machen jene personalen Qualitäten nach außen hin sinnlich faßbar.

Im Gegensatz zum Bruder Martin, dem durch seine Gelübde verboten ist, „Mensch seyn zu dürfen" (S. 12) ist Götz ein Mensch im vollen Sinn des Wortes: ein unabhängiger Mensch, der ohne die Hilfe anderer lebt. Von diesem Anfang, der die Größe Götzens zeigt, ist der Schluß zu verstehen:

„Himlische Lufft – Freyheit. Freyheit!

(er stirbt)

Elisabeth. Nur droben droben bei dir. Die Welt ist Gefängniss.

Marie. Edler edler Mann. Wehe dem Jahrhundert das dich von sich sties.

Lersee. Wehe der Nachkommenschafft die dich verkennt." (S. 186)

Die Welt, zur Zeit Gottfried von Berlichingens wie zur Zeit Goethes, ist unfrei; das „Wehe" wird über sie gesprochen, wenn sie Götz und seine Freiheit verkennt: Die Welt bedarf seiner wie sie des Genius bedarf. Denn nur in der Erkenntnis seines Geistes ist die Möglichkeit gegeben, Freiheit als tatsächlich gelebte Wirklichkeit zu erkennen.

Ist Größe, verstanden als persönliche Qualität, als Freiheit und schöpferische Kraft die Losung des Sturm und Drang, in der sich wesentliche künstlerische Bestrebungen der 1770er Jahre ausdrücken, so hat Goethes *Götz von Berlichingen* mit dieser Darstellung des freien und großen Menschen tatsächlich einen Wurf getan, der weitreichende literarische Folgen hatte. Zunächst entstanden im Gefolge des *Götz* zahlreiche Ritterstücke. Otto Brahm hat 38 Ttitel gesammelt von Dramen, die zwischen 1775 und 1811 erschienen (Vgl. Volker Neuhaus (Hg.): Erläuterungen und Dokumente. Johann Wolfgang Goethe. *Götz von Berlichingen.* Stuttgart 1973 u. ö. S. 159 f.). Handelt es sich dabei um eine literarische Mode, die zumal zur Zeit der Romantik blühte, so ist mit dem Jahre 1811 die Tradition keineswegs abgerissen; sie wurde von Ludwig Uhland mit *Ernst, Herzog von Schwaben* (1818) und Friedrich Hebbel mit *Genoveva* (1843) fortgeführt; Wagners *Lohengrin* (1850) und *Parsifal* (1882) sind dieser Tradition ebenso verbunden wie die zahlreichen Ritterromane. Es gab die Gattung zwar schon lange vor Goethes *Götz*; ihre Anfänge reichen bis zu den mittelalterlichen Versepen zurück, und um 1600 war sie in Europa so verbreitet, daß Miguel Cervantes de Saavedra sie im *Don Quijote* (1605/1615) parodierte. Aber daß der neue Ritterroman am Ende des achtzehnten Jahrhunderts in Deutschland so populär werden konnte, ist auf *Götz von Berlichingen* zurückzuführen. Die Anteilnahme eines breiten Publikums an einer überzeugenden Identifikationsfigur und an der eigenen nationalen Vergangenheit wurde durch die *Geschichte Gottfriedens von Berlichingen mit der eisernen Hand* erregt und lebendig erhalten.

D. Das Elend des Lehrers
Jakob Michael Reinhold Lenz: *Der Hofmeister oder Vorteile der Privaterziehung. Eine Komödie*

1. Grundlageninformation

1.1. Text und Materialien

Der Hofmeister oder Vortheile der Privaterziehung. Eine Komödie. Leipzig: Weygandsche Buchhandlung. 1774.

Gesammelte Schriften von J. M. R. Lenz. Hg. von Ludwig Tieck. Berlin 1828. Bd. I.

Jakob Michael Reinhold Lenz: Werke und Schriften. Hg. von Britta Titel und Hellmut Haug. 2 Bde., Stuttgart 1966–67. Bd. II.

Jakob Michael Reinhold Lenz: *Der Hofmeister oder Vorteile der Privaterziehung. Eine Komödie*. Anmerkungen von Friedrich Voit. Nachwort von Karl S. Guthke, Stuttgart 1963 u. ö.

1.2. Forschungsliteratur

Brecht, Bertolt: *Der Hofmeister* von Jakob Michael Reinhold Lenz. Bearbeitung, in: Bertolt Brecht, Gesammelte Werke, Bd. 6, Frankfurt a. M. 1967, S. 2331–2394

Ders.: Zu *Der Hofmeister* von Lenz, in: Bertolt Brecht, Gesammelte Werke, Bd. 17, Frankfurt a. M. 1967, S. 1221–1251

Fertig, Ludwig: Die Hofmeister. Ein Beitrag zur Geschichte des Lehrerstandes und der bürgerlichen Intelligenz, Stuttgart 1979
[Dokumentation charakteristischer Texte zum Thema im 18. Jahrhundert.]

Girard, René: Lenz 1751–1792. Genése d'une dramaturgie du tragi-comique, Paris 1968
[Analysiert die existenzielle Situation des Dichters, die in seinen Werken zum Tragikomischen und Grotesken führt.]

Guthke, Karl Siegfried: Geschichte und Poetik der deutschen Tragikkomödie, Göttingen 1961, S. 51–72

Huber-Bindschedler, Berta: Die Motivierung in den Dramen von J. M. R. Lenz. Ein Beitrag zur Psychologie Lenzens, Diss. Zürich 1922

Jakob Michael Reinhold Lenz als Alternative?: Positionsanalyse zum 200. Todestag, hg. und eingel. von Karin A. Wurst, Köln 1992

Jakob Michael Reinhold Lenz: Studien zum Gesamtwerk, hg. von David Hill, Opladen 1994

Kasties, Bert: J. M. R. Lenz unter dem Einfluß des frühkritischen Kant: Ein Beitrag zur Neubestimmung des Sturm und Drang, Berlin 2003 (Habil. – Schrift Aachen 2002)
[V. a. wichtig wegen der Aufarbeitung der Kantischen Philosophie in ihrer Bedeutung für Lenz.]

Knopf, Jan: Pätus. Zur Vaterschaft in Lenz *Hofmeister*, in: DVjs. 54 (1980), S. 517 bis 519

Lappe, Claus O.: Wer hat Gustchens Kind gezeugt? Zeitstruktur und Rollenspiel in Lenz' Hofmeister, in: DVjs. 54 (1980), S. 14–46

Ders.: Noch einmal zur Vaterschaft in Lenz' Hofmeister, in: DVjs. 54 (1980), S. 520–521

Luserke, Matthias: Jakob Michael Reinhold Lenz: *Der Hofmeister, Der neue Menoza, Die Soldaten,* München 1993
[Stellt die Werke von Lenz als Aufklärungskritik in ihrer radikalsten Form in detaillierten Einzelinterpretationen dar.]

Ders. (Hg.): Jakob Michael Reinhold Lenz im Spiegel der Forschung, Hildesheim 1995
[Nachdruck verschiedener Autoren aus den Jahren 1796–1987; als Originalbeitr.: Luserke, Matthias/Marx, Reiner: Nochmals Sturm und Drang. Anmerkungen zum Nachdruck der Philosophischen Vorlesungen von J. M. R. Lenz, S. 407–414]

Madland, Helga Stipa: Non-Aristotelian Drama in Eighteenth Century Germany and its Modernity: J. M. R. Lenz, Bern 1982

Pautler, Stefan: Pietistische Weltdeutung und bürgerliche Sozialform. Gütersloh 1999. (Zuerst Diss. München 1995).
[Sieht bei Lenz die Skepsis gegenüber dem modernen Individualitätskonzept, so daß er den seinerzeit beginnenden Pluralismus als Krise erlebt.]

Schwarz, Hans-Günther: Dasein und Realität. Theorie und Praxis des Realismus bei Jakob Michael Reinhold Lenz, Bonn 1985
[Informative Einführung in die Dramentheorie von Lenz in ihrer Verbindung mit dem modernen nicht-aristotelischen Drama.]

Stephan, Inge/Winter, Hans-Gerd (Hg.): „Unaufhörlich Lenz gelesen …", Studien zu Leben und Werk von J. M. R. Lenz, Stuttgart 1994
[Sammlung von 27 Vorträgen der Hamburger Lenz-Tagung 1992, die v. a. die offenen Fragen der L.-Forschung formulieren.]

Dies. (Hg.): „Die Wunde Lenz": J. M. R. Lenz: Leben, Werk und Rezeption, Bern, Berlin u. a. 2003

Unger, Thorsten: Handeln im Drama: Theorie und Praxis bei Johann Christian Gottsched und Jakob Michael Reinhold Lenz, Göttingen 1993

Voit, Friedrich (Hg.): Erläuterungen und Dokumente. Jakob Michael Reinhold Lenz. Der Hofmeister oder Vorteile der Privaterziehung, Stuttgart 1986 (mit einer Bibliographie)

Werner, Franz: Soziale Unfreiheit und „bürgerliche Intelligenz" im 18. Jahrhundert. Der organisierende Gesichtspunkt in J. M. R. Lenz' Drama *Der Hofmeister oder Vorteile der Privaterziehung,* Frankfurt a. M. 1981
[Analysiert die sozialgeschichtliche Fragestellung des Hofmeister-Dramas, in dem die Antagonismen und Restriktionen der Gesellschaft im 18. Jahrhundert artikuliert werden.]

2. Analyse

Wahrscheinlich 1772 schrieb Lenz den *Hofmeister;* das Stück erschien anonym im Frühjahr 1774 im Leipziger Verlag von Christian Friedrich Weygand, der im selben Jahr auch den *Werther* verlegte. Das Drama hat mit dem *Götz* einige Gemeinsamkeiten. In beiden Stücken lassen sich die Einflüsse Shakespeares beobachten. Kurze Szenen, häufiger Wechsel der Örtlichkeiten, die Verbindung zweier Handlungen, die sich über mehrere Jahre erstrecken, und ein dreiundzwanzig Namen umfassendes Personenverzeichnis: das sind in die Augen fallende Parallelen, die z. B. Christian Friedrich Daniel Schubart veranlaßten, „diese neue ganz eigenthümliche Schöpfung unsers Shakespears, des unsterblichen Dr. Göthe" den Lesern der Deutschen Chronik als „ein Werk voll deutscher Krafft und Natur" (Vgl. Christian Friedrich Daniel Schubart: *Gedichte. Aus der Deutschen Chronik.* Hg. von Ulrich Karthaus. Stuttgart 1978, S. 82) anzupreisen. Aber Goethe hatte schon am 6. Mai in einem Brief geschrieben: „Ihr hört am Titel dass es nicht von mir ist." (Vgl. WA. IV, 2, S. 158)

Die Handlung ist von einem Vorfall auf einem livländischen Rittergut angeregt. Sie erstreckt sich über drei Jahre (S. 70), von denen zwei zwischen dem Ersten und Zweiten Akt verstreichen, an neun verschiedenen Orten: zu Insterburg in Preußen, auf einem Gutshof namens Heidelbrunn, zu Halle, in einer Dorfschule, einer Bettlerhütte im Walde, an einem Teich, in Leipzig, einem Wäldchen bei Leipzig und zu Königsberg in Preußen. Vor allem im fünften Akt finden häufige Ortswechsel statt: Die Schule, das Wäldchen vor Leipzig, wieder die Schule, Leipzig, Königsberg in Preußen, Leipzig, Königsberg, Leipzig, die Schule und Insterburg – das sind die Schauplätze der zwölf Szenen.

Könnte diese formale Eigentümlichkeit als „shakespearisierend" verstanden werden, wie man den jungen Genies der 1770er bisweilen spöttisch vorhielt, so ist die realistische Darstellung gesellschaftlicher Probleme die neuartige Leistung des Dramatikers Lenz, der dabei auf eigene Erfahrungen zurückgreifen konnte. Der Hofmeister ist im 18. Jahrhundert Privatlehrer und -erzieher, der vor allem in adligen Häusern die Kinder unterrichtet. Da das öffentliche Schulwesen den Ansprüchen der Bessergestellten nicht entspricht, werden die Kinder im Hause unterrichtet, gelegentlich – wie Goethe und seine Schwester – von den Eltern, meist aber von eigens dafür eingestellten jungen Männern, die soeben ihr Theologiestudium abgeschlossen hatten. Da man früh auf die Universität ging und sie früh verließ, war meist eine Wartezeit zu überbrücken, denn frühestens mit fünfundzwanzig Jahren konnte man eine Pfarrstelle übernehmen. Diesen Hofmeistern wurde oft eine solche Stelle von ihren adligen Arbeitgebern, die zugleich als Gutsbesitzer und Patronatsherren über die Besetzung der Pfarrstellen verfügten, in Aussicht gestellt. Sie ertrugen mit dieser Hoffnung die lange Wartezeit in einer nicht selten demütigenden gesellschaftlichen Stellung bei schlechter Bezahlung. Man erwartete von ihnen so vielseitige Kenntnisse, wie sie die Majorin und der Major von Läuffer fordern: er soll seinen Zögling und die Tochter des Hauses im Tanzen und in guten Manieren, in Musik, französischer und lateinischer Sprache, im Zeichnen und im „Christentum" (S. 12) unterweisen. Das anfangs zugesagte Jahresgehalt wird von dreihundert Dukaten – das sind 900 Taler – auf vierhundert Taler, dann auf sechzig Dukaten (= 180 Taler) und endlich auf vierzig Dukaten herabgesetzt.

Dem entspricht die geringschätzige Behandlung: der Name Läuffer ist – wie viele andere Namen im *Hofmeister* – ein sprechender Name. Ein „Läuffer, Estafier, ist eine Gattung Aufwärter zu Fuß, die neben dem Wagen oder Pferde des Herrn lauffen müssen, so starck als die Pferde rennen." (Zedler, Bd. XVI, Sp. 208) Und gleich anfangs wird ihm bedeutet, „daß Domestiken in Gesellschaften von Standespersonen nicht mitreden." (S. 9)

Läuffer gibt seine Freiheit und seine Würde preis, indem er in die Dienste des Majors von Berg tritt; dessen Bruder, der Geheime Rat, sagt das zu Beginn des Zweiten Aktes dem Vater Läuffers mit aller Deutlichkeit und in jener drastischen Sprache des Sturm und Drang, die man eher den jungen Genies der Zeit als einem hochgestellten Würdenträger – Läuffer nennt ihn „Pedant" (S. 5) – zutrauen möchte. Daß der Hofmeister sich in allen Dingen, ja in seinen Beschäftigungen außerhalb der Arbeitszeit nach den Launen und Bedürfnissen seines Brotgebers richten muß, ist die Folge des Dienstverhältnisses: „er hat den Vorrechten eines Menschen entsagt, der nach seinen Grundsätzen muß leben können, sonst bleibt er kein Mensch." (S. 18)

So, nämlich als „Das Abc der Teutschen Misere" (Stücke 6, S. 2333) las Bertolt Brecht 1950 den *Hofmeister*. Das Stück zeigt jedoch nicht nur die Lage eines jungen Intellektuellen mit ihren krassen Einzelheiten, sondern auch die Kritik am Beruf des Hofmeisters aus der Sicht des aufgeklärten Verwaltungsbeamten. Der Geheime Rat weist seinem Bruder, dem Major, der im Begriff ist, Läuffer einzustellen, in einem Spiel von Fragen und unzulänglichen Antworten nach, wie überflüssig die Tätigkeit des Hofmeisters ist, wie sehr der Major dem Willen seiner Frau folgt und daß demgegenüber der öffentliche Unterricht, wie er ihn seinem eigenen Sohn angedeihen läßt, vorzuziehen sei. Im Zweiten Akt führt er diesen Gedanken im Gespräch mit Läuffers Vater näher aus: statt sich zum Sklaven zu erniedrigen und den Launen seiner Brotgeber zu dienen, solle Läuffer seine Kräfte „dem allgemeinen Besten" (S. 19) widmen.

Damit gerät ein aufklärerisch-didaktisches Element in das Drama. Es erscheint am Ende abermals in den letzten Worten des Geheimen Rates, der zur Erziehung junger Mädchen „Anstalten [...], Nähschulen [...], Klöster [...], Erziehungshäuser" (S. 87) fordert.

Zu den realistischen Zügen im *Hofmeister* gehört die Darstellung des Hallenser Studentenlebens im Zweiten Akt. In ihrem Mittelpunkt steht Pätus, der in der Abhängigkeit von den Zuwendungen seines Vaters und der ihn wucherisch ausbeutenden Vermieterin kaum eine Möglichkeit sieht, sich auch nur das bescheidene Vergnügen eines Theaterbesuchs zu verschaffen. Von geborgtem Gelde lebend, zu dem er gelangt, indem er seine Garderobe versetzt, auf die Hilfe von Freunden angewiesen – die Bürgschaft

Fritz von Bergs ermöglicht Lenz die Verbindung dieser Handlung mit der Läuffers – wird er zur teils bemitleidenswerten, teils komischen Figur. Den Konventionen des Lustspiels entspricht seine Verstellung: vor seinen Freunden gibt er vor, die Zimmerwirtin sei von ihm abhängig; ihr gegenüber indes ist er furchtsam und bescheiden; lächerlich ist sein aus der Not geborenes Verhalten: er muß im Hochsommer einen Pelz tragen, weil er sonst keinen passenden Anzug für den Theaterbesuch hat, so daß er von Hunden verfolgt wird. Und bemitleidenswert ist er, als er, von seinem Vater verstoßen, ohne Geld von ihm erlangt zu haben, aufrichtig betrübt, zu Fritz von Berg am Ende des Zweiten Aktes ins Schuldgefängnis kommt.

Diese für den *Hofmeister* kennzeichnende Verbindung des Komisch-Grotesken mit dem Realistischen zeigt sich am deutlichsten in der Figur des Lehrers Wenzeslaus. Er wird im Dritten Akt eingeführt, als Läuffer, von Graf Wermuth und dessen Bediensteten verfolgt, in der Dorfschule Zuflucht sucht. Er ist der zweite Erzieher in dem Stück und als Kontrastfigur zu Läuffer angelegt. Er verkörpert vor allem, was diesem fehlt: die Freiheit des genügsamen und unabhängigen Menschen, der seiner Pflicht nachgeht und dabei zufrieden ist. Man könnte, wenn es sich um ein Tendenzdrama handelte, erwarten, daß er als Ideal gezeichnet wäre – aber er trägt deutlich komische Züge: die lateinischen Brocken, die er in seine hygienischen Anweisungen mischt, und seine Leidenschaft für die Tabakspfeife sind fast so komisch wie seine Begeisterung über die Selbstentmannung Läuffers in der dritten Szene des Fünften Aktes, wo er den Hofmeister als „zweiten Origines" (S. 63) feiert. Nähert er sich auf solche Weise der Karikatur, so ist er doch anderseits mannhaft mutig und entschieden geistesgegenwärtig, als er Graf Wermuth an der Verfolgung Läuffers hindert und ihm die Tür weist (Vgl. S. 42 f.).

Der Graf und die Majorin, auch einige Züge des Majors, bieten den Anlaß für die Adelssatire. Wenn Läuffer im Zweiten Akt auf den „verfluchten Adelsstolz!" (S. 29) schimpft, gibt er einer im 18. Jahrhundert zumal in ländlichen Gebieten verbreiteten Überzeugung Ausdruck. Vor allem Graf Wermuth ist eine Bühnenfigur, die solche Abneigungen zu rechtfertigen geeignet ist: seiner Unwissenheit selbst in Fragen, die ihm als Angehörigen der Adelsgesellschaft geläufig sein könnten, entspricht seine Aufschneiderei, wenn er behauptet, er habe „einige dreißigtausend Gulden" (S. 9) für Tanzunterricht ausgegeben oder er habe zusammen mit seinem Bruder sechshundert Austern und zwanzig Flaschen Champagner zu sich genommen. In der Dorfschule läßt er sich von Wenzeslaus die Tür weisen, und im Vierten Akt, als er dorthin zusammen mit dem Geheimen Rat und dem Major zurückkehrt, ist er nur stummer Zeuge des Überfalls auf Läuffer.

In der Majorin findet er eine angemessene Partnerin, sowohl für seine nichtssagende Konversation wie für seine Prahlereien. Sie übertrifft seinen Hochmut noch, indem sie Läuffer in seiner Gegenwart demütigt. Sie und der Major sind ein Paar, das zum Personal einer Komödie paßt: sie ist herrschsüchtig, und er beklagt sich hinter ihrem Rücken darüber; er hat in dreizehn Schlachten achtzehn Wunden (S. 39) davongetragen, steht aber zu Hause unter dem Pantoffel. Ebenso entspricht es dem Herkommen des Lustspiels, daß er als alter Soldat sein weiches Gemüt hinter polterndem Schimpfen verbirgt, daß er die Tochter bevorzugt und sie den Sohn.

Anderseits enthält *Der Hofmeister* Handlungselemente, die ihn zu einem Trauerspiel machen könnten. Da ist vor allem die uneheliche Schwangerschaft Gustchens, zur damaligen Zeit eine Katastrophe, geeignet, ihre soziale Stellung zu vernichten. Aufgrund eingehender Untersuchungen der Zeitstruktur ist 1980 Läuffers Vaterschaft von Claus O. Lappe bestritten worden mit dem Argument, daß zwischen seinem Abschied von Gustchen und ihrer Niederkunft ein gutes Jahr verstreiche. Da indes die Vaterschaft des Studenten Pätus, die Lappe vermutet, noch unwahrscheinlicher ist, Läuffer nennt zudem als Grund für seine Selbstkastration „Reue, Verzweiflung" (S. 64), darf man fragen, ob Lenz zur Zeit des *Hofmeister* gewußt habe, daß eine Schwangerschaft gewöhnlich neun und nicht zwölf Monate dauert. Zur Zeit der Aufklärung wurde so gut wie keine sexuelle Aufklärung betrieben. Auch die Annahme von Jan Knopf, Herr von Seiffenblase sei der Vater, erscheint abwegig. Man muß sich vor Augen halten, daß Lenz vor dem literarischen Realismus schreibt. Die genaue Anordnung von Daten zum Zeitverlauf und zur Motivation von Handlungselementen war den Autoren damals nicht so wichtig wie in späteren Epochen der Literaturgeschichte, und die Abkehr von der Regelpoetik war geeignet, Zeit, Ort und Folgerichtigkeit der Handlung weniger bedeutsam erscheinen zu lassen. Doch wie auch immer: Gustchen will sich das Leben nehmen aus Verzweiflung über die Geburt ihres unehelichen Kindes, wobei sie das Neugeborene in der Obhut einer alten blinden Frau zurückläßt. Es gehört zur komödiantischen Seite des Dramas, daß ihr Selbstmordversuch mißlingt und daß Fritz von Berg sie heiratet, obwohl sie nach den Vorstellungen der Zeit entehrt ist. Auch der Lotteriegewinn des Studenten Pätus und die Aussöhnung mit seinem Vater verweisen auf ein Lustspiel, und es ist nahezu grotesk, wenn Läuffer, obwohl er sich entmannt hat, am Ende ein Mädchen aus dem Dorf des Lehrers Wenzeslaus heiratet, so daß man an der Unwiderruflichkeit seiner Tat zweifeln könnte. Und ebenso ist das Duell zwischen Fritz von Berg und Pätus, das um die Ehre der Jungfer Rehaar ausgetragen werden soll und dann nicht stattfindet, ein burlesker Zug – ähnlich wie die Schnelligkeit, mit der Pätus in derselben zweiten Szene des Fünften Aktes um die Hand der Jungfer Rehaar anhält.

Zu den realistischen und zugleich komödiantischen Zügen des Dramas gehört auch die Charakterisierung der Personen durch ihre Sprache. Flicht Graf Wermuth französische Sätze in sein Gespräch mit der Majorin, so der Lehrer Wenzeslaus lateinische Zitate; spricht der Major, wie es sich für einen Soldaten ziemt, fluchend, auch übertreibend, so der Lautenist Rehaar ängstlich, fast zärtlich in der Bevorzugung der Diminutive: man mag annehmen, daß Lenz hier sprachliche Eigentümlichkeiten seiner baltischen Heimat benutzte.

Der Hofmeister ist das erste Drama in der deutschen Literatur, das die von der herkömmlichen normativen Poetik gesetzten Schranken zwischen den Gattungen überwindet und zugleich das Prinzip der Stilmischung konsequent in ein literarisches Werk umsetzt.

Die Rhetorik gehörte im 18. Jahrhundert zu den Lehrgegenständen an Gymnasien und Universitäten; sie wurde als maßgebendes System angemessener Sprachgebung vermittelt und überliefert. Nach diesem System gibt es ursprünglich drei Stilarten: den erhabenen, den mittleren und den niederen Stil. Die Poetiken des achtzehnten Jahrhunderts ordneten diese Stilarten verschiedenen literarischen Gattungen zu: der niedere Stil entsprach der Posse, der Farce oder anderen Formen des niedrig Komischen; der mittlere Stil war für die erzählende Dichtung und die Komödie geeignet, der hohe oder erhabene Stil war der Tragödie vorbehalten.

Mit dem *Hofmeister* wird nun eine Entwicklung weitergeführt, die sich zuvor schon abzuzeichnen begann, aber nicht in dieser Deutlichkeit sichtbar wurde. Denn entschiedener als in Goethes *Geschichte Gottfriedens von Berlichingen* wird hier der niedere mit dem hohen Stil verbunden, ja der hohe Stil wird sogar parodiert. In der Sechsten Szene des Fünften Aktes (S. 66 ff.) findet sich ein deutliches Beispiel: Seiffenblase hat einen Brief an Fritz von Berg nach Leipzig geschrieben, in dem er ihm von den Unglücksfällen in seiner Familie Mitteilung macht. Pätus liest den Brief vor, weil Fritz nicht den Mut hat, ihn selbst zu lesen und kritisiert zunächst die „rasende Orthographie" Seiffenblases. Dann werden die an sich tragischen Ereignisse – die Verführung Gustchens durch Läuffer, ihr Selbstmordversuch – in karikierendem, logisch unsinnigem Satzbau mitgeteilt, so daß durch die Formulierung ebenso wie durch die Reaktion Fritz von Bergs die Geschehnisse ins Burleske verzerrt werden: das ist einerseits ein Spiel mit dem Pathos der Tragödie, anderseits ein Signal, das auf den glücklichen Ausgang hinweist. Gewöhnlich verbindet man den Grundsatz der Stilmischung mit dem Begriff des literarischen Realismus; hier gewinnt er darüber hinaus die Funktion, die Grenze zwischen den Gattungen des Trauerspiels und des Lustspiels zu verwischen. Das Drama mischt realistische mit aufklärerisch-didaktischen, komische mit satirischen, tragische mit burlesken Zügen. Heißt es auf dem gedruckten Titelblatt „Komödie", so nennt die Handschrift es ein „Lust- und Trauerspiel". Liest man es vom Ende her, wo alle Verwicklungen auf das glücklichste gelöst werden, so erscheint es als Lustspiel. Man sollte die Frage der Gattungsbestimmung jedoch nicht nur vom heutigen Wortgebrauch her beantworten, sondern sich der Definition erinnern, die Lenz in einem anderen Zusammenhang, in der Selbstrezension des *Neuen Menoza*, entwickelt hat:

„Ich nenne durchaus Komödie nicht eine Vorstellung, die bloß Lachen erregt, sondern eine Vorstellung die für jedermann ist. Tragödie ist nur für den ernsthaftern Teil des Publikums, der Helden der Vorzeit in ihrem Licht anzusehn und ihren Wert auszumessen im Stande ist. So waren die griechischen Tragödien Verewigung merkwürdiger Personen ihres Vaterlandes in auszeichnenden Handlungen oder Schicksalen; so waren die Tragödien Schackespears wahre Darstellungen aus den Geschichten älterer und neuerer Nationen [...] Komödie ist Gemälde der menschlichen Gesellschaft, und wenn die ernsthaft wird, kann das Gemälde nicht lachend werden. [...] Daher müssen unsere deutschen Komödienschreiber komisch und tragisch zugleich schreiben, weil das Volk, für das sie schreiben, oder doch wenigstens schreiben sollten, ein solcher Mischmasch von Kultur und Rohigkeit, Sittigkeit und Wildheit ist." (Lenz, Bd. I, S. 418 f.)

Ähnlich wie wenig später Klinger in seinem Drama *Sturm und Drang* „comisch und tragisch mit einer bittren Sauce" mischt, verfährt Lenz hier mit den beiden Gattungen, die bisher einander ausgeschlossen hatten. Damit entsteht ein neuer Typ des Dramas, der über die Zeit des Sturm und Drang hinausweist und die von Friedrich Schlegel formulierte romantische Theorie der Gattungsmischung vorwegnimmt.

Und noch in einem anderen Sinne ist *Der Hofmeister* literarisch revolutionär. Es fällt auf, daß Läuffer, die Titelfigur, merkwürdig blaß gezeichnet ist. Er spricht nur einen Monolog, gleich zu Beginn, und ist auch sonst – verglichen etwa mit dem Major oder mit Wenzeslaus – ziemlich wortkarg. In der Handlung ist er nur aktiv bei der Verführung Gustchens im Zweiten Akt und bei seiner Kastration sowie der Werbung um Lise im Fünften Akt. Anders als Goethes Götz erscheint er weniger als Triebfeder der Handlung, denn als ihr Spielball. Damit ist *Der Hofmeister* als Komödie im Sinne seines Dichters gekennzeichnet. In den *Anmerkungen übers Theater* schreibt Lenz: „Die Hauptempfindung in der Komödie ist immer die Begebenheit, die Hauptempfindung in der Tragödie ist die Person, die Schöpfer [!] ihrer Begebenheiten." (Lenz, Bd. I, S. 359)

Die von Aristoteles in „seiner poetischen Reitkunst" (a. a. O., S. 339) beschriebene griechische Tragödie sei aus dem Gottesdienst hervorgegangen:

„Da nun *fatum* [Schicksal] bei ihnen alles war, so glaubten sie eine Ruchlosigkeit zu begehen, wenn sie Begebenheiten aus den Charakteren berechneten, sie bebten vor dem Gedanken zurück. Es war Gottesdienst, die furchtbare Gewalt des Schicksals anzuerkennen, vor seinem blinden Despotismus hinzuzittern. [...] Die Hauptempfindung, welche erregt werden sollte, war nicht Hochachtung für den Helden, sondern blinde und knechtische Furcht vor den Göttern." (a. a. O., S. 357 f.)

Diese Voraussetzung ist in der Moderne nicht mehr gegeben, und deshalb steht der Charakter des Helden im Mittelpunkt. Vielleicht hat Lenz hier an Goethes Götz gedacht. Der Charakter aber wird entsprechend dem Charakter des Dichters geartet sein – es sei denn, der Dichter wäre ein Genie. Lenz schreibt ihm die Fähigkeit einer unmittelbaren, nicht auf Überlegung, sondern Eingebung fußenden Erkenntnis zu: „Wir nennen die Köpfe Genies, die alles, was ihnen vorkommt, gleich so durchdringen, durch und durch sehen, daß ihre Erkenntnis denselben Wert, Umfang, Klarheit hat, als ob sie durch Anschaun oder alle sieben Sinne zusammen wäre erworben worden" (a. a. O., S. 336). Deshalb, weil ihre Autoren – Voltaire oder Racine – dem Kritiker näher stehen als dem Dichter, sind die Werke des französischen Klassizismus langweilige Wiederholungen der Charaktere ihrer Autoren. Das Werk des Genies zeigt unterschiedliche, lebendige Personen, und es schafft eine Wirklichkeit, die die tatsächlichen Ereignisse in ihrer Eindringlichkeit überbietet: „Cäsar ist in Rom so nie bedauert worden, als unter den Händen Shakespeares." (a. a. O., S. 347)

Die Person hat im Trauerspiel also den Vorrang vor der Begebenheit; „bei uns" war die Tragödie immer „das Mittel, [...] merkwürdige Personen" (a. a. O., S. 359) darzustellen. Anders in der Komödie: „Die Personen sind für die Handlungen da – für die artigen Erfolge, Wirkungen, Gegenwirkungen, ein Kreis herumgezogen, der sich um eine Hauptidee dreht" (a. a. O., S. 361).

Mit diesen Überlegungen begründet Lenz die Möglichkeit eines Dramas, das die Menschen seiner Gesellschaft und ihre Probleme auf die Bühne bringt, und indem er mit dem *Hofmeister* eine Komödie verfaßte, die den Forderungen seiner Anmerkungen übers Theater entspricht, hat er das erste deutsche Milieudrama geschrieben. Der Begriff bezeichnet ein Werk, in dem der Held weniger durch seine Taten in eine Handlung verwickelt wird, sondern in dem seine sozialen Bindungen, die Moralvorstellungen und Verhaltensnormen einer gesellschaftlichen Schicht sein Schicksal bestimmen. Er hat sich zwar zunächst an Gustchen schuldig gemacht, indem er sie verführte, aber durch die komödiantischen Elemente des Schauspiels und durch das glückliche Ende werden Schuld oder Irrtum außer Kraft gesetzt.

Das Milieudrama hat sich dann im neunzehnten Jahrhundert über Grabbe und Büchner zum Naturalismus hin weiter entwickelt, so daß vielleicht *Der Hofmeister* eines der für die Literaturgeschichte der siebzehnhundertsiebziger Jahre wichtigsten Dramen ist, in dem aufklärerische, sozialkritische, „shakespearisierende" literarische und sprachliche Elemente eine einmalige, für den Dichter Lenz bezeichnende, zugleich literarisch revolutionäre und für die Zukunft fruchtbare Verbindung eingehen.

E. Ein Wirrwarr von Komik und Tragik
Friedrich Maximilian Klinger
Sturm und Drang

1. Grundlageninformation

1.1. Text und Materialien

Sturm und Drang. ein Schauspiel von Klinger. o. O. [Berlin] 1776
Klingers Werke in zwei Bänden. Hg. von Hans-Jürgen Geerdts, Weimar 1958
Friedrich Maximilian Klinger: Sturm und Drang. Ein Schauspiel. Mit einem Anhang
zur Entstehungs- und Wirkungsgeschichte hg. von Jörg-Ulrich Fechner, Stuttgart
1970
Briefbuch zu Friedrich Maximilian Klinger. Sein Leben und Werke. II. Von M. Rieger, Darmstadt 1896

1.2. Forschungsliteratur

Fischer, Kurt: Seelisches Erleben in Friedrich Klingers Sturm und Drang, Diss. Göt-
tingen 1931
Jelenski, Manfred: Kritik am Feudalismus in den Werken Friedrich Maximilian
Klingers bis zur Französischen Revolution, speziell in seinen Dramen, Diss. Berlin
1953
Kaiser, Gerhard: Friedrich Maximilian Klingers Schauspiel Sturm und Drang. Zur
Typologie des Sturm und Drang Dramas, in: V. J. Günther u. a.(Hg.): Untersu-
chungen zur Literatur als Geschichte. Festschrift für Benno von Wiese, Berlin
1973, S. 15–35 (Wieder abgedr. in: Martin Wacker (Hg.): Sturm und Drang,
Darmstadt 1985, S. 315–340)
Karthaus, Ulrich: „Der Verheerung des Hauses wegen" – Max Klingers Drama
Sturm und Drang, in: Uwe Schultz (Hg.): Das Duell. Der tödliche Kampf um die
Ehre, Frankfurt a. M./Leipzig 1996, S. 101–118
Osterwalder, Fritz: Die Überwindung des Sturm und Drang im Werk Friedrich Ma-
ximilian Klingers. Die Entwicklung der republikanischen Dichtung in der Zeit
der Französischen Revolution, Berlin 1979
[Gründliche Untersuchung der Entwicklung Klingers als Alternative zu derjenigen
Goethes.]
Reschke, Claus: Friedrich Maximilian Klinger's Use of Language. A Linguistic and
Stylistic Analysis of Four of His Early Plays, Diss. Cornell 1973
Rieger, Max: Klinger in der Sturm und Drang Periode. Sein Leben und Werk, 3 Bde.,
Darmstadt 1880–1896
Salumets, Theodor: Friedrich Maximilian Klinger: Zur Interpretation und Edition
seiner Werke, Diss. Princeton Univ. 1985 [vgl. Diss. Abstracts 46 (1985–86),
S. 2307 A]
Scheuer, Helmut: Friedrich Maximilian Klinger: Sturm und Drang, in: Interpreta-
tionen: Dramen des Sturm und Drang, Stuttgart 1987, S. 57–98

Zeindler, Peter: Der negative Held im Drama. Versuch einer Interpretation am Beispiel von Klingers *Sturm und Drang*, Büchners *Dantons Tod* und *Woyzeck* sowie Brechts *Baal*, Diss. Leipzig 1930, S. 93–100

2. Analyse

Im Herbst 1776 schrieb Klinger in Weimar „eine Comoedie der 'Wirrwarr'", wie er am 4. September dem Freund Ernst Schleiermacher mitteilt. Er war damals schon ein bekannter Bühnenautor; im Jahre zuvor hatte er mit seinem Trauerspiel *Die Zwillinge* den Preis der Ackermannschen Theatertruppe von 20 Louisdor gewonnen. Seit November 1775 lebte Goethe in Weimar. Klinger war ihm gefolgt; sehr viel später schrieb er ihm, er habe gehofft, „durch Vermittlung der unvergeßlichen Herzogin Amalie, in Amerika" eine militärische Laufbahn beginnen zu können, und „im Drange nach Tätigkeit" habe er das Schauspiel geschrieben. Der von dem Züricher Geistlichen Johann Kaspar Lavater „zur Bekehrung abgesandte Gesalbte oder Apostel" Christoph Kaufmann (1753–1795) habe ihm aber „mit Gewalt den Titel *Sturm und Drang*" (26. Mai 1814; Rieger, Briefbuch, S. 164) aufgenötigt. Fechner führt ihn auf eine Stelle bei Shakespeare zurück, wo Hamlet von „the very torrent, tempest, and – as I may say – whirlwind of your passion" (III, 2) spricht; Schlegel/Tieck übersetzen: „in dem Strom, Sturm und, wie ich sagen mag, Wirbelwind Eurer Leidenschaft". Auch der ursprüngliche Titel *Wirrwarr* erinnert von ferne an den Titel von Shakespeares *The Comedy of Errors* – Komödie der Irrungen. Noch andere Einflüsse Shakespeares sind gesehen worden: der Zwist der Familien Berkley und Bushy läßt an die feindlichen Familien in *Romeo und Julia* denken; die Namen Berkley und Bushy stammen aus *Richard II.*, La Feu aus *Ende gut, alles gut*. Wichtiger als diese Spuren der Shakespeare-Begeisterung ist der Titel *Sturm und Drang*, der alsbald zur Losung wurde. Schon 1777 schrieb Heinrich Leopold Wagner: „wer fühlt oder auch nur ahndet, was Sturm und Drang seyn mag, für den ist er geschrieben; wessen Nerven aber zu abgespannt, zu erschlafft sind, vielleicht von jeher keinen rechten Ton gehabt haben; wer die drey Worte anstaunt, als wären sie chinesisch oder malabarisch, der hat hier nichts zu erwarten, mag immerhin ein alltägliches Gericht sich auftischen lassen." *(Briefe, die Seylerische Schauspielergesellschaft und Ihre Vorstellungen zu Frankfurt am Mayn betreffend.* Frankfurt am Mayn: bei den Eichenbergischen Erben 1777, S. 131–167; zitiert nach John A. Walz: The Phrase *Sturm und Drang*. In: Modern Language Notes, Bd. XX, N°2, 1905, S. 48 f.) Obwohl „mancher Halbkopf" – so Klinger 1814 – sich darüber lustig gemacht habe, wurde aus der Losung im Laufe des neunzehnten Jahrhunderts die Epochenbezeichnung.

Der ursprüngliche Titel des Schauspiels *Wirrwarr* bezeichnet die Handlung recht genau: sie ist kompliziert, fast verworren. In einem Gasthof in

Amerika kommen drei Freunde an: Wild, La Feu und Blasius; die Namen bezeichnen die Charaktere; le Feu bedeutet Brand, Flamme, Hitze und Glut; blasé gleichgültig, unempfänglich, angeekelt. In einem anderen Zimmer desselben Gasthofs sitzt der alte Lord Berkley. Er mußte nach Amerika fliehen, um seinen Feinden zu entgehen, die ihn um seinen Besitz gebracht und in die Verbannung getrieben hatten. Er ist überzeugt, für sein Unglück sei Lord Bushy verantwortlich, so daß er von Haß gegen ihn und seine Familie erfüllt ist. Karl Bushy, der Sohn von Berkleys Feind, liebt dessen Tochter Caroline, die er unter dem angenommenen Namen Wild sucht; seine Unruhe, sein Kummer treiben ihn von einem Abenteuer zum anderen. Hier, im Gasthof, lernt er den alten Lord Berkley kennen, findet seine Caroline wieder und seinen Todfeind, ihren Bruder, den Schiffcapitain Boyet. Der Haß der Familie Berkley gegen die Familie Bushy, die sie für ihr Unglück verantwortlich macht, zeigt sich in der Wut des Kapitäns: er rühmt sich, den alten Bushy bei Sturm und Wetter in einem Boot auf hoher See ausgesetzt zu haben, so daß er umkam und die Familie Berkley gerächt wurde. Er will sich mit Wild – also mit dem jungen Bushy – im Duell treffen. Vorher noch findet eine Schlacht statt im amerikanischen Unabhängigkeitskrieg, an der beide teilnehmen wollen. Aber der alte Bushy ist gar nicht umgekommen. Ein Mohrenjunge an Bord des Schiffes hat ihn mit Hilfe eines Offiziers gerettet. Bushy kann sich rechtfertigen, indem er seine Unschuld beteuert. Wild und Caroline finden zueinander, und die alte Freundschaft der Familien Berkley und Bushy wird erneuert. Das Duell zwischen dem Kapitän und dem jungen Bushy – Wild – kann unterbleiben.

Ein zeitgenössischer anonymer Rezensent in der *Auserlesenen Bibliothek der neuesten deutschen Literatur* bemängelte 1778: „aber wie kan ein Stük bei einem solchen Plane erträglich genant werden? Ein Lord Berkeley hat durch einen gewissen Bushy seinen Sohn verlohren. Wo aber, wie, wann und warum? das erfährt kein Mensch. Der Sohn kömt als Schifkapitän wieder, und wird von seinem Vater erkant. Wie er aber gerettet, wie er Schifkapitän geworden ist; wie er nun dahin kömt wo er seinen Vater antrift, ohne zu wissen, daß dieser da sei; das erfährt man wieder nicht. Ein junger Mensch, der sich Wild nent, der aber der Sohn jenes Bushy ist, kömt mit zwenen Freunden (zween wahren Stoknarren) die sich einbilden, er führt sie nach London, in Amerika, wo der Schauplatz ist, an: Wie aber und warum er dahin kömt; wie und wo er vorhero Berkleys Tochter, in die er und sie in ihn verliebt ist, gesehn hat, und dabei gar nicht weis daß ihr Vater und sie hier sind; das wird im ganzen Stücke nicht gesagt. Es wird eine Bataille geliefert; Lord Berkeley, sein Sohn der Seekapitän, und Wild gehen hinein, und kommen wieder. Gegen wen aber und von wem, wo wie und warum diese Schlacht geliefert wird, davon bekömt man nichts zu wissen." (S. 105 f.)

Der Kritiker, anders als Heinrich Leopold Wagner, spricht sein Unverständnis aus; seine Fragen entsprechen den Fragetopoi der klassischen Rhetorik, sie deuten an, daß er eine ordentliche, verständig motivierte Hand-

lung erwartet hat und in dieser Erwartung enttäuscht wurde. Aber die
Handlung folgt nicht einer Dramaturgie, die an der Wahrscheinlichkeit der
Ereignisse oder der Einheitlichkeit der Charaktere interessiert wäre. Die
Figuren handeln nicht folgerichtig; sie sind nicht von bestimmten Absichten
geleitet; viele Äußerungen und Taten scheinen unmotiviert. Die Wirklichkeit, in der sie leben, ist so unbestimmt wie die lakonische Beschreibung
des Schauplatzes: „Die Scene Amerika."

Die Angabe ist insofern irreführend, als nicht das Amerika der Unab-
hängigkeitskämpfe oder der „edlen Wilden" gezeigt wird, sondern ein
Gasthof, der auch in einem anderen Erdteil stehen könnte, wo zufällig
Krieg geführt wird, eine Örtlichkeit, die den Personen Möglichkeiten bietet, sich zurückzuziehen, sich zu suchen, zu meiden, zu verfehlen und zu
finden. Gasthöfe sind auf der Bühne ideale Stätten des Irrtums und der
Intrige, der Begegnung und des Abschieds, geeignet für die Liebe La Feus
zur alternden Lady Katharine und für die Langeweile ihrer Nichte Louise
ebenso wie für die Parodie solcher Neigungen in III,8 und III,9.

Der Krieg, den die amerikanischen Siedler um ihre Unabhängigkeit gegen die englische Kolonialmacht führten, spielt im Hintergrunde – aber
nicht, wie man erwarten könnte, als politisches oder humanes Problem,
sondern als eine Gelegenheit, sich seiner Kräfte zu versichern. Mit den
Worten Wilds: „Wir sind nun mitten im Krieg hier, die einzige Glückseligkeit die ich kenne, im Krieg zu seyn. Genießt der Scenen, thut was ihr
wollt." (S. 8) Der Kampf um Tod und Leben auf dem Schlachtfeld fordert
den Menschen ganz und gar; hier erfährt er die Grenzen seiner geistigen
und körperlichen Kräfte; die ihm unbekannten Möglichkeiten seiner selbst
werden wirklich. Die „gräßliche Unbehaglichkeit und Unbestimmtheit"
(S. 9) soll zur tatsächlichen Empfindung werden.

Hinter den ungestümen Worten Wilds ist das Lebensproblem Klingers
erkennbar. Ging es für ihn darum, eine gesellschaftliche Stellung zu finden,
die ihm ein auskömmliches Leben ermöglichen sollte, so vereint sich dieser
Wunsch mit dem „Drange nach Tätigkeit". Seine Figuren sprechen aus,
was beiden Wünschen zugrunde liegt: ein sicheres Verhältnis zur Wirklichkeit, das ihnen fehlt als Voraussetzung ihres Selbstbewußtseins. La Feu
weiß nicht einmal, wo er ist:

„Aber sag' mir nun auch einmal, wo sind wir in der würklichen Welt
jetzt. In London doch?

Wild. Freylich. Merktest du denn nicht daß wir uns einschiften? Du
warst ja Seekrank.

La Feu. Weiß von allem nichts, bin an allem unschuldig? – Lebt denn
mein Vater noch? Schick doch einmal zu ihm Wild, und laß ihm sagen,
sein Sohn lebe noch. Käme so eben von den Pyrenäischen Gebürgen aus
Frießland. Weiter nichts." (S. 6)

Zunächst erscheint das surrealistisch oder komödiantisch. Aber in den
Worten La Feus zeigt sich eine für das Stück bezeichnende Phantastik, die

ein Ausdruck mangelnder Welterfahrung ist und dem Stürmen und Drängen Klingers und seiner Geschöpfe keine Richtung weisen kann. Anders als *Der Hofmeister*, der zum guten Teil von den Erfahrungen seines Dichters lebt, anders als *Götz von Berlichingen*, der auf der gründlich studierten Geschichte des Helden fußt, bringt Klingers *Sturm und Drang* seine eigenen Phantasien von Kraft und ihrer Bewährung, von Tätigkeit, Liebe und wahren Empfindungen, die noch keinen Erfahrungsgehalt haben, zur Sprache. Goethe berichtet in *Dichtung und Wahrheit* von ihm, wie er sich in seiner Jugend „gewaltsamer in sich zurückgetrieben" fühlte, so daß „er sich durchstürmen, durchdrängen" (DuW Bd. I, S. 649) mußte. Das Schauspiel *Sturm und Drang* läßt das erkennen. Hinter den Tollheiten der drei jungen Reisenden ist auch ihr Problem zu erkennen. Auf der Suche nach Tumult erhoffen sie sich die Erfahrung der Wirklichkeit mit Widerständen und Gefahren. Denn wie immer der erkenntnistheoretisch schwierige Begriff Wirklichkeit philosophisch bestimmt werden mag: daß die Erfahrung eines Widerstands die Erfahrung einer Wirklichkeit ist, dürfte unbestreitbar sein.

Die Frage, wo man sich befinde, ist deshalb von großer Wichtigkeit; die Personen des Dramas suchen einen festen Boden unter dem Wirrwarr ihrer Empfindungen. Die phantastische Geographie ist nicht allein ein übersteigerter Ausdruck mangelnder Welterfahrung, die sich mit der Welt vertraut machen möchte, sondern zeigt im Zusammenhang des Schauspiels die Gemütsverfassung der Figuren: Lord Berkley baut „ein Kartenhaus auf kindische phantastische Art", das er „Bedeutend Sinnbild meines verworrenen Lebens" nennt. Seine Tochter Caroline flüchtet sich ans Klavier, wo sie „in süßer melancholischer Schwermuth phantasirend" (S. 10) findet, was die Wirklichkeit ihr versagt, „Schutz": „Nur du verstehst mich, dein Einklang, der Widerhall meiner geheimen Empfindungen". Ins Lächerliche gezogen wird diese Suche nach Empfindungen und Wirklichkeit in der Person der alternden Lady Katharine, ihrer Tante, die sich wie ein verliebtes junges Mädchen aufführt. Der Kapitän Boyet hingegen braucht die Gewalttätigkeit gegenüber dem jungen Mohr, um sich seiner Sympathie für ihn zu versichern: „Sieh, auf meinem Rücken liegen Beulen wie meine Faust, harter Lord! Kapitain. Weil ich dich lieb hab, Affe!" (S. 37)

Im Zusammenhang mit diesem mehrfach variierten Motiv hat auch das Duell, das Wild und der Kapitän ausfechten wollen und zu dem es am Ende nicht kommt, seine Funktion. Die Rache am Gegner, der die eigene Ehre gekränkt hat, die Wiederherstellung dieser Ehre, indem man den Feind verwundet oder gar tötet und dabei das eigene Leben wagt, in der Literatur sonst tragisch, wird hier fast wie ein Sport angesehen: es ist nicht das Ritual von äußerstem und tödlichem Ernst, sondern eine Gelegenheit zur Bewährung der eigenen Kräfte. Wild sagt es so: „Seht, so strotze ich voll Kraft und Gesundheit, und kann mich nicht aufreiben. Ich will die Kampagne hier mit machen [...], da kann sich meine Seele ausrecken." (S. 9) Und dem entspricht der Vorschlag des Kapitäns an La Feu: „wir wollen uns ein wenig baksen, daß meine Gelenke in Ordnung kommen." (S. 38) So erscheint der Kampf in der Schlacht, der Zweikampf und der unstandesgemäße Boxkampf fast wie eine Droge, ein stimulierendes Mittel zur Steigerung des Selbstgefühls. Es ist deshalb auch nicht erstaunlich, daß Wild und der Kapitän schon drei Duelle miteinander ausgetragen haben, obschon sie eine geheime Sympathie verbindet: das ist der „Wirrwarr" der Gefühle, die einen festen Boden suchen. Zwar geht es in dem geplanten Duell um den Ruin Berkleys – aber die Rache ist nur ein Vorwand für die Darstellung von Gefühlen, deren Wandel und deren scheinbar zielloses Hin und Her. Insofern hat der ursprüngliche Titel manches für sich: vor allem, wenn man die nur unzulänglich motivierten Gefühlsäußerungen der beiden Gegenspieler Wild und Boyet bedenkt, aber auch, wenn man Klingers Charakterisierungen des Stücks liest. Er schreibt im September 1776: „Ich hab die tollsten Originalen zusammengetrieben. Und das tiefste tragische Gefühl wechselt immer mit Lachen und Wiehern." (S. 75)

Die Handlung des Stücks ist daher weniger wichtig; Klinger, der zuvor schon gezeigt hatte, daß er Theaterstücke schreiben konnte, hat sie nachlässig konstruiert. Sie ist wenig mehr als der Rahmen, in dem die Leidenschaften der Personen zur Sprache kommen, und gelegentlich werden sie ganz ungemäßigt ausgesprochen. Der Wortwechsel zwischen Berkley und Wild in IV,5 kann nur in diesem Drama am Platz sein:

„Berkley. Wollt Ihr nicht zu Tisch bleiben?

Wild. Canibalisch allenfalls, Mylord! Des Kapitains Fleisch gelüstet mich. (ab)" (S. 56)

Solche hyperbolischen, jede Glaubwürdigkeit überschreitenden Äußerungen steht der empfindsam naturselige Monolog gegenüber, den derselbe Wild in III,7 spricht und dem Caroline aus dem Fenster antwortet, so daß sich eine Liebesszene entwickelt, mit Tränen, die Caroline teils vor Freude, teils vor Angst um Wild weint. Ihre empfindsame Musikalität, mit der sie auf dem Klavier phantasierend den Monolog ihres Vaters in I,2 begleitet, kennzeichnet sie als weiblich sanfte Ergänzung des ungestümen Wild; am Ende umarmen sie einander „in allem Gefühl der Liebe" (S. 74). Nicht nur Caroline weint in III,8, sondern auch Blasius, Wild und Lord Berkley, ebenso wie der Mohr. Tränen sind der Ausdruck von Trauer, Melancholie und Selbstmitleid, aber auch von Freude; immer beweisen sie die Wahrheit dieser Empfindungen. Diesen Tränen entsprechen, mindestens in den Augen Lady Katharines, auch die männlich kräftigen Gefühlsäußerungen Wilds: „Er fluchte und sah gen Himmel, als wenn er etwas so recht tief fühlte. [...] O Ladys, es ist ein gutes Zeichen, wenn eine junge Mannsperson flucht." (S. 18) Tränen sind Ausdruck der Natur, die sich auch in Liebe und Sanftmut äußern kann, wie in La Feus Worten in V, 3, oder gar in der Handlungsweise des Mohrenjungen, der als „edler Wilder" ein lebendiges Rousseau-Zitat ist, nicht verdorben durch die Zivilisation, und der Lord Bushy gerettet hat, da er von Natur gut ist.

Die Widersprüche der Empfindungen lassen das Drama und seine Personen als Ausdruck einer Gemütsverfassung erscheinen, die Blasius in II,1 ausspricht: „Ich bin zerrissen in mir, und kann die Fäden nicht wieder auffinden das Leben anzuknüpfen." (S. 20 f.) Sein „Unglück ist das immer, da nichts zu seyn, wo ich alles seyn sollte."(S. 23) Hin- und hergerissen zwischen „Nichts" und „Alles" (S. 38) sind La Feu und Blasius auf dem Wege zu sich selbst. Der stark übertreibende Redestil seiner Figuren hat Klinger den Übernamen „Löwenblutsäufer" eingetragen nach einer Stelle in seinem Drama *Simone Grisaldo*, wo eine Person prahlte: „Hab den Löwen bezwungen und sein heisses Blut getrunken". (Erich Loewenthal, Lambert Schneider (Hg.): *Sturm und Drang*. Dramatische Schriften II, Heidelberg o. J., S. 206) Man darf indes fragen, wie ernst und wie wörtlich solche Ausdrücke von Kraft und zielloser Energie gemeint sind.

Ist vielleicht die schon im *Hofmeister* von Lenz 1772 zu beobachtende Vermischung der literarischen Gattungen in Klingers *Sturm und Drang* absichtsvoll parodiert? Er selbst deutet das in einem Brief vom 12. September 1776 an: „comisch und tragisch mit einer bittren Sauce zusammen" (S. 75). Und wird der Geniekult nicht parodiert, wenn die „Originale" „die tollsten" (S. 75) genannt werden? Auch wenn man diese Frage bejaht, verweisen Travestie und hyperbolische Sprache auf reale Erfahrungen und Probleme. Das Wort Drang in seiner biblischen Bedeutung weist in die Richtung von „Drangsal". Man kann es auch psychologisch verstehen. Drang meint dann eine geringe Orientierung und Versachlichung bei gleichzeitiger großer Erlebnisstärke: eben Kraft, Tätigkeitsdrang, Wirkung ohne Wirklichkeit. Nicht das Ziel ist gegeben, sondern die Energie, die auf den Weg verwandt wird. Solange das Ziel nicht erkannt ist, wächst die Melancholie der Personen, die in vielen Dramen der Epoche wahrzunehmen ist: die Schwermut angesichts der Ziellosigkeit des eigenen Lebens.

Bestand die Handlung von Gerstenbergs *Ugolino* in einer Folge von Affekten, die sich aus dem natürlichen Leiden der Personen ergeben, stritt Goethes *Götz* gegen eine feindliche Welt und litt der Hofmeister von Lenz unter recht genau bestimmbaren gesellschaftlichen Zuständen, so geht Klinger einen anderen und neuartigen Weg: er entwirft eine komödiantische, burleske Handlung mit unmotivierten Wendungen und einer Wiedererkennungsszene am Schluß, die zugleich die Versöhnung bringt. Sie ist in ihrem dramaturgischen Aufbau nur unzulänglich motiviert, gewinnt ihren Sinn aber durch die Gefühlsäußerungen, deren Anlässe sie bietet. Klinger hätte ein analytisches Drama schreiben können, das ein zuvor geschehenes Ereignis aufdeckt, oder eine intrigante Rokoko-Komödie, wie z. B. *Die Mitschuldigen*, die Goethe 1768/69 schrieb. Daß er weder dies noch jenes tat, macht den Charakter des „Schauspiels" *Sturm und Drang* aus. Es zeigt den Drang ohne Ziel, den Sturm der Leidenschaften um ihrer selbst willen, in dem sie sich verwirren.

Der Umstand, daß der Titel des Stückes bald zur Losung und später zur Epochenbezeichnung wurde, läßt den Schluß zu, daß es in dieser einmaligen Vermischung widerstreitender Gefühle als bezeichnend für die Zeit seiner Entstehung wie für die Gemütsverfassung seines Dichters und seiner Bewunderer empfunden wurde. Man darf es, wie andere Werke der siebzehnhundertsiebziger Jahre, als einen Vorboten der Romantik sehen: Der „Wirrwarr" widerstreitender Empfindungen, das Schwanken zwischen der schwermütigen Untätigkeit des Blasius und dem Totalitätsanspruch La Feus und die Zerrissenheit deuten darauf ebenso wie die lyrisch-empfindsame Naturschwärmerei Wilds; sie spielt wie die folgende Liebesszene zu einer höchst romantischen Tageszeit, der Nacht, die „immer phantastischer" wird: „Die Sphären klingen immer reizender" (S. 47).

Doch als die ersten großen Werke der deutschen Romantik entstanden, hatte Klinger sein persönliches Lebensproblem längst gelöst. Er war in den Adelsstand erhoben worden und hatte in russischen Diensten eine ehrenvolle Laufbahn zurückgelegt; schon 1785 leitete er im Range eines Generalleutnants das Kadettenkorps in Petersburg.

F. Heinrich Leopold Wagner: *Die Kindermörderin*

1. Grundlageninformation

1.1. Text und Materialien

Die Kindermörderinn [!] ein Trauerspiel. Leipzig, im Schwickertschen Verlage. 1776.
Heinrich Leopold Wagner: *Die Kindermörderin. Ein Trauerspiel.* Hg. von Jörg-Ulrich Fechner. Stuttgart 1969 u. ö.
   [Mit ausführlicher Bibliographie der verschiedenen Ausgaben und Bearbeitungen von H. L. Wagner und Karl Gotthelf Lessing]

1.2. Forschungsliteratur

Bekes, Peter: Theater als Provokation. Gerhart Hauptmann: *Die Ratten*; Heinrich Leopold Wagner: *Die Kindermörderin*, Stuttgart 1989
Genton, Elisabeth: Lenz-Klinger-Wagner. Studien über die rationalistischen Elemente im Denken und Dichten des Sturm und Drang, Diss. Berlin 1955
Dies.: La vie et les opinions de Heinrich Leopold Wagner (1747–1779), Frankfurt a. M./Bern/Cirencester 1981
   [Eine auf umfassenden Quellenstudien fußende Korrektur des herkömmlichen Wagner-Bildes.]
Hacks, Peter: *Die Kindermörderin*, ein Lust- und Trauerspiel nach Heinrich Leopold Wagner, in: Ders.: Zwei Bearbeitungen, Frankfurt a. M. 1963

Petriconi, Hellmuth: Die verführte Unschuld. Bemerkungen über ein literarisches Thema, Hamburg 1953

Pilz, Georg: Heinrich Leopold Wagner: *Die Kindermörderin*, in: Ders. (Hg.): Deutsche Kindsmordtragödien. Wagner, Goethe, Hebbel, Hauptmann, München 1982, S. 17–45; 126–27; 134–35
[Darstellung des Motivs vom Sturm und Drang bis zum Naturalismus mit didaktischer Zielsetzung.]

Rameckers, Jan Matthias: Der Kindsmord in der Literatur der Sturm-und-Drang-Periode. Ein Beitrag zur Kultur- und Literaturgeschichte des 18. Jahrhunderts, Rotterdam 1927
[Gründliche und materialreiche Arbeit, die trotz ihrem Erscheinungsdatum keineswegs veraltet ist.]

Schmiedt, Helmut: Zweierlei Schicksale: zur Bearbeitung von Sturm-und-Drang-Texten durch ihre Autoren, in: Lenz-Jahrbuch 4 (1994), S. 113–122

Werner, Johannes: Gesellschaft in literarischer Form. Heinrich Leopold Wagners *Kindermörderin* als Epochen- und Methodenparadigma, Stuttgart 1977
[Exemplarische Interpretation unter literatursoziologischem Aspekt mit hoch entwickeltem Methodenbewußtsein.]

2. Analyse

Am 18. Juli 1776, wenige Wochen vor seinem juristischen Doktorexamen, las Heinrich Leopold Wagner, damals neunundzwanzig Jahre alt, der von Friedrich Rudolf Salzmann im Jahre zuvor gegründeten *Deutschen Gesellschaft* in Straßburg sein Drama *Die Kindermörderin* vor. Es war vermutlich im Frühjahr desselben Jahres entstanden.

Der Mord an einem neugeborenen Kinde, von der Mutter selbst begangen, ist ein Thema, das in der Dichtung des späten achtzehnten und noch des neunzehnten Jahrhunderts vielfach behandelt wurde. Lenz widmete ihm die Erzählung *Zerbin oder die neuere Philosophie* (1776), Maler Müller griff es in der Idylle *Das Nußkernen* auf, Anton Matthias Sprickmann (1749–1833) in der Ballade *Ida* (1775), Schubart erwähnt es in dem Gedicht *Das schwangere Mädchen*, Maler Müller in der *Schaafschur*, Otto Reichsfreiherr von Gemmingen in seinem bürgerlichen Schauspiel *Der teutsche Hausvater* (1782), Schiller schrieb 1781 das Gedicht *Die Kindesmörderin*. Vielleicht ist eine Quelle dafür ein Volkslied, das in *Des Knaben Wunderhorn* unter dem Titel *Weltlich Recht* (N°204a) erscheint; sicherlich hat es Brentanos *Geschichte vom braven Kasperl und dem schönen Annerl* angeregt. In einer Episode erscheint das Motiv in Klingers Roman *Fausts Leben, Thaten und Höllenfahrt* (1791). Weniger bekannte Autoren widmeten ihm unterschiedliche Dichtungen: der Theologe Karl Friedrich Stäudlin (1761–1825) schrieb ein Gebet *Seltha, die Kindermörderin* (1776), Johann Friedrich Schink (1755–1835) *Empfindungen einer unglücklichen Verführten bey der Ermordung ihres Kindes* (1777), August

Gottlieb Meißner das *Lied einer Gefallenen* und *Die Mörderin* (1779).
1795 veröffentlichte er eine Kriminalnovelle *Jawohl sie hat es getan.* Es
gibt eine Prosaerzählung von Franz Caspar Buchholz (1760–1812) *Bet-
tina* (1777), ein Schauspiel *Julie oder die gerettete Kindesmörderin* (1782)
von dem Mathematikprofessor Friedrich Wilhelm Wucherer (1734–1816)
und die *Anrede an das Volk bei der Hinrichtung einer Kindesmörderin*
(1776) von David Christoph Seybold (1747–1804). Hölty dichtete die
Schauerballade *Die Nonne* und Bürger *Des Pfarrers Tochter von Taubenhain.* Ein Gedicht mit demselben Titel findet sich in *Des Knaben Wunderhorn,* es stammt von Auguste von Pattberg. Johann Heinrich Pestalozzi
verfaßte mehrere Erzählungen, die er in die Schrift *Über Gesetzgebung
und Kindermord* einflocht. Goethe hat das Thema nicht nur im ersten
Teil des *Faust* behandelt, sondern auch in den Balladen *Der untreue
Knabe* (1774) und *Vor Gericht* (1776/77?). In den weiteren Umkreis gehören seine Darstellungen ungetreuer Liebhaber und Verehrer in *Götz
von Berlichingen* und *Clavigo.* Noch die Novelle *Das nußbraune Mädchen in Wilhelm Meisters Wanderjahren* (1821/1829) rührt an den Mo-
tivkomplex: die Braune war eine volksläufige Bezeichnung des weiblichen
Genitals, ein braunes Mädchen ein Mädchen, das seine Ehre verschlafen
hatte.

Überblickt man die zahlreichen literarischen Darstellungen des Problems, so liegt der Schluß nahe, daß es in diesen Jahrzehnten große gesellschaftliche Bedeutung hatte, nicht nur für Goethe, der die Hinrichtung der
Dienstmagd Susanna Margaretha Brandt am 14. Januar 1772 in Frankfurt
wahrscheinlich als Augenzeuge erlebt, vielleicht auch ihren Verhören bei-
gewohnt, sicherlich aber die Akten ihres Prozesses gekannt hat. Seine Darstellung eines Mädchens, das von einem gesellschaftlich und intellektuell
überlegenen Liebhaber verführt wird, ein Kind gebiert und es umbringt,
weil in der Gesellschaft kein Platz für uneheliche Kinder und Mütter ist,
die Gretchentragödie in *Faust I,* ist wohl die bekannteste Gestaltung des
Problems. (Vgl. Ernst Beutler: Die Kindsmörderin. In: Ders.: Essays um
Goethe, Bremen 1957, S. 87–101) Goethe war Heinrich Leopold Wagner
in Straßburg begegnet und schreibt in *Dichtung und Wahrheit:*

„Vorübergehend will ich nur, der Folge wegen, noch eines guten Gesellen
gedenken, der, obgleich von keinen außerordentlichen Gaben, doch auch
mitzählte. Er hieß Wagner, erst ein Glied der Straßburger, dann der Frankfurter Gesellschaft; nicht ohne Geist, Talent und Unterricht. Er zeigte sich
als ein Strebender, und so war er willkommen. Auch hielt er treulich an
mir, und weil ich aus allem was ich vorhatte kein Geheimnis machte, so
erzählte ich ihm wie andern meine Absicht mit *Faust,* besonders die Katastrophe von Gretchen. Er faßte das Sujet auf, und benutzte es für ein
Trauerspiel, *Die Kindesmörderin.* Es war das erste Mal, daß mir jemand
etwas wegschnappte; es verdroß mich, ohne daß ich's ihm nachgetragen
hätte. Ich habe dergleichen Gedankenraub und Vorwegnahmen nachher

noch oft erlebt, und hatte mich, bei meinem Zaudern und Beschwätzen so manches Vorgesetzten und Eingebildeten, nicht mit Recht zu beschweren." (DuW Bd. I, S. 647)

Goethe schrieb das 1812/13 im 14. Buch von *Dichtung und Wahrheit*. Die wenigen Worte, in denen er im Abstand von fast vier Jahrzehnten mit dem Ansehen seines Namens den „guten Gesellen" abfertigte, haben das Bild Wagners in der deutschen Literaturgeschichte geprägt: man stellt ihn zu den Nebenfiguren des Sturm und Drang und nennt ihn selten. Schon der Titel seines Dramas muß Goethe irritiert haben; er ändert ihn, nicht ohne Pedanterie, in *Die Kindesmörderin*.

Auch wenn Wagner von Goethe die „Katastrophe von Gretchen" übernommen haben sollte, sind doch die Einflüsse eines Straßburger Rechtsfalles auf das Drama noch deutlicher: „Mitte Oktober 1775 wurde dort die 22-jährige Maria Sophia Leypold, Tochter eines ehrsamen Bürgers und Metzgers, ein Mädchen aus guter Familie, des Kindesmordes angeklagt und zum Schwert verurteilt. Höchstwahrscheinlich handelte es sich aber um Totgeburt und verhehlte Schwangerschaft, denn sie wurde nicht hingerichtet, sondern im Januar 1776 von Ludwig XVI. zu lebenslänglicher Gefängnisstrafe begnadigt [...] und am 14. August 1788 auf freien Fuß gesetzt. Die Begnadigung und spätere Freilassung lassen darauf schließen, daß schwerwiegende mildernde Umstände vorgelegen haben müssen, durch die das Todesurteil dann um so schrecklicher erscheinen mußte." (Rameckers, S. 143 f.)

„Der Schauplatz ist in Straßburg, die Handlung währt neun Monat." Mit der programmatisch knappen Angabe, die dem Personenverzeichnis folgt, bezeichnet Wagner einen wesentlichen Zug seines Dramas, dessen Handlung einfach und übersichtlich aufgebaut ist. Evchen Humbrecht folgt zusammen mit ihrer Mutter der Einladung des in ihrem Hause wohnenden Lieutenants von Gröningseck zu einem Ball im „Wirthshaus zum gelben Kreutz". Hier betäubt er die Mutter mit Hilfe eines Pulvers, das er ihrem Punsch beimischen läßt, um ungestört die Tochter verführen zu können. Der „Ehrenschänder", der sie „zur Hure gemacht" (S. 17) hat, beschwichtigt ihre Verzweiflung und Reue durch ein Eheversprechen, das er aber erst in fünf Monaten, wenn er volljährig sein wird, einlösen kann. Der zweite Akt führt zwei neue Personen ein: den Vater, Metzgermeister Martin Humbrecht, und den Vetter Magister Humbrecht, einen künftigen Geistlichen, der Evchen Klavierunterricht erteilt. Der Vater streitet mit der Mutter, weil sie mit Evchen den Ball besucht hat – „Es gehört sich aber nicht für Bürgersleut" (S. 20).

Der Dritte Akt spielt „vier, fünf Monate" (S. 32) nach der verhängnisvollen Karnevalsredoute und zeigt v. Gröningseck im Gespräch mit seinem Regimentskameraden v. Hasenpoth. Der nennt sich v. Gröningsecks „Landsmann" und „compagnon de debauche" (S. 33). Er hat das Pulver beschafft, mit dem Frau Humbrecht eingeschläfert wurde, und will v. Gröningseck zum Bruch des Heiratsversprechens verleiten. Das Gespräch wird auf seinem Höhepunkt durch den Magister unterbrochen, der von Evchens Melancholie berichtet: Sie liest die *Nachtgedanken* (1740) von Edward Young, das Erbauungsbuch der empfindsam Schwermütigen. Da erscheint Major Lindsthal, der v. Gröningseck den Bescheid über sein Urlaubsgesuch bringt. Nachdem Lindsthal und der Magister fortgegangen sind, wiederholt Gröningseck seine Absicht, Evchen zu heiraten. Aber Hasenpoth will das mit allen möglichen Mitteln verhindern.

Der Vierte Akt in Evchens Schlafzimmer zeigt ihren Kummer angesichts der bedrängten Lage im Gespräch mit ihren Eltern, denen sie sich nicht eröffnen kann: vor allem der Vater mit seinen strengen Ehrvorstellungen ängstigt sie. Da erscheint v. Gröningseck und versichert sie seiner „reinste[n], tugendhafteste[n]" Absichten. Er will nach Hause reisen und, „zu rechter Zeit wiederkommen" (S. 50), um sie alsdann zu heiraten. Er wiederholt seinen Schwur. Die Reise veranschlagt er auf zwei Monate.

Acht Monate nach der Verführung, zu Beginn des Fünften Aktes „um Michaelstag herum" (S. 55), dem 29. September, hat sie soeben einen Brief erhalten, den v. Hasenpoth unter dem Namen Gröningseck geschrieben hat und der ihr den Leutnant v. Hasenpoth als Liebhaber vorschlägt. Sie durchschaut das Spiel nicht und verzweifelt vollends. Sie tauscht ihren taftenen Mantel mit dem baumwollenen der Magd Lissel und verläßt das Haus eben, als der Magister kommt, um ihrem Vater mitzuteilen, was er am Vortag in der Kirche erlebt hat: Evchen ist in Ohnmacht gefallen, als eine königliche Verordnung „wegen den Duellen, dem Hausdiebstahl und dem Kindermord" (S. 57) von der Kanzel verlesen wurde: den Verdacht jedoch, den der Magister geschöpft hat, mag Meister Humbrecht nicht teilen. Er, vor allem seine Frau, die dazukommt, protestieren heftig, bis der Magister einen Brief hervorzieht, in dem v. Gröningseck – in der Tat abermals v. Hasenpoth – schreibt: „Fragen sie doch Evchen Humbrecht, ihre Base, ob sie dumm genug ist zu glauben, daß ich sie würklich heyrathen wollte." (S. 61) Da Humbrecht nun doch an der Unschuld seiner Tochter zu zweifeln beginnt, erscheint ein Scherge oder Bettelvogt – „Fausthammer" – der die von Frau Humbrecht während des Balls verlorene Tabaksdose als Fundstück bringt; Humbrecht traktiert ihn mit Stockschlägen, weil er im Frühjahr ein fünfjähriges Kind, das bettelte, „zu Tod geprügelt hat." (S. 63) Nun stellt sich heraus, daß Evchen fort ist. Zugleich kommt der Gerichtsbote wieder, diesmal in Begleitung seines Vorgesetzten, des Fiskals, der Frau Humbrecht mitteilt, daß ihre Tabaksdose „bey einem schlechten Weibsbild" (S. 68) gefunden wurde. Meister Humbrecht erfährt so, daß seine Frau und Tochter im Karneval in einem Bordell frühstückten. Humbrecht nennt die Tochter beim Aktschluß, als die Suche nach ihr aufgenommen wird, zwar „Die Hure" (S. 70), aber zugleich ist er von der Angst um sie „wie betäubt" (S. 71).

Der Sechste Akt – eine Seltenheit in der dramatischen Literatur des achtzehnten Jahrhunderts – spielt fünf Wochen später, vorausgesetzt, daß

Evchen alsbald nach der Flucht aus dem Elternhaus zu Frau Marthan gegangen ist, wo wir sie mit ihrem Kind sehen. Sie lebt seitdem bei der Wäscherin, die sie aufgenommen hat und ihren kümmerlichen Unterhalt mit ihr teilt. Sie hat sich als Dienstmagd ausgegeben, die von der Herrschaft wegen ihrer Schwangerschaft verstoßen wurde und eröffnet Frau Marthan, daß sie „beim Metzger Humbrecht" (S. 73) gedient habe. Darauf erfährt sie, ihre Mutter sei vor Kummer gestorben. Da offenbart sie sich ihrer Wirtin, die sich die von Humbrecht ausgesetzte Belohnung verdienen soll, indem sie den Aufenthaltsort der Tochter nennt. Als Frau Marthan das Haus verlassen hat, tötet Evchen in geistiger Verwirrung das Kind. Ihren anschließenden Monolog unterbricht der Auftritt des Vaters, der ihr den Fehltritt verzeiht, bestärkt darin vom hinzukommenden Magister, der die Intrige v. Hasenpoths aufdeckt und die Verspätung v. Gröningsecks mit einer „tödtliche[n] Krankheit" (S. 82) erklärt. Da nun alles sich zum Guten wenden könnte, bekennt Evchen den Kindesmord. v. Gröningseck kommt hinzu, gleich nach ihm der Fiskal mit den Fausthämmern. Evchen wird verhaftet; ein Schimmer von Hoffnung bleibt am Ende, denn v. Gröningseck will zum König, um Gnade für sie zu erwirken. Der Fiskal bestärkt ihn in seiner Absicht mit den Worten: „freilich! Es kommt viel auf die Umstände an!" (S. 85)

Deutlicher als fast alle anderen Werke des Sturm und Drang zeigt Wagners *Kindermörderin* die Verkehrtheiten und Ungerechtigkeiten der Gesellschaft, wie sie in den Jahrzehnten vor der Französischen Revolution bestand: da ist zunächst der unüberbrückbare Gegensatz zwischen Adel und Bürgertum. Es ist einem Adligen unmöglich, eine Nichtadelige zu heiraten, ohne seine Standesvorteile zu verlieren: die Zugehörigkeit zum Heer und zur adeligen Gesellschaft. Er unterliegt Zwängen, die unvernünftig, fast absurd erscheinen; das zeigt die Affaire des Lieutenant Wallroth von Salis, die Major Lindsthal im Dritten Akt berichtet: er hat einen Falschspieler entlarvt und angezeigt. Deshalb ist er seiner Offizierssehre verlustig, die Kameraden verkehren nicht mehr mit ihm, denn „Als ein recht braver Kerl hätt er nicht zum Kommendanten laufen, sondern seinem Mann das Weiße im Aug selbst weisen müssen." (S. 41), ein Standpunkt, den der Magister, bürgerlich aufgeklärt, nicht verstehen kann: der adelige Offizier steht in gewisser Weise mit seiner unsinnigen Ehre außerhalb der Gesetze; „Pah! das Verbot gilt uns nicht! – gilt keinem Kriegsmann!" (S. 41) sagt der Major. Das Zerrbild einer Ehre, die den Adeligen außerhalb der bürgerlichen Gesetze rückt – ein Thema, das noch in der Literatur um 1900 eine große Rolle spielt – wird hier zum ersten Mal auf der Bühne verhandelt. Und es paßt zu dieser Ehre, daß die Verführung eines ehrbaren Bürgermädchens diese „Ehre" ebenso wenig beschädigt wie ihre Täuschung mit falschen Versprechungen. v. Gröningseck, der sich entschließt, seinen Abschied als Offizier zu nehmen und mit Evchen auf seinen Gütern zu leben, ist angesichts dieser Verhältnisse fast eine utopische Figur, die zeigt, wie ein Adeliger eigentlich sein sollte: menschlich.

Die Briefintrige des um die Offiziersehre seines Freundes besorgten Hasenpoth ist das eine der Motive in dem Geflecht von Ursachen für Evchens Katastrophe. Ihr entspricht auf der anderen Seite der bürgerliche Ehrbegriff Humbrechts. Die Ehre seiner Familie besteht für ihn im wesentlichen in der Unbescholtenheit seiner Frau und Tochter. Schon der Besuch eines Balls erscheint ihm als Verstoß gegen Sitte und Herkommen – zu schweigen von dem, was er im Zweiten Akt noch nicht weiß und erst im Sechsten erfährt. Dieser bürgerliche Ehrbegriff, dem man u. a. in *Des Pfarrers Tochter von Taubenhain* oder in *Kabale und Liebe* begegnet, begründet einerseits das Überlegenheitsgefühl des bürgerlich Anständigen über den leichtfertigen Adeligen, anderseits erzeugt er in Wagners Drama die verzweifelte Angst, die Evchen erst zur Melancholie, dann zur Flucht aus dem Elternhause und endlich zur Tötung ihres Kindes treibt.

Die Katastrophe des Sechsten Aktes ist nur verständlich vor dem Hintergrund der Strafrechtspflege im achtzehnten Jahrhundert, die zwar hie und da – vor allem im Preußen Friedrichs des Großen ab 1740 – milder und humaner gehandhabt wurde, die aber noch in den 1770er Jahren im französischen Straßburg gemäß einem Edikt Heinrichs II. aus dem Jahre 1556 für die Tötung eines Kindes, ebenso wie für das Verhehlen einer Schwangerschaft – was als Absicht der Kindestötung angesehen wurde – die Todesstrafe vorsah. Schon an „gefallenen" Mädchen wurden in vielen Staaten brutale und entehrende Strafen vollstreckt.

Bemerkenswert an dieser Praxis ist die Zuweisung von Schuld, Schande und Strafe ausschließlich an die Frauen. Meißner schrieb 1795: „So menschlich auch ein Vergehen dieser Art sein mag, so gewiß der Verführer weit stärkern Tadel als die Verführte verdient, so dachte man doch in damaligen Zeiten über einen solchen Punkt weit strenger als jetzt; und wahrscheinlich auch weit strenger als – man sollte." (Vgl. Rameckers, S. 231) Die Diskussion um das Problem des Kindesmordes verweist auf die rechtliche und gesellschaftliche Stellung der Frau im achtzehnten Jahrhundert. Denn zu der Ahndung der Kindestötung, ja schon eines Fehltritts durch die Gerichte kamen die weiteren Folgen: eine „Dirne" blieb für den Rest ihres Lebens ohne Bewerber, und da sie keine Ehe eingehen konnte, auch ohne wirtschaftliche Versorgung. So gesehen ist Wagners *Kindermörderin* der Protest eines jungen, menschlich gesinnten Juristen gegen veraltete, unmenschliche Gesetze und Vorurteile.

Die thematische Nähe der *Kindermörderin* zu anderen Werken der Epoche, zunächst zu Goethes *Faust* liegt auf der Hand. Hier wie dort wird die Verführung durch einen Trank ermöglicht, der die Mutter einschläfert. Beide Mütter sterben, Gretchens Mutter, weil der Trank des Teufels ist, Evchens Mutter vor Gram. Die Rolle des Teufels spielt bei Wagner der Leutnant v. Hasenpoth; er ist Gröningsecks böser Geist, der ihn verleiten will, Evchen zu verlassen, und auch das Motiv der Ohnmacht in der Kirche findet sich hier wie dort. Auch Parallelen zu Schillers *Kabale und Liebe* lassen sich erkennen, vor allem in der Stellung der Personen zueinander: hier wie dort ist das Bürgermädchen und der adelige Liebhaber, die Mutter, die die Beziehung – unwissend oder willentlich – begünstigt, und der ehrbare Vater, ein Haustyrann, der die Liebe zur Tochter hinter barschen Worten verbirgt. Beide poltern wie Major v. Berg im *Hofmeister* von Lenz.

Den drei Dramen ist ein Zug gemeinsam, den es vor dem Sturm und Drang in der deutschen Literatur nicht gegeben hatte: die Charakteristik der Personen durch ihre Sprache. Wagner geht dabei über Lenz hinaus, indem er die Redeweise seiner Figuren noch weiter auffächert. Der adelige Offizier v. Gröningseck mischt französische Redewendungen ins Gespräch wie „ma foi" oder „le diable m'emporte" (S. 7). Der gelehrte Magister redet wie ein Buch: umständlich und pedantisch mit Fremdwörtern wie „exegesiren" (S. 21), „Zeloten" (S. 25) oder „zum Exempel" (S. 26); er erläutert seine Ansichten mit antiken Beispielen (S. 26). Humbrecht spricht ein kräftiges, unmißverständliches Deutsch: der Theologe wird zum „Schwarzkittel" (S. 21) und die Melancholie zur „Kopfhängerey" (S. 47). Volkstümlich derbe Redensarten sind ihm geläufig: „Wenn ihm Nas und Ohren lieb sind" (S. 83). Der Fausthammer spricht elsässischen Dialekt: „Do schickt mi der Härr Fischkol mit der Duse här, er soll ämol sehn, ob er sie kennt?" (S. 63) Dem entspricht von ferne die Redeweise der Frau Marthan, wenn sie das französische chagrin auf Straßburger Art zu „Schagrin" (S. 77) macht oder von einem „Kapetal" (S. 79) spricht. Sie setzt sich jedoch deutlich von dem Gerichtsdiener ab, indem sie Evchen mit „Sie" in der dritten Person Singular anredet. Achtet man auf die Unterschiede der Wortwahl, so lassen sich bei derselben Person auch Änderungen je nach der Gesprächssituation feststellen, am deutlichsten bei v. Gröningseck, der im Bordell anders als zu seinem Kameraden, zu Evchen anders als im Sechsten Akt spricht. Die Sprache bezeichnet in der *Kindermörderin* gesellschaftliche, intellektuelle und gefühlsmäßige Unterschiede und Besonderheiten.

Die Geschichte des bürgerlichen Trauerspiels beginnt in Deutschland mit Lessings *Miss Sara Sampson* (1755). Literaturgeschichtlich ist damit ein Aspekt der einseitigen Aristoteles-Deutung, die seit der Renaissance herrschte, überwunden. Man findet in den italienischen, französischen und deutschen Poetiken bis zu Gottsched durchgehend die Überzeugung, daß die Tragödie den sozial Hochgestellten und die Komödie den niederen Ständen gehöre. Diese sog. Ständeklausel wird mit dem bürgerlichen Trauerspiel überwunden. Wagners *Kindermörderin* geht einen wichtigen Schritt weiter. Das bürgerliche Trauerspiel wird zum sozialen Drama, indem nicht nur ein bürgerliches Mädchen ein tragisches Schicksal erleidet, sondern indem die Katastrophe durch gesellschaftliche Ursachen herbeigeführt wird: die Offiziersehre des adligen Verführers, die kleinbürgerliche Familienehre, die Angst vor Schande und Strafe, die Armut, das sind Bedingungen, ohne die Evchen ihr Kind nicht umgebracht hätte, trotz ihrer Melancholie, in der sie sich mit der Lektüre von Youngs *Nachtgedanken* bestärkt und trotz dem Wahnsinn, in dem sie ihre Tat vollbringt. Dies Motiv ist wohl weniger durch den Wahnsinn Ophelias in Shakespeares *Hamlet* angeregt als durch die zeitgenössische Diskussion. Man nahm an, eine so grausige Tat könne kein geistig gesunder Mensch vollbringen.

Nicht nur bürgerliche Menschen bringt Wagner auf die Bühne, sondern noch niedriger gestellte. Der Fausthammer und Frau Marthan sind Angehörige der Unterschichten. Es gab sie vorher auf dem Theater nur als Dienstboten. Und dem entspricht der Schauplatz des Ersten Aktes, ein verrufenes Haus, ebenso wie der Auftritt Humbrechts mit „Nachtkamisölchen, Schlafmütz, und niedergetretenen Schuhen" (S. 56) im Fünften Akt. Andere Züge einer niedrigen Wirklichkeit, wie es sie zuvor nicht auf der Bühne gab, sind die Armut Frau Marthans, der Hunger des Neugeborenen oder die krass beschriebene Strafrechtspflege, die zur Abschreckung dienen soll: der Leichnam des Verurteilten, der sich durch den Freitod der Hinrichtung entzogen hat, wird vom Schinder durch die Straßen geschleift (vgl. S. 76).

Indem die Unterschichten mit ihren Ängsten und Problemen literaturfähig werden, beginnt ein Wandel des Literaturbegriffs, der gesellschaftliche Veränderungen anzeigt und in der Zukunft große Folgen haben sollte. Erst Georg Büchner und später der dramatische Naturalismus brachten sie zur Entfaltung.

Die gleichsam naturalistischen Züge der *Kindermörderin* gingen über das Verständnis der Entstehungszeit hinaus. Die Zensur verbot die Aufführung in Berlin, und Karl Gotthelf Lessing (1740–1812), ein Bruder Gotthold Ephraim Lessings, überarbeitete das Stück 1777 für die Doebbelinsche Truppe. Er machte aus v. Hasenpoth v. Harroth, strich den Ersten Akt und glättete die Sprache, die er „für unanständig und unmoralisch" hielt, wie er in der Vorrede schreibt. Was heute als literarisch bemerkenswert gilt, kritisiert er an Wagner:

„Er scheint auch unbekümmert gewesen zu seyn, ob er in edle Charaktere Züge einflechte, die das Edle derselben ganz unscheinbar machen oder nicht. Dafür beobachtet er die Lokalität so sklavisch, daß jedes unrichtige Wort, jede falsche Redensart, jede kahle Wendungen des Ausdrucks an dem Orte, wo die Kindermörderin spielt, von ihm so begierig angenommen wird, als was jede Provinz charakteristisch gutes eigen hat. Und das thut er nicht allein an Ansehung der Sprache, sondern auch der Sitten und Charaktere." (S. 93)

Diese Überarbeitung, übrigens vom Bruder ihres Verfassers sanft getadelt (Vgl. Lessing, Bd. XII, S. 42), wurde in Preßburg, dem heutigen Bratislava, und in Budapest gespielt.

Eine zweite Überarbeitung von Wagner selbst erschien ein Jahr später 1779 in Frankfurt. Sie trägt den Titel *Evchen Humbrecht oder Ihr Mütter merkts Euch! Ein Schauspiel in fünf Aufzügen von H. L. Wagner.* Der Erste Akt ist auch hier gestrichen; einige Einschübe finden sich im Zweiten und

Dritten Akt; die Akte sind in Auftritte unterteilt. Die weitestgehende Än-
derung betrifft das Ende: der Kindesmord wird durch die Dazwischenkunft
Humbrechts verhindert. Ihm folgen alsbald seine Frau – sie ist also nicht
gestorben – dann der Magister, der v. Gröningsecks Ausbleiben erklärt, und
endlich dieser selbst. Er entlarvt v. Hasenpoths Briefintrige, will ihn zum
Duell fordern, hält förmlich bei Humbrecht um Evchens Hand an und
verzichtet am Ende auch auf das Duell mit v. Hasenpoth. Der glückliche
Schluß wird moralisch gedeutet: wie es um Evchens Schicksal stand, „so
und so – wie man eine Hand umdreht", „So stehts mit der Tugend jedes
Mädels" (S. 133).

In einer Vorrede deutet Wagner an, daß er *Die Kindermörderin* der
Zensur wegen umgearbeitet habe. Er habe, schreibt er da, den Stoff so
abgeändert, „daß er auch in unsern delikaten tugendlallenden Zeiten auf
unsrer sogenannten gereinigten Bühne mit Ehren erscheinen dörfte."
(S. 122). Weshalb ihm daran gelegen ist, begründet er mit der moralischen
Wirkung, die er sich erhofft: „eine auf Befehl der Polizey in einem wohl-
regierten Staat monatlich wiederholte Vorstellung dieses Stücks könnte
nach und nach dies immer unnatürliche nie ganz willkührliche Verbrechen
an seiner Wurzel untergraben und ausrotten." (S. 121)

Die aufklärerisch moralische Absicht Wagners kann einige Schwächen
seines Werkes nicht verdecken. Sie wurden alsbald von den Zeitgenossen
bemerkt; schon 1776 schreibt Boie an Bürger: *Die Kindermörderin* sei „zu
roh und ungearbeitet nach dem neusten Geschmack, hat aber starke Na-
turscenen." (S. 134) Vollends Schiller hat dies Urteil unterstrichen: „Wagners Kindsmörderin, hat rührende Situationen, und intereßante Züge.
Doch erhebt sie sich über den Grad der Mittelmäßigkeit nicht. Sie würkt
nicht sehr auf meine Empfindung, und hat zu viel Waßer." (15. 7. 1782 an
Heribert v. Dalberg, NA, Bd. XXIII, S. 38) Ob er damit die Langatmigkeit
oder die Sentimentalität vor allem der zweiten Fassung meint, bleibt offen.

Wer Wagners Stück als Kunstwerk kritisiert, kann viel dagegen einwen-
den: die Auseinandersetzungen zwischen den Offizieren und dem Magister
im Dritten Akt sind dramaturgisch entbehrlich, die Motive der Intrige v.
Hasenpoths bleiben unklar. Humbrecht kennt die Zehn Gebote ebenso
wenig wie der Magister (vgl. S. 57), der doch Theologe ist. Daß der Erste
Akt in der Überarbeitung wegfallen kann, läßt vermuten, er sei überflüssig.
Daß Wagner nur wenige Einschübe im Zweiten und Dritten Akt benötigte,
um den glücklichen Schluß der zweiten Fassung zu motivieren, bestätigt
diese Vermutung: Die Handlung führt nicht notwendig zum tragischen
Ende, sondern zufällig.

Daß *Die Kindermörderin* im zwanzigsten Jahrhundert einige Wiederbe-
lebungsversuche erfuhr, ist wohl auf das Interesse an sozialen Fragen zurückzuführen, das seit dem Naturalismus Dichter und Theaterpraktiker immer
wieder bewegt hat. 1904 wurde das Drama auf der *Neuen Freien Volksbüh-
ne* gespielt, 1922 besprach Robert Musil eine Aufführung des Wiener Rai-

mund-Theaters für die *Prager Presse* (3. Juni 1922). Er gelangt zu dem Schluß: „Solche Publikumsstücke sind immer sehr intellektuell, ja rational, darüber täuscht man sich stets, wenn man Nichtpublikumsautoren vorwirft, daß sie zerebral seien; Publikumsstücke sind zerebral für ein nieder entwikkeltes Zerebrum" (Robert Musil: *Theater. Kritisches und Theoretisches.* Hg. von Marie-Louise Roth, Reinbek 1965, S. 107). 1963 schrieb Peter Hacks eine Bearbeitung aus dem Geist des sozialistischen Realismus. Seine siebenstrophige Ballade über Evchen Humbrecht *Die Kindermörderin* erschien in dem Band *Lieder Briefe Gedichte* (Wuppertal 1974).

Die absprechenden Urteile dürfen nicht nur von Wagners Drama und seinen literarischen Qualitäten her gesehen werden; man muß, um ihm gerecht zu werden, die Äußerungen Boies, Schillers, Musils und anderer aus den theoretischen Überzeugungen ihrer Verfasser verstehen. Und auch wenn man ihnen zustimmt, ist zu bedenken, daß sich die Mentalität einer Zeit bisweilen deutlicher in ihrem Durchschnitt als in ihren höchsten Leistungen zeigt.

G. Friedrich Schiller: *Die Räuber*

1. Grundlageninformation

1.1. Text und Materialien

Die Räuber. Ein Schauspiel. Frankfurt und Leipzig 1781. [Reprografischer Nachdruck Stuttgart 1992]
Schillers *Räuber*. Urtext des Mannheimer Soufflierbuches. Hg. von Herbert Stubenrauch und Günter Schulz. Mannheim 1959
Die Räuber, ein Trauerspiel von Friedrich Schiller. Neue für die Mannheimer Bühne verbesserte Auflage. Mannheim, in der Schwanischen Buchhandlung, 1782
Schillers Werke. NA, Bd. III. *Die Räuber.* Hg. von Herbert Stubenrauch. Weimar 1953
Friedrich Schiller: *Die Räuber. Ein Schauspiel.* Stuttgart 1974 u. ö.

1.2. Forschungsliteratur

Bahr, Erhard: Der *Räuber*-Autor als Ehrenbürger der Französischen Revolution, in: Richard Fischer (Hg.): Ethik und Ästhetik: Werke und Werte in der Literatur vom 18. bis zum 20. Jahrhundert; Festschrift für Wolfgang Wittkowski zum 70. Geburtstag, Frankfurt a. M./Berlin 1995, S. 147–152
Bergen, Ingeborg: Biblische Thematik und Sprache im Werk des jungen Schiller. Einflüsse des Pietismus, Mainz 1967
Golz, Jochen: Der mäandrische Weg des Karl Moor. *Die Räuber*, in: Hans-Dietrich Dahnke und Bernd Leistner (Hg.): Schiller. Das dramatische Werk in Einzelinterpretationen, Leipzig 1982, S. 10–41

Grawe, Christian: Erläuterungen und Dokumente. Friedrich Schiller: *Die Räuber*
Stuttgart, 1976, [2]1993 (mit einer Bibliographie)
Heuer, Fritz: Darstellung der Freiheit. Schillers Transzendentale Frage nach der
Kunst, Köln/Wien 1970 (= Kölner germanistische Studien, Bd. 3)
[Wichtige Arbeit zu Schillers Kunsttheorie, die den Begriff Darstellung in den
Mittelpunkt rückt.]
Hofmann, Michael: Friedrich Schiller, *Die Räuber*: Interpretation, München 1996
Linder, Jutta: Schillers Dramen. Bauprinzip und Wirkungsstrategie, Bonn 1989
Mayer, Hans: Schiller Vorreden zu den *Räubern*, in: Ders.: Von Lessing bis Thomas
Mann. Wandlungen der bürgerlichen Literatur in Deutschland, Pfullingen 1959,
S. 134–154 (Wieder abgedr. in: Ders.: Versuche über Schiller, Frankfurt a. M.
1987, S. 72–94)
[Literatursoziologisch und geschichtlich orientierte Interpretation.]
Rudloff-Hille, Gertrud: Schiller auf der deutschen Bühne seiner Zeit, Berlin/Weimar
1969
[Wichtige theatergeschichtliche Quellensammlung.]
Sautermeister, Gert: Vom Nutzen des Theaters für die Philologie: Schillers *Räuber*
– unverjährt, in: Dirk Grathoff, Erwin Leibfried (Hg.): Schiller: Vorträge aus
Anlaß seines 225. Geburtstages, Frankfurt a. M./Bern u. a. 1991, S. 49–67
Schau-Bühne. Schillers Dramen 1945–1984. Eine Ausstellung des Deutschen Lite-
raturarchivs und des Theatermuseums der Universität zu Köln, Marbach a. N.
1984
Scherpe, Klaus R.: *Die Räuber*, in: Walter Hinderer (Hg.): Schillers Dramen. Neue
Interpretationen, Stuttgart 1979, S. 9–36
Stransky-Stranka-Greifenfels, Werner von: Schiller, Räuber, Embleme … Friedrich
Schillers *Räuber* – ein barockes Emblem? Stockholm 2001
Wacker, Manfred: Schillers *Räuber* und der Sturm und Drang. Stilkritische und
typologische Überprüfung eines Epochenbegriffs, Göppingen 1973
[Stellt die Unterschiede der *Räuber* zu anderen Dramen des Sturm und Drang
dar.]
Wittkowski, Wolfgang (Hg.): Friedrich Schiller. Kunst, Humanität und Politik in der
späten Aufklärung. Ein Symposium, Tübingen 1982
[Zweiundzwanzig Beiträge einer Tagung im Herbst 1980 in Albany/N. Y.]

2. Analyse

Die Arbeit an den *Räubern* begann Schiller wahrscheinlich schon als Eleve
der Karlsschule im Jahre 1776. Die Vorbereitung seiner Prüfungen hinderte
ihn dann an der Arbeit, so daß sein letztes Jahr auf der Akademie 1779/80
als Entstehungszeit anzusetzen ist. Im Frühjahr 1781 erschien die erste
Auflage anonym mit der Ortsangabe „Frankfurt und Leipzig" im Selbstverlag. Für die Uraufführung am 13. Januar 1782 auf dem Mannheimer
Nationaltheater nahm der Intendant Wolfgang Heribert Freiherr von Dalberg weitgehende Änderungen vor; unter anderem verlegte er, angeregt von
Goethes *Götz*, die Handlung „in die Epoche des gestifteten Landfriedens

und unterdrückten Faustrechts". Die Änderungen sind im *Mannheimer Soufflierbuch* festgehalten. Für eine zweite Auflage, die der Mannheimer Verleger Christian Friedrich Schwan 1782 unter dem Titel *Die Räuber. Ein Trauerspiel. Neue für die Mannheimer Bühne verbesserte Auflage* herausgab, bearbeitete Schiller das „Schauspiel" – so die ursprüngliche Bezeichnung – abermals. Erst eine dritte Auflage, die Tobias Löffler in Mannheim im selben Jahr 1782 herausgab, wohl ohne Schillers Billigung, trägt das Motto „In Tirannos" (gegen die Tyrannen) unter einem zum Sprung ansetzenden Löwen.

Das Schauspiel, Ende der 1770er Jahre entstanden, zu einer Zeit, da fast alle Werke, die das Bild der Epoche prägen, schon vorlagen, vereinigt wesentliche Tendenzen des späten achtzehnten Jahrhunderts; Schillers erstes Drama läßt deutlicher als seine späteren Werke die Einflüsse der Entstehungszeit erkennen.

Die Handlung, einer Erzählung Christian Friedrich Daniel Schubarts *Zur Geschichte des menschlichen Herzens* aus dem Jahr 1775 verpflichtet, fußt auf der Rivalität zweier Brüder: Franz, der zweitgeborene Sohn des regierenden Grafen Maximilian von Moor, neidet seinem Bruder Karl das Erstgeburtsrecht und die Liebe Amalias von Edelreich. Um den Bruder zu verdrängen, fädelt er eine Intrige ein: ein von ihm selbst geschriebener Brief, angeblich aus Leipzig, soll den Vater von der Lasterhaftigkeit Karls überzeugen, indem er dessen Schandtaten und Verbrechen übertreibend darstellt. Dem Vater schwatzt er den Auftrag ab, Karl brieflich zu ermahnen: „Aber bring meinen Sohn nicht zur Verzweiflung!" Doch eben dies tut Franz, so daß sein Schreiben an den Bruder Karl, das ihn im Kreis seiner Kameraden erreicht, dessen Entschluß reifen läßt, eine Räuberbande zu gründen. In den böhmischen Wäldern will er für die Gerechtigkeit kämpfen, die die Welt ihm versagt. Sein Gegenspieler dabei ist Spiegelberg, ein erfahrener Berufsverbrecher, der aus Gewinnsucht handelt. Der Gegensatz zwischen ihm und Karl ist ein Motiv im tragischen Konflikt Karls: er verübt als Räuberhauptmann auch Taten, die sich gegen Unschuldige richten, wie sich bei der Erzählung von der Befreiung Rollers in II,3 zeigt. Nachdem sich die Räuberbande im Kampf mit zahlenmäßig weit überlegenen Truppen aus bedrohlicher Lage befreit hat, stößt Kosinsky zu ihr. Dessen Erzählung von seinem Schicksal veranlaßt Karl Moor, in das väterliche Schloß zurückzukehren. Dort hat inzwischen der Bruder Franz die Herrschaft angetreten in der irrigen Meinung, den Vater umgebracht zu haben; er hat ihm die Nachricht vom Tode des Sohnes Karl zugespielt in der Hoffnung, der Schreck werde den durch Krankheit geschwächten Vater töten. Vor der Beerdigung hat sich herausgestellt, daß er noch lebt, und Franz hat ihn in einem Turm eingesperrt, wo er „zum Tod des Hungers verurteilt" (S. 115) von dem Diener Hermann heimlich ernährt wird. War Franz so bei seinem Bestreben um die Herrschaft zunächst erfolgreich, so versagt ihm Amalia trotz seinen Drohungen ihre Gunst; sie erwehrt sich seiner sogar mit körperlicher Gewalt. Bestärkt wird sie in ihrer Haltung gegen Franz durch die von Hermann heimlich überbrachte Nachricht, daß Karl und ihr Oheim, der alte Moor, noch leben.

Karl, der auf die väterlichen Besitzungen zurückgekehrt ist, wird Zeuge, wie sein Vater von Hermann heimlich mit Nahrung versorgt wird; er erfährt vom Verbrechen des Bruders und beauftragt Schweizer, einen der Räuber, ihm Franz herbeizuschaffen, um den Vater an ihm zu rächen.

Im Fünften Akt vollzieht sich das Schicksal des Bruders Franz: er ist von schweren Träumen und der Furcht des Jüngsten Gerichts gepeinigt; seine Versuche, das Gewissen zu betäuben – erst im Gespräch mit dem alten Diener Daniel, dann mit dem Pastor Moser – scheitern; als Schweizer mit anderen Räubern versucht, Franz gefangen zu nehmen und das Schloß in Brand steckt, erdrosselt er sich mit seiner Hutschnur. Durch den Selbstmord richtet er sich selbst. Die Katastrophe Karls folgt alsbald: im Walde bei seinem Vater erlangt er dessen Segen, aber als der Vater vom Tode Franzens erfährt und der Räuberhauptmann sich als sein Sohn Karl zu erkennen gibt, stirbt auch er. Amalia, die von einem Trupp Räuber gefangen ist, erscheint und versichert ihn ihrer Liebe, obwohl sie ihn als Räuber erkannt hat. Er will mit ihr zusammen die Räuberbande verlassen, aber der Eid, den er geschworen hat, bindet ihn. Die Räuber erinnern ihn an seinen Treueschwur und fordern „Amalia für die Bande!" (S. 136) Sie erbittet den Tod von seiner Hand, da sie ohne ihn nicht leben mag. Er erfüllt ihr den Wunsch – der Höhepunkt seiner tragischen Verstrickung. Mit diesem Opfer hat er sich von der Räuberbande befreit. Er verläßt sie, um sich den Behörden auszuliefern, womit er noch ein gutes Werk verbindet, indem er einem armen Mann die auf seinen Kopf gesetzte Belohnung verschafft. Sein letztes Wort „dem Mann kann geholfen werden" eröffnet die Aussicht auf die Rechenschaft, die er für seine Taten ablegen wird. Es ist der erste der berühmten Dramenschlüsse Schillers, die den Beginn eines Dramas nach dem Drama andeuten, die Auseinandersetzung des tragischen Helden mit seiner Schuld.

In Briefen an v. Dalberg nennt Schiller das Drama den „verlornen Sohn"; er, Karl Moor, darf als Hauptperson angesehen werden. Seine Tragödie ist dreifach motiviert. Schiller schreibt in der Theaterkritik der Uraufführung im *Wirtembergischen Repertorium*: „Man hätte drei Theaterstücke daraus machen können". Der erste Grund ist sein „alexandrinischer" Ekel vor dem „Tintengleksenden Sekulum" (NA, Bd. III,20), die Kritik an einer versteinerten Welt, in der lebendig schöpferische Kräfte keinen Platz finden, wo weder für die Entfaltung der Persönlichkeit noch für wirkliche Taten Raum ist, in der die Geschichte das Leben ersetzt. „Der lohe Lichtfunke Prometheus' ist ausgebrannt" (S. 19) Prometheus, der Titan, der die Menschen aus Erde und Wasser gemacht hat, der das Feuer vom Himmel stahl, um es seinen Geschöpfen zu bringen, ist eine der mythologischen Leitfiguren des Sturm und Drang: der Ur-Typ von schöpferischer Kraft und Auflehnung. Goethes *Prometheus*, entstanden im Herbst 1774, kannte Schiller zur Zeit der *Räuber* noch nicht. Die Hymne wurde erst 1785 gedruckt. Der Protest Karl Moors fußt auf dem Bewußtsein der eigenen Möglichkeiten und richtet sich gegen eine in „abgeschmackten Konventionen" (S. 20) erstarrte Welt, die die Entfaltung seiner Gaben verhindert. Der Schritt in die Gesetzlosigkeit, die das Verkehrte und Unrechte dieser Welt bekämpft, erscheint ihm als Ausweg aus dieser Welt ohne Mark und Blut: „Stelle mich vor ein Heer Kerls wie ich, und aus Deutschland soll eine Republik werden, gegen die Rom und Sparta Nonnenklöster sein sollen." (S. 20) Am Ende muß er erkennen, „daß zwei Menschen wie ich den ganzen Bau der sittlichen Welt zugrund richten würden." (S. 138) Der Versuch der Selbstverwirklichung scheitert.

Mit seiner Einsicht ist das andere Motiv seines Untergangs benannt. Der Einzelne kann gegenüber der Welt, mag sie noch so fehlerhaft sein, nicht im Recht bleiben. Der Versuch, das in der Welt herrschende Unrecht zu bekämpfen, führt mit tragischer Notwendigkeit zu eigenem Unrecht. Als die Räuberbande im Wald umzingelt ist, wird das in Karl Moors Worten zu dem abgesandten Pater deutlich. Die Aufzählung seiner Großtaten, die das Unrecht bestraften, verbindet sich mit der Darstellung eigenen Unrechts, das damit unlösbar verbunden ist. (vgl. II,3)

Endlich ist er das Opfer seiner Leichtgläubigkeit; der Brief seines intriganten Bruders täuscht ihn. Das ist seine tragische Verblendung. Die Liebe seines Vaters und Amalias erkennt er zu spät. Dieser Irrtum ist kein Zufall, der bei etwas anders gelagerten Umständen hätte vermieden werden können, sondern er gehört zum Wesen der menschlichen Erkenntnis, die grundsätzlich unvollkommen ist. Das zeigt sich namentlich in seinen Taten als Räuber. Deren Geschichte, anfangs der Aufstand gegen die Verfallsformen der staatlichen und religiösen Ordnung, führt ihn am Ende zur Bestätigung dieser Ordnung, indem er sich der weltlichen Gerechtigkeit ausliefert. Auch auf dem Höhepunkt seines Räuberlebens war das göttliche Gesetz ihm unantastbar. Zu dem Pater sagt er in II,3: „was ich getan habe, werd ich ohne Zweifel einmal im Schuldbuch des Himmels lesen, aber mit seinen erbärmlichen Verwesern will ich kein Wort mehr verlieren." (S. 73) Am Ende sieht er, daß beide zusammen gehören.

Seinen Bruder Franz hat man, einem Hinweis Schillers in der *Vorrede* folgend, als Nachfahren von Shakespeares Richard III. gedeutet. In der Tat sind beide häßlich, von der Natur benachteiligt, und kompensieren diesen Mangel durch ungewöhnlichen Scharfsinn; mit bedenkenloser Heuchelei, trügerischen Machenschaften und Verbrechen von unübertrefflicher Ruchlosigkeit versuchen sie, die Herrschaft zu erlangen. Am Ende gehen sie zugrunde. Dennoch ist der Weg Franz Moors dem seines Bruders vergleichbar. Anfangs sagt er „Wir wollen uns ein Gewissen nach der neuesten Façon anmessen lassen, um es hübsch weiter aufzuschnallen, wie wir zulegen." (S. 17) Am Ende träumt er vom Jüngsten Gericht; es ist „ein innerer

Tribunal", wie er vom Pastor Moser erfährt (S. 126). Sein Selbstmord vollstreckt das Urteil dieses Gerichtes; nach einer verbreiteten theologischen
Überzeugung ist der Selbstmord eine Sünde; da dem gläubigen Christen
jede Sünde vergeben wird, wenn er sie aufrichtig bereut, ist der Selbstmord
– da man ihn nicht mehr bereuen kann – die einzige Sünde, die von Gott
nicht verziehen wird: eine Überzeugung, die den Hauptpastor Goeze bei
seiner Polemik gegen Goethes *Werther* leitete, die in *Kabale und Liebe* vom
Musikus Miller ausgesprochen wird und die offenbar von Schiller geteilt
wurde.

Der Selbstmord richtet sich gegen das eigene Leben und die eigene Seligkeit. Deshalb erzeugt er nicht nur Abscheu, sondern auch Mitleid. So
müssen weitere Verbrechen hinzukommen, um die „Abscheulichkeit"
Franz Moors zu vollenden. Er versucht, Vater und Bruder zu ermorden
und begeht damit nach der Theologie des Pastors Moser die größten aller
denkbaren Verbrechen, die die Ordnung der Natur in ihrem Sinnbild, der
Familie, angreifen. Sein Tod, mit dem er sich selbst richtet, bestätigt diese
natürliche Weltordnung. Hat er zu Beginn sein Gewissen verleugnet, das
ihn am Ende überwältigt, so entspricht dies seiner Skepsis gegenüber den
Wahrheiten der Religion, die sich mit einem mechanistischen Welt- und
Menschbild verbindet. Seine Überlegungen in II,1, wie er den Vater um-
bringen könne, knüpfen an Schillers medizinische Probeschrift an, die er
1780 dem Kollegium der Karlsschule unter dem Titel *Versuch über den
Zusammenhang der thierischen Natur des Menschen mit seiner geistigen*
(NA, Bd. XX, S. 37–75) vorlegte. Hier hatte Schiller dargelegt, wie physi-
sche Einflüsse auf den Geist wirken, seine Entwicklung begleiten und seine
Regungen sichtbar machen können. Franz Moor argumentiert in umge-
kehrter Richtung: er geht von der Frage aus, welche berechenbare Wirkungen auf den Körper bestimmte Gemütsbewegungen auslösen. Die Natur ist
ihm bei diesen Überlegungen nicht Selbstzweck, sondern Mittel zum
Zweck. Statt im Sinne einer rationalen Medizin zum Wohle des Patienten
nach den Gründen seiner Leiden zu fragen, forscht er nach den Mitteln,
den Tod herbeizuführen. Schiller, selbst Arzt, zeigt in diesem Monolog die
Möglichkeiten einer zum beliebig verfügbaren Werkzeug entarteten Medizin. In dieser Figur stellt Schiller „das Laster [...] mitsamt seinem ganzen
inneren Räderwerk", (S. 4) wie er in der *Vorrede* schreibt, auf die Bühne,
in der Absicht, „das Laster zu stürzen" zugleich aber auch angezogen von
„seiner kolossalischen Größe": wenn Schiller beteuert, er habe sich „in
Empfindungen hineinzuzwingen" gewußt, „unter deren Widernatürlichkeit
sich seine Seele sträubt" (S. 3), wird man bedenken, daß er sich zeitlebens
für Schurken, Intriganten und Verbrecher interessierte, wofür manche Figuren seiner Dramen ebenso Zeugnis ablegen wie seine Mitarbeit an Niet-
hammers Ausgabe des *Pitaval* (1792–1795) und der Dramenplan *Die Polizey* von 1799. Man darf bei diesem Interesse die Frage sehen, welche
Triebkräfte hinter der anerkannten Ordnung der Wirklichkeit tatsächlich

am Werke sind und sie in Frage stellen. Diese Frage steht hinter Karl Moor, der offen gegen eine falsche Ordnung rebelliert ebenso wie hinter der Gestalt Franz Moors, der das insgeheim und verhohlen tut. Hier ist die Verwandtschaft der Brüder zu sehen. Über ihnen steht der Vater. Er ist „regierender Graf" und beherrscht ein „Gebiet" (S. 54). Er ist also nicht nur Gutsbesitzer, sondern reichsunmittelbarer Landesherr. Franz erstrebt mit seinen Machenschaften die Macht. Sie wird vom alten Moor patriarchalisch ausgeübt. Er hat sein Gebiet wie einen „Familienzirkel" (S. 54) verwaltet. Dieses empfindsam gezeichnete Herrscherbild ist jedoch einseitig, da er nicht auch die richterliche Gewalt übt. Dazu ist er zu schwach.

In seiner Selbstrezension im Wirtembergischen Repertorium der Literatur. Erstes Stück 1782 schreibt Schiller:

„Schlechter bin ich mit dem Vater zufrieden. Er soll zärtlich und schwach sein, und ist klagend und kindisch. Man sieht es schon daraus, daß er die Erfindungen Franzens, die an sich plump und vermessen genug sind, gar zu einfältig glaubt." (NA, Bd. XXII, 128 f.) Nicht nur ist er zu schwach für sein Richteramt, sondern er durchschaut nicht einmal die Intrige des eigenen Sohnes und läßt ihn einen Brief schreiben, den er selbst eigentlich schreiben müßte. Seine Tragik ist seine Schwäche, und er büßt sie im Hungerturm, ein Motiv aus Gerstenbergs Ugolino.

In der Besprechung der Uraufführung vom 13. Januar 1782 urteilt Schiller noch deutlicher: „Der alte Moor konnte unmöglich gelingen, da er schon von Haus aus durch den Dichter verdorben ist." (Über die Vorstellung der Räuber, Wirtembergisches Repertorium. NA, Bd. XXII, S. 310). Man darf ergänzen: weil er nicht als selbständige tragische Figur angelegt und seine dramaturgische Aufgabe mit dem Ersten Akt erledigt ist. Der Vergleich mit der Vaterfigur des Julius von Tarent verdeutlicht das. Der alte Moor wird weder in der Ausübung seines Herrscheramtes noch in Gesprächen mit anderen Personen als seinen Söhnen gezeigt. Daß er Vater ist, genügt, auch um das Gefühl des Mitleids im Zuschauer zu erregen, wenn er am Ende im Hungerturm leidet. Es geht Schiller hier, wie auch an anderen Stellen, nicht um die wirklichkeitsgetreue Zeichnung von Verhältnissen, die ähnlich außerhalb der Bühne anzutreffen sind, sondern um die Darstellung von Situationen, die die Affekte der Zuschauer erregen.

Deutlich wird das vor allem an der einzigen Frau, die in den Räubern auftritt. Sie ist, wie Schiller urteilt, „dem Dichter an vielen Orten mißlungen" (a. a. O.). Er erklärt das später in der Ankündigung der Rheinischen Thalia 1784 mit seiner mangelnden Erfahrung. Als Karlsschüler sei er „unbekannt mit dem schönen Geschlecht" gewesen, denn „die Tore des Instituts öffnen sich, wie man wissen wird, Frauenzimmern nur, ehe sie anfangen interessant zu werden, und wenn sie aufgehört haben es zu sein." (NA, Bd. XXII, S. 94) So sehr das zutreffen mag, kann es doch nicht verdecken, daß auch Amalia im wesentlichen eine dramaturgische Aufgabe hat, in der sich ihre Rolle erfüllt; sie soll die Sympathien des Publikums für die Hauptperson Karl Moor verstärken: „Endlich hat der Verfasser vermittelst einer einzigen Erfindung den fürchterlichen Verbrecher mit tausend Fäden an unser Herz geknüpft: – Der Mordbrenner liebt und wird wieder geliebt." (NA, Bd. XXII, S. 119 f.)

Schiller berechnet die Affekte, die durch sein Schauspiel im Zuschauer erweckt werden, ziemlich genau. Er ist in dieser Hinsicht ein Theaterdichter, obwohl er behauptet: „Auf dem Theater praetendire ich keine Stimme." (an v. Dalberg 12. Dezember 1781, NA, Bd. XXIII, S. 26) Es geht ihm um die Wirkung von Handlungen, menschlichen Verhältnissen, Gefühlen und Auftritten bis in Einzelheiten. Schon am 3. November 1781 schreibt er an v. Dalberg:

„Daß E. E. die Amalia lieber erschießen als erstechen laßen wollen gefällt mir ungemein, und ich willige mit Vergnügen in diese Veränderung. Der Effekt muß erstaunlich seyn, und kömmt mir auch räubermäßiger vor." (NA, Bd. XXIII, S. 23)

Was neuartig ist, kann den Zuschauer in besonderem Maße erregen, und darin sieht Schiller einen Vorzug der *Räuber*: „Eine Scene wie seine (sc.: Franz') Verurtheilung im Vten Akt ist meines Wißens auf keinem Schauplatz erlebt, eben so wenig als Amaliens Aufopferung durch ihren Geliebten." (am 6. Oktober 1781 an v. Dalberg, NA, Bd. XXIII, S. 22), und die Aufmerksamkeit für theatralische Wirkungen erstreckt sich bis auf Einzelheiten der Ausstattung. In dem Bericht *Über die Vorstellung der Räuber* schreibt er: „Sie müssen wissen, daß der Mond, wie ich noch auf keiner Bühne gesehen, gemächlich über den Theaterhorizont lief und nach Maßgab seines Laufs ein natürliches schröckliches Licht in der Gegend verbreitete." (NA, Bd. XXII, S. 310)

In der *Unterdrückten Vorrede* schreibt Schiller eine Satire auf das Publikum, indem er karikierende Äußerungen über eine Aufführung von Lessings *Emilia Galotti* zitiert; er zielt damit auf den „Pöbel", der die Absichten des Dichters verkennt und Angehörige in allen Ständen hat. Trotz diesem Mißtrauen in deren Kunstverstand schreibt er für die Affekte der Zuschauer. In dieser Hinsicht stehen *Die Räuber* in der Tradition der aristotelischen Poetik, obwohl er sich gegen „die allzu engen Palisaden des Aristoteles und Batteux" (S. 3) in der *Vorrede* verwahrt.

H. Adelssatire und bürgerliches Ethos
Friedrich Schiller: *Kabale und Liebe*

1. Grundlageninformation

1.1. Text und Materialien

Kabale und Liebe ein bürgerliches Trauerspiel in fünf Aufzügen von Friedrich Schiller. Mannheim, in der Schwanischen Hofbuchhandlung, 1784.

Schillers *Kabale und Liebe.* Das Mannheimer Soufflierbuch. Hg. und interpretiert von Herbert Kraft. Mannheim 1963. (= Forschungen zur Geschichte Mannheims und der Pfalz. 3.)

Schillers *Kabale und Liebe* Kritische Ausgabe. Hg. von Herbert Kraft. Mannheim 1967

Schillers Werke. NA, Bd. V. *Kabale und Liebe.* Kleine Dramen. Hg. von Heinz Otto Burger und Walter Höllerer. Weimar 1957. Neue Ausgabe. Hg. von Herbert Kraft u. a., Weimar 2000

Friedrich Schiller: *Kabale und Liebe. Ein bürgerliches Trauerspiel.* Stuttgart 1969 u. ö.

1.2. Forschungsliteratur

Auerbach, Erich: Musikus Miller, in: Ders.: Mimesis. Dargestellte Wirklichkeit in der abendländischen Literatur, Bern (5) 1971, S. 404–421
[Wichtige Interpretation aus dem Jahre 1946, die wohl zum ersten Male *Kabale und Liebe* als realistisches Drama deutet.]

Binder, Wolfgang: Schiller. *Kabale und Liebe,* in: Benno von Wiese (Hg.): Das deutsche Drama. Vom Barock bis zur Gegenwart. Interpretationen, Bd. 1, Düsseldorf 1958, S. 248–268 (Wieder abgedruckt in: Wolfgang Binder: Aufschlüsse. Studien zur deutschen Literatur, Zürich/München 1976, S. 147–168)

Daunicht, Richard: Die Entstehung des bürgerlichen Trauerspiels in Deutschland, in: Quellen und Forschungen zur Sprach- und Kulturgeschichte der germanischen Völker, N. F. 8 Berlin 1963
[Aufschlußreiche Darstellung, die viel interessantes Material v. a. für die Theatergeschichte des 18. Jahrhunderts bietet.]

Fischer, Bernhard: *Kabale und Liebe.* Skepsis und Melodrama in Schillers bürgerlichem Trauerspiel, Frankfurt a. M. 1987

Guthke, Karl Siegfried: *Kabale und Liebe,* in: Walter Hinderer (Hg.): Schillers Dramen. Neue Interpretationen, Stuttgart (2) 1983, S. 59–86

Heuer, Fritz: Schillers frühe Dramen, in: Aufklärung und Literatur 7: Texte und Untersuchungen zu Kunsttheorie und Dichtung des 18. Jahrhunderts, hg. von Fritz Heuer, Armand Nivelle und Alois Wierlacher, München 1969

Lange, Sigrid: Die Utopie der Frau im Drama Goethes, Schillers und Kleists, Diss. Jena 1990

Linder, Jutta: Schillers Dramen. Bauprinzip und Wirkungsstrategie, Bonn 1989

Schafarschik, Walter (Hg.): Erläuterungen und Dokumente. Friedrich Schiller. *Kabale und Liebe,* Stuttgart 1980 [mit einer Bibliographie]

Schönenborn, Martina: Tugend und Autonomie. Die literarische Modellierung der Tochterfigur im Trauerspiel des 18. Jahrhunderts, Göttingen 2004 (auch Diss. Bochum 2002)

2. Analyse

Schiller schrieb *Kabale und Liebe* zwischen dem Herbst 1782 und Mitte Februar 1783; Ende April, Anfang Mai desselben Jahres überarbeitete er den Text auf Wunsch des Freiherrn von Dalberg für die Mannheimer Bühne. Dort wurde das Drama am 17. April 1784 nach der Frankfurter Uraufführung am 15. April gespielt.

Schiller hatte ursprünglich den Titel *Luise Millerin* vorgesehen; auf Anraten Ifflands jedoch, der schon in der Uraufführung der *Räuber* den Franz Moor gespielt hatte, änderte er den Titel in *Kabale und Liebe*. Diese Formulierung ist nicht nur zugkräftiger, sie entsprach auch dem Zeitgeschmack, der den Doppeltitel wie *Sturm und Drang*, *Herrmann und Ulrike* oder *Jery und Bäteli* bevorzugte, und sie trifft besser das Problem dieses bürgerlichen Trauerspiels. Kabale bedeutet Intrige, heimtückischer Anschlag.

Genau genommen sind es zwei Kabalen und drei Liebesgeschichten, die miteinander verknüpft sind. Die erste Intrige ist der Plan des Präsidenten von Walter, seinen Sohn mit der Favoritin des Fürsten Lady Milford zu vermählen. Als dieser Plan an der Liebe Ferdinands zu Luise mit dem Ende des Zweiten Aktes gescheitert ist, beginnt im Dritten Akt die von seinem Sekretär Wurm angeregte zweite Intrige, die Ferdinand von Luise trennt: Luises Eltern werden verhaftet. Unter dem Vorwand, daß sie nur auf diese Weise freikommen können, diktiert Wurm Luise einen Brief an Hofmarschall von Kalb, aus dem sich eine Liebesbeziehung schließen läßt und den Ferdinand finden soll, so daß er in der Meinung, Luise unterhalte ein Verhältnis zum Hofmarschall, von ihr entzweit wird. Er vergiftet sie und sich selbst aus Gram über ihre Untreue; erst als sie weiß, daß sie sterben wird, ist sie nicht mehr an den von Wurm erpreßten Eid gebunden und kann Ferdinand aufklären.

Die erste Liebesbeziehung ist die auf solche Weise tragisch endende Liebe zwischen Luise und Ferdinand. Das zweite Liebesmotiv ist die Neigung der Lady Milford zu Ferdinand. Sie ist zugleich das bewegende Motiv der ersten Intrige: da „auf die Ankunft der neuen Herzogin, Lady Milford zum Schein den Abschied erhalten" (I,5, S. 17) soll, plant der Präsident, seinen Sohn mit ihr zu verheiraten, damit sie schicklich in der Nähe des Herzogs bleiben kann. So sieht es Ferdinand, bis er von ihr im Zweiten Akt erfährt, daß sie diesen Plan eingefädelt hat, weil sie ihn wirklich liebt. Die dritte Liebesneigung, die eine Person des Dramas hegt, ist die des Sekretärs zu Luise. Wurm ist indes von Schiller so gezeichnet, daß man an der Aufrichtigkeit seiner Liebe zweifeln könnte. Das bedeutet ihm Miller schon in I,2.

Daß er jedoch, auf seine Art, Luise wirklich liebt, zeigt seine Erschütterung angesichts ihres Todes. Er ist kein Mensch, dessen Liebe Luise erwidern könnte, wogegen Ferdinand durch den sittlichen Adel der Lady Milford, den sie mit der Erzählung ihrer Vergangenheit in II,3 enthüllt, an seiner bisherigen Meinung über sie irre wird, ja für einen Augenblick sogar an seiner Liebe zu Luise.

Dem tragischen Tod der beiden Liebenden – nur Luise und Ferdinand sind ja in gegenseitiger Liebe verbunden – entspricht die Auslieferung der für die Kabale Verantwortlichen, des Präsidenten von Walter und seines Sekretärs Wurm, an die irdische Gerechtigkeit: am Ende, da ihre Machenschaften aufgedeckt sind, werden sie verhaftet und gehen ihrer Bestrafung entgegen.

Damit aber das Drama mit dem Tod Luises und Ferdinands enden kann, sind Bedingungen erforderlich, die teils in den Charakteren der Liebenden liegen, teils in den politischen und gesellschaftlichen Umständen, unter denen sie leben. Diese doppelte Motivation hat bis in die Gegenwart widersprüchliche Deutungen hervorgerufen. Auf der einen Seite liest man *Kabale und Liebe* als Drama der „Dialektik von Endlichkeit und Ewigkeit" sowie als „Schillers erstes Meisterwerk" (W. Binder, S. 262, 248); auf der anderen Seite als „politisches, ja ein demagogisches Stück" und als „melodramatischen Reißer" (E. Auerbach, S. 408 f.). Beide Deutungstraditionen können sich auf den Text berufen und sind in den unterschiedlichen Fragestellungen der Interpreten begründet, die vom Interesse einerseits an den geistes-, philosophie- und religionsgeschichtlichen, andererseits an den politischen und sozialgeschichtlichen Fragen geleitet werden, die sie in der Entstehungszeit des Dramas erkennen.

Im Hintergrund der Handlung stehen Erfahrungen, die Schiller teils selbst in der Umgebung des Herzogs Karl Eugen von Württemberg gemacht hat und die ihm zum Teil aus mündlichen Überlieferungen, aus zeitgenössischen Berichten oder aus anderen deutschen Staaten bekannt waren. Wenn der Hofmarschall in III,2 „das süperbeste Feuerwerk" (S. 53) ankündigt, wenn Lady Milford in II,3 die Mätressenwirtschaft des Fürsten beschreibt: „Hof und Serail wimmelten jetzt von Italiens Auswurf" (S. 36), wenn der Kammerdiener in II,2 der Lady Brillanten vom Herzog bringt, die „aus Venedig" (S. 29) kommen – dann sind das Anspielungen auf höfische Feste auf der Solitude bei Stuttgart, auf das ungemein aktive Liebesleben Karl Eugens und auf seine Reisen zum venezianischen Karneval. Daß sein Einfluß beim Fürsten auf dessen „Wallungen" beruht, bekennt der Präsident seinem Sekretär in I,5 (S. 17). Wenn Ferdinand in I,4 vom „Landeswucher" der Regierung spricht, umschreibt er den Umstand, daß eine Bevölkerung von weniger als 600. 000 Menschen einen der prächtigsten Höfe Europas und eine Armee von mehr als 14. 000 Soldaten unterhalten mußte. Das Land war in der Tat mit 200 Quadratmeilen so klein, daß man „in einer Stunde" die Grenze überschreiten konnte, wie Lady Milford in IV,9 dem Fürsten schreibt (S. 84). Die heftigste Anklage gegen absolutistische Willkürherrschaft indes, die berühmte Kammerdienerszene in II,2, wo der Soldatenschacher deutscher Fürsten beschrieben wird – sie warben Truppen, um sie an England gegen Geldleistungen für den Krieg gegen die amerikanischen Siedler zu vermieten – trifft nicht Herzog Karl Eugen, sondern den Landgrafen von Hessen-Kassel, Wilhelm IX.

Ihre Entsprechung findet diese bittere Anklage in der beißenden Satire auf die Dummheit, die Hohlheit und Kriecherei der Höflinge, die in den Gesprächen zwischen dem Präsidenten und dem Hofmarschall in den Szenen I,6 und III,2 entwickelt wird. Sie zeigen, wie das moralische Niveau und das intellektuelle zusammenhängen: die Höflinge sind nicht nur zu skrupellos, sondern auch zu töricht, um das Land zu regieren. Die Gegenstände ihrer Interessen sind, in der Sprache der Zeit, nichtswürdig.

Läßt Schiller die Personen in einer genau und kritisch beobachteten Welt agieren, die er nur allzu gut kannte, so sind sie zugleich durch ihre Bildung und ihre Charaktere für den tragischen Ausgang vorherbestimmt. Man hat von der „Welt der Väter" gesprochen, in der Luise und Ferdinand leben. Das ist keine psychisch bedingte, also persönlich zufällige Vaterbindung, sondern die verpflichtende, in der Religion verwurzelte Ehrfurcht vor dem Vater, die durch das Vierte Gebot begründet ist: „Du sollst deinen Vater und deine Mutter ehren, auf daß dir's wohlgehe und du lange lebest auf Erden." (Vgl. 2. Mose 20, V. 12) Es gewinnt im Zusammenhang des Dramas eine wesentliche Akzentverschiebung: Luise und Ferdinand ehren ihre Väter, den Musikanten Miller und den Präsidenten von Walter. Ferdinands Mutter wird mit keinem Wort erwähnt, und Luises Mutter ist ziemlich töricht. Als Ferdinand seinen Fluchtplan in III,4 entwickelt, erwähnt Luise als Hindernis den Vater, und Ferdinand meint, der könne sie begleiten: von der Mutter ist nicht die Rede. In den acht Szenen des Fünften Aktes während der Katastrophe ist sie nicht auf der Bühne. Mit dem Zweiten Akt ist ihre Rolle ausgespielt, die sich von I,3 an auf kurze Einwürfe beschränkt hatte.

In den Vorstellungen Luises und Ferdinands ist der Vater die beherrschende Figur, der man Gehorsam schuldet, weil er das – wie immer fehlerhafte und unvollkommene – Abbild Gottes ist. Er hat in seinem Hause, sowohl in den Räumen wie in den Gemütern seiner Kinder, die Gewalt, die der Fürst im Lande innehat. Deutlich wird das bei der Begegnung der beiden Väter in II,7. Miller wagt es, dem allmächtigen Minister und Stellvertreter des Fürsten die Tür zu weisen. Und deshalb kann in derselben Szene Ferdinand seinem Vater entsprechend den Worten des Hausherrn Miller entgegenhalten: „Es gibt eine Gegend in meinem Herzen, worin das Wort *Vater* noch nie gehört worden ist – Dringen sie nicht bis in *diese*." Da der Präsident die Warnung mißachtet, läßt Ferdinand am Ende von II,7 die dem Vater geschuldete Ehrfurcht fallen. Seine Drohung, dessen Schandtaten öffentlich bekannt zu machen, ist in den Augen des Dramatikers Schiller die höchste denkbare Steigerung der Bemühungen Ferdinands, Luise vor dem Zugriff des Präsidenten zu schützen: er beginnt mit dem Degengriff („Gefäß", S. 47), dann zieht er den Degen, darauf verspottet er den Vater als „schlechte[n] Minister", in einem weiteren Schritt droht er, sich neben Luise an den Pranger zu stellen, ja auf seine Offiziersehre zu verzichten, indem er ihr sichtbares Zeichen, den Degen, auf Luise wirft, und man könnte meinen, die Drohung, sie zu töten, wenn der Präsident auf seiner Absicht beharre, sei das äußerste Mittel, das dem Sohn zu Gebote stehe. Doch es gibt noch ein weiteres: die Auflösung des Bandes zwischen Sohn und Vater. Er verwirklicht mit der Drohung, was er schon in I,7 gegenüber dem Vater angedeutet hatte; die Furcht vor dem im eigenen Gewissen lebendigen Gebot Gottes steht über der dem Vater geschuldeten Ehrfurcht. Jene Furcht ist in der Gewißheit begründet, daß den Menschen nach dem Tode das göttliche Gericht erwarte. Diese Überzeugung teilen selbstverständlich Luise und ihr Vater, aber auch Ferdinand, der vom „Odem des Weltgerichts" (V,2, S. 93) spricht. Schon sein Monolog in IV,4, da er den „Richter der Welt" anruft, ist ein Gebet. Auch sein Vater erwartet bereits in I,7 den „Fluch" und „Donner des Richters" nach dem Tode und ruft am Ende abermals den „Richter der Welt" an (V,8, S. 109). Sogar Wurm, dieser gewissenlose Schurke, erwartet am Ende, zusammen mit dem Präsidenten „zur Hölle" „verdammt" (S. 110) zu werden. In dieser Hinsicht sprechen die Personen des Dramas die Überzeugung ihres Dichters aus. In seiner Sterbestunde soll Schiller „einigemal Judex" gesagt haben (NA, Bd. XLII, S. 434, N°1003).

Die Tragödie der Hauptperson, die dem Drama seinen ursprünglichen Namen gab, ist in der religiösen Bindung an ihr von Wurm in III,6 erpreßtes und durch das Sakrament des Abendmahls besiegeltes Versprechen begründet. Das Argument, Luise gehe an einem Vorurteil zugrunde, wird schon im Drama zwischen dem Präsidenten und Wurm erörtert: „Was wird ein Eid fruchten, Dummkopf? Wurm. Nichts bei *uns*, gnädiger Herr. Bei *dieser* Menschenart alles". (III,1, S. 52)

Eine Tragödie kann durch den Verstoß des Helden gegen sittliche Normen begründet sein; wer in ihnen nur ein Vorurteil sähe, müßte folgerichtig auch andere Möglichkeiten tragischer Motivation wie die Verblendung oder die Vermessenheit in ihrer Bedeutung anzweifeln. Beide, Hamartia und Hybris, zeigt Ferdinand. Er ist ein tragischer Held im aristotelischen Sinne und zugleich im Geist des Sturm und Drang. Wie andere dramatische Helden der 1770er Jahre ist er auf bezeichnende Weise realitätsfern, er verkennt die Wirklichkeit, ja er nimmt sie kaum wahr. Deshalb ist er vermessen; er überschätzt seine eigenen Möglichkeiten. Das wird schon in der ersten Begegnung der Liebenden deutlich. Seine hyperbolische Sprache deutet es an, wenn er Vergleiche wählt: „Hindernisse wie Gebirge" will er „für Treppen nehmen", und er vermißt sich, als „Engel" zwischen Luise und „das Schicksal" (I,4, S. 15) zu treten. In seiner Liebe überspringt er die Wirklichkeit. Sein Fluchtplan, den er in III,4 entwickelt, schließt die Welt aus; er sagt: „Höre, Luise – ein Gedanke, groß und vermessen wie meine

Leidenschaft, drängt sich vor meine Seele – *Du*, Luise, und *ich* und die *Liebe*! – Liegt nicht in diesem Zirkel der ganze Himmel? Oder brauchst du noch etwas Viertes dazu?" (III,4, S. 58)

Wenig später in IV,2 zeigt sein Monolog, wie es um seine so beschriebene Liebe in der Tat bestellt ist: aufgrund des Briefes, der ihm zugespielt wurde, erscheint Luise ihm ohne weitere Prüfung als „Heuchlerin" (S. 69) und er sich selbst als „betrogen" (S. 68). Schon seine ersten Worte waren: „Und liebt mich meine Luise noch?" (I,4, S. 15) So macht ihn seine Erregung über den vermeintlichen Betrug unfähig, den Hofmarschall zur Aufklärung der Intrige kommen zu lassen; dieser stellt ihm die Diagnose: „Sie rasen. Sie hören nicht." (S. 72) Hätte er in diesem Augenblick seine Erregung bemeistert und den Hofmarschall ausreden lassen, so wäre der tragische Ausgang vermieden worden. Aber dazu wäre eben erforderlich, daß er Luise unbedingt und uneingeschränkt liebt, ihr vertraut und an ihre Liebe glaubt. Seine Worte, er sehe durch ihre „Seele wie durch das klare Wasser dieses Brillanten" in I,4 (S. 4), sind spätestens in der Auseinandersetzung mit dem Hofmarschall als Selbsttäuschung entlarvt. So kann er zum Opfer der Kabale werden: schon in der folgenden Szene IV,5 bezichtigt er sich selbst gegenüber dem Vater des „Undank[s]"(S. 74), als habe er dessen Verhalten in II,6 und II,7 gänzlich vergessen.

Sind die Konflikte des Dramas zunächst, von der Handlung her gesehen, in dem Standesunterschied begründet, der auch in anderen Werken des Sturm und Drang eine Rolle spielt – z. B. in den *Leiden des jungen Werthers*, dem *Hofmeister*, der *Kindermörderin* oder *Des Pfarrers Tochter von Taubenhain* – so wird doch bei näherer Betrachtung deutlich, in welchem Maße die Charaktere den durch die Handlung vorgezeichneten Konflikt intensivieren und vertiefen.

Denn wenn der Standesunterschied zwischen Ferdinand und Luise scheinbar wie im *Hofmeister* die Liebe der beiden verbietet, so zeigt sich, daß sie auch aus sehr wesentlichen und weiterreichenden Gründen nicht zueinander finden können. Ist Ferdinand mit dem von Aristoteles in der *Poetik* geforderten „Fehler" behaftet, so ist ihm Luise, die ohne seine Verblendung und Vermessenheit charakterisiert wird, überlegen, da sie den im Verständnis Schillers höchsten Grad von Freiheit erreicht hat. Sie ist fähig zu entsagen: „Ich entsag ihm für dieses Leben." (S. 13) Die Äußerung in I,3, in ihrem ersten Auftritt, begründet ihre Größe, die sie vor allem im Gespräch mit Lady Milford in IV,7 so nachdrücklich zeigt, daß die ihr gesellschaftlich überlegene Favoritin ihre „edle, große, göttliche Seele" (IV, 7, S. 81) erkennt.

Es gehört zur Ökonomie des Dramas und macht seine Stärke aus, wie in dieser Unterredung die gesellschaftliche Stellung der Lady durch den sittlichen Adel der Kleinbürgerin Luise Miller in Frage gestellt und endlich aufgehoben wird. Hatte sie in I,3 die Zuversicht ausgesprochen, jenseits des irdischen Lebens „wenn Gott kommt" werden „die Schranken des Unterschieds einstürzen", „die verhaßte [!] Hülsen des Standes" abfallen und

Menschen „nur Menschen" (S. 13) sein, so wird diese auf das Ende der Welt gerichtete Hoffnung für einen Augenblick in der Person der Lady verwirklicht, die nach dem Gespräch mit Luise „erschüttert" ist und in dieser Stunde die „Kraft, zu entsagen" (S. 82) besitzt. Damit ist weder die ständische Gesellschaftsordnung der Zeit noch die moralische Ordnung des Dramas aufgehoben: Lady Milford entsagt zwar ihrer Liebe zu Ferdinand und ihrer Stellung als Favoritin, aber Luises Überlegenheit bleibt bestehen, denn Lady Milford muß die Stunde nutzen, da sie zur Entsagung fähig ist. Luise indes lebt von Anfang bis zum Ende des Trauerspiels in dieser Freiheit. Die Regieanweisungen – „groß" (S. 76), „gelassen und edel" (S. 79), „standhaft" (S. 80) – unterstreichen das. Damit ist eine sittlich begründete Darstellung menschlicher Größe der gesellschaftlich begründeten Größe entgegengestellt.

Die dramatischen Helden des Sturm und Drang sind in verschiedenem Sinne „große" Menschen: ihre Größe ist eine nicht weiter zu hinterfragende persönliche Gabe wie Goethes Götz sie hat, oder sie liegt in der Leidenschaft und äußert sich in genialischen Gebärden wie bei Klinger, oder sie liegt in der Leidensfähigkeit, die z. B. Gerstenbergs Ugolino zeigt. Hier, in *Kabale und Liebe*, wird womöglich noch deutlicher als selbst im *Hofmeister* von Lenz, die gesellschaftlich definierte Größe bloßgestellt und verworfen. Ihr wird Luises Größe als ethische Haltung entgegengestellt. Sie ist groß, weil sie die Freiheit hat, sogar auf ihr Lebensglück zu verzichten. Das wird gerade im Gegensatz zu Ferdinands Vermessenheit deutlich. Ihn nennt Wurm in III,1 einen „Schwärmer" (S. 49). „Schwärmerei", schreibt Schiller im Brief an Körner vom 7. Mai 1785, sei „ein vorausgenoßener Paroxysmus unsrer künftigen Größe" (NA, Bd. XXIV,5): Ferdinand glaubt sich selbst groß, weil er große Pläne entwirft. Luise ist groß, weil sie die Wirklichkeit erkennt. So realistisch die Darstellung der Gesellschaft ist, von der kleinbürgerlichen Stube Millers bis zum Palais der Favoritin, so unrealistisch mutet die Figur der Luise an: ein sechzehnjähriges Mädchen spricht in Sentenzen, die zu verstehen einiges Nachdenken erfordert, und sie ist der Lady intellektuell wie moralisch überlegen, die doch im Gespräch mit Ferdinand in II,3 viele bedeutende Vorzüge zeigen konnte: sie ist nicht nur eine Dame von „Schönheit und Geist", nicht nur „die freigeborene Tochter des freiesten Volks" (S. 33), nicht nur „fürstlichen Geblüts" (S. 34), sondern sie hat – ähnlich der Favoritin Karl Eugens Franziska von Hohenheim – den Mißbrauch der absolutistischen Macht vielfach einzuschränken vermocht; zudem darf ihre leidvolle Vergangenheit Achtung beanspruchen.

Wenn sie all diese Vorzüge als „das prahlende Gebäude" ihrer „Ehre" in IV,8 unter die „Großmut" (S. 82) Luises stellt, so ist deutlich, daß die Darstellung der Wirklichkeit hinter der moralischen Ordnung steht. Wenn Schiller das Verhalten von Präsident und Hofmarschall als verwerflich und lächerlich erkennt, kann er das nur, weil er weiß, wie sie handeln sollten; die Satire dieser Auftritte ist eine Verwirklichung der später theoretisch formulierten Einsicht: „In der Satyre wird die Wirklichkeit als Mangel, dem Ideal als der höchsten Realität gegenüber gestellt." (NA, Bd. XX, S. 442) Schiller stellt dies Ideal dar, und die schlechte Wirklichkeit ist das Mittel dieser Darstellung, nicht ihr Zweck.

Eine Untersuchung der Sprache bestätigt dies. Man kann die Personen des Stückes in einer Rangordnung sehen, in der sie dem „Ideal" näher oder ferner stehen. Die soziale Ordnung überschneidet sich teilweise mit der sprachlichen, deckt sich aber nicht ganz mit ihr. Man verkennt sie, wenn man nur unter dem Gesichtspunkt der sozialen Ordnung die Personen des Hofes von bürgerlichen unterscheidet. In dieser sprachlichen Ordnung steht die Mutter Luises neben dem Hofmarschall: beide benutzen Fremdwörter, die sie nicht verstehen. Deutlich unterschieden von dieser teils karikierenden, teils affektierten Sprache ist die treuherzige, deutliche und biedere Sprache des Kleinbürgers Miller; wenn sein Darsteller auf der Bühne in schwäbischer Mundart spräche, wäre das ganz angemessen. Dem steht die Sprache des Hofes entgegen: sie wird vom Präsidenten von Walter und von dem „abtrünnigen Bürger" Wurm (Binder) gesprochen: kalt, distanziert, bisweilen zynisch oder befehlend. Daneben gibt es eine Sprache, die nicht die Figuren, sondern ihr Dichter zu verantworten hat: es ist die intellektuelle, scharf charakterisierende Sprache der Aufklärung, die Sentenzen formuliert, mit hervorgehobenen Wörtern wie man sie z. B. von Wurm hört: „Zwang erbittert die Schwärmer immer, aber bekehrt sie nie." (III,1, S. 49) oder von Luise im Gespräch mit Lady Milford IV,7, oder auch von Ferdinand. Es gibt daneben die Sprache der Empfindsamkeit: Ferdinand spricht sie gegenüber Luise, aber auch mit seinem Vater in IV,5: diese Beobachtungen zeigen, daß nicht allein die Personen des Dramas, sondern auch ihre augenblickliche Lage sprachlich charakterisiert werden. Damit geht Schiller weiter als andere Stürmer und Dränger in ihren Dramen; er differenziert sehr viel genauer als z. B. Wagner oder Lenz.

Man kann mit *Kabale und Liebe* das Ende des Sturm und Drang datieren: das Drama zeigt noch einmal, verschärft und gesteigert wie sonst kaum ein anderes Stück, die Mißstände der politischen Ordnung, fürstlichen Machtmißbrauch, die Gleichgültigkeit der Herrschenden gegenüber Empfindungen und gegen die Moral einer jungen aufgeklärten Generation, die nach „Grundsätzen" (S. 49) handeln und leben will.

Zugleich deutet sich in dem Drama der Übergang zur Klassik an. *Kabale und Liebe* spielt an einem Ort, in der Wohnung des Musikus Miller, im Hause des Präsidenten, im Palais der Lady Milford. Die Handlung beginnt früh am Morgen und endet am Abend: man kann aus einigen Indizien schließen, daß sie sich an einem Tag begibt, höchstens an zweien. Entgegen der Handlung in den *Räubern* folgt Schiller hier der Regel der drei Einheiten sehr viel genauer als in seinen sog. klassischen Dramen vom *Wallenstein* bis zum *Tell*.

V. Kapitel: Lyrik

A. Einleitung

Die Lyrik der 1770er Jahre, soweit sie für den Sturm und Drang charakteristisch ist, läßt sich mit drei Stichworten kennzeichnen: Volkslied, Erlebnislyrik und Kunstballade. Damit sind nebeneinander laufende, sich überschneidende und ergänzende Entwicklungen sowie literaturtheoretische Problemstellungen benannt. Sie lösen die bis dahin in der deutschen Lyrik herrschenden Tendenzen ab, die man mit den Begriffen literarisches Rokoko oder Anakreontik – oft in gleicher Bedeutung verwandt – bezeichnet.

Das Wort Rokoko entstand in Frankreich im letzten Jahrzehnt des 18. Jahrhunderts nach der Französischen Revolution. Es ist von dem Wort rocaille – frz.: Grotten- oder Muschelwerk – abgeleitet und bezeichnet die spätbarocke Ornamentik mit eingelegten Muscheln, bestehend aus Schnörkeln und willkürlich gewundenen Linien. „Als pejoratives Schlagwort für das Zeitalter bizarrer Ornamentik, schaler Galanterie, steifer Grazie und verschnittener Hecken, für die ganz vom französischen Geschmack beherrschte Epoche der Perücke und des Zopfes und deren Nachwirkungen ist der Rokokobegriff im zweiten Drittel des 19. Jhs. überall in Deutschland verbreitet". (Alfred Anger: Literarisches Rokoko. Stuttgart 1962, S. 1 f.) In der Literaturgeschichte hat sich der Begriff seit den 1920er Jahren eingebürgert, nachdem er schon im späten neunzehnten Jahrhundert seine abwertende Bedeutung verloren hatte. Man datiert das literarische Rokoko etwa auf die Jahrzehnte zwischen 1740 und 1780. Es ist gekennzeichnet durch eine sinnlich betonte Lebensfreude, die Verfeinerung des Lebensgenusses, die in Spiel und graziöser Lebenshaltung zum Ausdruck gelangen; ein Lieblingswort der Zeit für dieses Spiel ist „Tändeley". Diese Anmut ist in der Vereinigung von Geist – esprit – und Sinnenreiz verwirklicht, weil das Schöne als zugleich gut verstanden wird.

Der Begriff Anakreontik geht auf den Namen des griechischen Dichters Anakreon zurück, der im 6. Jahrhundert vor Christo lebte. Seine Oden, die 1554 von H. Stephanus (H. Estienne) herausgegeben wurden, zogen zahlreiche Nachahmungen nach sich, die sog. Anakreonteen, Gedichte, in denen individuelles Glück und Lust gefeiert wurden; das entspricht der gleichzeitig in der Philosophie des späten achtzehnten Jahrhunderts diskutierten These, „daß Glück das einzige Ziel menschlicher Praxis sei oder sein sollte". (Vgl. J. Ruhnau: Hedonismus. In: HWP, Bd. III, Sp. 1023–1026). Die Anakreontik und das Rokoko, das neben den anakreontischen auch Einflüsse aus der englischen Naturlyrik und der aus Frankreich stammenden galanten Dichtung aufnimmt, verbindet sich v. a. mit den Namen Johann Wilhelm Ludwig Gleim, Johann Nikolaus Götz, Johann Peter Uz, Friedrich v. Hagedorn; auch Karl Wilhelm Ramler, Heinrich Wilhelm von Gerstenberg, Klopstock, Lessing und Goethe in ihren Anfängen sind in diesem Zusammenhang zu nennen. Die wichtigsten Themen dieser Dichtung sind Wein und Liebe, Geselligkeit, Freundschaft, Natur und Dichtung; sie berufen die liebliche Landschaft, den locus amoenus, der von den zuständigen mythologischen Figuren bevölkert wird: Bacchus und Amor, Nymphen, Grazien und Musen, und sie pflegen die kleinen Formen: das Epigramm, das Liedchen und das Triolett. (Vgl. Alfred Anger: Literarisches Rokoko, Stuttgart 1962)

Gegenüber diesem Stil, der allmählich zur literarischen Mode wurde und zur leeren Konvention zu erstarren begann, entdecken die Dichter des Sturm und Drang neue formale Möglichkeiten und neue poetische Gegenstände.

B. Die Entdeckung der Naturpoesie
Johann Gottfried Herder: *Auszug aus einem Briefwechsel über Oßian und die Lieder alter Völker*

1. Grundlageninformation

1.1. Text und Materialien

Auszug aus einem Briefwechsel über Oßian und die Lieder alter Völker, in: Von Deutscher Art und Kunst. Einige fliegende Blätter. Hamburg, 1773. Bey Bode.

Auszug aus einem Briefwechsel über Oßian und die Lieder alter Völker, in: Herders Sämmtliche Werke. Hg. von Bernhard Suphan und Reinhold Steig. Berlin 1891, S. 159–207

Auszug aus einem Briefwechsel über Ossian und die Lieder alter Völker, in: Johann Gottfried Herder: Werke in zehn Bänden. Bd. II. Schriften zur Ästhetik und Literatur 1767–1781. Hg. von Gunter E. Grimm. Frankfurt a. M. 1993. S. 447–497 [Mit gründlichem Kommentar S. 1111–1158]

Auszug aus einem Briefwechsel über Oßian und die Lieder alter Völker, in: VdAK. S. 5–62

1.2. Forschungsliteratur

Baildon, John D.: „Lieder der Liebe": Herder as translator of the „Songs of songs", Diss. London 1994

Gaskill, Howard: The Works of Ossian, Son of Fingal, in: KLL, Bd. 10, München 1990, S. 838 f.

Gillies, Alexander: Herder und Ossian, Berlin 1933

2. Entstehung

Herder wurde 1764 mit den Gesängen Ossians bekannt, als in Deutschland die ersten Übersetzungen erschienen. Es waren Gesänge in rhythmisierter Prosa: die Epen *Fingal* (1762) und *Temora* (1763) sowie einundzwanzig kürzere Prosagedichte. Teils waren es Funde altgälischer Volksdichtungen aus dem schottischen Hochland, teils Nachdichtungen, überwiegend aber Fälschungen, die von James Macpherson (1736–1796), einem Bauernsohn und Theologen, gesammelt, übersetzt und verfaßt worden waren. Er fußte dabei auf Bearbeitungen eines Sagenkreises, in dessen Mittelpunkt ein irischer Held des dritten Jahrhunderts mit seinen Kriegern steht. Howard Gaskill beschreibt die Epen so: Macpherson mache diesen irischen Helden Fionn „zu einem caledonischen (altschottischen) König, der aber in beiden längeren Epen in Irland militärisch aktiv ist, einmal, um eine Invasion der Skandinavier zurückzuschlagen *(Fingal)*, einmal um einen Usurpator vom irischen Throne zu stürzen *(Temora)*. In beiden Fällen geht die epische Einkleidung auf Macpherson selbst zurück, wobei *Fingal* eine nicht ungeschickte und fast legitim zu nennende Verknüpfung von echten (wenn auch relativ späten) Quellen darstellt, *Temora* dagegen bis auf den ersten der acht Gesänge eine komplette Fälschung ist. Von seinen Vorlagen hat Macpherson nur das beibehalten, was einem zeitgenössischen Publikum zumutbar erschien; alles „Barbarische", Deftig-Humorvolle wurde restlos gestrichen. Zurück blieb als echtester Zug die überlieferte Dichterfigur des greisen Ossian, der vereinsamt und (bei Macpherson) blind einer ruhmreichen Vergangenheit nachtrauert und den Untergang seines Stammes beklagt." (Howard Gaskill: James Macpherson. In: KLL, Bd. X, S. 838 f.)

Als kennzeichnend erscheinen dem heutigen Leser v. a. zwei Eigentümlichkeiten: der Zusammenhang der Erzählung ist kaum zu erkennen; Herbert Schöffler spricht von einem „trüben Dämmerlicht" (S. 139). Und dem entspricht die zutiefst schwermütige Stimmung, die besonders durch die Landschaftsbeschreibungen mit „kahlen Bergen, nebligen Heiden, heulenden Stürmen und tosendem Meer" (Gaskill a. a. O.) hervorgerufen wird.

1768 erschien die erste vollständige deutsche Übersetzung dieser Texte von Johann Nepomuk Cosmas Michael Denis (1729–1800), einem Wiener Jesuiten, die Herder in der *Allgemeinen Deutschen Bibliothek* 1769 besprach. Während seiner Reise kam er in nähere Berührung mit den Originalen, die ihm in Nantes und Amsterdam bekannt wurden, und in Straßburg übersetzte er selbst einige Texte. In Bückeburg verfaßte er dann die Abhandlung, offenbar zwischen Juli und November 1771, zwischen der ersten und der zweiten Fassung des Shakespeare-Aufsatzes. Der *Auszug aus einem Briefwechsel über Ossian und die Lieder alter Völker* erschien zusammen mit dem Shakespeare-Aufsatz 1773 bei Bode in Hamburg in dem Band *Von deutscher Art und Kunst. Einige fliegende Blätter*; er enthielt außer Herders beiden Aufsätzen Goethes Essay *Von deutscher Baukunst. D. M. Ervini a Steinbach*, den von einem unbekannten Übersetzer ins Deutsche übertragenen Aufsatz des Italieners Paolo Frisi *Saggio sopra l'architettura gotica* (1766) unter der Überschrift *Versuch über die gotische Baukunst* sowie von Justus Möser einen Auszug aus der *Vorrede zur Osnabrückischen Geschichte* (1768) mit dem Titel *Deutsche Geschichte*.

3. Analyse

Mit seiner Charakterisierung des vermeintlich altschottischen Barden als „Dichter, so voll Hoheit, Unschuld, Einfalt, Tätigkeit, und Seligkeit des menschlichen Lebens" (S. 7) umreißt Herder poetische Grundsätze, denen dann seine eigene Volksliedersammlung folgt: Die Suche nach der „Unschuld" fragt nach der menschlichen Natur, der eigenen unverbildeten Art, die nicht durch „Kunst" und „Mode" verdeckt ist. Die Natur, die sich in Pflanzen oder in der unbearbeiteten Landschaft zeigt, ist eine Metapher, die jene menschliche Natur meint. Der Theologe Herder dürfte dabei auch an den Zustand des Menschen vor dem Sündenfall gedacht haben; deshalb stellt er die „Einfalt" neben die „Unschuld". Die „Hoheit" ist deshalb nicht aus dem hohen Stil oder der gesellschaftlichen Stellung der Personen abgeleitet, sondern aus ihrer Natur – so wie auch im Drama des Sturm und Drang die Ständeklausel fällt. Herder macht in dieser Programmschrift und in der Volksliedersammlung deutlich, daß die Ursprünglichkeit nicht nur bei den „Alten", also in der griechisch-römischen Antike zu suchen sei, sondern ebenso in der littauischen, englischen oder spanischen Literatur. Überall sind wahre und sinnliche Empfindungen ausgesprochen. In Ossian wie im Volkslied findet er den „Geist" der wahren Dichtung: ein Schlüsselwort seiner Geschichtsphilosophie und Ästhetik; hier wie dort meint es die bewegende Kraft. Als letzter Grund entzieht er sich allen Versuchen, ihn durch „grübelndes Zerlegen" (S. 9) zu erkennen. Deshalb muß man ihn empfinden. Er ist lebendig und weit entfernt „von künstlicher, wissenschaftlicher Denkart, Sprache und Letternart" (S. 12 f.).

Die Volkslieder gehören zum Gesang und Tanz; sie entstehen nicht in der Studierstube des gelehrten Dichters, sondern entspringen dem Augenblick des lebendigen Eindrucks, „gleichsam aus dem Notdrange des Inhalts, der Empfindungen" (S. 13): „Der Geist, der sie erfüllet, die rohe, einfältige, aber große, zaubermäßige, feierliche Art, die Tiefe des Eindrucks, den jedes so starkgesagte Wort macht, und der freie Wurf, mit dem der Eindruck gemacht wird – nur das wollte ich bei den alten Völkern, nicht als Seltenheit, als Muster, sondern als Natur anführen, und darüber also lassen sie mich reden." (S. 34)

Es entspricht nicht allein Herders persönlicher Eigenart, sondern der Sache, daß sie sich nicht begrifflich, sondern angemessener in Bildern beschreiben läßt. Eine solche Metapher ist der „Wurf": das gelungene Lied ist ein Glücksfall, der nicht in der Macht des Dichters steht. Er spricht auch vom „erste[n] Hinwurf" (S. 36), der nur angeborener Kraft gelingt und sich nicht erkünsteln läßt – ein grundlegender Gedanke der Genieästhetik.

Das Charakteristische und Natürliche ist durch „Festigkeit", „Bestimmtheit" und „runde Contour" (S. 36) gekennzeichnet. Herder findet es in den Gedichten der Wilden, im Kirchenlied Luthers, in englischen, schottischen und nordischen Balladen und erkennt es an „Sprünge[n] und Würfe[n] und Inversione[n]" (S. 53): das Wort meint in der Grammatik die Veränderung der üblichen Folge von Wörtern und Satzteilen, hier, darüber hinaus, auch die Veränderung der zu erwartenden Gedanken- und Bilderfolge, die mangelnde logische Verknüpfung und Begründung. Das Lied folgt den Sinnen und Leidenschaften; die Auslassungen von Silben, Artikeln und Bindewörtern führen zur Betonung des Hauptworts, zur Aufmerksamkeit für das Wesentliche und zum ursprünglich poetischen „Kinderton" (S. 48).

Diese Überlegungen weisen lyrischer Dichtung eine wesentlich neue Qualität zu. Indem sie sich über die Forderung nach vernünftiger Folgerichtigkeit erhebt, kann sie ein Element von Unverständlichkeit gewinnen. „Es ist kein anderer Zusammenhang unter den Teilen des Gesanges, als unter den Bäumen und Gebüschen im Walde, unter den Felsen und Grotten in der Einöde, als unter den Szenen der Begebenheiten selbst." (S. 50) Dieser Gedanke wurde zunächst in der Lyrik Goethes fruchtbar.

Herder hat mit dem *Ossian*-Aufsatz und seiner Volksliedersammlung wieder an den Zusammenhang lyrischer Dichtung mit ihren Ursprüngen erinnert: das Arbeits- und Kriegslied, die Totenklage und Beschwörung, alte Mythen und Sagen, Tänze und Volksbräuche gehören ebenso in den Umkreis des Volksliedes wie Aberglauben und Zauberei. Diese Zusammenhänge waren im achtzehnten Jahrhundert nahezu in Vergessenheit geraten. Herders Ästhetik ist oft in dem Sinne mißverstanden worden, daß der Rationalismus der Aufklärung durch den Irrationalismus des Sturm und Drang überwunden werde. Das ist nicht der Fall: Herder spricht hier über Dichtung, nicht über Philosophie oder Theologie. Er wendet sich gegen Gottsched, nicht gegen Lessing, Kant oder die kritische Bibelwissenschaft seiner Zeit. Er weist das Mißverständnis selbst zurück, indem er den berühmten Brief Voltaires an Rousseau zitiert:

„– Sie lachen über meinen Enthusiasmus für die Wilden beinahe so, wie *Voltaire* über *Rousseau*, daß ihm das Gehen auf Vieren so wohl gefiele: Glauben Sie nicht, daß ich deswegen unsre sittlichen und gesitteten Vorzüge, worin es auch sei, verachte. Das menschliche Geschlecht ist zu einem Fortgange von Szenen, von Bildung, von Sitten bestimmt: wehe dem Menschen, dem die Szene mißfällt, in der er auftreten, handeln und sich verleben soll!" (S. 17) Voltaire hatte sich am 30. 8. 1755 bei Rousseau für den *Discours sur l'origine et les fondemens [!] de l'inégalité parmi les hommes*

*(Abhandlung über den Ursprung und die Gründe der Ungleichheit unter
den Menschen)* bedankt und dabei die Rückkehr zu den „natürlichen Zuständen" mit der Bemerkung ironisiert, daß er nach der Lektüre ein Verlangen gehabt habe, auf allen Vieren zu laufen. (Vgl. Herder, Bd. II,
S. 1139)

Bestritten wurde die Echtheit der Gesänge Ossians alsbald nach ihrem
Erscheinen; es dauerte indes Jahrzehnte, bis nach Herders Tod, ehe man
deutlich erkannte, in welchem Maße sie gefälscht waren. Daß es sich zu
einem guten Teil um eine Schöpfung Macphersons handelte, der Reste
altgälischer Volkspoesie mit eigenen Erfindungen zusammengestellt hatte,
daß er sich dabei im wesentlichen an das Bildungsgut seiner Zeit – Milton,
die Bibel, Homer, auch zeitgenössische Dichter wie Edward Young – gehalten hatte, daß auch ursprünglich volkstümliche Elemente der schottischen Hochlanddichtung fehlten, wie z. B. der für die Menschen dort so
wichtige Lachs: das vermutete und sah man schon in den 1760er Jahren,
das wurde aber erst zu Beginn des neunzehnten Jahrhunderts nachgewiesen
und allgemein wahrgenommen, nachdem ein Ausschuß die Texte und ihre
Quellen untersucht und 1805 einen Bericht vorgelegt hatte. Herder mochte
sich von der Kritik an der Echtheit der Gesänge Ossians nicht überzeugen
lassen – einmal, weil er den echten Kern, von dem Macpherson ausgegan-
gen war, mit sicherem Gespür erkannte, vor allem aber, weil er hier sein
Ideal der Volksdichtung sah. Verdeutlicht wird es durch einen Blick in seine
Volksliedersammlung.

C. Johann Gottfried Herder:
Volkslieder

1. *Grundlageninformation*

1.1. *Texte und Materialien*

Volkslieder. Erster Theil. Leipzig, in der Weygandschen Buchhandlung 1778
Volkslieder. Nebst untermischten andern Stücken. Zweiter Theil. Leipzig, in der
    Weygandschen Buchhandlung. 1779
Stimmen der Völker in Liedern. Gesammelt, geordnet, zum Teil übersetzt durch
    Johann Gottfried von Herder. Neu herausgegeben durch Johann von Müller.
    Tübingen in der J. G. Cotta'schen Buchhandlung. 1807
Alte Volkslieder. Erster Theil. Englisch und Deutsch. Altenburg 1774. – *Alte Volks-
    lieder. Zweiter Theil.* Englisch-Nordisch und Deutsch. – *Volkslieder. Erster Theil.*
    Leipzig 1778. – *Volkslieder. Nebst untermischten anderen Stücken.* Zweiter Theil.
    Leipzig 1779, in: Herders Sämmtliche Werke. Hg. von Bernhard Suphan. 33 Bde.
    Berlin 1877–1913, Bd. 25, Herders Poetische Werke. Hg. von Carl Redlich, Bd. I.,
    Berlin 1885

Johann Gottfried Herder: *Stimmen der Völker in Liedern.* Zwei Teile. 1778/79. Hg.
von Heinz Rölleke, Stuttgart 1975
Johann Gottfried Herder: Werke in zehn Bänden. Bd. III. Volkslieder. Übertragungen. Dichtungen. Hg. von Ulrich Gaier, Frankfurt a. M. 1990

1.2. *Forschungsliteratur*

Frommholz, Ruediger: Wirkungen der Sprache und Dichtung. Studien am Werk
Herders, Bielefeld 1971
Kirsch, Edith: Herder und der Stil des Volksliedes in seinen Übertragungen englisch-
schottischer Volkspoesie, Diss. Köln 1921
Moser, Hugo: Volk, Volksgeist, Volkskultur. Zu den Auffassungen Johann Gottfried
Herders, in: Ders.: Kleine Schriften, Bd. 2, Berlin 1984, S. 219–230 (zuerst
1956)
[Musikwissenschaftliche Studie.]
Pflüger-Bouillon, Elisabeth (Hg.): Probleme der Volksballadenforschung. Darmstadt
1975 (= Wege der Forschung, Bd. LXXIII)
[Sammlung von elf Aufsätzen, die sich v. a. mit der außerdeutschen Volksballade
und ihrer Erforschung befassen.]
Strobach, Hermann: (Hg.): Volkslieder gesammelt von Johann Wolfgang Goethe.
Wiedergabe der Weimarer Handschrift mit Transkriptionen und Erläuterungen,
Weimar 1982
Wertheim, Ursula: Das Volkslied in Theorie und Praxis bei Herder und Goethe, in:
Dies.(Hg.): Goethe-Studien, Berlin 1968, S. 9–35
[Stellt aus marxistischer Sicht die Verbindung der Klassik mit volksläufigen lite-
rarischen Formen dar.]

2. *Entstehung*

Im September 1773 kündigte Herder dem Verleger Hartknoch in Riga „ein
Bändchen alte *Volkslieder*" an. Es war eine Sammlung in zwei Teilen, deren
jeder in zwei Bücher unterteilt war. Der erste Teil war überschrieben *Englisch und Deutsch*, der zweite *Englisch-Nordisch und Deutsch.* I. 1 enthielt
eine Vorrede und fünfzehn numerierte Lieder; I,2 die Überschrift *Lieder
aus Shakespear*, eine Vorrede *Wäre Shakespear unübersetzbar?*, Monologe
und Szenen aus *Hamlet, Macbeth, Othello, König Lear*, dem *Mittsommer-
nachtstraum, Richard III.* und dem *Sturm.* Es folgen wiederum fünfzehn
Lieder, zum Teil abermals aus Shakespeares Dramen. Der zweite Teil beginnt mit dem *Dritten Buch. Englisch und Deutsch.* Er wird eröffnet mit
der *Vorrede. Von Ähnlichkeit der mittleren Englischen und Deutschen
Dichtkunst*; es folgen zwölf Lieder. Das vierte Buch *Nordische Lieder* beginnt mit dem Essay *Ausweg zu Liedern fremder Völker* und enthält dreizehn Stücke. Ein Blick auf diesen ersten Plan ist geeignet, zwei Vorurteile
zu widerlegen: der Begriff der Volksdichtung ist in Herders Verständnis
keineswegs nationalistisch auf deutsche Überlieferungen beschränkt. Und

er meint nicht nur das anonym überlieferte Lied, sondern auch Werke namentlich bekannter Dichter.

Inzwischen war 1773 der *Ossian*-Aufsatz erschienen, und Herder hatte die abwertende und teilweise hämische Kritik von Schlözer, Sulzer und vor allem Nicolai zur Kenntnis nehmen müssen. Er zog daher im Juli 1774 das Manuskript der *Alten Volkslieder*, deren erster Bogen schon ausgedruckt war, zurück. Zwei Veröffentlichungen indes bestimmten ihn in den nächsten Jahren, das Vorhaben wieder aufzugreifen: Gottfried August Bürger ließ im *Deutschen Museum* 1776 die Abhandlung *Aus Daniel Wunderlichs Buch* erscheinen, eine „Herzensergießung mit dem Wunsche, daß doch endlich ein deutscher Percy aufstehen, die Überbleibsel unserer alten Volkslieder sammeln, und dabei die Geheimnisse dieser magischen Kunst mehr, als bisher geschehn, aufdecken möge" (Bürger, S. 693). Der Engländer Thomas Percy (1729–1811), Theologe wie Herder, hatte im Hause eines Freundes eine Manuskriptsammlung entdeckt, die das Repertoire eines Rezitators aus dem siebzehnten Jahrhundert enthielt. Er rettete das Manuskript aus den Händen einer Magd, die es zum Entfachen des Kamins benutzen wollte, und gab 1765 die *Reliques of Ancient English Poetry* heraus, die ihn berühmt machten. Herder hatte mehrere Stücke daraus in die Sammlung von 1773 übernommen; er wollte in der Tat „ein deutscher Percy" werden, so daß Bürgers „Herzensergießung" ihn ermutigen mußte.

Der zweite Anstoß war, bemerkenswerter Weise, Nicolais Parodie auf die Herder'sche Sammlung, von der jener wohl, wie Ulrich Gaier in seinem Kommentar (Herder, Bd. III, S. 897) vermutet, Kenntnis hatte, obwohl sie noch nicht erschienen war. Nicolai, der sich 1775 mit seiner *Werther*-Parodie in der Kritik an der nachwachsenden Generation der jüngeren Genies geübt hatte, veröffentlichte sein Werk unter dem Titel:

„*Eyn feyner kleyner ALMANACH Vol schönerr echterr liblicherr Volckslieder, lustigerr Reyen unddt kleglicher Mordgeschichte, gesungen von Gabriel Wunderlich weyl. Benkelsengernn zu Dessaw, herausgegeben von Daniel Seuberlich, Schusternn tzu Ritzmück ann der Elbe. Berlynn unddt Stettyn 1777*"(a. a. O., S. 898). Die Anspielung auf Bürgers *Daniel Wunderlichs Buch* ist deutlich, und die „rasende Orthographie", mit Lenz zu reden, will die Altertumsforschung auf dem Gebiet der deutschen Literatur verspotten.

Herder antwortete zunächst mit dem Aufsatz *Von Ähnlichkeit der mittleren englischen und deutschen Dichtkunst nebst Verschiedenem, das daraus folget* im von Boie herausgegebenen *Deutschen Museum* im November 1777, wo er den Zusammenhang zwischen Literatur, Nationalbewußtsein, Volk, Publikum und Sprache betont:

„Und doch bleibts immer und ewig, daß der Teil von Litteratur, der sich aufs Volk beziehet, volksmäßig sein muß, oder er ist klassische Luftblase. Doch bleibts immer und ewig, daß wenn wir kein Volk haben, wir kein

Publikum, keine Nation, keine Sprache und Dichtkunst haben, die unser sei, die in uns lebe und wirke." (Herder, Bd. II., S. 557)

Inzwischen zeigte sich aber, daß der Parodist Nicolai für den Gegenstand seiner Parodie eingenommen wurde; er hatte als Buchhändler und Verleger gute Verbindungen, die ihm bei seiner eigenen Sammlertätigkeit nützlich waren. So konnte er auf Einblattdrucke des 17. und 18. Jahrhunderts zurückgreifen sowie z. B. auf die *Bergreihen*, die 1547 in Nürnberg erschienen waren und heute verschollen sind (Herder, Bd. III, S. 853). Er veröffentlichte daher zum Teil Lieder, die den Charakter wahrer Naivität im Sinne Herders zeigen.

Ferner wurde Herder von Gleim sowie von seiner Frau Caroline, geb. Flachsland, die er am 2. Mai 1773 geheiratet hatte, ermutigt; sie unterstützte ihn auch bei seiner Sammlertätigkeit. Im November 1777 schickte er an Boie vierundzwanzig Lieder „zur Probe", und im Mai 1778 erschien der erste, ein Jahr später der zweite Band der *Volkslieder* bei Weygand in Leipzig. Beide Bände enthalten je drei Bücher mit dreimal vierundzwanzig und dreimal dreißig Liedern. Der erste Band beginnt anstelle einer Einleitung mit Äußerungen über diese literarische Gattung von Kronzeugen; sie reichen von Montaigne über Milton, Addison, Luther, Agricola und Burney bis zu Lessing und Gerstenberg. Aus der 1773 geplanten Ausgabe fehlen zwar zehn Stücke, insgesamt aber wurde die Sammlung beträchtlich erweitert: spanische, wendische, griechische, französische, mittellateinische und italienische Lieder kamen hinzu.

3. Analyse

Ging es Herder in den *Alten Volksliedern* vor allem um die volkskundliche Bedeutung der einzelnen Lieder, so verfolgt er offenbar in der Sammlung von 1778/79 ein anthropologisches Interesse: hinter den unterschiedlichen Liedern der verschiedenen Völker sucht er Gemeinsamkeiten menschlicher Grundbefindlichkeiten. Legte der Aufsatz *Von Ähnlichkeit der mittleren englischen und deutschen Dichtkunst*, der noch aus dem Zusammenhang der *Alten Volkslieder* stammt, das Gewicht auf die nationale Bedeutung der Beschäftigung mit diesen Liedern, so zeigt die Vorrede zum Zweiten Teil von 1779, daß es Herder hier auf die „Poesie" ankommt, die in ihren Anfängen „ganz Volksartig d. i. leicht, einfach, aus Gegenständen und in der Sprache der Menge, so wie der reichen und allen fühlbaren Natur gewesen" (Herder, Bd. III, S. 230). Das Wort meint hier das Wesen des Menschen, das in den Dichtungen erkennbar wird. Diese Natur des Menschenwesens sieht er in ihren frühesten Zeugnissen bei Homer, Hesiod, Orpheus und den fahrenden Rhapsoden. Die in seine Sammlung aufgenommenen Stücke treffen sie im „Ton" und in der „Weise" noch mehr als im Inhalt.

Die *Vorrede* der *Alten Volkslieder* von 1773 ist aufschlußreich für das Problem, dem er sich bei der Beschäftigung mit den Volksliedern gegenüber sah. Zunächst verrät die Wortwahl die Nähe zum *Ossian*-Aufsatz. Hier wie dort stehen im Mittelpunkt die „Sprünge und Wendungen", die in Ossians Gesängen wie im Volkslied anzutreffen sind. Das Wort ist eine Neuprägung Herders, mit der er Montaignes „poesie populaire" ins Deutsche überträgt. Er spricht auch in Anlehnung an das englische „popularsongs" von „Volks- und Vaterlandsliedern" (Herder, Bd. III, S. 15). Der Begriff enthält indes einen Widerspruch, den Herder deutlich sieht: einerseits beklagt er den Verlust der Bibliothek Karls des Großen, anderseits aber räumt er ein, daß schon die späteren, von Bodmer und anderen herausgegebenen Dichtungen der Minnesänger nicht mehr unmittelbar verständlich sind, so daß sie übersetzt und erläutert werden müssen.

Der sinnliche Bezug, die Möglichkeit, diese Dichtungen so zu empfinden, wie er es an den Beispielen seines Ossian-Aufsatzes gezeigt hatte, fehlt. Das Volkslied ist zwar um so echter, je näher es dem Ursprung ist, aber dann ist es kein Volkslied „für unsere Zeit" (Herder, Bd. III, S. 16), kein lebendes Volkslied mehr. Da dieser Widerspruch unlösbar ist, bemüht sich Herder, die Reste dessen, was von der ursprünglichen Poesie im Volke noch lebendig ist, zu sammeln, denn hier muß die Naivität, die er sucht, mit der Volkstümlichkeit noch verbunden sein.

Das ethnologische (volkskundliche) Interesse in der Sammlung von 1773/74 hängt mit dem anthropologischen zusammen: die Erwartung, hier die ursprüngliche Empfindungsweise roher, unzivilisierter Völker zu finden, die noch ohne Schrift leben. In ihrer Naivität und ihren Bräuchen hofft er, der Natur zu begegnen. Denn hier sind „*Sinne*" und „*die stärksten sinnlichen Kräfte* das Hauptstück der Erziehung des Volks und der Kinder." (Herder, Bd. III, S. 24) Hier erlebt Herder, was er in der Dichtung seiner Zeit vermißt: „die ganze wundertätige Kraft [...], die Entzückung, die Triebfeder, der ewige Erb- und Lustgesang des Volks" (Herder, Bd. II, S. 452).

Diese Natur ist, durchaus im Sinne Rousseaus, ein Vorbild für die eigene Zeit. Denn in Herders Gegenwart besitzen sie nicht „unsre Schulmeister, Küster, Halbgelehrte, Apotheker", sondern die „Wilden", und da es die in Bückeburg, wo er den *Ossian*-Aufsatz schreibt, nicht gibt, sucht er die „Beredsamkeit" der Natur beim Volk: „unverdorbne Kinder, Frauenzimmer, Leute von gutem Naturverstande, mehr durch Tätigkeit, als Spekulation gebildet, die sind, wenn das, was ich anführte, Beredsamkeit ist, alsdenn die Einzigen und besten Redner unsrer Zeit" (Herder, Bd. II, S. 473).

Damit gewinnt der Begriff Volk auch einen soziologischen Sinn: es sind die Unterschichten, nicht die Gebildeten. Sie zeigen „Leidenschaften" und Seelenkräfte", „die wir nicht besitzen". (Herder, Bd. II, S. 474) Denn „Wir" – die Gebildeten und Aufgeklärten – haben vergessen, daß der Mensch nicht allein ein vernünftiges, sondern auch ein leibliches und sinnliches Wesen ist: „So viel ist immer gewiß, ein großer und der größte Teil unsres

Wesens ist *sinnliche Existenz*: also auch *Beschäftigung der Sinne* und der *stärksten sinnlichen Kräfte* das Hauptstück der Erziehung des Volks und der Kinder" (Herder, Bd. III, S. 24).

Daher sind die von Herder gesammelten Lieder seiner Ansicht nach Zeugnisse gewachsener Volksbräuche, auch Gebrauchslieder: man hat auf die Anregung durch die *Preußischen Kriegslieder* von Johann Wilhelm Ludwig Gleim hingewiesen (Herder, Bd. III, S. 850). Herder hat diese Lieder gekannt und geschätzt. Schon 1766 hatte er sie in den Fragmenten *Über die neuere deutsche Literatur* „Voll von dieser deutschen Stärke" (Herder, Bd. I, S. 193) genannt. Er sucht das Wesen des Menschen nicht auf dem Wege abstrahierender Spekulation, sondern im Reichtum der vielfältigen, ethnisch und kulturell unterschiedlichen und weit voneinander entfernten poetischen Lebensäußerungen. Insofern ist er Schüler Immanuel Kants, bei dem er in Königsberg studiert hatte; in der *Anthropologie in pragmatischer Hinsicht* (1798), die in ihren Grundzügen auf die sechziger Jahre zurückgeht, hatte Kant die philosophische Anthropologie als „Weltkenntnis" definiert, die sich nicht durch metaphysisch reines Denken und nicht durch naturwissenschaftliche Experimente gewinnen läßt, sondern nur durch „gewöhnliche Erfahrung" und durch die Auswertung von „Quellen" und „Hilfsmitteln", zu denen er den „Umgang mit Stadt- oder Landesgenossen", „Reisen", „Lesen der Reisebeschreibungen", „Weltgeschichte, Biographien, ja Schauspiele und Romane" (Kant, Bd. XII, S. 400 f.) zählt. Diese Suche nach lebendiger Erfahrung, die auch in anderen Werken des achtzehnten Jahrhunderts wirksam ist, macht die Nähe der Aufklärung zum Sturm und Drang deutlich: er ist ihr legitimes Kind, auch wenn er bisweilen seine Mutter verleugnet – eine Haltung, die ja auf Gegenseitigkeit beruhte, wie Nicolais Parodien zeigen.

Herders Bemühungen um das Volkslied, bei denen er von Goethe in der Straßburger Zeit unterstützt wurde, sind aus der geschichtlichen Lage um 1770 zu verstehen. Er weiß, daß er an einer Zeitenwende lebt. In der Vorrede der *Alten Volkslieder* beschreibt er sie: „Wir sind eben am äußersten Rande des Abhanges: ein halb Jahrhundert noch und es ist zu spät!" (Herder, Bd. III, S. 21) Man kann den Titel so verstehen: alte Überlieferungen müssen bewahrt werden, da sie von rasch voranschreitenden Veränderungen bedroht sind. Herder und, von ihm angeregt, auch Goethe sammeln alte Volkslieder im deutlichen Bewußtsein, daß fortschreitende Zivilisierung und Arbeitsteilung zusammen mit der Modernisierung des Staatswesens im Zeitalter der beginnenden Industrialisierung, da die Handwerksarbeit von Manufakturen und Fabriken allmählich abgelöst wird, auch die in Jahrhunderten langsam gewachsene Lebensweise der alten europäischen Agrarstaaten verändern würde: „Die Reste aller lebendigen Volksdenkart rollen mit beschleunigtem letzten Sturze in den Abgrund der Vergessenheit hinab! Das Licht der sogenannten Kultur, frißt, wie der Krebs um sich!" (Herder, Bd. III, S. 23)

Betont man die natürliche Seite der Volkslieder, so übersieht man leicht, daß auch die von Herder veröffentlichten Lieder keineswegs alt und urtümlich in streng philologischem Sinne waren, denn um sie für die Leser des späten achtzehnten Jahrhunderts verständlich zu machen, mußte er sie übersetzen, und er arbeitete auch an diesen Übersetzungen, um den Ton zu treffen, der seiner Vorstellung von volkstümlicher Poesie entsprach. Das Volkslied ist deshalb nicht allein ein Lied, das, anonym, mündlich überliefert, veränderlich, ungekünstelt, voller Würfe, Sprünge und Inversionen von Mägden und den „ältesten Mütterchens", von Menschen, die nicht lesen und schreiben können, gedichtet, gesungen und überliefert wird, sondern es ist ein Lied, das so gedichtet ist, als ob es all diesen Anforderungen entspräche. Die Berufung auf Gleim zeigt das ebenso wie die Veränderungen, die Herder an den Texten vornahm. Er war kein Philologe, sondern wollte literarisch geschmacksbildend wirken.

Daher ist es verständlich, daß er sich nicht von der Überzeugung trennen mochte, die Gesänge Ossians seien echt, und man dürfe sie denen Homers an die Seite stellen. Indem Herder und seine Zeitgenossen die „Natur" in der Volkspoesie suchten, ließen sie sich von einer eigens für diese Suche geschriebenen Textsammlung täuschen: nachdem er einige Proben von James Macphersons angeblich ursprünglichen schottisch-keltischen Hochlanddichtungen gesehen hatte, ermutigte der Edinburgher Gelehrte Hugh Blair (1718–1800) den jungen Theologen zu immer weiteren Übersetzungen. Die Volkspoesie ist ein Abbild der Vorstellung, die die Epoche sich von ihr machte. Das läßt sich auch außerhalb der Literatur beobachten: wer Weimar besucht, kann im Park an der Ilm eine gotische Kirchenruine sehen, die man im späten achtzehnten Jahrhundert errichtet hat, um die gewachsene Natürlichkeit und das Alter des im Geschmack der Zeit angelegten englischen Landschaftsgartens darzustellen.

Ebenso idealisiert wie der Begriff der Volkspoesie ist der des Volks. Er meint nur nebenbei die sozialen Unterschichten, in erster Linie aber den unverbildeten, ursprünglichen Menschen; die Veränderungen, die durch Klima, Sprache, Erziehung und Beschäftigung sein Wesen derart beeinflussen, daß es für den Anthropologen kaum noch greifbar ist, werden in dieser Theorie vernachlässigt, da sich Herders Blick auf die Gemeinsamkeiten der verschiedenen Völker, nicht auf ihre Unterschiede richtet. Die Zusammenstellung grönländischer und spanischer, skandinavischer und kroatischer Lieder läßt das erkennen.

Herder ist bestrebt, mit der Rettung und Bewahrung gewachsenen Kulturgutes, das in Gefahr ist unterzugehen, auch eine eigentlich deutsche Nationalliteratur zu begründen. In der *Zwoten Sammlung von Fragmenten Über die neuere deutsche Literatur* hatte er 1766 über Gleims Grenadierlieder geschrieben, sie seien „Nationalgesänge", die es sonst nirgends gebe (Herder, Bd. I, S. 349 f.). Damit berührt sich seine Bemühung um das Volkslied mit den Bemühungen Lessings und anderer um ein deutsches Nationaltheater. Die Förderung der deutschen Nationalliteratur ist ein wesentliches Ziel der Volksliedersammlung. Sie rechtfertigt auch die Veränderungen, die Herder an den Texten vornahm. Und was er unter Nation und Volk verstand, war noch nicht politisch bestimmt: erst im neunzehnten Jahrhundert verband man nationalistische und völkische Ideologien mit den Wörtern Nation und Volk. Die spanischen, englischen, littauischen und sogar morlackischen (serbokroatischen) Gedichte in der Sammlung bestätigen das.

Wie sich Herder das lebendige Volkslied für seine Zeit vorstellte, zeigt er im *Ossian*-Aufsatz an einigen Beispielen, deren bekanntestes die schottische Ballade *Edward* ist. Er hatte das Gedicht in Thomas Percys *Reliques of Ancient English Poetry* gefunden und in einer eigenen Nachdichtung veröffentlicht (Vgl. Herder, Bd. III, S. 1488 und S. 365–367).

Die Ballade ist ein Verhör, das die Mutter mit ihrem Sohn anstellt. Es geht von der Frage aus; „Dein Schwert, wie ists von Blut so rot?" In drei Schritten kommt es zu einem Wendepunkt: nach den Ausflüchten, er habe seinen Geier und sein Roß getötet, bekennt der Sohn, er habe seinen Vater erschlagen. In abermals drei Fragen der Mutter nach der Buße, die er tun wolle, nach der Zukunft des Besitzes und nach dem Geschick von Weib und Kind kommt der Dialog zum endlichen Höhepunkt. Ihre letzte Frage: „Und was willst du lassen deiner Mutter teur?" findet die Antwort:

„Fluch will ich Euch lassen und höllisch Feur,
Denn ihr, ihr rietets mir! – O!"

Dieser nüchterne Bericht kann nicht die Stimmung wiedergeben, die das Gedicht ausstrahlt; Herder schreibt im *Ossian*-Aufsatz: „und welche Würkung muß im lebendigen Rhythmus das Lied tun?" (Herder, Bd. II, S. 462 f.) In den *Alten Volksliedern* kommentiert er: „Ein Schottisch Lied voll *Kains*-Stirn und *Unruh*. ‹Sein Schwert hat Väterlich Blut getrunken, darum liegt sein Angesicht zu Boden. Seine Sünde ist größer daß sie ihm könnte vergeben werden, will unstät und flüchtig seyn auf Erden!' und welch ein *Gang im Liede*! Zwischenpausen voll Schmerz, Grimm und tiefer verschloßner Noth!" (Herder, Bd. III, S. 1163)

Diese Not wird durch die Wiederholungen angedeutet; alle Fragen und Antworten werden zweimal gesprochen, aber so, daß die Wiederholung die zweite Halbzeile verändert:

„Dein Schwert, wie ists von Blut so rot?
Edward, Edward!
Dein Schwert, wie ists von Blut so rot,
Und gehst so traurig her? – O!" (Herder, Bd. III, S. 365)

So ergibt sich die Spannung, die in sich steigernden Bekenntnissen Schritt für Schritt und Teil für Teil zum Geständnis der Wahrheit führt. Und indem das Wiederholungsschema beibehalten wird, kann die letzte Zeile die Mitschuld der Mutter enthüllen, die mit diesem Ende aus ihrer verhörenden und richtenden Überlegenheit hinabstürzt in die Rolle der Verfluchten.

Indem die Ballade Zug um Zug im verhängnisvollen Spiel von Frage und
Antwort die Wahrheit offenbart, ist sie sehr modern und zugleich auf eine
ehrwürdige Weise altertümlich: sie ist in diesem Strukturelement mit dem
analytischen Drama verwandt. Das eigentlich erzählte Ereignis ist vor Beginn des Zwiegesprächs geschehen; die Handlung ist die Annäherung an
die Wahrheit. Das Muster dieser dramatischen Form ist *König Oidipus* von
Sophokles: das Drama ist der Wechsel von Frage und Antwort, Untersuchung und Entdeckung, Maskierung und Entlarvung. Die Handlung ist
nicht das Geschehen oder die Tat, sondern ihre Entdeckung und Erforschung. Dieses Muster liegt vielen Dramen der Klassik, des neunzehnten
Jahrhunderts und der Moderne zugrunde; man kann es auch im Kriminal-
roman wiedererkennen. Und obwohl Herders Kommentar auf die alttesta-
mentarische Erzählung von der Ermordung Abels durch seinen Bruder
Kain anspielt und nicht auf Sophokles, hat die Ballade noch mehr mit dem
König Oidipus zu tun: Edward ist, wie Oidipus, der Mörder seines Vaters.

„Durch das Motiv des Verwandtenmordes gehört die Ballade zu einem
weit verbreiteten Motivkreis, in dem der Mord eines Sippenangehörigen
einem Dritten in metaphorischer Verhüllung mitgeteilt wird. Es wird in der
Sekundärliteratur allgemein angenommen, daß das Kernmotiv der Ballade,
die Enthüllung des Mordes durch drei Fragen, ein Fragment aus einer In-
zesterzählung ist. Der Inzest – Bruder und Schwester zeugen ein Kind – bzw.
die Tatsache, daß die Schwester dem Vater davon erzählt, löst den Mord
aus." (Elisabeth Pflüger-Bouillon: Einleitung. In: Probleme der Volksballadenforschung, hg. von Elisabeth Pflüger-Bouillon, Darmstadt 1975, S. 10)

Wenn die Volksballadenforschung in der Ballade den Verstoß gegen ein
Tabu entdeckt, das in allen menschlichen Gesellschaften gilt, so daß sie in
Zeiten zurückreicht, da die Geschichte der Gesittung anfängt, so wird
dieser archaische Zug durch ein märchenhaftes Element verstärkt: die Ballade ist in sieben Strophen zu acht Versen gegliedert, und dieser magischen
Siebenzahl entspricht die an das Märchen erinnernde Typisierung der Personen und ihrer Habe: da sind die Mutter, „Weib und Kind", der Geier –
in Percys Sammlung „my hauke", mein Falke – das Rotroß. Einen Namen
trägt nur Edward. Was Mutter und Sohn bewogen hat zu seiner Tat und
ihrem Rat, bleibt ebenso „verschlossen" und verschwiegen wie ihre Empfindungen: spricht Herder von „Grimm" und „Noth", so der Text von
„Schmerz", „Buße" und „höllisch Feur": er verschweigt mehr als er andeutet. Die Stimmung, die über dem Gedicht liegt, wird durch lyrische
Mittel unterstrichen: sensible Ohren haben aus dem Wechsel von jambi-
scher Frage – „Dein Roß", „Und was", „Ich laß" – und trochäischer
Anrede –"Edward, Edward" – die spannungssteigernde Unruhe des Zwiegesprächs herausgehört; die Betonung des Vokals O, mit dem jede vierte
Zeile schließt, unterstreicht im Zusammenspiel mit dem auch sonst häufigen O in den Reimworten „rot", „tot", „not" in den ersten drei Strophen
die vom Klang ausgehende Wirkung.

O – der Ruf kann alles sagen; er ist kein Wort, sondern ein Ausruf; von Erstaunen, Leid, Freude bis zur Sprachlosigkeit umfaßt er nahezu alle Möglichkeiten des Ausdrucks seelischer Bewegtheit: Herder vermutet im *Ossian*-Aufsatz, das Zwiegespräch solle „im Schottischen mit der rührendsten Landmelodie begleitet sein, der der Text viel Raum gönnet". (Herder, Bd. II, S. 461) Das bestimmt dies Gedicht: es ist darauf angelegt zu rühren und zu bewegen; Herder nennt es ein „recht schauderhaftes Schottisches Lied" (a. a. O.). Und vielleicht erregt es auch deshalb Schauder, weil die Motive der miteinander redenden Menschen ungenannt bleiben: was unausgesprochen und namenlos bleibt, entzieht sich dem Zugriff einer Theorie, die es beherrschen könnte – das Märchen *Rumpelstilzchen* erzählt davon. Es ist durchaus denkbar, daß das Bündnis zwischen Mutter und Sohn, das den Vater tötete, mit dem Oidipus auch im Sinne der psychoanalytischen Theorie des Ödipuskomplexes zu tun hat, wie Gerhard Kaiser behauptet. (Gerhard Kaiser: Zu Johann Gottfried Herders *Edward*. In: Gunter E. Grimm (Hg.): Gedichte und Interpretationen. Deutsche Balladen, Stuttgart 1988, S. 59–68) Aber der Text bestätigt das ebenso wenig wie die Annahme, Machtgelüste oder Ansprüche auf das Erbe seien der Grund des Verbrechens. Wenn dies Gedicht den Leser rührt, so tut es das nicht mit rhetorischen Mitteln, sondern durch das unnennbare Grauen, das es erregt: „In dem Augenblick, in dem sie (sc. Mutter und Sohn) die Tat ‹besprechen›, entfaltet diese ihre vernichtende Dämonie" (Elisabeth Pflüger-Bouillon a. a. O., S. 12).

In seiner Rezension von *Des Knaben Wunderhorn. Alte deutsche Lieder, herausgegeben von Achim von Arnim und Clemens Brentano*, die 1806 erschienen, schreibt Goethe anläßlich dieser „echte[n] bedeutende[n] Grundgesänge":

„Wir können jedoch unsere Vorliebe für diejenigen nicht bergen, wo lyrische, dramatische und epische Behandlung dergestalt in einander geflochten ist, daß sich erst ein Räthsel aufbaut und sodann mehr oder weniger, und wenn man will, epigrammatisch auflöst. Das bekannte: Dein Schwert, wie ist's von Blut so roth, Eduard, Eduard! ist besonders im Originale das Höchste, was wir in dieser Art kennen." (WA I, 40, S. 357) Er begründet dies Urteil mit einer ästhetischen Erfahrung: „Der Drang einer tiefen Anschauung fordert Lakonismus. Was der Prose ein unverzeihliches Hinterstzuvörderst wäre, ist dem wahren poetischen Sinne Nothwendigkeit, Tugend" (a. a. O., S. 356). Lakonismus ist Kürze des Ausdrucks. Damit ist ein Begriff von Lyrik beschrieben, den Herder mit seiner Theorie und Sammlung von Volksliedern begründet und eingeführt hat: Sie unterscheidet sich von der Prosa nicht allein durch Rhythmus, Reim und Strophenform, sondern durch die Wortkargheit. Sie setzt sparsam treffende Worte und verzichtet auf Beweise, Erläuterungen, Begründungen und Beschreibungen. Logische Verknüpfungen, die man von erzählender oder theoretischer Prosa verlangen darf, könnten als Fehler erscheinen. Lyrik in diesem Sinne bietet unterschiedliche Möglichkeiten des Verständnisses an, ja sie kann Elemente von Irrationalismus enthalten.

In einer Notiz zum Register der *Volkslieder* 1777/78 schreibt Herder zum 2. Lied (Zweiter Teil, 2. Buch) *Klage über die Tyrannen der Leibeigenen. Esthnisch*:

„Abgekürzt würde das Lied schöner seyn; aber es sollte nicht abgekürzt werden. Der wahre Seufzer aus der nicht dichterisch, sondern wirklich gefühlten Situation eines ächzenden Volks, sollte wie er da ist, tönen."(Herder, Bd. III, S. 420)

Goethes Forderung des „Lakonismus" steht schon hier; er bedingt die Schönheit des Gedichtes. Aber die steht an zweiter Stelle hinter der „wirklich gefühlten Situation". Sie wird in Gegensatz zur „dichterisch" gefühlten Situation gestellt. Obwohl auch dies Gedicht Herder durch Vermittlung eines Gelehrten, des Pastors Hupel, seines Gewährsmannes für estnische Lieder (Vgl. Herder, Bd. III, S. 1116), bekannt wurde, sieht er hier die Wahrheit des unverstellten Gefühls der Klage über einen politisch bedingten empörenden Übelstand: es geht ihm aber – anders als Voß in seinen Idyllen *Die Leibeigenschaft* – nicht um die Frage, ob eine Revolte gerechtfertigt sei wie in den *Pferdeknechten* oder ob die von oben eingeleiteten Reformen die Situation bessern könnten wie in *Der Ährenkranz*. Neigt ein moderner Leser vielleicht zur politischen Beurteilung der Herrschaft mit Unterdrückung, Qual und Ausbeutung der Beherrschten, die von grausamen Deutschen im Baltikum geknechtet werden, so zielt das Gedicht auf die Empfindungen des Bauern, der zu seiner Tochter spricht. Die Barmherzigkeit, die ihm von „dem schrecklich bösen Herrn" (Herder, Bd. III, S. 302) verweigert wird, gewährt er selbst seinem Hunde. Nicht Anklage, sondern Klage ist Thema des Gedichtes. Die Leibeigenen interessieren den Volksliedforscher Herder nicht als Opfer einer Herrenschicht von Kolonisatoren, sondern als Randgruppe der Gesellschaft, in der sich die ursprüngliche Menschennatur im Ausdruck von Empfindungen erhalten hat.

Die Volksliedersammlung schließt mit einem zeitgenössischen Gedicht, dem *Abendlied*, das Matthias Claudius soeben im Voßischen Musenalmanach auf 1779 veröffentlicht hatte. Herder nahm die beiden letzten Strophen nicht in seine Sammlung auf, so daß Claudius sie später durch ein Sternchen von den ersten fünf Strophen trennte. Das Gedicht zeigt, am Ende der Sammlung, noch einmal das grundsätzliche Problem des Volkslieds: zwar wird es als anonymes Gut über Generationen vererbt, aber es ist ein Kunstprodukt. Zwar klingt es ursprünglich und naiv, aber dieser „Ton" ist das Ergebnis eines bewußten Kunstwillens. Die Bitte „Laß uns einfältig werden" in der letzten Strophe sagt das mit aller Deutlichkeit, auch wenn Claudius nicht um die Naivität des Rousseau'schen Wilden, sondern um die Einfältigkeit des Gläubigen bittet.

Herders Leistung beruht nicht zuletzt auf seinem Gespür für literarische Qualitäten: das *Abendlied* wurde in der Folge wirklich ein Volkslied.

Durch die Überlieferung in Schullesebüchern und Kirchengesangbüchern ist es bis in die Gegenwart eines der bekanntesten Gedichte des achtzehnten Jahrhunderts. Herder scheint das vorausgesehen zu haben, indem er ihm seinen Platz im Gesangbuch als der „Bibel des Volks" (Herder, Bd. III, S. 426) zuweist und es als Muster des Volkslieds darstellt. Nur wenige andere Lieder der Zeit haben eine solche Volkstümlichkeit behalten. Das Volkslied unterscheidet sich vom Schlager oder Gassenhauer durch die Langlebigkeit, die es seinen ästhetischen Qualitäten und seinen Themen verdankt; meist handelt es von dauernden menschlichen Möglichkeiten; es ist anonym, es wird nicht schriftlich, sondern mündlich überliefert, so daß es oft zersungen, d. h. im Laufe der Überlieferung verändert wird; es ist bisweilen an bestimmte soziale Gruppen gebunden; es gibt Handwerks-, Soldaten-, Bauernlieder. Doch das sind Ausnahmen: meist sind die Gruppen, denen das Volkslied zuzuordnen ist, nicht eindeutig bestimmbar. Die Frage bleibt, ob das anonyme, aus der Tiefe des Volkes und der Zeiten emporquellende Volkslied wirklich nachweisbar ist oder ob es nicht vielmehr eine romantische Vorstellung ist: für die von Herder gesammelten Gedichte mindestens läßt sich immer eine Quelle, ein Bearbeiter oder Übersetzer nennen. Goethe hat deshalb in der *Wunderhorn*-Rezension von 1806 eine Bestimmung vorgeschlagen, die die Bezeichnung Volkslied auch für Gedichte rechtfertigt, deren Verfasser namentlich bekannt sind, indem er die poetischen Merkmale betont:

„Diese Art Gedichte, die wir seit Jahren Volkslieder zu nennen pflegen, ob sie gleich eigentlich weder vom Volk, noch für's Volk gedichtet sind, sondern weil sie so etwas Stämmiges, Tüchtiges in sich haben und begreifen, daß der kern- und stammhafte Theil der Nationen dergleichen Dinge faßt, behält, sich zueignet und mitunter fortpflanzt – dergleichen Gedichte sind so wahre Poesie, als sie irgend nur sein kann; sie haben einen unglaublichen Reiz, selbst für uns, die wir auf einer höheren Stufe der Bildung stehen, wie der Anblick und die Erinnerung der Jugend für's Alter hat. Hier ist die Kunst mit der Natur im Conflict, und eben dieses Werden, dieses wechselseitige Wirken, dieses Streben scheint ein Ziel zu suchen, und es hat sein Ziel schon erreicht." (WA I, 40, S. 355 f.)

Nimmt man es ganz genau, dann hat es das Volkslied in dem engen und strengen Sinn, wie ihn eine nationalromantische Literaturgeschichte wahrhaben wollte, nie gegeben. Dennoch hat dieser Begriff, der von Herder geprägt, historisch und poetologisch entwickelt und mit seiner Volksliedersammlung durchgesetzt wurde, den Begriff von lyrischer Dichtung fruchtbar verändert.

D. Die „Erlebnisdichtung"
Johann Wolfgang Goethe: Lyrik

1. Grundlageninformation

1.1. Texte und Materialien

Goethes Schriften. Leipzig, bei G. J. Göschen. 8 Bde. 1787–1790.
[Bd. 8, 1789, enthält die Gedichte.]
Goethes Werke. Vollständige Ausgabe letzter Hand. Stuttgart und Tübingen, Cotta.
40 Bde. 1827–1830. Ergänzend: *Goethes nachgelassene Werke.* Ebd. Bde. 41–60.
Hg. von Johann Peter Eckermann und Friedrich Wilhelm Riemer.
[Die Gedichte in Bd. 1–4 (1827), 47 (1833) und 56 (1842)]
Goethes Werke. WA I, 1–7,16,37,53
Gedichte und Epen, in: HA, Bd. I. Hamburg 1953 u. ö. München [7]1973 u. ö.
[Mit ausführlicher Bibliographie der zahlreichen Ausgaben.]

1.2 Forschungsliteratur

Braemer, Edith: Goethes 'Prometheus' und die Grundpositionen des Sturm und
     Drang, Weimar 1959
     [Einseitig marxistisch orientierte Abhandlung.]
Bühler, Arnim-Thomas: *Prometheus* und *Grenzen der Menschheit*: zwei bekann-
     te Goethe Gedichte und ihre Verbindungen zu Goethes Biographie, Wetzlar
     1995
Conrady, Karl Otto: Über „Sturm und Drang"-Gedichte Goethes. Anmerkungen zu
     ihrem historischen Ort und ihrer heutigen Bedeutung, in: Ders. (Hg.): Literatur
     und Germanistik als Herausforderung. Skizzen und Stellungnahmen, Frankfurt
     a. M. 1974
Cramer, Konrad: Erleben, Erlebnis, in: HWP, Bd. 2, Sp. 702–711
Eibl, Karl: Schmidts Sturmlied – Goethes Sturmlied; Jochen Schmidt: Jupiter Pluvius,
     Lord Chesterfield und Karl Eibl, in: JbDSG 24 (1985), S. 514–531
Guthke, Karl Siegfried: Die Entdeckung des Ich in der Lyrik. Von der Nachahmung
     zum Ausdruck der Affekte, in: Wilfried Barner (Hg.): Tradition, Norm, Innova-
     tion. Soziales und literarisches Traditionsverhalten in der Frühzeit der deutschen
     Aufklärung, München 1989, S. 93–124
Henkel, Arthur: *Wandrers Sturmlied.* Versuch, das dunkle Gedicht zu verstehen,
     Frankfurt a. M. 1962
     [Stellt das Gedicht in den Zusammenhang mit dem Geniebegriff.]
Ders.: Zum jungen Goethe. Modellinterpretationen zur Lyrik und zum Drama,
     Stuttgart 1982
Kaiser, Gerhard: Geschichte der deutschen Lyrik von Goethe bis zur Gegenwart: ein
     Grundriß in Interpretationen, 3 Bde., Frankfurt a. M./Leipzig 1996
Ketelsen, Uwe K.: Innovation und Transformation: Von der Entstehung aufkläreri-
     scher Lyrik im Verfall der barocken Poetik, in: Sara Friedrichsmeyer, Barbara

Becker-Cantarino (Hg.): The Enlightenment and its legacy: studies in German literature in honor of Helga Slessarev, Bonn 1991, S. 43–53

Martin, Dieter: Das deutsche Versepos im 18 Jahrhundert: Studien und kommentierte Gattungsbibliographie, Berlin u. a. 1993 (Diss. Heidelberg 1992) [Gründliche und detaillierte Arbeit.]

Matthiesen, Kai: *Prometheus*: antiker Mythos und ökonomische Sinndeutung, in: Marion M. Helmes – Gabriele Cécile Weiher (Hg.): Mythen in Moderne und Postmoderne: Weltdeutung und Sinnvermittlung, Berlin 1995, S. 11–27

Meyer-Krentler, Eckhardt: Willkomm und Abschied – Herzschlag und Peitschenhieb. Goethe – Mörike – Heine, München 1987 [Literatur-, rechts- und mentalitätsgeschichtliche Studie zu dem 1789 von Goethe dem Gedicht beigegebenen Titel.]

Mittelberg, Ekkehart: Methoden- und Rezeptionswandel in der Literaturwissenschaft am Beispiel der Sesenheimer Lyrik Goethes, Stuttgart 1976 [Sammlung von Deutungen der Gedichte *Willkommen und Abschied* und *Mailied* von 1848–1967.]

Ross, Werner: Johann Wolfgang Goethe *Es war ein König in Thule*, in: Rupert Hirschenauer – Albrecht Weber (Hg.): Wege zum Gedicht, Bd. 2: Interpretationen von Balladen, München/Zürich 1963, S. 147–153 (wieder abgedr. in: Werner Keller (Hg.): Aufsätze zu Goethes Faust I., Darmstadt [3]1991, S. 544–550 (= Wege der Forschung Bd. 145)

Schmidt, Jochen: Gelehrte Genialität: *Wandrers Sturmlied*, in: JbDSG 28 (1984), S. 144–190

Vaget, Hans Rudolf: Eros und Apoll. Ein Versuch zu *Künstlers Morgenlied*, in: JbDSG 30 (1986), S. 196–217

Wiese, Benno von (Hg.): Die deutsche Lyrik. Form und Geschichte. Interpretationen vom Mittelalter bis zur Frühromantik, Düsseldorf 1959 [U. a. mit Beiträgen von Albrecht Schöne (Gottfried August Bürger) und Karl Otto Conrady (Johann Wolfgang von Goethe).]

2. Entstehung

In den sieben Jahren zwischen der Abreise aus Leipzig am 28. August 1768 und der Ankunft in Weimar am 7. November 1775 hat Goethe nur etwa siebzig Gedichte geschrieben, wenn man „die beiläufigen Stammbuchverse, Gelegenheitssprüche, Widmungen, die versifizierten Tagebucheintragungen und gereimten Briefpassagen" abrechnet. Darauf macht Karl Otto Conrady aufmerksam. (Karl Otto Conrady: Zur Bedeutung von Goethes Lyrik im Sturm und Drang. In: Walter Hinck (Hg.): Sturm und Drang. Königstein/Ts. 1978, [2]Frankfurt a. M. 1989, S. 97–116) Diese Gedichte sind keineswegs alle zur Zeit ihres Entstehens veröffentlicht worden, sondern z. T. erst nach Goethes Tod. Ihre Druckgeschichte beginnt im Juli 1775 mit einigen Veröffentlichungen in der von Johann Georg Jacobi (1740–1814) herausgegebenen Zeitschrift *Iris* und endet noch lange nicht mit der Ausgabe in Bd. 8 der *Schriften* 1789. Über die Geschichte der Textüberlieferung berichtet der Kommentar von Erich Trunz in HA, Bd. I, S. 456–529.

Anfang April 1770 kam Goethe zur Fortsetzung seines in Leipzig begonnenen Studiums nach Straßburg. Der Aufenthalt dort machte ihn zum Dichter; er fand den ihm eigenen Stil, der sich zunächst in der sog. Sesenheimer Lyrik, in einigen Balladen und in den großen Hymnen der siebziger Jahre verwirklichte. Bestimmend für diese Entwicklung war die Bekanntschaft mit Herder, dem er im Oktober 1770 im Gasthof *Zum Geist* begegnete.

Herder, fünf Jahre älter als Goethe, war damals im literarischen Leben Deutschlands einer der führenden Köpfe. Die Fragmente *Über die neuere deutsche Literatur*, die *Kritischen Wälder* und seine Fehde mit Klotz hatten ihn, mit Goethes Worten, „an die Seite der vorzüglichsten Männer gesetzt" (DuW., Bd. I, S. 434). Während der schmerzhaften Behandlung eines Augenleidens besprach er mit dem Jüngeren seine damals entstehende Abhandlung *Über den Ursprung der Sprache*. Vor allem aber machte er ihn auf Hamann, Homer, Pindar, Shakespeare, Ossian und die Volkspoesie aufmerksam. Für Goethe wurde, wie er später bekannte, diese Begegnung „das bedeutendste Ereignis, was die wichtigsten Folgen für mich haben sollte" (DuW., S. 430). Sie vermittelte ihm eine gänzlich neue Vorstellung von der Poesie, indem sie ihn lehrte, „daß die Dichtkunst überhaupt eine Welt- und Völkergabe sei, nicht ein Privaterbteil einiger feinen, gebildeten Männer" (DuW., Bd. I, S. 437): Er vollzog, angeregt von Herder, damit den literaturgeschichtlich entscheidenden Schritt von der Regelpoetik zur Volkspoesie und sog. Erlebnislyrik. In Leipzig hatte er von Gellert und dem Freunde Behrisch sprachliche und stilistische Belehrungen erfahren, die er nur als Einschränkung verstehen konnte:

„Ich sollte vergessen, daß ich den Kaiser [!] von Kaisersberg gelesen hatte und des Gebrauchs der Sprüchwörter entbehren, die doch, statt vieles Hin- und Herfackelns, den Nagel gleich auf den Kopf treffen; alles dies, das ich mir mit jugendlicher Heftigkeit angeeignet, sollte ich missen, ich fühlte mich in meinem Innersten paralysiert und wußte kaum mehr, wie ich mich über die gemeinsten Dinge zu äußern hatte. Daneben hörte ich, man solle reden wie man schreibt und schreiben wie man spricht; da mir Reden und Schreiben ein für allemal zweierlei Dinge schienen." (DuW., Bd. I, S. 270)

So beschreibt er die Beengung, die er durch seine sprachliche Erziehung im gebildeten Leipzig erfahren hatte und die ihn für die Einflüsse Herders empfänglich machte. Dichtung ist nicht Sache allein der Gebildeten und Wohlerzogenen, wie noch 1780 Friedrich II. nachdrücklich behauptete, sondern sie gehört der ganzen Welt und ihren Völkern. Sie muß deshalb aus den volksläufigen Überlieferungen schöpfen, wie sie sich z. B. in den Schriften des Volkspredigers Geiler von Kaysersberg (1445–1510) finden, der um die Wende des Mittelalters zur frühen Neuzeit lebte, ein älterer Zeitgenosse Götz von Berlichingens (1480–1562). Seine Sprache wird als lebendig, einprägsam, komisch und drastisch gerühmt; seine Predigten waren mit Anekdoten, Sprichwörtern, Schwänken, Bildern und Gleichnissen geschmückt.

Goethe spürte diesen volksläufigen Überlieferungen nach: er sammelte im Elsaß zwölf Volkslieder, die er im Herbst 1771, inzwischen wieder in Frankfurt, an Herder sandte; er schreibt dazu: „ich habe noch aus Elsaß zwölf Lieder mitgebracht, die ich auf meinen Streifereien aus denen Kehlen der ältesten Mütterchens aufgehascht habe. Ein Glück! denn ihre Enkel singen alle: ‹Ich liebte nur Ismenen.›" (WA IV, 2, S. 2) Dieser Schlager war offenbar ein zählebiger Ohrwurm; noch 1819/21 erwähnt E. T. A. Hoffmann ihn als „altes, erbärmliches Lied" in dem Roman *Lebensansichten des Katers Murr*. Fünf jener Lieder nahm Herder 1773 in seine Sammlung *Alte Volkslieder* auf, drei stehen in den *Volksliedern* von 1778/79, von wo sie dann in *Des Knaben Wunderhorn* (1806) gelangten. Goethe hatte deutlich gesehen, daß die Zeit einer Verbesserung der Literatur durch Sprachreinigung, wie sie in Leipzig noch in den sechziger Jahren unter Gottscheds Einfluß betrieben wurde, vorbei war. Und ebenso deutlich sah er die Bedrohung der gewachsenen Volkskultur durch die Vorläufer der modernen Unterhaltungsindustrie. Die Sprache, die er schreibt, soll wie das frühe Neuhochdeutsch des Geiler von Kaisersberg oder Luthers und der Volkslieder den Nagel auf den Kopf treffen, statt aufgeklärt und gesittet drum herum zu reden.

Zunächst gilt das für die *Geschichte Gottfriedens von Berlichingen mit der eisernen Hand, dramatisiert*, die Goethe bald nach der Rückkehr aus Straßburg im Herbst 1771 schrieb, in einem weiteren Sinne aber auch für *Die Leiden des jungen Werthers* (im Frühjahr 1774 entstanden) und für die elf Gedichte, die in der Familie Brion aufbewahrt wurden: so erstaunlich die sprachliche Verschiedenartigkeit des Dramas, des Romans und dieser Gedichte sich zeigt, so deutlich ist auch die sprachliche Verwirklichung des jeweils „Charackterischen", in Dramatik, Epik und Lyrik, die Goethes Shakespeare-Aufsatz von 1771 fordert.

3. Analysen

Das auslösende Moment der Sesenheimer Lyrik, die Liebe zu Friederike Brion, ist von einer Germanistik, die sich lange Zeit als Goethephilologie verstand, vielfach überschätzt worden. Man darf Eric A. Blackall zustimmen:

„Goethes Straßburger Zeit wird manchmal als Entdeckung des Inhalts dargestellt, in Wirklichkeit brachte sie die Entdeckung der Form. In ihr fand nicht ein Übergang statt von vorgeblichem zu wirklichem Gefühl, sondern von entlehnter zu wirklicher Form." (Eric A. Blackall S. 373)

Das Wort „Form" ist insofern mißverständlich, als es die Vorstellung wecken könnte, da sei eine Substanz, die in verschiedene Formen gefüllt werden könnte, ohne sich dabei zu verändern, so als wären poetische Formen austauschbar, ohne den „Inhalt" zu verwandeln. Das Entscheidende in den Friederike-Liedern ist indes nicht die Liebe zu Friederike Brion – Goethe war schon vorher in andere Mädchen verliebt – sondern ihre eigentümliche und ganz neue Sprache. Sie ist voller „Sprünge und Würfe", die Herder in den Gesängen der „wilden Völker" (Herder, Bd. II, S. 468) erkannt hatte. Man kann sie z. B. beim Vergleich der beiden Fassungen von *Willkommen und Abschied* erkennen: aus den Versen „Schon stund im Nebelkleid die Eiche / Wie ein getürmter Riese da," wird „Schon stand im Nebelkleid die Eiche, / Ein aufgetürmter Riese, da," – aus dem Vergleich wird die nachdrücklichere Metapher, dem logischen Denken unzugänglich, dem Gefühl gemäßer. Ähnlich das *Mayfest*, das eigentlich keine Gedanken miteinander verbindet, sondern von einem Bild zum anderen springt. Charakteristisch sind hier wie in anderen Gedichten neue Wortbildungen wie „Blütendampf", „Morgenblumen" und „Himmelsduft", die Apokopen und Elisionen – Auslassungen des letzten Buchstabens – wie „Knab" oder „Aug", ebenso bezeichnend auch die grammatischen Nachlässigkeiten: es fehlen bisweilen Hilfszeitwörter oder Pronomina. Ausrufe und fehlende Kommata unterstreichen den Eindruck der Spontaneität, Kehrreime den volksliedhaften Charakter. So entsteht der Eindruck, daß Goethes Liebe zu Friederike Brion in der Tat etwas Neues und Einzigartiges sei. Das gehört seit dem Sturm und Drang zum Begriff der Lyrik: sie zeigt die persönliche Erfahrung als neu und einzig, so wie jeder Verliebte seinen Zustand als etwas Besonderes erfährt. Diese allgemeine Erfahrung so zu gestalten, daß sie auch dem Leser als einmalig und persönlich erscheint, ist Goethes poetische Leistung.

In welchem Maße die Gedichte der Straßburger Zeit seine Lyrik verändert haben, kann man leicht erkennen, wenn man z. B. das Gedicht *Lebendiges Andenken* von 1768 mit dem späteren *Mit einem gemalten Bande* aus dem Frühjahr 1771 vergleicht: dort lesen wir eine modische Dichtung im Zeitgeschmack. Sie handelt von der Erotik des Rokoko, deren Requisiten „Schleier, Halstuch, Strumpfband, Ringe" dem Liebhaber den Weg zu den Reizen der Geliebten weisen. Diese anakreontische Dichtung von einer heiteren und problemlos sinnlichen Tändelei hat sich im Gedicht von 1771 zur Beschreibung einer inneren Beziehung gewandelt, die sehr viel ernster und als dauernd erscheint. Der um 1770 modische Gegenstand, das bemalte Band, wird am Ende des Gedichtes gleichsam widerrufen: „Und das Band, das uns verbindet, / Sei kein schwaches Rosenband!" Aus der Tändelei im Sinne des literarischen Rokoko, mit der das Gedicht beginnt, wird am Ende Ernst. Der ersehnte Erfolg ist nicht „Glück und Lust", sondern der Wunsch nach Übereinstimmung, die geliebte Frau nicht Gegenstand dieser Lust, sondern eine selbständige Person: „Reiche frei mir deine Hand". Im Nachlaß Friederike Brions findet sich zwischen der dritten und vierten Strophe eine weitere:

„Schicksal, segne diese Triebe,
Laß mich ihr und laß sie mein,
Laß das Leben unsrer Liebe
Doch kein Rosen-Leben sein!"
(HA, Bd. I, S. 26)

Die Rose, Bild jugendlicher Schönheit, wird am Ende zum Bild der Vergänglichkeit. Eric A. Blackall hat das Gedicht „das treffendste Bild von Goethes Bruch mit der Anakreontik" (a. a. O., S. 374) genannt. Goethe hat hier – wie in vielen anderen Gedichten – einen neuen und persönlichen Ton getroffen, individuell und unverwechselbar. Man kann es sich als Volkslied gesungen, ja zersungen vorstellen. Davon erzählt Gottfried Keller im *Sinngedicht* (1881), indem er „die unverwüstliche Seele des Liedes" (Keller, Bd. II, S. 1184) rühmt.

Später, im sechzehnten Buch von *Dichtung und Wahrheit*, hat Goethe berichtet, wie seine Gedichte entstanden seien:

„Ich war dazu gelangt das mir inwohnende dichterische Talent ganz als Natur zu betrachten, um so mehr als ich darauf gewiesen war, die äußere Natur als den Gegenstand desselben anzusehen. Die Ausübung dieser Dichtergabe konnte zwar durch Veranlassung erregt und bestimmt werden; aber am freudigsten und reichlichsten trat sie unwillkürlich, ja wider Willen hervor. [...] Ich war so gewohnt mir ein Liedchen vorzusagen, ohne es wieder zusammenfinden zu können, daß ich einige Mal an den Pult rannte und mir nicht die Zeit nahm einen quer liegenden Bogen zurecht zu rücken, sondern das Gedicht von Anfang bis zu Ende, ohne mich von der Stelle zu rühren, in der Diagonale herunterschrieb. In eben diesem Sinne griff ich weit lieber zu dem Bleistift, welcher williger die Züge hergab; denn es war mir einige Mal begegnet, daß das Schnarren und Spritzen der Feder mich aus meinem nachtwandlerischen Dichten aufweckte, mich zerstreute und ein kleines Produkt in der Geburt erstickte." (DuW., Bd. I, S. 722 f.)

Der „nachtwandlerische" Schaffensprozeß läßt den Dichter als „Natur" im Gegensatz zur „äußeren Natur" erscheinen, d. h. nicht als geschaffene, sondern als schaffende Natur. In der Philosophie des achtzehnten Jahrhunderts sprach man im Sinne Spinozas von „Natura naturans" im Unterschied zur „Natura naturata", von der schöpferischen Mutter Natur im Gegensatz zu ihren Werken. Die „Dichtergabe" ist die Teilhabe an der Schöpferkraft jener Natur. Das Genie erschafft seine Werke wie die Natur die ihren. Wie sie zustande kommen, vermag es nicht zu erklären, sondern nur als Erfahrung zu berichten. Zum Prozeß des Schaffens wie zu seinem Gegenstand gehört die Unmöglichkeit seiner rationalen Vermittlung, entsprechend der Definition des Genies in Kants *Critik der Urteilskraft*, „daß es, wie es sein Produkt zu Stande bringe, selbst nicht beschreiben, oder wissenschaftlich anzeigen könne, sondern daß es als Natur die Regel gebe". (Kant, Bd. X, S. 242). Zugleich ist das, was im lyrischen Gedicht zur Sprache kommt, immer das selbst Erlebte, keine Erfindung. Die Dichtung des Genies ist authentisch, verbürgt durch die Person des Dichters. Man hat aus Goethes Beschreibung geschlossen, er habe „unmittelbar" seine Erlebnisse, Empfindungen und Eingebungen zu Papier gebracht. Genau besehen trifft das nicht zu, denn mindestens der Bleistift vermittelt die Übertragung des Gedachten oder Geträumten auf das Papier. Angemessener scheint, von einer „Verschränkung von Unmittelbarkeit und Vermittlung" (K. Cramer: Erleben, Erlebnis. In: HWP., Bd. II, Sp. 702–711) zu sprechen.

In der deutschen Literaturwissenschaft ist der Begriff Erlebnisdichtung gerade auch zur Kennzeichnung von Goethes Lyrik eingebürgert. Er ist nicht unproblematisch. Das Wort „Erlebnis" gab es in der Goethezeit noch nicht; es entstand im Laufe des neunzehnten Jahrhunderts und wurde um 1900 ein philosophisches Modewort. In die Germanistik fand es Eingang durch das Buch von Wilhelm Dilthey *Das Erlebnis und die Dichtung* (1906), dessen Bedeutung in der Überwindung des geistesgeschichtlichen Positivismus liegt. Im Mittelpunkt seiner Überlegungen steht der Begriff Verstehen. Der Verstehensprozeß ist auf das „Erlebnis" und seinen „Ausdruck", in dem sich das Leben ausspricht, verwiesen. Im Gefolge Diltheys suchte daher die Goethephilologie nach Erlebnissen, die den Dichtungen – tatsächlich oder vermutlich – zugrundeliegen; bestärkt wurde sie darin durch die berühmten Worte in *Dichtung und Wahrheit*:

„Und so begann diejenige Richtung, von der ich mein ganzes Leben über nicht abweichen konnte, nämlich dasjenige was mich erfreute oder quälte, oder sonst beschäftigte, in ein Bild, ein Gedicht zu verwandeln und darüber mit mir selbst abzuschließen, um sowohl meine Begriffe von den äußeren Dingen zu berichtigen, als mich im Innern deshalb zu beruhigen. Die Gabe hierzu war wohl niemand nötiger als mir, den seine Natur immerfort aus einem Extreme in das andere warf. Alles was daher von mir bekannt geworden, sind nur Bruchstücke einer großen Konfession, welche vollständig zu machen dieses Büchlein ein gewagter Versuch ist." (DuW., Bd. I, S. 303)

Man hat dies oft allzu direkt und wörtlich verstanden, indem man „Konfession" nicht allein im Sinn von Glaubensbekenntnis, sondern als Geständnis oder Sündenbekenntnis auffaßte. Das kann bisweilen zu Einseitigkeiten des Verständnisses führen, wie sich an der Ballade *Heidenröslein* zeigen läßt.

Sie ist eine knappe, bündige Erzählung in drei Strophen und trägt deutlicher als viele andere Gedichte der Straßburger Zeit den Charakter des Volkslieds. Er wird durch den zweizeiligen Kehrreim unterstrichen, der die Strophen beschließt. Herder hat es, aus dem Gedächtnis und mit einigen Veränderungen, 1773 im *Ossian*-Aufsatz als „ein älteres Deutsches" Lied für Kinder (Herder, Bd. II, S. 484) zitiert. Abermals verändert nahm er es in die Volksliedersammlung von 1778/79 auf, wo es im zweiten Buch des zweiten Teils unter der Nummer 23 und der Überschrift *Röschen auf der Heide*. *Deutsch* steht, in der Ausgabe von Heinz Rölleke mit dem Zusatz „Aus der mündlichen Sage" (S. 277). Erst in den *Schriften* (1789) erschien es als ein Gedicht Goethes. Er hatte es in wesentlichen Zügen der Sammlung von Paul von der Aelst (1602) entnommen: der Kehrreim „Röslein auf der Heiden!" findet sich dort ebenso wie der Vergleich der Geliebten mit einer Rose. (Vgl. Herder, Bd. III, S. 1139–1142)

Der Kommentar der *Hamburger Ausgabe* merkt an: „Entstanden in Straßburg, vermutlich Sommer 1771" (HA, Bd. I, 492). Am 7. August desselben Jahres nahm Goethe in Sesenheim Abschied von Friederike Brion, ohne ihr zu sagen, daß er sie endgültig verlasse. Am 14. August kehrte er nach Frankfurt zurück. Trunz bringt die Ballade mit dem Abschied in Zusammenhang, indem er interpretiert: „Ein erstes leises Aufklingen des Themas der schicksalhaften Schuld, das bald darauf in Goethes Dichtung so wesentlich wurde." (HA, Bd. I, S. 495) Man darf jedoch fragen, ob nicht mindestens die literarische Anregung durch von der Aelst ebenso das Lied beeinflußt hat wie die Trennung von Friederike Brion. Wenn das Gedicht in Straßburg entstanden ist, dann sehr wahrscheinlich vor dem letzten Besuch in Sesenheim, es sei denn, man nähme die Woche zwischen dem 7. und 14. August als Entstehungszeit an. Solche pedantischen Überlegungen zeigen, wie fragwürdig der Schluß von der Dichtung auf das ihr zugrunde liegende Erlebnis ist und wie ungesichert die Deutung des Gedichtes als „Konfession" im Sinne eines Eingeständnisses, auch wenn Goethes Erzählung das nahelegen könnte.

Wie weit innere Erfahrungen, Schuld und Reue oder Glück und Wohlbefinden am Schaffensprozeß beteiligt waren, wird sich mit Sicherheit nie feststellen lassen. Auch in dieser Hinsicht ist *Dichtung und Wahrheit* mit kritischer Vorsicht und nicht als Niederschlag reiner Wahrheit zu lesen. Goethes Darstellung verschweigt, wie sehr er an seinen Gedichten gearbeitet hat, statt sich mit der Eingebung zu begnügen. Da sich diese Arbeit meist nicht anhand von Korrekturen in den Manuskripten nachweisen läßt, hat man die Texte oft als unmittelbare Ergebnisse einer Inspiration gelesen.

Man kann sich das vor Augen führen, indem man die zwei Fassungen der Ballade *Der König in Thule* miteinander vergleicht. Goethe schrieb das Gedicht wahrscheinlich 1774 während der Rheinreise (Zur Textüberlieferung vgl. HA., Bd. I, S. 511 f. und Albrecht Schöne: *Faust. Kommentare*, Frankfurt a. M, 1994, S. 295 f. und 867 f.).

Es war ein König in Thule,	Es war ein König in Thule,
Ein' goldnen Becher er hätt	Gar treu bis an das Grab,
Empfangen von seiner Buhle	Dem sterbend seine Buhle
Auf ihrem Todesbett.	Einen goldnen Becher gab.
Den Becher hätt er lieber,	Es ging ihm nichts darüber,
Trank draus bei jedem Schmaus;	Er leert' ihn jeden Schmaus;

Die Augen gingen ihm über,	Die Augen gingen ihm über,
So oft er trank daraus.	So oft er trank daraus.
Und als er kam zu sterben,	Und als er kam zu sterben,
Zählt' er seine Städt' und Reich';	Zählt' er seine Städt' im Reich,
Gönnt alles seinen Erben,	Gönnt' alles seinem Erben,
Den Becher nicht zugleich.	Den Becher nicht zugleich.
Am hohen Königsmahle,	Er saß beim Königsmahle,
Die Ritter um ihn her,	Die Ritter um ihn her,
Im alten Vätersaale	Auf hohem Vätersaale
Auf seinem Schloß am Meer.	Dort auf dem Schloß am Meer.
Da saß der alte Zecher,	Dort stand der alte Zecher,
Trank letzte Lebensglut	Trank letzte Lebensglut
Und warf den heiligen Becher	Und warf den heil'gen Becher
Hinunter in die Flut.	Hinunter in die Flut.
Er sah ihn sinken und trinken	Er sah ihn stürzen, trinken
Und stürzen tief ins Meer,	Und sinken tief ins Meer.
Die Augen täten ihm sinken,	Die Augen täten ihm sinken;
Trank nie einen Tropfen mehr.	Trank nie einen Tropfen mehr.
(HA, Bd. I, S. 79–81)	

Die Änderungen betreffen vor allem die drei ersten Strophen. Die spätere Fassung vermeidet den klappernden Reim „hätt"/„Todesbett" und den störenden Binnenreim im zweiten Vers der zweiten Strophe „Trank draus bei jedem Schmaus". Der goldne Becher rückt in der ersten Strophe von der zweiten Zeile in die vierte. So wird seine Erwähnung in der zweiten Strophe entbehrlich. Seine Bedeutung steigert sich dabei über die dritte Strophe, wo er über die Städte und Reiche gestellt wird, zum „heil'gen Becher" in der fünften Strophe. Man könnte den Aufbau der Ballade noch weiter analysieren, etwa durch den Hinweis auf die Entsprechung zwischen dem Wechsel zwischen weiblichen und männlichen Reimen und der Nennung des Bechers in der ersten, dritten und fünften Strophe oder durch den Versuch, Rhythmus und Versmaß zu beschreiben; Herman Hefele spricht von „spondeisch empfundenen Jamben" (zitiert nach HA, Bd. I, a. a. O., Bd. I, S. 495). Die Formulierung verweist auf ein grundsätzliches Problem der Verslehre: im Deutschen kommen Spondeen – zwei aufeinander folgende lange oder betonte Silben – kaum vor. Es wäre eine Frage des Verständnisses der *Faust*-Dichtung, hier nicht zu erörtern, dies Gedicht aus dem Zusammenhang der Gretchentragödie zu deuten: das Thema der Treue, besiegelt durch das heilige Gefäß, lebendig in seinem beständigen Gebrauch und in den immer erneuten Tränen, die es hervorruft, spricht das Gedicht ebenso an, wie es die Zugehörigkeit Gretchens zum Volk verdeutlicht. Man darf jedoch, vor jeder Deutung, darauf verweisen, daß Goethe an dem Gedicht gearbeitet hat, so daß seine Absicht in der zweiten Fassung deutlicher wurde. *Der König von Thule*, als „eines der größten und tiefsten Gedichte der Menschheit", als „Muster für die vollendete Reife künstlerischer Absicht" (a. a. O.) gerühmt, verdankt diese Vollkommenheit nicht allein der Inspiration, sondern auch dem Takt und Geschmack seines Dichters, der über seine Absicht nachgedacht und am Text gefeilt hat, um sie zu verwirklichen. Was dem ersten Blick als „Natur" erscheint und als unmittelbare Erlebnisdichtung, erweist sich dem zweiten Blick zum guten Teil als „Kunst". Nicht nur in Goethes Dichtung ist das scheinbar Schlichte in der Tat ein Ergebnis des Nachdenkens und der Arbeit.

Unter seinen Gedichten aus den siebziger Jahren erscheinen die großen Hymnen als die charakteristischsten Zeugnisse des Sturm und Drang. Darf man die Balladen dieser Zeit in der Nähe des Volkslieds sehen und in den Sesenheimer Liedern einen neuen Typ der Lyrik, so sind *Wandrers Sturmlied* (1771 oder 1772), *Mahometsgesang* (1772/73), *Prometheus* (1774), *An Schwager Kronos* (10. Oktober 1774), *Ganymed* (1774), *Seefahrt* (11. September 1776) und *Harzreise im Winter* (Dezember 1777) Dichtungen, die an die Vorstellung des Dichters als Seher – des *poeta vates* – anknüpfen, sie aber zugleich in Frage stellen und weiterführen.

Aus verschiedenen Perspektiven umkreisen die Gedichte das Problem der Genialität oder des Genius; sie unterscheiden sich zunächst deutlich von der Lyrik der voraufgehenden Jahrzehnte, indem sie keine logische Gedankenführung, keine witzige Pointe, keine Aussage erstreben, die sich in anderen Worten aussprechen ließe. Sie sind gekennzeichnet durch Neuwortbildungen wie „Feuerflügel", „Hüterfittiche", „blumenglücklich", „Siegdurchglüht", „Schlangewandelnd", „Knabenmorgen-Blütenträume" (so in der Handschrift von 1777, später in den *Schriften* von 1789: „Blütenträume"), „anglühst", „Gesundheitsblick", „Hoffnungsglieder", „Dickichtsschauer". Das sind zunächst, stilistisch betrachtet, Kühnheiten, die die Persönlichkeit und ihr augenblickliches Befinden unterstreichen. Dem entsprechen die freien Rhythmen sowie die unregelmäßigen Vers- und Strophenlängen. *Ganymed* z. B. besteht aus Gruppen von acht, zwei, neun, zwei und zehn Zeilen; ihre Länge schwankt zwischen zwei und zehn Silben. Goethe beruft sich dabei auf Pindar, wie er im Juli 1772 an Herder schreibt: „Ich wohne jetzt in Pindar" (WA IV, 2, 15); das individuelle und tiefe Erlebnis gestaltet er auch in diesen Gedichten nicht ohne literarische Anregung. In der älteren Literaturgeschichtsschreibung wurde die Ansicht vertreten, Herder und Goethe hätten die kunstvollen Versmaße der pindarischen Oden für freie Rhythmen gehalten, da die Gräzistik erst im neunzehnten Jahrhundert die Gesetze dieser Metrik entdeckt habe. Jochen Schmidt korrigiert diese Annahme mit dem Hinweis, daß man Pindars Versmaße zwar nicht genau kannte, aber von ihnen wußte, da man versuchte, sie zu entschlüsseln. Die Geschichte dieser Entdeckung faßt Jochen

Schmidt zusammen. (Vgl.: J. S.: Die Geschichte des Geniegedankens in der deutschen Literatur, Philosophie und Politik 1750–1945. Darmstadt ²1988, Bd. I. S. 179 f. und 207. Vgl. ferner: Ders.: Gelehrte Genialität) Scheinbar knüpft Goethe mit seinen Hymnen an Klopstocks Odendichtung an. Aber da ist zunächst ein bemerkenswerter Unterschied zwischen dem hohen, pathetischen Stil Klopstocks und der mittleren Stillage der Hymnen. Und seine *Frühlingsfeyer*, die Lotte im *Werther* (Brief vom 16. Junius) zitiert, benennt sehr viel genauer das erhaben Göttliche, das sie besingt als z. B. Goethes *Prometheus*, der von Klopstocks Dichtung durch den folgenreichen Schritt der Säkularisation getrennt ist.

„Das Universum wird eben nicht, wie von der Naturmystik des Sturm und Drang aus zu erwarten wäre, als großer, vom göttlichen Alleben erfüllter Zusammenhang erlebt". (Horst Thomé) Klopstocks Begeisterung, von pietistischer Frömmigkeit gefärbt, gilt „Jehova", dem „Herrn": Goethes Prometheus zieht eine scharfe Trennungslinie zwischen sich und Zeus, den er mitsamt seinem Olymp verachtet: „Ich kenne nichts Ärmer's / Unter der Sonn' als euch Götter." (HA, Bd. I, S. 45)

Es ist ein verengendes Mißverständnis, in Prometheus „ein Symbol bürgerlicher Emanzipationsbestrebungen" (Edith Braemer, Goethes Prometheus und die Grundpositionen des Sturm und Drang, Weimar 1963, S. 175) zu sehen, ebenso wie eine psychoanalytisch beeinflußte Deutung der Hymne als Gestaltung eines Sohn-Vater-Konfliktes zu kurz greifen würde, zumal ja nicht Zeus, sondern der Titan Japetus in der griechischen Mythologie der Vater des Prometheus ist. Es gehört zum Wesen dieser Dichtung, daß sie nicht von einem einmaligen Akt der Rebellion spricht, sondern von der Auflehnung überhaupt aufgrund der eigenen Schöpfermacht. Der Mythos erzählt nicht von einem bestimmten Ereignis, sondern von dem, was immer geschieht und darum nicht historisch überliefert ist. Prometheus ist in dieser Hymne das sich selbst ermächtigende Individuum, das sich seine eigenen Gesetze gibt, stärker als der Herr des Himmels. Der Glaube an ihn wird „Toren" anheimgestellt. Kann man so das Gedicht als Zeugnis der Säkularisation lesen – es entstand im selben Jahr wie der *Werther*, der die Abkehr vom christlichen Glauben womöglich noch deutlicher zeigt, – so ist es auch ein Künstlergedicht: Prometheus ist nicht allein der mythologische Typus des Rebellen, sondern auch des Schöpfers, der die Menschen aus Lehm formte und ihnen das Feuer brachte. Der Künstler ist der Schöpfer; er weiß sich eins mit der schaffenden Mutter Natur. *Prometheus* ist auch insofern ein modernes, für den Sturm und Drang kennzeichnendes Gedicht, als es mehrere Deutungen ermöglicht: „Der Text stellt vielfältige Leseangebote zur Verfügung, die zusammen einen vagen Bedeutungshorizont hervorrufen. Eben dies hat Goethe später als Kennzeichen des Symbols angesehen. Es gibt ein konkret-sinnfälliges Bild (Prometheus), dessen Gehalt sich nicht „rund aussprechen", also nicht in die eindeutige abstrakte Begrifflichkeit zurückübersetzen läßt." (Thomé, a. a. O., S. 434 f.)

Einige Hymnen der siebziger Jahre sind Künstlergedichte. Sie zeigen – wenn man sie als „Bruchstücke einer großen Konfession" versteht – Aspekte von Goethes Selbstverständnis als eines schöpferischen, vom Genius geleiteten Menschen. Man wird „sagen können, daß die *Oden* des jungen Goethe in jeder Hinsicht den Höhepunkt der Geniebewegung darstellen." (Schmidt, 1984, a. a. O., S. 162)

Wandrers Sturmlied spricht in den ersten vier Strophen, die mit fast den gleichen Worten beginnen „Wen du nicht verlässest Genius" auch von der Macht dieses Genius, der nicht nur als Schutzgeist gemeint ist, sondern zugleich als Schöpfergeist; es ruft Apoll, die „Musen" und „Charitinnen" – Grazien – an. Zugleich feiert das Lied den regenbringenden Jupiter als seinen Anfang, Ende und Quell, der die Dichter Anakreon und Theokrit besucht. Das „dunkle Gedicht" zeigt trotz seiner Dunkelheit noch ein weiteres Element des mit dem Sturm und Drang neu entstehenden Verständnisses von Lyrik:

„Seit Youngs *Conjectures on original composition* (1759) und seit Herders Visionen einer erneuerten Ursprünglichkeit von Dichtungen verlangt die Poetik vom Gedicht ein Ingrediens Lallen, ein Zungenreden inspirierter Innerlichkeit. [...] Dichten wird zur Feier des Unvernünftigen, vertraut auf das, was unverstellt und ungehemmt durch alle Regeln aus der Seele quillt". (Arthur Henkel: *Wandrers Sturmlied*. Versuch, das dunkle Gedicht des jungen Goethe zu verstehen. Frankfurt a. M. 1962, S. 12 f.)

Goethe hat später im Zwölften Buch von *Dichtung und Wahrheit* von „seltsame(n) Hymnen und Dithyramben" gesprochen, die er „Halbunsinn" (DuW., Bd. I, S. 559) nennt. Demgegenüber hat Jochen Schmidt deutlich gemacht, wie dieser angebliche Halbunsinn „konsequent [...] den von der Tradition der pindarischen und der pindarisierenden Ode sowie der Odentheorie des 18. Jahrhunderts festgelegten Bahnen" folgt (Schmidt a. a. O.). Diese Tradition verlangt neben Strukturelementen wie z. B. dem Dreierschema mit der Folge von Strophe, Antistrophe und Epode auch die fiktive Vorstellung eines bestimmten Erlebnisses.

Wenn man als bestimmend für die Weimarer Klassik die Berufung auf die griechische Antike ansieht, so darf man in einigen der Hymnen aus den siebziger Jahren die Vorbereitung der Klassik erkennen. Die Anrufung des Regengottes Jupiter pluvius und des „Vater Bromios" – „ein bekannter Beyname des Bacchus" (Benjamin Hederich: *Gründliches Mythologisches Lexikon*. Leipzig 1770. Reprografischer Nachdruck Darmstadt 1996, Sp. 566) – , der Vergleich dieser Gottheit mit „Phöbus Apoll", der Gesang, der dem Ganymed gewidmet ist oder die Anrufung des Kronos, der mit dem Göttervater Saturn identifiziert wird: das sind mythologische Namen, die aus der griechisch-römischen Überlieferung stammen und in den Sturm- und Drang-Hymnen Goethes etwa jene Stelle einnehmen, die in Klopstocks *Bardieten* die germanische Mythologie innehat. Er versuchte in diesen Dramen, das Programm einer Nationaldichtung zu verwirklichen und stand dabei vor der Schwierigkeit, daß man von den alten Germanen und ihren Göttern sehr wenig weiß. Goethe macht es umgekehrt: er greift zur literarisch überlieferten antiken Mythologie, einem geläufigen Gegenstand zeitgenössischer Bildung, und spricht durch diese Maske hindurch von eigenen Erfahrungen.

E. Das poetische „Ur-Ei"
Die Anfänge der Kunstballade

1. Grundlageninformation

1.1. Texte und Materialien

Gottfried August Bürger: Sämtliche Werke. Hg. von Günter und Hiltrud Häntzschel. München, Wien 1987
Ludwig Christoph Heinrich Hölty: Sämtliche Werke. Hg. von Wilhelm Michael. Weimar 1914. Reprografischer Nachdruck Hildesheim 1969
Ludwig Christoph Heinrich Hölty. Gesammelte Werke und Briefe. Kritische Studienausgabe. Hg. von Walter Hettche. Göttingen 1998
Wilhelm Elsner (Hg.): Unvergängliche deutsche Balladen. Hamburg 1949 u. ö.
Rupert Hirschenauer, Albrecht Weber (Hg.): Deutsche Balladen. München 1962. ²1964
Balladen. Mit einem Nachwort von Walter Müller-Seidel. Freiburg i. Br. 1967
Konrad Nußbächer (Hg.): Deutsche Balladen. Stuttgart 1967 u. ö.
Beate Pinkerneil (Hg.): Das große deutsche Balladenbuch. Königstein/Ts. 1978
Wolfgang Braungart (Hg.): Bänkelsang. Texte – Bilder – Kommentare. Stuttgart 1985
Hartmut Laufhütte (Hg.): Deutsche Balladen. Stuttgart 1991
[Mit einer Bibliographie weiterer Balladensammlungen S. 587f.]
Bürgers Inquisitionsacten wider Katharine Elisabeth Erdmann von Benniehausen, in: Justus Claproth (Hg.): *Nachtrag zu der Sammlung verschiedener gerichtlichen vollständigen Acten zum Gebrauch practischer Vorlesungen*. Göttingen 1782, ²1790 (Wieder abgedruckt u. d. Titel *Verhör einer Kindsmörderin*, in: Peter Glotz, Wolfgang R. Langenbucher (Hg.): *Versäumte Lektionen. Entwurf eines Lesebuchs*. Gütersloh 1965, S. 255–258)

1.2. Forschungsliteratur

Benzmann, Hans: Die soziale Ballade in Deutschland. Typen, Stilarten und Geschichte der sozialen Ballade, München 1912
Beyer, Valentin: Die Begründung der ernsten Ballade durch G. A. Bürger, Straßburg 1905
Brednich, Rolf-Wilhelm/Röhrich, Lutz/Suppan, Wolfgang (Hg.): Handbuch des deutschen Volksliedes, Bd. 1, München 1973.

[Sammlung von dreißig Aufsätzen zum Thema Volksliedgattungen. Standardwerk.]

Elschenbroich, Adalbert: Die Romanze in der Dichtungstheorie des 18. Jahrhunderts und der Frühromantik, in: Jahrbuch des Freien Deutschen Hochstifts, (1975), S. 124–152

Ders.: Anfänge einer Theorie der Ballade im Sturm und Drang, in: Jahrbuch des Freien Deutschen Hochstifts, (1982), S. 1–56

Ensslen, Klaus: Edward Young, The Complaint, or Night Thoughts on Life, Death and Immortality, in: KLL, Bd. 17, S. 951 f.

Freitag, Christian: Ballade, Bamberg 1986 (= Themen – Texte – Interpretationen, Bd. 6)
[Materialreiches Arbeitsbuch für den Unterricht in Schule und Hochschule.]

Fritsch, Gerolf: Die deutsche Ballade zwischen Herders naturaler Theorie und später Industriegesellschaft. Ein literaturdidaktischer Kurs, Stuttgart 1976

Häntzschel, Günter: Gottfried August Bürger, München 1988

Hinck, Walter: Die deutsche Ballade von Bürger bis Brecht. Kritik und Versuch einer Neuorientierung, Göttingen 1968
[Stellt die wichtigsten Stadien der Gattungsgeschichte dar und unterscheidet dabei die „legendenhafte" von der „nordischen" Ballade.]

Jäger, Hans-Wolf: Politische Kategorien in Poetik und Rhetorik der zweiten Hälfte des 18. Jahrhunderts, Stuttgart 1970
[Eine auf intensiver Quellenkenntnis beruhende Auswahl poetologischer und rhetorischer Äußerungen.]

Kaim-Klook, Lore: Gottfried August Bürger. Zum Problem der Volkstümlichkeit in der Lyrik, Berlin 1963
[Chronologisch angelegte Studie aus marxistischer Sicht.]

Kayser, Wolfgang: Geschichte der deutschen Ballade, Berlin 1936
[Grundlegendes und umfassendes Standardwerk.]

Köpf, Gerhard: Die Ballade. Probleme in Forschung und Didaktik, Kronberg-Ts. 1976
[Für Schüler, Studierende und Lehrer gedachtes Arbeitsbuch, z. T. einseitig und polemisch.]

Laufhütte, Hartmut: Vom Gebrauch des Schaurigen als Provokation zur Erkenntnis. Gottfried August Bürger: *Des Pfarrers Tochter von Taubenhain*, in: Karl Richter (Hg.): Gedichte und Interpretationen, Bd. 2: Aufklärung und Sturm und Drang, Stuttgart 1983, S. 393–410

Ders.: Nachwort, in: Hartmut Laufhütte (Hg.): Deutsche Balladen, Stuttgart 1991, S. 592–632

Matt, Peter von: Liebesverrat. Die Treulosen in der Literatur, München 1989, S. 104–126 (zu *Des Pfarrers Tochter von Taubenhein)*
[Eine Enzyklopädie des Literarisch-Erotischen im besten Sinne.]

Müller-Seidel, Walter (Hg.): Balladenforschung, Königstein-Ts. 1980

Petzoldt, Leander: Bänkelsang. Vom historischen Bänkelsang zum literarischen Chanson, Stuttgart 1974

Rohde, Christiane: Das Präsens in der frühen deutschen Kunstballade, Marburg 1993 (Diss. 1991)

Stäuble, Eduard: Gottfried August Bürgers Ballade *Lenore*. Eine Deutung, in: DU, Jg. 10 (1958), S. 85–114

Sternitzke, Erwin: Der stilisierte Bänkelsang, Diss. Marburg 1933
Trumpke, Ulrike: Balladendichtung um 1770. Ihre soziale und religiöse Thematik,
  Stuttgart u. a. 1975
  [Stellt den Übergang der Romanze zur Kunstballade anhand von Themenberei-
  chen und Strukturen dar.]
Weißert, Gottfried: Ballade, Stuttgart 1993
  [Dem bewährten Schema der Realienbücher folgende zuverlässige Materialsamm-
  lung.]

2. Einleitung

1821 schrieb Goethe über die Ballade, sie sei „lyrisch, episch, dramatisch",
und deshalb „ließe sich an einer Auswahl solcher Gedichte die ganze Poetik
vortragen, weil hier die Elemente noch nicht getrennt, sondern wie in
einem lebendigen Ur-Ei zusammen sind, das nur bebrütet werden darf, um
als herrlichstes Phänomen auf Goldflügeln in die Lüfte zu steigen." *(Über
Kunst und Altertum*, WA I, 41. 1, S. 223 f.) Seither ist man sich weithin
einig über die Verbindung der von Emil Staiger so genannten „Grundbegriffe der Poetik" (Emil Staiger: Grundbegriffe der Poetik. München 1971
u. ö.) in Ballade und Romanze. Beide Begriffe, abgeleitet vom italienischen
ballata (Tanzlied) und vom spanischen romance (das in der Volkssprache
Geschriebene) werden etwa seit den neunzehnhundertzwanziger Jahren be-
deutungsgleich benutzt. Noch die sorgsam abwägende Bestimmung von
Hartmut Laufhütte betont den „episch-fiktionalen" und den dramatischen
Charakter der Ballade, wenn er von ihrer „spezifische[n] teleologische[n]
Vorgangsstrukturierung" spricht. (Hartmut Laufhütte: Nachwort, in: Ders.
(Hg.): Deutsche Balladen. Stuttgart 1991, S. 619)
  Strittig hingegen ist die Frage der Entstehung: Walter Falk läßt die Gat-
tung mit dem *Neuen Jonas* von Johann Wilhelm Ludwig Gleim beginnen
(Walter Falk: Die Anfänge der deutschen Kunstballade. In: DVjs. 44, 1970,
S. 670–686); Beate Pinkerneil führt Gleims *Marianne* als Beispiel für den
Übergang vom Bänkelsang zur Kunstballade an (Beate Pinkerneil (Hg.):
Das große deutsche Balladenbuch, Königstein/Ts. 1978, Vorwort S. IX).
Auch Hartmut Laufhütte läßt seine Sammlung mit diesem Gedicht begin-
nen; unter seinem vollständigen Titel *Traurige und betrübte Folgen der
schändlichen Eifersucht*. Die unterschiedlichen Ansichten stützen sich ei-
nerseits auf den literaturgeschichtlichen Befund: Falk sichtet die im Gefolge
Gleims entstandenen Balladen von Johann Friedrich Cronegk, Christian
Felix Weisse, Johann Friedrich Löwen, Rudolph Erich Raspe und Daniel
Schiebeler aus den Jahren 1756/57 bis 1767, in denen „sich während der
zweiten Hälfte des 18. Jahrhunderts die Phantasie vom Verstand zu befrei-
en versuchte" (vgl. Falk, a. a. O.). Die andere Ansicht geht auf Herder
zurück, der im *Ossian*-Aufsatz „die Nachsinger" Gleims verurteilt. Gleim,

so führt er aus, habe zwar seine *Marianne* „so schön" gesungen, aber andere seiner Werke und vollends die seiner Nachfolger verweist er in das Gebiet des „Niedrigkomischen und Abenteuerlichen" (VdAK, S. 56). Damit begründet er, wohl ohne es ausdrücklich zu wollen, die Ansicht, die Ballade sei ein literarisch anspruchvolles Gebilde, „oft mit großer metrischrhythmischer Artistik gestaltet" (Laufhütte, a. a. O.).

Die Uneinigkeit hat ihren Grund auch in der Schwierigkeit, neue geschichtliche Erscheinungen wie literarische Gattungen bei ihrem Beginn schon sozusagen dingfest zu machen, da sich die Merkmale erst im Laufe ihrer Geschichte herausbilden und verfestigen. Mit einem Bild spricht deshalb der Literaturgeschichtler Richard Newald von der neuen Ballade und ihrem „Wurzelsystem", das er mit Wolfgang Kayser als „Historisches Volkslied, Zeitungslied mit Beiträgen zur kriminellen Chronik und Vortragsweise des Bänkelsangs" (Helmut de Boor, Richard Newald: Geschichte der Deutschen Literatur. Bd. VI/I: Richard Newald: Ende der Aufklärung und Vorbereitung der Klassik. München 1961, S. 212) beschreibt.

Je nach dem Gesichtspunkt, aus dem man die Geschichte der Kunstballade sieht, wird man auch den Zeitpunkt ihres literaturgeschichtlichen Beginns nennen: wer die Herkunft aus dem Bänkelsang betont, wird sich der Ansicht von Walter Falk anschließen und Gleim als den Vater der Kunstballade nennen; wer sich mit Herder auf ihre Ursprünge in der Volksballade beruft, wird wie Wolfgang Kayser dazu neigen, Hölty und Bürger als Schöpfer der Gattung zu sehen. Doch wie auch immer: die Kunstballade aus dem Umkreis des Göttinger Hains unterscheidet sich einerseits deutlich vom Bänkelsang, dessen Eigentümlichkeiten man in Gleims Balladen wiedererkennen kann – schon an ihren Überschriften – und andererseits von der Volksballade, deren Überlieferung und deren volksläufige Sprache sie ausweist. Daher haben sich die meisten Literaturgeschichten darauf verständigt, die Kunstballade – im Unterschied zur Volksballade – mit Ludwig Heinrich Hölty *(Leander und Hero,* 1769) beginnen zu lassen und in *Lenore* von Gottfried August Bürger ihren ersten Höhepunkt zu sehen.

3. Analysen

„There are more things in heaven and earth, Horatio, / Than are dreamt of in our philosophy" (Shakespeare, *Hamlet* I,5) – die Motive des Übersinnlichen und Schauerlichen in den Balladen und Dramen des Sturm und Drang sind auch als Proteste gegen die nüchterne Aufklärung zu lesen. Die Literatur der 1770er Jahre wird auch gegen sie geschrieben. Anderseits steht sie, wie Bürgers Balladen zeigen, zum Teil noch innerhalb der sittlichen Grundsätze und rechtlichen Normen der Zeit, ja noch vor der epochalen Schwelle der Genieästhetik. Man darf sie, will man ihr gerecht werden, weder mit dem Anspruch auf gesellschaftlich engagierte Dichtung noch mit den Augen eines an autonome Dichtung gewöhnten Lesers wahrnehmen.

Deutlich wird der Widerspruch, der die Kunstballade in ihren Anfängen kennzeichnet, in den Romanzen von Ludwig Christoph Heinrich Hölty. Einige Beispiele zeigen das. Ende des 5. Jahrhunderts nach Christus verfaßte der spätgriechische Dichter Musaios ein Kurzepos in Hexametern *Die Geschichte von Hero und Leander*. Es greift einen in der Antike verbreiteten Stoff auf, der schon Ovid und Vergil beschäftigt hatte. Hero war eine Priesterin der Aphrodite in Sestos am Hellespont, Leander ein Jüngling aus Abydos auf der anderen Seite der Meerenge. Seine Eltern wollten eine Heirat nicht erlauben, und so schwamm er jede Nacht durch den Hellespont, um die Geliebte zu besuchen, wobei er sich an dem Licht orientierte, das Hero in einem Turm entzündet hatte. Als das Licht eines Nachts durch einen Sturm gelöscht wurde, ertrank Leander, und aus Kummer über seinen Tod stürzte Hero sich von ihrem Turm.

Keck, fast übermütig, parodiert Hölty 1769/70 die alte Geschichte, indem er zunächst die Quelle nennt: den „Leyermann Musaeus" (gemeint ist der spätgriechische Dichter Musaios (6. Jh. n. Chr.), nicht Johann Karl August Musäus (1735–1787)) und nach der Einleitung offenbar absichtliche Anachronismen und Stilbrüche in die Erzählung einflicht: Leander macht eine modische Verbeugung, „einen Reverenz", seine Liebe gesteht er nicht, sondern er „schwatzt" davon, und Hero wird zur „Miß"; beider Beschäftigung ist die eines Rokoko-Liebespaares: „Tändeleyn", und die Liebesgöttin, von Hero um Hilfe angerufen, obliegt dem Kartenspiel.

Auch in anderen Romanzen – *Aktäon, Apoll und Daphne, Clytia und Phoebus* – macht Hölty es ähnlich. Wo er dann Gegenstände behandelt, die damals modern und zeitgemäß waren, ändert er dies poetische Verfahren nicht; beispielhaft ist die Ballade *Ebentheuer von einem Ritter, der sich in ein Mädchen verliebt, und wie sich der Ritter umbrachte* (1771). Die umständliche Überschrift, eigentlich eine Inhaltsangabe, erinnert an den Bänkelsang; später verzichtete Hölty darauf. Im Musenalmanach für 1774 heißt das Gedicht *Adelstan und Röschen*. Die Gattung wird hier offensichtlich verspottet, ebenso das Thema der vom adligen Verführer verlassenen Schönen. Erinnert die Überschrift, die den Inhalt nennt, an den Bänkelsang, so spielt die verlassene Geliebte, aus Gram gestorben, die Rolle der Wiedergängerin wie auf der Bühne: „Vermummt in die Gespenstertracht,/ Ins weiße Leichentuch." (Werke, Bd. I, S. 61) Als genüge es dem Dichter nicht, sie als Gespenst auftreten zu lassen, muß auch der Ritter Adelstan – in der ersten Fassung heißt er Hardiknut – mit dem „Blutdolch in der Brust" die nächtlichen Besucher des Friedhofs erschrekken. Und so wie Röschen verlassen wird, geht es auch der *Nonne*: die Ballade hat ihren Höhepunkt in der Ermordung des Verführers durch eine von der Verführten gedungene „Schar von wilden Meuchelmördern". Mit dem Herz des Ermordeten in der Hand steigt sie endlich als Wiedergängerin aus dem Grab empor.

In Bürgers *Lenore* und *Des Pfarrers Tochter von Taubenhain* wird die Lage der verlassenen Braut so eingehend dargestellt, daß der Leser sich anteilnehmend hineinfühlen kann. Das tut Hölty in seinen Romanzen nicht. Er verwendet die Motive und Figuren, um sie zu ironisieren. Seine Begabung und Neigung traut der Gattung Ballade wohl noch nicht die Möglichkeit zu, eine ernste künstlerische Absicht zu verwirklichen. Das bestätigt ein Brief an Voß vom April 1774, in dem Hölty schreibt: „Ich soll mehr Balladen machen? Vielleicht mache ich einige, es werden aber sehr wenige seyn. Mir kommt ein Balladensänger wie ein Harlekin, oder wie ein Mensch mit einem Raritätenkasten vor. Den größten Hang habe ich zur ländlichen Poesie, und zur süßen melancholischen Schwärmerey in Gedichten." (Vgl. Werke Bd. II, S. 198 f.)

Die Schwierigkeiten der Balladentheorie lassen sich deutlich an der Muster- oder Programm-Ballade des Sturm und Drang erkennen: *Lenore* von Gottfried August Bürger (1747–1794), die vom April bis September 1773 entstand, eine Dichtung, die Bürger berühmt gemacht hat, die begeistert aufgenommen wurde und bis heute ihren Reiz bewahrt hat. Man hat das Gedicht „die Stammutter deutscher Balladendichtung" genannt (Gunter E. Grimm). Es wurde „ins Französische, Italienische, Portugiesische, Niederländische, ins Russische, Polnische und sogar ins Lateinische übersetzt. Ins Englische gibt es allein vier Übersetzungen, und „eine davon ist nichts Geringeres als das Erstlingswerk von Sir Walter Scott." (Herbert Schmidt-Kaspar: Bürgers *Lenore*. In: Hirschenauer, Weber: Wege zum Gedicht, Bd. II) Und neben die Begeisterung trat die Kritik: in Wien verbot die Zensur den Göttinger Musenalmanach aufgrund der *Lenore* wegen Gotteslästerung.

In einem Brief an Boie vom 18. Juni 1773 beruft Bürger sich bei der Arbeit auf Herders Theorie des Volksliedes:

„O Boie, Boie, welche Wonne! als ich fand, daß ein Mann wie Herder, eben das von der Lyrik des Volks und mithin der Natur deutlicher und bestimmter lehrte, was ich dunkel davon schon längst gedacht und empfunden hatte. Ich denke, *Lenore* soll Herders Lehre einiger Maßen entsprechen." (Bürger, S. 1211)

In der Tat beruht die Wirkung der Ballade zu einem Teil auf damals modernen Einflüssen und zeitgenössischen Entsprechungen, nicht nur auf Herders Gedanken im *Ossian*-Aufsatz. Man darf daneben die Geistererscheinungen in Shakespeares *Hamlet* und Goethes *Götz* sowie Höltys Romanzen nennen. Bürger selbst verweist auf ein altes Spinnstubenlied. Erzählung, wörtliche Rede, dramatische Zwiegespräche und lyrische Stimmungsbilder ergänzen einander zu dem für die Ballade typischen Bild. Im Mittelpunkt steht der unheimliche Wiedergänger: Lenorens verstorbener Verlobter Wilhelm, den Bürger aus der in Herders *Ossian*-Abhandlung

übersetzten Ballade *Sweet Williams Ghost* kannte. (Vgl. VdAK, S. 41 f.,
Herder, Bd. II, S. 478–480 sowie Heinz Rölleke (Hg.): *Stimmen der Völker
in Liedern*, Stuttgart 1975, S. 357–359) Er kommt zu Lenore, um sie zu
sich ins Grab zu holen. In Herders Nachdichtung der schottischen Ballade
aus Percys *Reliques of Ancient English Poetry* besucht er sie, und sie will
ihm in sein Grab folgen. Als er in Nacht und Nebel entschwunden ist, ruft
sie ihm nach:

> „O bleib, mein Ein Treulieber, bleib
> Dein Gretchen ruft dir nach –
> Die Wange, blaß, ersank ihr Leib,
> und sanft ihr Auge brach."
> (*Stimmen der Völker in Liedern*, S. 359)

Im *Ossian*-Aufsatz kommentiert Herder: „Es ist nichts in der Welt mehr
[...] und doch, wie wenig kann ich ihm in der Übersetzung, seinen Aerugo
[seine Patina], sein feierliches Populäres lassen." und: „Nun sagen Sie mir,
was kühn geworfner, abgebrochner und doch natürlicher, gemeiner, volks-
mäßiger sein kann?" (VdAK, S. 41–43) Die Ballade entspricht Herders
Vorstellung von volkstümlicher Dichtung, weil sie die Spuren der Überlieferung aus alter Zeit zeigt, die Patina.

An *Lenore* gewahrt man jedoch noch andere Züge. Schon 1905 schreibt
Valentin Beyer: „Ohne großen Lärm geht es selten ab." (Valentin Beyer:
Die Begründung der ernsten Ballade durch G. A. Bürger, Straßburg 1905),
und Eduard Stäuble spricht 1958 von einem „grobklotzigen Sturm und
Drang" (E. Stäuble, Gottfried August Bürgers Ballade *Lenore*, in: DU,
Jg. 10, 1958, S. 85–114). Die Ballade zielt auf starke Wirkung. Sie ist
geschrieben, um Schauer zu erregen. Bürger bekennt diese Absicht schon
zu Beginn der langen Arbeit an dem Gedicht. Im Mai 1773 schreibt er an
Boie: „Wenn's bei der Ballade nicht jedem eiskalt über die Haut laufen
muß, so will ich mein Leben lang Hans Casper heißen." Ja, mehr noch:
man muß dies Gedicht, um ihm gerecht zu werden, wirkungsvoll vortragen. „Deklamation macht die Halbscheid von dem Stück aus." Bürger rät
den Göttinger Freunden, ihn zu dieser Deklamation „in der Abenddämme-
rung auf ein einsames etwas schauerliches Zimmer" zu bitten, womöglich
von einem Mediziner einen Totenkopf (Bürger, S. 1210–1212) zu entleihen,
der, von „einer trüben Lampe" beleuchtet, die Stimmung des Gedichtes
unterstützen könne. *Lenore* ist kein lyrisches Gedicht, das man sich, begleitet von der Lyra oder Leier, gesungen denkt, sondern ein rhetorisches
Gedicht, vergleichbar einem Redemanuskript oder einer Partitur, die nach
einer Inszenierung verlangt. Karl Holtei machte 1829 daraus ein Schauspiel
mit Gesang in drei Akten, und Karl Gottfried Leitner 1835 ein Opernli-
bretto, zu dem Anselm Hüttenbrenner die Musik schrieb.

Solche Bearbeitungen entsprechen dem Geist des Gedichtes, der sich an
dem rhetorischen Schmuck erkennen läßt. Man findet vor allem viele Wie-
derholungsfiguren wie z. B. den Kyklos, die umschließende Wiederholung

– z. B. „Hilf Gott, hilf!" oder „überall all überall" – auch die einfache Wiederholung oder iteratio – z. B. „Der Tod, der Tod ist mein Gewinn" oder „O Mutter, Mutter!" – auch das Hendiadyoin, die Verbindung zweier gleichwertiger Wörter – z. B. „Auf Wegen und auf Stegen" oder „So wütete Verzweiflung Ihr in Gehirn und Adern". Auch kompliziertere Schmuckfiguren lassen sich beobachten, wie die Paronomasie oder figura etymologica, die Verbindung verschiedener Wörter gleichen Wortstammes: „Ach, großes Leid erlitten!" Hinzu kommen zahlreiche Lautmalereien oder Onomatopoeien, die Bürger überhaupt liebt: „mit Sing und Sang, Mit Paukenschlag und Kling und Klang", „Und außen, horch! ging's trap trap trap." Diese rhetorischen Mittel dienen der Suggestion, sie wollen das Gefühl des Hörers beeinflussen.

Solche Beobachtungen zeigen: *Lenore* knüpft zwar stofflich an die alten Volksballaden an, die dem Sturm und Drang vor allem durch Thomas Percy *(Reliques of Ancient English Poetry, Consisting of old heroic Ballads, Songs and other Pieces of our earlier Poets (Chiefly of the Lyric Kind); together with some few of later date,* 3 Bde., London 1765) vermittelt worden waren. Bürger greift dabei abergläubische Vorstellungen auf, indem er den Wiedergänger aus dem Grab kommen und Lenore auf dem Ritt mit sich nehmen läßt. Insofern beansprucht die Ballade ihre Volkstümlichkeit. Später schrieb er in der Vorrede zur Ausgabe seiner Gedichte von 1789:

„Popularität eines poetischen Werkes ist das Siegel seiner Vollkommenheit. Wer diesen Satz sowohl in der Theorie als Ausübung verleugnet, der mißleitet das ganze Geschäft der Poesie, und arbeitet ihrem wahren Endzweck entgegen." (Bürger, S. 14) Aber die Kunstmittel, die er in seiner *Lenore* einsetzt, legen die Frage nahe, wie populär das Gedicht tatsächlich sei. Es ist kein Volkslied, von dem man sich vorstellen kann, es sei je vom Volk gesungen worden. Dazu zeigt es den Kunstwillen, der es geschaffen hat, zu deutlich. Der Einsatz der traditionellen Mittel zur Überredung – Rhetorik wurde in den Gymnasien und Universitäten gelehrt – deutet an: Bürger glaubt selbst nicht mehr an das, wovon er erzählt. Zunächst ist unwahrscheinlich, daß er an Wiedergänger geglaubt haben sollte. Nachdem er sechs Semester Theologie studiert und sein Examen bestanden hatte, begann er ein Jurastudium, weil ihn schon das, was er als Theologe von der Kanzel verkünden sollte, nicht mehr überzeugte. Und deshalb – so darf man vermuten – sah er sich in *Lenore* zu dem großen rhetorischen Aufwand veranlaßt.

Lenore ist, wie auch andere Balladen Bürgers, ein Ergebnis mühsamer und langwieriger Arbeit, die etwa ein halbes Jahr beanspruchte. Und bis in einzelne Wendungen und Worte läßt sich diese Eigenschaft eines Kunstprodukts an ihr erkennen. Bürger steht mit einem Fuße noch im Banne der Poetiken von Batteux und Gottsched. Er vergleicht in der Vorrede seine Gedichte mit den Erzeugnissen eines Schuhmachers, der sich nach

„sein[em] allgemeine[n] Maßstab" (a. a. O.) richtet, als ob er nie das Wort
Genie gehört hätte. Das erklärt womöglich Herders Kritik in seinem Brief
an Therese und Christian Gottlob Heyne Ende November 1773: „Da ich's
las, fuhr es mich so durch, daß ich Nachmittag in der Kirche auf allen
Bänken nackte Schädel sahe. Ein Henker der Menschheit! also zu quälen!
wofür und wozu? Wollt', daß ein anderer ebenso sänge, wie den Dichter
der Teufel holt!" (Johann Gottfried Herder: Briefe. Gesamtausgabe 1763–
1803, Bd. III, Weimar 1978, S. 58)

Der Schluß der Ballade nimmt die Form des Bänkelsangs auf. Es gab ihn
seit dem 17. Jahrhundert. Das waren Lieder, die auf Messen und Jahrmärk-
ten in einer Art von Sprechgesang von Schaustellern vorgetragen wurden,
begleitet von gängigen Melodien. Der Vortragende wies dabei auf Bilder,
die das tatsächliche oder als tatsächlich dargestellte Ereignis erläuterten.
Die Darstellung wird formelhaft vereinfacht, die Ereignisse werden kommentiert und moralisch beurteilt. Die Bezeichnung „Bänkelsang" leitet sich
von der Bank her, auf der der Vortragende steht. Man nennt diese Geschichten auch Moritat, eine Bezeichnung, die sich namentlich für solche
Lieder durchgesetzt hat, die die Gattung übertreibend parodieren. *Lenore*
knüpft mit dem Schluß an jene Üblichkeit an, indem sie die Moral aus der
Geschichte zieht.

Auch andere Gedichte Bürgers zeigen den Widerspruch zwischen der
Volkstümlichkeit und Popularität im Geiste des Sturm und Drang auf der
einen und der aufklärerischen moralisierenden Absicht auf der anderen
Seite. *Des Pfarrers Tochter von Taubenhain* erzählt in 38 Strophen zu je
fünf Zeilen ein Geschehen, das sich in den Balladen und Dramen des Sturm
und Drang des öfteren findet: ein Mädchen wird von einem – meist adligen
– Mann verführt. Sie bringt ein Kind zur Welt, und aus Furcht vor der
Schande, die eine uneheliche Mutter erwartete, tötet sie es. Dafür wird sie
mit dem Tode bestraft. Der mitschuldige Verführer kommt ohne Strafe
davon. Ein aktueller Stoff im späten achtzehnten Jahrhundert, auch ein
Grund zur Anklage des Verführers – selbst wenn man mit guten Gründen
einwendet, daß der „Liebesvertrag" von seiner Seite anders verstanden
wurde als von der Pfarrerstochter: hatte sie sich die Ehe erhofft, so kann
er in seiner gesellschaftlichen Stellung nur an eine außereheliche Liebschaft
gedacht haben – so die Überlegung Peter von Matts (Vgl. Peter v. Matt:
Liebesverrat. Die Treulosen in der Literatur, München 1989, S. 105–126).
Bürger erzählt dies Geschehen von der dritten Strophe an. Die beiden
ersten und die drei letzten bilden einen Rahmen, der sich an geistergläubige
Leser wendet. Der Spuk ist auf drei Orte verteilt: „Im Garten" des Pfarr-
hauses wiederholt sich die Liebesbegegnung des Junkers mit der Pfarrerstochter, „am Unkenteich", der Stätte, wo das Neugeborene begraben wurde, gewahrt die Phantasie des Lesers „ein Flämmchen", und von der Richt-
statt, wo die Kindsmörderin ihre Tat büßte, muß die Hingerichtete zum
Ort ihres Verbrechens „allnächtlich" wiederkehren. Dieser schaurigen Be-

schreibung der Geisterwelt, in der das Verbrechen sich zeitlos gegenwärtig
hält, wird die soziale Wirklichkeit entgegengestellt, in der sich Verführung,
Schwangerschaft, Bestrafung und Verstoßung der Schwangeren durch den
„harten und zornigen" Vater vollziehen, in der sie auch den Verführer um
die Wiederherstellung ihrer Ehre bittet, die ihr versagt wird, so daß sie ihn
verflucht und dann, am Ort der Verführung, ihr Kind gebiert und alsbald
umbringt. Diese sehr genau, wirklichkeitsgetreu und eindringlich erzählte
Binnenhandlung geht, wie man vermuten mag, auf den Fall der Catharina
Elisabeth Erdmann von Benniehausen zurück, mit dem Bürger befaßt war;
vielleicht war er der Anlaß zur Abfassung der wohl seit längerem geplanten
Ballade.

Außer der Ermordung des Neugeborenen lassen sich keine stofflichen
Beziehungen zwischen der von Bürger und dem Schulzen Lockemann am
6. Januar 1781 protokollierten Tat der Magd Catharina Elisabeth Erdmann und der *Pfarrerstochter von Taubenhain* erkennen. Vor allem fehlt
in dem Protokoll der in den Versen 150 und 167 der Ballade erwähnte
„Wahnsinn", der bei einer juristischen Beurteilung strafmindernd wirken
müßte. (Vgl. Justus Claproth: *Nachtrag zu der Sammlung verschiedener
gerichtlichen vollständigen Acten zum Gebrauch practischer Vorlesungen.*
Göttingen 1782. ²1790. Wieder abgedruckt u. d. Titel *Verhör einer Kind-
mörderin.* in: Peter Glotz, Wolfgang R. Langenbucher (Hg.): Versäumte
Lektionen. Entwurf eines Lesebuchs. Gütersloh 1965, S. 255–258).

Die eigentliche Erzählung in den Strophen 3 bis 35 steht in deutlichem
Gegensatz zur schauerlich romantischen Szenerie der ersten zwei und der
letzten drei Strophen. Dieser erzählerische Rahmen wertet die Tat der Ro-
sette als Verbrechen, durchaus im Sinne der Rechtsprechung jener Zeit,
ganz ohne Nachsicht angesichts mildernder Umstände, die anderseits aber
in den 33 Strophen der Binnenerzählung so dargestellt werden, daß der
Leser zu mildem Verständnis der grausigen Tat gestimmt wird. Das Mädchen wird „schuldlos, wie ein Täubchen" genannt, die Verführung durch
den Junker wird mit seinem Reichtum, seinem Leben „In Hüll' und in Füll'
und in Freude" ebenso wie durch seine inständige Werbung motiviert.
Seine Liebesbeteuerungen unterstützt er mit Geschenken und besiegelt sie
mit Schwüren. Daß ihre Schwangerschaft, kaum entdeckt, vom Vater grausam bestraft wird – Bürger schreckt nicht vor der krass anschaulichen
Schilderung zurück, die den Leser nötigt, sich die Bestrafung in ihrer blu-
tigen Schrecklichkeit vor Augen zu führen – steigert ihre Verzweiflung; die
Abweisung durch den Junker vollendet sie. Mit der Absicht, sich selbst zu
töten, kehrt sie an den Ort der Verführung im väterlichen Garten zurück,
wo sie dann im Wahnsinn den Kindsmord begeht. All das sind Umstände,
die Mitleid mit ihr erregen können. Aber davon lassen Eingang und Schluß
der Ballade nichts spüren.

Boie schreibt am 1. 12. 1781 an Bürger: „Deine Pfarrers Tochter über-
wiegt alles. Ich wußte sie gleich auswendig und rezitiere sie oft. Lieber,

lieber Freund! auf dem Wege weiter! Moral so in Handlung gebracht und
für die Fassung aller dargestellt – und du baust dir einen Altar für Welt
und Nachwelt. Ich kann dir nicht ausdrücken, wie mich das Stück gerührt
und erschüttert hat und noch immer rührt und erschüttert." (Bürger,
S. 1225)

Wenn moderne Interpreten in der Ballade, wo sie vom Schicksal der
Pfarrerstochter erzählt, durch die Mittel der Erzählung Aufforderungen zu
Identifikation und Mitleid sehen und den Widerspruch der Erzählung zu
ihrer Wertung durch den Erzähler am Beginn und am Ende als störend, ja
als empörend empfinden (Hartmut Laufhütte), so las Boie – und mit ihm
vermutlich die Mehrzahl der Zeitgenossen – die Ballade offenbar ganz
anders. „Moral" erscheint ihm mindestens in diesem Brief, noch 1781, ein
gutes Jahrzehnt nach den Anfängen des Sturm und Drang, als Kern dieser
Ballade, ja als Zweck der Dichtung, dem die Mittel untergeordnet sind.
Und offenbar nimmt er keinen Anstoß daran, daß zahlreiche Signale in der
Erzählung von der 11. bis 175. Zeile zum Verständnis des Kindsmordes
auffordern. Für ihn scheint nicht der Widerspruch zu bestehen, den der
moderne Leser sieht, sondern er wertet die unser Mitleid erregenden Einzelheiten, die so breit dargestellt werden, als Teile einer Tragödie: Charak-
ter und Motive der Heldin erregen Mitleid, ihr Schicksal Furcht und
Schrecken. Beides bewegt sich innerhalb einer Ordnung von moralischen
Normen, die nicht in Frage gestellt wird.

Geht es Herder in seinen Volksliedern um die Sicherung einer schwin-
denden Überlieferung und damit um den angemessenen „Ton", den er
dann auch in Dichtungen von Claudius und Goethe findet und den er
durch eigene Übersetzungen und Bearbeitungen einfühlend erzeugt, so sind
Bürgers Balladen Kunstwerke, die starke Empfindungen – Grausen, Schrek-
ken – erzeugen wollen. Er spielt mit den abergläubischen Ängsten seiner
Leser und zeigt das auch deutlich.

VI. Kapitel: Romane, Erzählung und Idylle

A. Goethes größter Bucherfolg
Johann Wolfgang Goethe: *Die Leiden des jungen Werthers*

1. Grundlageninformation

1.1. Text und Materialien

Die Leiden des jungen Werthers. Erster Theil. Zweyter Theil. Leipzig, in der Weygandschen Buchhandlung. 1774. (Faksimiledruck mit Beiheft von Walter Migge. Frankfurt am Main 1967)
Goethe's Schriften. Erster Band. Leipzig. bey Georg Joachim Göschen. 1787. (Erstausgabe der zweiten Fassung)
Die Leiden des jungen Werther. Neue Ausgabe, von dem Dichter selbst eingeleitet. Leipzig, in der Weygandschen Buchhandlung. 1825
Goethes Werke. WA I, Bd. 19, 1899 (Zweite Fassung)
Goethes Werke. HA., Bd. 6. Textkritisch durchgesehen von Erich Trunz. Kommentiert von Erich Trunz und Benno v. Wiese. Hamburg 1951. [10]München 1981 (Zweite Fassung)
Werke Goethes. Hg. von der Deutschen Akademie der Wissenschaften zu Berlin unter Leitung von Ernst Grumach. Bd. 1. *Die Leiden des jungen Werthers.* Erste und zweite Fassung. Bearb. von Erna Merker. Berlin/Ost 1954
Johann Wolfgang Goethe: *Die Leiden des jungen Werthers.* Nachwort von Ernst Beutler. Stuttgart 1948 u. ö.
Johann Wolfgang Goethe: Sämtliche Werke, Briefe, Tagebücher und Gespräche. Vierzig Bände. Hg. Von Friedmar Apel u. a., I. Abteilung: sämtliche Werke, Bd. 8. *Die Leiden des jungen Werthers. Die Wahlverwandtschaften.* Hg. von Waltraud Wiethölter u. Christoph Brecht, Frankfurt a. M. 1994
[Enthält einen Paralleldruck der ersten (1774) und der zweiten Fassung (1787).]

1.2. Forschungsliteratur

Appell, Johann Wilhelm: *Werther* und seine Zeit. Zur Goethe-Literatur, Leipzig 1855
Assling, Reinhard: Werthers Leiden. Die ästhetische Rebellion der Innerlichkeit, Bern/Frankfurt a. M. 1981
[Einseitige und polemische Abhandlung auf marxistischer Grundlage.]
Brüggemann, Fritz: Die Ironie als entwicklungsgeschichtliches Moment. Ein Beitrag zur Vorgeschichte der deutschen Romantik, Jena 1909 (darin: Werthers Leiden, eine Analyse, S. 39–56)

Grenzmann, Wilhelm: *Die Leiden des jungen Werther*. Interpretation, in: Ders.: Der junge Goethe: Interpretationen, Paderborn 1964, S. 52–61
[Das Buch, als methodische Hilfe für den Lehrer konzipiert, rückt den *Werther* in die Nähe des Pietismus.]

Guthke, Karl Siegfried: Die Entdeckung des Ich: Studien zur Literatur, Tübingen u. a. 1993

Herrmann, Hans Peter (Hg.): Goethes *Werther*. Kritik und Forschung, Darmstadt 1994 (mit Beiträgen von Theodor Fontane, Melitta Gerhard, Georg Lukács, Herbert Schöffler, Thomas Mann, Ernst Beutler, Wolfgang Kayser, Stuart Atkins, Jean-Jacques Anstett, Jacques Voisine, Victor Lange, René Michéa, Georg Jäger, Robert Weimann, Hans-Heinrich Reuter, Wolfgang Kaempfer, Friedrich A. Kittler, Klaus Müller-Salget, Jörg-Ulrich Fechner, Hans Peter Herrmann, Dirk Grathoff und Walter Erhart) (= Wege der Forschung, Bd. 607)
[Die Sammlung von zweiundzwanzig Texten ist ein forschungsgeschichtliches Lesebuch.]

Karthaus, Ulrich: Zweihundert Jahre *Werther*, in: Giessener Universitätsblätter, H. 2 (1975), S. 61–82

Kimpel, Dieter: Entstehung und Form des Briefromans in Deutschland. Interpretation zur Geschichte einer Gattung des 18. Jahrhunderts und zur Entstehung des modernen deutschen Romans, Diss. Wien 1962 (darin: Goethes *Werther*-Roman als persönlichkeitsbildender Dialog des jungen Dichters mit dem eigenen Ich, S. 153–186)

Könecke, Rainer: Goethes *Werther* und die Literatur des Sturm und Drang: Sekundarstufe II, Leipzig 2004
[Didaktisch orientierte Abhandlung zur Einführung im gymnasialen Deutschunterricht]

Meyer-Kalkus, Reinhart: Werthers Krankheit zum Tode. Pathologie und Familie in der Empfindsamkeit, in: F. A. Kittler/H. Turk (Hg.): Urszenen. Literaturwissenschaft als Diskursanalyse und Diskurskritik, Frankfurt a. M. 1977, S. 76–138

Miller, Norbert: Der empfindsame Erzähler. Untersuchungen an Romananfängen des 18. Jahrhunderts, München 1968 (darin: Goethes *Werther* und der Briefroman, S. 138–214)
[Eine reichhaltige und ergiebige Arbeit zum strukturell so wichtigen Thema des Romananfangs.]

Paulin, Roger: Der Fall Wilhelm Jerusalem: zum Selbstmordproblem zwischen Aufklärung und Empfindsamkeit, Göttingen 1999

Prokop, Ulrike: „Sturm und Drang" – die weibliche Perspektive: dargestellt an Briefen der Katharina Elisabeth Goethe und ihrer Tochter Cornelia, in: Frauen-StadtGeschichte: zum Beispiel: Frankfurt a. M., hg. von der Hessischen Landeszentrale für Politische Bildung, Mechthild M. Jansen und WEIBH e. V., Königstein-Ts. 1995, S. 115–150

Rahmeyer, Ruth: Werthers Lotte: ein Brief – ein Leben – eine Familie; die Biographie der Charlotte Kestner, Hannover 1994
[Eine wichtige, auf bisher unveröffentlichten Quellen basierende Studie.]

Renner, Karl N.: „… laß das Büchelein deinen Freund seyn." Goethes Roman *Die Leiden des jungen Werther* und die Diätetik der Aufklärung, in: Günter Häntzschel (Hg.): Zur Sozialgeschichte der deutschen Literatur von der Aufklärung bis zur Jahrhundertwende, Tübingen 1985, S. 1–20

Rieß, Gertrud: Die beiden Fassungen von Goethes *Die Leiden des jungen Werther*. Eine stilpsychologische Untersuchung, Breslau 1924

Rothmann, Kurt: Erläuterungen und Dokumente. Johann Wolfgang Goethe: *Die Leiden des jungen Werther*, Stuttgart 1971 u. ö. (mit einer Bibliographie)

Scharfschwerdt, Jürgen: *Werther* in der DDR. Bürgerliches Erbe zwischen sozialistischer Kulturpolitik und gesellschaftlicher Realität, in: JbDSG. 22 (1978), S. 235 bis 276

Scherpe, Klaus R.: *Werther* und Wertherwirkung. Zum Syndrom bürgerlicher Gesellschaftsordnung im 18. Jahrhundert, Bad Homburg 1970
[Weniger literatursoziologisch als ideologisch orientierte Studie, z. T. mit unklarer Begrifflichkeit.]

Schmidt, Erich: Richardson, Rousseau und Goethe. Ein Beitrag zur Geschichte des Romans im 18. Jahrhundert, Jena 1875

Schmidt, Hartmut: „Werther" oder die Passion des Sturm und Drang, in: Christoph Perels (Hg.): Sturm und Drang. Ausstellung im Frankfurter Goethe-Museum, Frankfurt a. M. 1988, S. 99–106
[Eine anregende Fundgrube von Informationen, die sich auch auf die bildenden Künste erstrecken.]

Schmiedt, Helmut (Hg.): „Wie froh bin ich, daß ich weg bin!" Goethes Roman *Die Leiden des jungen Werther* in literaturpsychologischer Sicht, Würzburg 1989
[Sammlung tiefenpsychologischer Studien von unterschiedlichem Gewicht.]

Schwanke, Martina: Lemmatisierter Index zu Goethes Roman *Die Leiden des jungen Werther*, Stuttgart 1994

Vaget, Hans Rudolf: *Die Leiden des jungen Werther*, in: Paul Michael Lützeler/James E. McLeod (Hg.): Goethes Erzählwerk. Interpretationen, Stuttgart 1985, S. 37–72

Waniek, Erdman: „Werther" lesen und *Werther* Leser, in: Goethe Yearbook 1 (1982), S. 51–92

2. Entstehung

Die Handlung des Romans fußt z. T. auf Erlebnissen Goethes in Wetzlar und Ehrenbreitstein; die Hauptfiguren sind nach historischen Personen beschrieben.

Goethe war nach Beendigung seines Jurastudiums in Straßburg 1771 in Frankfurt als Anwalt tätig. Hierzu war, wie sich bald herausstellte, eine größere praktische Erfahrung erforderlich. Auf den Rat seines Vaters ging er deshalb im Mai 1772 als Praktikant an das Reichskammergericht zu Wetzlar. Bei einem Ball in Volpertshausen lernte er am 9. Juni 1772 die Tochter des Deutschorden-Amtmanns Charlotte Buff (11. I. 1753–16. I. 1828) kennen, deren Mutter kurz zuvor gestorben war. Sie war zu dieser Zeit bereits mit dem Kammergerichtssekretär Christian Kestner (1741–1800) verlobt; Kestner wartete auf eine feste Anstellung, um sie heiraten zu können. Zwischen Goethe, Lotte und Kestner entstand eine Freundschaft, die durch Kestners Großzügigkeit ebenso wie durch den Umstand ermöglicht wurde, daß sich Goethes Neigung auf eine reine Verehrung Lottes beschränkte, so wie er sie später auch Maximiliane Brentano und Charlotte von Stein entgegenbrachte. Am 11. September 1772 reiste er, ohne von den Freunden persönlichen Abschied zu nehmen, nach Koblenz zu Frau von LaRoche; in einem Abschiedsbrief an Lotte vom 10. September 1772 schreibt er „Wohl hoff ich wiederzukommen, aber Gott weis wann." (WA IV, II, 21) In *Dichtung und Wahrheit* bekennt er, „dieses Verhältnis" sei von seiner Seite „durch Gewohnheit und Nachsicht leidenschaftlicher als billig" (DuW., Bd. I, S. 596) geworden.

Weitere Handlungselemente verdankt der Roman dem braunschweigischen Gesandtschaftssekretär Karl Wilhelm Jerusalem (21. III. 1747–30. X.1772). Er war im September 1771 nach Wetzlar gekommen, wo er mit seinem Vorgesetzten, dem Gesandten von Höfler, in einem gespannten Verhältnis stand. Er liebte die Frau eines anderen Gesandtschaftssekretärs Elisabeth Herd, die aber seine Neigung nicht erwiderte. Kestner hat Goethe in einem Brief von den Streitigkeiten zwischen Jerusalem und Höfler berichtet, von der Abweisung, die er in der vornehmen Gesellschaft erfuhr und von seinem Selbstmord, den er in der Nacht vom 29. zum 30. Oktober 1772 mit Kestners Pistolen beging. Bei einem Besuch in Wetzlar vom 6. bis 10. November 1772 ließ Goethe sich über den Vorfall unterrichten; vorher schon hatte Kestner ihm in einem Brief vom 2. November davon berichtet. (Kurt Rothmann)

Ist die Handlung der *Leiden des jungen Werthers* also im ersten Teil durch Goethes eigene Erlebnisse bestimmt, so ist das Schicksal Jerusalems die Vorlage für die Handlung im zweiten Teil des Romans, den Goethe im Februar und März 1774 in Frankfurt schrieb und im selben Jahr in der Weygandschen Buchhandlung zu Leipzig erscheinen ließ.

Zwischen 1782 und dem Sommer 1786 überarbeitete er den Roman. Am 2. Mai 1783 schreibt er an Kestner:

„Ich habe in ruhigen Stunden meinen Werther wieder vorgenommen, und denke, ohne die Hand an das zu legen was so viel Sensation gemacht hat, ihn noch einige Stufen höher zu schrauben. Dabey war meine Intention Alberten so zu stellen, daß ihn wohl der leidenschaftliche Jüngling, aber doch der Leser nicht verkennt. Dies wird den gewünschten und besten Effekt tun." (WA IV, 6, 157)

Die Umarbeitung hatte also zum Ziel, die ästhetische Qualität des Werkes zu steigern und den Charakter Alberts aufzuwerten, ohne doch Werther herabzusetzen. Die Schwierigkeit, beide Absichten miteinander zu verbinden, kann die im Verhältnis zur Entstehung der ersten Fassung lange Zeit der Umarbeitung erklären. Der folgenden Analyse liegt die erste Fassung zugrunde.

3. Analyse

Eine Deutung des *Werther* muß mindestens drei Umstände berücksichtigen: Struktur, Handlung und Wirkung. *Die Leiden des jungen Werthers* sind ein Briefroman, der den Weg eines jungen unglücklich Liebenden zum Freitod erzählt. Diese beiden Umstände, die Form des Briefromans und der Selbstmord, sind die Voraussetzungen des Aufsehens, das der Roman erregte. Seine Wirkung beleuchtet die gesellschaftliche und literarische Situation der 1770er Jahre so deutlich wie die Aufnahme keines anderen Werkes beim Publikum jener Zeit. Zunächst fällt die Sprache des Romans auf: schon der erste Brief Werthers vom 4. Mai 1771 beginnt mit Ausruf- und Fragesätzen, er enthält Satzbrüche und apostrophierte Auslassungen. Es ist eine Sprechweise, die sich deutlich von der logisch gegliederten Satzbauweise der Aufklärung unterscheidet. Man braucht nur eine Fabel von Gellert oder einen Abschnitt aus Wielands *Abderiten* zum Vergleich daneben zu halten, um sich das zu verdeutlichen. Werthers Sprache ist ein biegsames und sensibles Instrument für den Ausdruck seiner Empfindungen, persönlich und gefühlsbetont. Er kennzeichnet sie selbst, indem er zugleich seinen „Verdruß" mit dem vorgesetzten Gesandten im Brief vom 24. Dezember 1771 beschreibt:

„Er ist der pünktlichste Narre, den's nur geben kann, Schritt vor Schritt, und umständlich wie eine Base. Ein Mensch, der nie selbst mit sich zufrieden ist, und dem's daher niemand zu Danke machen kann. Ich arbeite gern leicht weg, und wie's steht, so steht's: da ist er im Stande, mir einen Aufsatz zurückzugeben und zu sagen: er ist gut, aber sehen Sie ihn durch, man findet immer ein besser Wort, eine reinere Partikel. Da möcht ich des Teufels werden. Kein Und, kein Bindwörtchen sonst darf aussenbleiben, und von allen Inversionen, die mir manchmal entfahren, ist er ein Todtfeind. Wenn man seinen Period nicht nach der hergebrachten Melodie herabborgelt; so versteht er gar nichts drinne." (S. 126 ff.)

Die Beschreibung trifft das Problem des Romans und seines Helden. Nach einem oft zitierten Wort des Franzosen Georges Louis Leclerc, Comte de Buffon, „Le style est l'homme même", ist der Stil der Mensch. Werther bedient sich der Sprache, um sich selbst zu zeigen, wie er ist. Die Sprache ist ihm nicht ein System von Regeln, denen er sich anpassen müßte, sondern ein Mittel, das seinen eigentümlichen und persönlichen Stimmungen und Wahrnehmungen dient.

Das ist früh wahrgenommen worden; Matthias Claudius betont die Nähe der Wertherbriefe zur Lyrik; er schreibt am 22. Oktober 1774 im *Wandsbecker Boten*: „Weiß nicht, obs'n Geschicht oder 'n Gedicht ist; aber ganz natürlich gehts her, und weiß einem die Thränen recht aus 'm Kopf herauszuholen." (Zitiert nach Rothmann, a. a. O., S. 132), und einer der entschiedensten Gegner des Romans, der Hauptpastor Melchior Goeze, spricht von „einer, die Jugend hinreissenden Sprache" (Abgedruckt bei Klaus Scherpe). Nicht nur die Jugend der 1770er Jahre wurde von der Sprache Werthers hingerissen, auch Germanisten sind bisweilen nicht in der Lage, ihre Begeisterung angesichts einer – z. B. im Brief vom 10. Mai – hymnischen Sprache zurückzudämmen, die den Einklang von Mensch und Natur, Empfindung und Beobachtung in pantheistischer Naturseligkeit preist. Dieser Überschwang der Philologen läuft allerdings Gefahr, Signale der Distanz und Ironie zu übersehen, wie z. B. die Fußnote zum Brief vom 16. Junius, die Werther einen „jungen unsteten Menschen" (S. 42) nennt. Und wenn er am 21. Juni behauptet, er könne sich, angeregt durch seine Homer-Lektüre, „die Züge patriarchalischen Lebens" „ohne Affektation" (S. 58) aneignen, so wird das durch seine übertriebenen, affektierten Worte desselben Briefes in Frage gestellt:

„Wenn ich des Morgens mit Sonnenaufgange hinausgehe nach meinem Wahlheim, und dort im Wirthsgarten mir meine Zuckererbsen selbst pflük-ke, mich hinsezze, und sie abfädme und dazwischen lese in meinem Homer. Wenn ich denn in der kleinen Küche mir einen Topf wähle, mir Butter aussteche, meine Schoten an's Feuer stelle, zudekke und mich dazu sezze, sie manchmal umzuschütteln. Da fühl ich so lebhaft, wie die herrlichen übermüthigen Freyer der Penelope Ochsen und Schweine schlachten, zerlegen und braten." (S. 58) Solche leicht zu überlesenden Aufforderungen zur Distanzierung sind nicht, wie man vermuten könnte, erst in der zweiten Fassung von 1787 zu finden, sondern schon – und womöglich noch deutlicher – in der ersten Fassung von 1774.

Das anscheinend natürliche Gefühl ist literarisch vermittelt: durch Homer, später durch Ossian, aber auch durch Klopstock, den Dichter der *Frühlingsfeier*, dessen Name als „Loosung" einen „Strom von Empfindungen" (S. 54) in Bewegung setzt. Werther erzeugt seine Gefühle selbst, oder er bestärkt sich in ihnen, und er genießt sie. Er ist in sie verliebt, auch in die „süße Melancholie". Der Brief vom 13. Mai ist aufschlußreich: hier, gleich zu Beginn des Romans, deutet er seine Krankheit an, die er später, im Brief vom 12. August mit einer Anspielung auf ein Jesus-Wort (Joh. 11,4) „eine Krankheit zum Todte" (S. 98) nennen wird. Eine ihrer Wurzeln ist die Nachgiebigkeit gegenüber den eigenen Stimmungen: „Auch halt ich mein Herzgen wie ein krankes Kind, all sein Wille wird ihm gestattet." (S. 16) Hierin unterscheidet er sich von Lotte, die sich durch Klavierspiel oder Gesang von übler Laune heilt (S. 44, 65). Die unterschiedlichen Arten des Umgangs mit den eigenen Empfindungen bezeichnen den Unterschied zwischen psychischer Krankheit und Gesundheit.

Goethe erzählt in *Dichtung und Wahrheit*, daß er den Roman „in vier Wochen, ohne daß ein Schema des Ganzen, oder die Behandlung eines Teils irgend vorher wäre zu Papier gebracht gewesen" (DuW., Bd. I, S. 630) niedergeschrieben habe. Damit verdeckt er, daß die Struktur des Werkes von einem sehr sicheren Kunstverstand geschaffen ist. Das Werk wird durch ein Netz von Motiven zusammengehalten, deren Verknüpfung die Geschichte Werthers begleitet und erläutert. Da ist eine parallele Geschichte im Schicksal des Bauernburschen, das der Brief vom 30. November (S. 184 ff.) erzählt und von dem sich herausstellt, daß seine Leidenschaft zu Lotte ihn „rasend" (S. 188) gemacht habe. Auch in der Natur wiederholt sich Werthers Schicksal; der Roman beginnt im Mai, und Werthers Todesstunde an seinem Ende ist, mit einem Wort Götz von Berlichingens, „eine der Wintermitternächtlichsten" (WA I, 39, 167). Sein Schicksal spiegelt sich in dem der Nußbäume, die im Brief vom 1. Juli das Bild des friedlichen und einfachen Lebens im Pfarrhause ergänzen (S. 60 ff.) und die später gefällt werden (Brief vom 15. September). Dem wiederum entspricht Werthers Lektüre. Kurz nach der Erzählung vom Frevel an den Nußbäumen bekennt er: „Ossian hat in meinem Herzen den Homer verdrängt." (12. Oktober, S. 170), eine Veränderung, die indes schon früh vorbereitet wurde, denn bereits im Brief vom 10. Juni hat er die beginnende Leidenschaft für Lotte mit der Wertschätzung Ossians verglichen (S. 42).

Und auch sein Ende wird von Werther wie ein Leitmotiv von Beginn an immer wieder angedeutet; im Brief vom 22. Mai, noch bevor er Lotte kennengelernt hat, spricht er vom „süsse[n] Gefühl von Freyheit, und daß er diesen Kerker verlassen kann, wann er will." (S. 24) – der Gedanke an den selbstgewählten Tod klingt von diesem Augenblick immer wieder an, bevor er in dem großen Gespräch mit Albert, das der Brief vom 12. August berichtet (S. 92–102), ausführlich erörtert wird, wobei auch die Pistolen, die sich Werther am Ende ausleiht, schon zur Hand sind. Diese Beobachtungen ließen sich durch andere ergänzen. Sie zeigen, daß Goethes Roman ein Kunstwerk ist und kein autobiographisches Dokument. Das wird zumal deutlich, wenn man die Form betrachtet: *Die Leiden des jungen Werhers sind ein Briefroman.*

Das war im achtzehnten Jahrhundert eine beliebte literarische Gattung. Seit Samuel Richardsons zweibändigem *Pamela or virtue rewarded* (1740) hatte sie sich über Europa ausgebreitet; in Deutschland sind die bekanntesten Beispiele *Grandison der Zweite* (1760–1762) von Karl August Musäus, *Sophiens Reise von Memel nach Sachsen* (1769–1773) von Johann Timotheus Hermes und *Geschichte des Fräuleins von Sternheim* (1771) von Sophie von LaRoche. In ihrem Hause war Goethe nach der Abreise aus Wetzlar mit der Briefkultur der Zeit bekannt geworden. Er erzählt in *Dichtung und Wahrheit* von den Briefen, die Franz Michael Leuchsenring (1746–1827) in Schatullen mit sich geführt und aus denen er vorgelesen habe:

„Es war überhaupt eine so allgemeine Offenherzigkeit unter den Menschen, daß man mit keinem Einzelnen sprechen, oder an ihn schreiben konnte, ohne es zugleich als an mehrere gerichtet zu betrachten. Man spähte sein eigen Herz aus und das Herz der andern, und bei der Gleichgültigkeit der Regierungen gegen eine solche Mitteilung, bei der durchgreifenden Schnelligkeit der Taxischen Posten, der Sicherheit des Siegels, dem leidlichen Porto, griff dieser sittliche und literarische Verkehr bald weiter um sich.

Solche Korrespondenzen, besonders mit bedeutenden Personen, wurden sorgfältig gesammelt und alsdann, bei freundschaftlichen Zusammenkünften, auszugsweise vorgelesen; und so ward man, da politische Diskurse wenig Interesse hatten, mit der Breite der moralischen Welt ziemlich bekannt." (DuW., Bd I S. 599)

Obwohl Goethe auch vom Spott des katholisch aufgeklärten Hausherrn Georg Michael Frank, gen. von LaRoche über diese gesellig empfindsame Unterhaltung erzählt, ist sie doch einer der Gründe für die literarische Mitteilung in Briefen; es gab im achtzehnten Jahrhundert auch andere Schriften in Briefform, wie z. B. Lessings *Briefe, die neueste Literatur betreffend* (1759–1765) oder Schillers *Über die ästhetische Erziehung des Menschen in einer Reihe von Briefen* (1793–95).

Hatte sich noch Gellert in seinem zweibändigen Roman *Leben der schwedischen Gräfin von G* … (1747/48) damit begnügt, gelegentlich an wichtigen Stellen Briefe einzuschalten, die man dem dramatischen Monolog vergleichen kann, so entwickelte die Gattung bald weitere Möglichkeiten: Briefromane wurden zu Dialogen verschiedener Partner. Der Autor kann so einzelne Äußerungen durch andere ergänzen, ändern, in Frage stellen, in ihrer Gültigkeit einschränken und damit seine eigenen Ansichten und Urteile zur Geltung bringen. Solch ein Briefroman kann insgesamt eine „Wahrheit" bekunden, die über die in einem einzelnen Brief geäußerte Ansicht hinausgeht, wie ja auch im Drama der Monolog als Aussage einer dramatischen Person und nicht ihres Dichters zu verstehen ist.

Im *Werther* nun geht Goethe von dieser Verwendung des Briefes ab. Nur eine Person spricht, der Erzähler schweigt zunächst. Erst im letzten Drittel beginnt seine Erzählung. Er spricht aber nicht als moralische Autorität, die das Geschehen beurteilt, sondern als „Herausgeber an den Leser", so distanziert wie möglich. Hatte er noch im Vorsatz von der Geschichte des „armen Werther" (S. 10) gesprochen, so fehlen derartige Wertungen im Bericht über die letzten Tage des Helden; der Erzähler spricht über die „letzten merkwürdigen Tage unsers Freundes" (S. 198) – eine Formulierung, die Distanz und Nähe in heiklem Gleichgewicht hält; „merkwürdig" bedeutet im Sprachgebrauch des 18. Jahrhunderts einfach bemerkenswert. Und die Distanz steigert sich bis zum Schluß des Romans, der die Geschichte in weite Entfernung von Dichter und Leser rückt:

„Um zwölfe Mittags starb er. Die Gegenwart des Amtmanns und seine Anstalten tischten einen Auflauf. Nachts gegen eilfe ließ er ihn an die Stätte begraben, die er sich erwählt hatte, der Alte folgte der Leiche und die Söhne. Albert vermochts nicht. Man fürchtete für Lottens Leben. Handwerker trugen ihn. Kein Geistlicher hat ihn begleitet." (S. 266)

Der Wechsel des Präteritums zum Perfekt im letzten Satz, den Goethe – wie zahlreiche andere Einzelheiten – dem Bericht Kestners von Jerusalems

Selbstmord entnahm, verstärkt die Distanz noch. Damit begibt sich Goethe des bislang selbstverständlichen Rechtes, ja der Pflicht eines Dichters in seinem Jahrhundert, die poetische, fiktive Welt mit der Erwartung des Publikums übereinstimmen zu lassen. Der Roman macht eine zuvor noch nicht genutzte Möglichkeit des Briefromans deutlich: der Erzähler als moralische Autorität und Vormund seiner Gestalten tritt zurück. An seine Stelle tritt der verantwortliche Leser. Ihm wird das Urteil über Werther anvertraut, über die Fragen, ob seine Liebe ein tragisches Unglück oder eine sittliche Verfehlung, ob sein Freitod gerechtfertigt oder zu verurteilen sei. Indem Goethe die Freiheit eines isolierten und auf sich selbst verwiesenen Menschen darstellt, ruft er durch die Form der Darstellung den Leser auf, sich eine eigene Ansicht bilden.

Andererseits sind die monologartigen Briefe Werthers, seine vertraulichen Mitteilungen an den unbekannten Wilhelm, die Geständnisse und Beschreibungen seiner Empfindungen geeignet, als Aufforderung zum Mitempfinden und Mitleiden gelesen zu werden. Der Widerspruch zwischen den Bekenntnissen, die den Abstand zwischen Werther und seinen Lesern vergessen machen, und dem Abstand, den der Herausgeber wahrt, überforderte die Leser, wie Goethe in *Dichtung und Wahrheit* feststellt:

„Man kann von dem Publikum nicht verlangen, daß es ein geistiges Werk geistig aufnehmen solle. Eigentlich ward nur der Inhalt, der Stoff beachtet, wie ich schon an meinen Freunden erfahren hatte, und daneben trat das alte Vorurteil wieder ein, entspringend aus der Würde eines gedruckten Buchs, daß es nämlich einen didaktischen Zweck haben müsse. Die wahre Darstellung aber hat keinen. Sie billigt nicht, sie tadelt nicht, sondern sie entwickelt die Gesinnungen und Handlungen in ihrer Folge und dadurch erleuchtet und belehrt sie." (DuW., Bd. I, S. 633)

Deutlicher spricht der junge Goethe am 21. November 1774 in einem Brief an Kestner vom „schwäzzenden Publikum", das er eine „Heerd Schwein" nennt (WA IV, 2, S. 207 f.). Aber wichtiger als das Unverständnis der Leser, das nicht nur Goethe oft erfahren mußte, ist die neue Definition des Romans als literarischer Gattung, die der *Werther* literaturgeschichtlich bedeutete und die Goethe vierzig Jahre später beschreibt: hier hat sich die Literatur von außerliterarischen – „didaktischen" – Absichten befreit. Die Bedeutung des Romans liegt in seiner Autonomie: er folgt eigenen künstlerischen Gesetzen. Mit den *Leiden des jungen Werthers* löst sich der Roman von den Lehren der Theologen, Überzeugungen der Aufklärer und den Ansichten der Gesellschaft. Das ist der neue Kunstbegriff des Sturm und Drang: das Kunstwerk wird autonom.

Besonders deutlich wird das durch den Umstand, daß Werther Hand an sich legt. Der Freitod galt im achtzehnten Jahrhundert und weit darüber hinaus im christlichen Verständnis als Sünde; man stützte sich bei diesem Urteil auf den Bericht vom Selbstmord des Verräters Judas Ischariot (Matth. 27, 3–10). Hinzu kam eine theologische Interpretation: dem Christen wird von Gott jede Sünde vergeben, die er bereut. Aber der Tod verhindert die Reue des Selbstmörders, so daß auch eine Vergebung ausgeschlossen ist.

Werthers Tod wird im Roman mit keinem Wort mißbilligt oder gerechtfertigt, sondern erklärt, unter anderem durch seine Haltung gegenüber der Religion. Kirchlich fromm ist er bereits zu Beginn des Romans nicht; darin gleicht er seinem Dichter Goethe, dessen letzter bezeugter Abendmahlsgang am 26. VIII. 1770 zur Zeit der Niederschrift schon einige Jahre zurückliegt. Werther selbst verkehrt zwar in einem Pfarrhause, aber von den geistlichen Gaben, die er dort empfangen könnte, ist mit keinem Wort die Rede, die Nußbäume im Garten und die patriarchalische Atmosphäre ziehen ihn an, den Gottesdienst besucht er nicht. Zu Beginn des Buches scheint er jenem Pantheismus zu huldigen, der sich zusammen mit dem Deismus im Laufe des Jahrhunderts allmählich entwickelt hatte: der Pantheist bestreitet die Existenz eines außerweltlichen göttlichen Wesens und sucht Gott in der Gesamtheit der Natur; der Deist glaubt zwar an einen persönlichen Gott, der die Welt geschaffen, sich dann aber von ihr zurückgezogen hat; beide lehnen den Glauben an die biblische Offenbarung ab. Man nannte das damals Freigeisterei. Gegen Ende des Romans, im Brief vom 15. November, schreibt Werther:

„Ich ehre die Religion, das weist Du, ich fühle, daß sie manchem Ermatteten Stab, manchem Verschmachtenden Erquickung ist. Nur – kann sie denn, muß sie denn das einem jeden seyn? Wenn du die große Welt ansiehst, so siehst du Tausende, denen sie's nicht war, Tausende, denen sie es nicht seyn wird, gepredigt oder ungepredigt, und muß sie mir's denn seyn? Sagt nicht selbst der Sohn Gottes: daß die um ihn seyn würden, die ihm der Vater gegeben hat. Wenn ich ihm nun nicht gegeben bin!" (S. 103)

Diese Äußerung mußte die Zeitgenossen aufs äußerste befremden. Bei der engen Bindung der meisten Menschen an die kirchlichen Religionen, in einer Gesellschaft, da der Schulunterricht im wesentlichen um den Religionsunterricht als Mittelpunkt geordnet war, mußte ein Mensch anstößig erscheinen, der von den Gaben der Kirche unabhängig war, der zudem mit seinem Verhalten die sittlichen Normen der Religion in Frage stellte. Statt für sein Leiden Trost im Gebet oder in der Bibel zu suchen, liest er Homer und Ossian.

Der Roman ist, geistesgeschichtlich gesehen, ein Dokument der Säkularisation. Immer wieder finden sich Bibelzitate, und sie häufen sich gegen Ende des Romans. Bezeichnend ist, daß Werther dabei immer nur von seinem Verhältnis zum Vater, nicht zu Jesus Christus spricht; wo von ihm gesprochen wird, heißt er „Lehrer der Menschen" oder sogar „Kreatur". Man gewinnt den Eindruck, daß Goethe seinen Werther an die Stelle rückt, die in der biblischen Geschichte Christus innehat: Er zitiert mit charakteristischer Abwandlung z. B. das Jesus-Wort „Soll ich den Kelch nicht trinken, den mir mein Vater gegeben hat?" (Joh. 18, 11): „Ich schauder nicht den kalten, schröklichen Kelch zu fassen, aus dem ich den Taumel des Todes trinken soll! Du reichtest mir ihn, und ich zage nicht" (S. 262). Jesu Worte am Kreuz „Mein Gott! Mein Gott! warum hast du mich verlassen?" (Math. 27, 46) werden im Brief vom 15. November von Werther ausdrücklich auf sich selbst bezogen (S. 180). Und seinen eigenen Tod beschreibt er als Opfertod: „Es ist nicht Verzweiflung, es ist Gewißheit, daß ich ausgetragen habe, und daß ich mich opfere für Dich." (S. 224) Diese Übertragung biblischer Vorstellungen auf nicht religiöse Verhältnisse war den Zeitgenossen wohl nicht in der Deutlichkeit bewußt, wie Herbert Schöffler sie 1938 dargestellt hat. Aber sie zeigt den geschichtlichen Ort Werthers. Gott scheint überflüssig geworden zu sein, der Mensch nimmt sein weltliches und geistliches Schicksal selbst in die Hand. Daher findet Werther von Homer zu Ossian. Die Trostlosigkeit dieser Gesänge ist durch die völlige Einsamkeit der Menschen in einer grauen und kargen Landschaft gekennzeichnet.

Werthers Briefe sind eine Reihe von Monologen, mit nahezu wissenschaftlicher Neutralität von einem fiktiven „Herausgeber" zusammengestellt und ergänzt, fast als wollte der Jurist Goethe hier einen „Fall" darstellen, den er selbst nicht beurteilt, sondern dem Publikum zur Beurteilung unterbreitet. Und die Leser spalteten sich alsbald nach dem Erscheinen des Romans in zwei deutlich unterschiedene Parteien. Das Werk löste eine Diskussion aus, die nicht unwesentlich zu seinem Erfolg beitrug. *Die Leiden des jungen Werthers* war Goethes größter Bucherfolg und machte ihn mit einem Schlage zu einer europäischen Berühmtheit.

Überblickt man die Äußerungen, die Kurt Rothmann zusammengestellt hat, so lassen sich neben einigen behutsam abwägenden Urteilen zwei gegensätzliche Einstellungen ausmachen. Auf der einen Seite standen die Älteren – z. B. der Hamburger Hauptpastor Johann Melchior Goeze (1717 bis 1786) und der Berliner Verleger und Schriftsteller Friedrich Nicolai (1733–1811), die heftig gegen den Roman angingen. Der Geistliche argumentierte in den *Freywilligen Beyträgen zu den Hamburgischen Nachrichten aus dem Reiche der Gelehrsamkeit*: Werther sei „in seinem Herzen" (Matth. 5, 28) ein Ehebrecher, sein Selbstmord eine von Gott nicht zu verzeihende Sünde; er sieht in dem Roman den Vorboten eines künftigen „Sodom und Gomorrha" (Rothmann, a. a. O., S. 139). Nicolai, der zwar in seinem Roman *Sebaldus Nothanker*, in drei Teilen 1773–1776 erschienen, Goeze verspottete, verfaßte dennoch eine Werther-Parodie, die in ihren Hauptzügen mit Goezes Polemik übereinstimmt: *Freuden des jungen Werthers, Leiden Werthers des Mannes* und *Freuden Werthers des Mannes*. Ein einleitender Dialog formuliert den Standpunkt, von dem aus er urteilt: Werther „hatte, seit er an der Mutter Brust lag, die Wohltaten der Gesellschaft genossen, er war ihr dagegen Pflichten schuldig. Sich ihnen entziehn war Undank und Laster; sie ausüben würde Tugend und Beruhigung gewesen seyn." (abgedruckt bei Scherpe, a. a. O.) Es verwundert nicht, daß

Hölty aus Göttingen in einem Brief von der Absicht einiger Professoren berichtet, „den Werther als ein verführerisches Buch verbieten" (Rothmann, a. a. O., S. 139) zu lassen; in Leipzig erging ein solches Verbot vom Magistrat; es untersagte sogar, die modische Kleidung Werthers – „blauer Frack, ledergelbe Weste und Unterkleider, und Stiefeln mit braunen Stolpen" (DuW., Bd. I, S. 584) – zu tragen und blieb bis 1825 in Kraft (Rothmann, a. a. O., S. 139). Demgegenüber stand das Urteil der jungen Generation. Sie zeigte sich vor allem von der Empfindsamkeit Werthers angezogen; ein Brief von Auguste Gräfin Stolberg (1753–1835) an Heinrich Christian Boie (Rothmann, a. a. O., S. 147) belegt das in ähnlicher Weise wie Schubarts Rezension in der *Deutschen Chronik* vom 5. Dezember 1774 (Rothmann, a. a. O., S. 131).

Die Äußerungen verweisen auf ein Problem, das Lessing in seinem Brief vom 26. Oktober 1774 an Eschenburg deutlich macht. Zunächst dankt er für das „Vergnügen", das Eschenburg ihm durch die „Mitteilung" des Romans gemacht habe, und fährt fort:

„Wenn aber ein so warmes Produkt nicht mehr Unheil als Gutes stiften soll: meinen Sie nicht, daß es noch eine kleine kalte Schlußrede haben müßte? Ein paar Winke hintenher, wie Werther zu einem so abenteuerlichen Charakter gekommen; wie ein andrer Jüngling, dem die Natur eine ähnliche Anlage gegeben, sich dafür zu bewahren habe. Denn ein solcher dürfte die poetische Schönheit leicht für die moralische nehmen, und glauben, daß der gut gewesen sein müsse, der unsere Teilnehmung so stark beschäftiget. Und das war er doch wahrlich nicht [...] Solche kleingroße, verächtlich schätzbare Originale hervorzubringen, war nur der christlichen Erziehung vorbehalten, die ein körperliches Bedürfnis so schön in eine geistige Vollkommenheit zu verwandeln weiß. Also, lieber Göthe, noch ein Kapitelchen zum Schlusse; und je cynischer je besser!" (Lessing Bd. XI/2, S. 667)

Auf den ersten Blick scheint es, als ergreife Lessing die Partei seines Freundes Nicolai. Hatte dessen Parodie den Helden von Goethes Roman seinen Selbstmordversuch überleben und zu einem biederen Spießbürger werden lassen, so legt Lessing dar, daß zwar nicht der Romanheld, aber doch der Roman Gutes bewirken solle. Er ist auch weit mehr als Nicolai in der Lage, die Empfindsamkeit Werthers nach- und mitzuempfinden. Er erkennt darüber hinaus die Konsequenzen der christlichen Erziehung, wie sie zu seiner Zeit üblich war: hatte ein anonymer Rezensent in Hamburg befürchtet, die Jugend müsse aus dem Roman die Lehre ziehen: „Folgt euren natürlichen Trieben" (Rothmann, a. a. O., S. 137), so sieht Lessing in der Unterdrückung der natürlichen Triebe durch die christliche Erziehung die Gefahr, ein so erzogener Charakter werde derart verdorben, daß sich nur in Widersprüchen – „kleingroß", „verächtlich schätzbar" – über ihn reden lasse. Dem stellt er als Vorbild die Antike entgegen: kein römischer oder griechischer Jüngling hätte sich wie Werther das Leben genommen, sondern würde sich zu schützen gewußt haben gegen eine solche Besessenheit von der Liebe, die etwas wider die Natur zu unternehmen antreibt. Daß er das in seinem Brief an Eschenburg griechisch formuliert, zeigt seine ästhetische Orientierung an der Antike, die mit der moralischen Überzeugung Hand in Hand geht. Hinter seiner Forderung eines „zynischen" Nachworts steht die Überzeugung von der Notwendigkeit, seinen Leidenschaften zu gebieten, um frei zu bleiben. Nicht die populär aufklärerischen Ansichten Nicolais von der Aufgabe der Kunst im Dienste gesellschaftlicher Nützlichkeit liegen Lessings Kritik zugrunde, sondern das antike Ideal der Übereinstimmung von Schönheit und Güte im gelingenden Leben wie im gelungenen Kunstwerk, die seine eigenen Dramen verwirklichen. Wäre es möglich, daß Goethe deshalb Jerusalems Lektüre von Lessings *Emilia Galotti* in die Erzählung von Werthers letzten Tagen übernimmt?

Wie immer man diese Frage beantworten mag: die Diskussion, die Goethes erster Roman auslöste, zeigt, daß sich mit diesem Werk die Romandichtung von den Vorgaben der Moral, der Religion und der Philosophie befreite, denn diese Diskussion gehört zu den *Leiden des jungen Werthers* wie nur irgendein Motiv, das man im Text erkennen mag.

B. „Die Stillen im Lande"
Johann Heinrich Jung: *Henrich Stillings Jugend*
Henrich Stillings Jünglings-Jahre
Henrich Stillings Wanderschaft

1. Grundlageninformation

1.1. Texte und Materialien

Henrich Stillings Jugend. Eine wahrhafte Geschichte. Berlin und Leipzig, bey George Jacob Decker. 1777
Heinrich Stillings Jugend. Eine wahrhafte Geschichte. zweyte verbesserte Auflage. Berlin und Leipzig 1806
Heinrich Stillings Jugend. Eine wahrhafte Geschichte. Neue Original-Ausgabe. Basel und Leipzig 1806
Heinrich Stillings Jünglings-Jahre. Eine wahrhafte Geschichte. Berlin und Leipzig, bey George Jacob Decker. 1778
Heinrich Stillings Jünglings-Jahre. Eine wahrhafte Geschichte. Zweite verbesserte Auflage. Berlin und Leipzig 1806
Heinrich Stillings Jünglings-Jahre. Eine wahrhafte Geschichte. Neue Original-Ausgabe. Berlin und Leipzig 1806
Heinrich Stillings Wanderschaft. Eine wahrhafte Geschichte. Berlin und Leipzig, bey George Jacob Decker. 1778

Heinrich Stillings Wanderschaft. Eine wahrhafte Geschichte. Zweite verbesserte Auflage. Berlin und Leipzig 1806
Heinrich Stillings Wanderschaft. Eine wahrhafte Geschichte. Neue Original-Ausgabe. Basel und Leipzig 1806
Johann Heinrich Jung-Stilling: *Henrich Stillings Jugend, Jünglingsjahre, Wanderschaft und häusliches Leben.* Mit einem Nachwort und Anmerkungen von Dieter Cunz. Stuttgart 1968
Johann Heinrich Jung-Stilling: Lebensgeschichte. Vollständige Ausgabe, mit Anmerkungen hg. von Gustav Adolf Benrath. Darmstadt 1976, ³1992 (Mit Dokumenten, Anmerkungen, einer Bibliographie der Ausgaben und der Forschungsliteratur.)

1.2. Forschungsliteratur

Arhelger, Reinhard: Jung-Stilling – Genese eines Selbstbildes, Diss. Gießen 1989
[Ausführliche Darstellung der Jugend Jungs und ihres Umfeldes.]
Dedert, Hartmut: Die Erzählung im Sturm und Drang: Studien zur Prosa des 18. Jahrhunderts, Stuttgart 1990
[Ausführliche inhaltliche und formale Interpretationen u. a. zu Jung-Stilling, Maler Müller, Lenz und Schiller.]
Geiger, Max: Aufklärung und Erweckung, Beiträge zur Erforschung J. H. Jung-Stillings und der Erweckungstheologie, Zürich 1963 (mit einer Bibliographie der Schriften Jung-Stillings)
Günter, Hans Richard Gerhard: Jung-Stilling, ein Beitrag zur Psychologie des deutschen Pietismus, München 1928, ²1948
Gütling, Wilhelm: Jung-Stilling in den Augen seiner Zeitgenossen, Siegen 1970
Hahn, Otto W.: Jung-Stilling zwischen Pietismus und Aufklärung, Diss. Mainz 1987
Jung-Stilling: Arzt – Kameralist – Schriftsteller zwischen Aufklärung und Erweckung, hg. von der Badischen Landesbibliothek Karlsruhe, Karlsruhe 1990
Jung-Stilling: ein Umriß seines Lebens, hg. und eingeleitet von Gerhard Merk, Kreuztal 1989
Lück, Wolfgang: Johann Heinrich Jung-Stilling: 12. Sept. 1740–2. April 1817; Wirtschaftswissenschaftler, Arzt und Schriftsteller; Lebensbilder und Werk des Siegerländer Gelehrten und Marburger Universitätsprofessors, Marburg 1990
Schwinge, Gerhard: Jung-Stilling als Erbauungsschriftsteller der Erweckung: eine literatur- und frömmigkeitsgeschichtliche Untersuchung seiner periodischen Schriften 1795–1816 und ihres Umfelds, Göttingen 1994
Stenner-Pagenstecher, Anne-Marie: Das Wunderbare bei Jung-Stilling. Ein Beitrag zur Vorgeschichte der Romantik, Hildesheim u. a. 1985 (zuerst Diss. 1933)
Vinke, Rainer: Jung-Stilling Forschung von 1983 bis 1990, in: Pietismus und Neuzeit 17 (1991), S. 178–228
Willert, Albrecht: Religiöse Existenz und literarische Produktion. Jung-Stillings Autobiographie und seine frühen Romane, Frankfurt a. M./Bern 1982

2. Entstehung

Johann Heinrich Jung (1740–1817), der seine Lebensgeschichte unter dem Pseudonym Henrich Stilling veröffentlichte, kam 1770 nach Straßburg, um dort Medizin zu studieren. Im Kreise der Tischgesellschaft bei Johann Daniel Salzmann wurde er mit Goethe bekannt, der im neunten Buch von *Dichtung und Wahrheit* berichtet, wie „der gute Jung" „seine Lebensgeschichte auf das anmutigste", „deutlich und lebendig" (DuW., Bd. I, S. 397) erzählt und wie er ihn ermutigt habe, sie schriftlich zu fixieren. 1772 in Elberfeld schrieb Jung dann den ersten Band. Die fertigen Teile schickte er nach Straßburg an den Freundeskreis. Als Goethe ihn im Juli 1774 in Elberfeld besuchte, nahm er das Manuskript mit nach Frankfurt. Ohne Jung-Stillings Wissen gab er den Text einige Jahre später zum Druck, wobei er einige „religiöse Stücke" strich. Nachdem der erste Band seiner Lebensgeschichte erschienen war, schrieb Jung die beiden folgenden Bände, die er 1778 selbst herausgab. Erst 1789 und später veröffentlichte er *Henrich Stillings häusliches Leben* und *Henrich Stillings Lehr-Jahre* (1804). Der letzte Band *Henrich Stillings Alter* wurde nach dem Tode Johann Heinrich Jungs von seinem Enkel Wilhelm Schwarz 1817 als sechster Band der Lebensgeschichte herausgegeben.

3. Analyse

Die drei Bekenntnisschriften tragen ihren Untertitel *Eine wahrhafte Geschichte* zu Recht: die Erzählung folgt den Umständen, die Johann Heinrich Jung durch Berichte seiner Familie und in eigenen Erinnerungen gegenwärtig waren. Sie ist „wahrhaft" auch im Sinne der von pietistischer Frömmigkeit geforderten Aufrichtigkeit, denn sie bekennt sündhafte Gedanken, Verfehlungen und erlittene Demütigungen. Diese pietistische Gesinnung verbindet sich mit empfindsamer Naturseligkeit und einer kultur- wie sozialgeschichtlich aufschlußreichen Beschreibung des Lebens unter Kohlenbrennern, Handwerkern und Bauern im Siegerland. Das Buch hält die Mitte zwischen einer Autobiographie in der dritten Person und einem Entwicklungsroman. Hinzu kommen Strukturelemente, die in eine literaturgeschichtliche Zukunft vorausweisen.

In seiner Biographie gibt Johann Heinrich Jung (1740–1817) sich den Namen Henrich Stilling und deutet damit auf seine Gesinnung: seit den 1710er Jahren nannte man die Pietisten auch „die Stillen im Lande" in Anlehnung an Ps. 35 V. 20: „Denn sie trachten Schaden zu tun und suchen falsche Anklagen wider die Stillen im Lande". Zu diesen Anklagen gehörte der Vorwurf des Separatismus, also der Neigung, sich von der Kirche abzuspalten und damit der geistlichen Aufsicht zu entgehen. So wird die

Beeinflussung von Henrichs Vater durch den Pietismus religionsgeschicht-
lich zutreffend erzählt. Auf einem Schloß haben sich fromme Menschen
zusammengefunden, um miteinander zu leben.

„Sie wusten, wie schimpflich es in der großen Welt wäre, sich öffentlich
zu Jesu Christo zu bekennen, oder Unterredung zu halten, worinnen man
sich ermahnte dessen Lehre und Leben nachzufolgen. Daher waren denn
auch diese Leute in der Welt verachtet, und hatten keinen Werth; sogar
fanden sich Menschen, die wollten gesehen haben, daß sie auf ihrem
Schlosse allerhand Greuel verübten, wodurch dann die Verachtung noch
größer wurde. Mehr konnte man sich aber nicht ärgern, als wenn man
hörte: daß diese Leute über solche Schmach noch froh waren, und sagten,
daß es Ihrem Meister eben so ergangen" (S. 41).

Einer dieser Frommen zieht durch das Land und hausiert mit den Stoffen, aus deren Herstellung die Gemeinde ihren Lebensunterhalt zieht. Dabei versucht er, auch Henrichs Vater – in der Erzählung heißt er Wilhelm
– zum Pietismus zu bekehren, wozu er aber eine günstige Gelegenheit
abwarten muß, „weil er [...] wuste, wie feste man daselbst an den Grundsätzen der reformierten Religion und Kirche hinge" (S. 41). Diese Gelegenheit ist der Tod Dortchens, der Frau Wilhelms. Jener nutzt dessen Trauer,
um ihn mit den Schriften des Erzbischofs Francois de Fénelon (1651–1715)
und der mit ihm befreundeten Mystikerin Madame de Guyon (1648–1717)
– die beide auch in der Erziehung Anton Reisers eine bedeutende Rolle
spielen – sowie mit der Erbauungsschrift *Nachfolge Christi (De imitatione
Christi,* 1470), die dem Mystiker Thomas von Kempen (auch Thomas a
Kempis) zugeschrieben wird, bekannt zu machen. Und Stillings Vater verfällt dieser schwärmerisch-mystischen Religiosität, die auf eine gefühlsbe-
tonte Verinnerlichung des Glaubens abzielt, so sehr, daß er auch den Sohn
Henrich in diesem Geiste erzieht.

Die tief verwurzelte Frömmigkeit der Menschen hat unter anderem die
gesellschaftliche Bedeutung der Geistlichen und ihren weit reichenden Einfluß zur Folge. Das wird deutlich an der Figur des Pfarrers Johann Seel-
bach (1687–1768); er führt hier den Namen Stollbein. Bei Henrichs Taufe
rechnet es sich die Familie als Ehre an, daß er in ihrem Hause speist. Er
führt sich dort aber so hochmütig ein, daß man ihn allein essen läßt und
sich erst zu Tisch setzt, als er seine Mahlzeit beendet und das Haus
verlassen hat. Später zeigt er sich von freundlicheren Seiten: als er bei
einem kleinen Examen Henrichs Begabung erkannt hat, sagt er ihm eine
große Zukunft voraus und nimmt sich ferner seiner Erziehung an; er
veranlaßt, daß er Latein lernt und bestimmt: „er soll kein Herr werden,
er soll mir ein Dorfschulmeister werden." (S. 62) Ja, er greift sogar in die
Methode des Lateinunterrichts ein. Indem Henrich Lehrer wird, folgt er
dem Beispiel des Vaters, der sich teils als Schneider, teils als Lehrer ernährt: die schlechte Bezahlung, auch durch den Umstand bedingt, daß die
Kinder auf dem Lande im Sommerhalbjahr nur an zwei Wochentagen zur

Schule gehen, machte es unmöglich, vom Einkommen eines Lehrers zu leben.

Henrich beginnt diese Berufstätigkeit mit vierzehn Jahren und wird im Sommer 1755 Dorfschullehrer in Lützel. Die kurze und glückliche Tätigkeit wird durch den Pfarrer, der die Schulaufsicht übt, beendet. Er verbietet den Rechenunterricht, den Henrich auf Wunsch der Bauern ihren Kindern erteilt, mit der Begründung, er solle sie nur „das Nöthigste“, d. h., „Lesen, Schreiben und den Catechismus“ (S. 101) lehren. Die zweite Stelle bekommt er im Hause eines wohlhabenden Fabrikanten und Bauern in Himmelmert. Sein Arbeitgeber will aber Geld sparen und läßt zugleich mit den eigenen auch Nachbarskinder unterrichten. So glücklich und erfolgreich die erste Tätigkeit war, so unglücklich und erfolglos ist diese Arbeit: die Schulkinder und Knechte verspotten, ja mißhandeln Henrich, der Hausherr macht sich über ihn lustig. Die folgende Tätigkeit kann er wieder nur ein halbes Jahr lang ausüben; die Bauern vermuten, wohl nicht ganz zu Unrecht, daß er über der eigenen Lektüre seine Pflichten in der Schule vernachlässige. Die Schulaufsicht wird hier in Kredenbach von einem anderen Geistlichen, einem milden achtzigjährigen Greis ausgeübt. Aus einer weiteren Stelle wird er wegen der persönlichen Vorliebe des geistlichen Schulinspektors für einen anderen Lehrer verdrängt.

Wirft die Beschreibung dieser Lebensstationen ein Licht auf das Elend des Lehrerberufs und auf die gesellschaftliche Rolle der Geistlichen, die über das berufliche Schicksal eines sozialen Aufsteigers entscheiden konnten, so wird in Jung-Stillings Erzählung zugleich die Armut der Kleinbauern und Handwerker im achtzehnten Jahrhundert deutlich: in den Pausen zwischen den einzelnen Tätigkeiten als Lehrer müssen Henrich und sein Vater schwere, mühselige Feldarbeit leisten, so daß sie sich nach dem Lehrerberuf zurücksehnen; sie müssen weite, oft tagelange Fußwege zurücklegen, um zu ihrer Schule zu gelangen; zwischendurch wieder arbeiten sie als Schneider, oder Henrich fertigt für die Handwerksarbeit des Vaters Knöpfe an, denn sie müssen im Elternhause Kostgeld bezahlen, und Geld ist in den ländlichen Gegenden Deutschlands überaus knapp. Einmal wird erwähnt, die großzügig ausgerichtete Hochzeitsfeier der Eltern – es werden eigens Hühner gemästet, man schlachtet „ein fettes Milchkalb“ – habe „bei zehn Reichsthaler gekostet“ (S. 13). Henrichs Jahresgehalt als Lehrer beträgt höchstens 25 Reichstaler (S. 162), sein Wochenlohn als Schneider einen halben Gulden. Im Laufe von etwa fünfzehn Jahren hat der Vater nicht mehr als 500 Taler erspart.

Das Leben der Familie wird vom verehrten Großvater patriarchalisch und weise regiert. Dem anmaßenden Betragen des Pfarrers Stollberg begegnet er mit stiller Überlegenheit, und als er bemerkt, wie sein Sohn Wilhelm den Enkel Henrich erzieht, greift er behutsam mit seinem Ratschlag ein. Der Vater nämlich läßt sich, durchaus in der Tradition des Pietismus, von der Absicht leiten, den Sohn zum Gehorsam zu erziehen, um den als fleischlich und böse gedachten eigenen Willen des Kindes abzutöten. Deshalb erläßt er zahlreiche Befehle und Verbote, deren Einhaltung er mit der Rute überwacht. Die Folge ist, daß Henrich, um den Strafen zu entgehen, seine Verfehlungen leugnet und weglügt – was wiederum den Vater zur Verwunderung bringt; er kann „nicht begreifen, [...] daß seine Seligkeit, die er an den schönen Eigenschaften seines Jungens genoß, durch das Laster der Lügen" (S. 47) beeinträchtigt wird, bis ihn der Großvater darauf hinweist. Von diesem Tage an ändert sich dann auch die Erziehungsmethode Wilhelms mindestens in diesem Punkte. Denn nach wie vor bleibt Henrich buchstäblich unter den Augen des Vaters, lernt bei ihm lesen und wächst, ausgeschlossen vom Umgang mit fremden Kindern, mehr und mehr in eine eigene, von der Phantasie geschaffene und von der Lektüre beeinflußte Welt hinein. Vom neunten Lebensjahre an lernt er vom Vater das Schneiderhandwerk.

Nach den Erfahrungen seiner eigenen Erziehung entwickelt er eine andere, zwangfreie Unterrichtsmethode:

„Henrich Stillings Schulmethode war seltsam, und so eingerichtet, daß er wenig oder nichts dabey verlor. Des Morgens, sobald die Kinder in die Schule kamen, und alle beysammen waren, so betete er mit ihnen, und catechisirte sie in den ersten Grundsätzen des Christenthums, nach eigenem Gutdünken ohne Buch; dann ließ er einen jeden ein Stück lesen, wenn das vorbey war, so ermunterte er die Kinder, den Catechismus zu lernen, indem er ihnen versprach, schöne Historien zu erzählen, wenn sie ihre Aufgabe recht gut auswendig können würden; während der Zeit schrieb er ihnen vor, was sie nachschreiben sollten, ließ sie noch einmal alle lesen, und denn kam's zum Erzählen, wobey vor und nach alles erschöpft wurde, was es [!] jemals in der Bibel, im Kaiser Octavianus, der schönen Magelone, und andern mehr gelesen hatte; auch die Zerstörung der königlichen Stadt Troja wurde mit vorgenommen. So war es auf seiner Schule Sitte und Gebrauch von einem Tag zum andern. Es läßt sich nicht aussprechen, mit welchem Eifer die Kinder lernten, um nur früh ans Erzählen zu kommen; waren sie aber muthwillig, oder nicht fleißig gewesen, so erzählte der Schulmeister nicht, sondern lase selbsten.

Niemand verlor bey dieser seltsamen Manier zu unterweisen, als die Abc-Schüler, und die am Buchstabiren waren; dieser Theil des Schulamts war Stilling viel zu langweilig." (S. 98 f.)

Eine andere Seite des Pietismus ist seine Erziehung zur Empfindsamkeit. Als Henrich, neunjährig, zum erstenmal die Kirchenorgel hört, „da wurde seine Empfindung zu mächtig, er bekam gelinde Zückungen; eine jede sanfte Harmonie zerschmolz ihn, die Molltöne machten ihn in Thränen fliessen, und das rasche Allegro machte ihn aufspringen." (S. 54)

Nicht nur Musik bewegt ihn, sondern auch die Reize der Landschaft. Als der Junge den Großvater zu seiner Köhlerhütte begleiten darf, sieht er „lauter Paradies" (S. 55), die Schönheit der Natur, die Pracht des Sonnenuntergangs. So ist er schon als Kind „empfindsam" (S. 116), wie er später feststellt. Verweist der Pietismus den Menschen auf die Erforschung seiner selbst, so ist Henrich durch seine Erziehung, die ihn von Altersgenossen ausschließt, in besonderem Maße zur Beschäftigung mit den eigenen Empfindungen und Vorstellungen angeregt; er gibt seinen Eindrücken eine persönliche Bedeutung , so daß die Bilder vor seinen Augen einmalig und besonders erscheinen.

Äußerlich sichtbarer Beweis der Fähigkeit zur Empfindung sind die Tränen, die in diesen Romanen reichlich fließen. Fast bei jeder Gelegenheit weint man, vor allem Henrich selbst, aber auch andere Personen. So weint selbstverständlich Wilhelm nach dem Tode seiner Frau Dortchen, und bei der unerwarteten plötzlichen Erinnerung an die Verstorbene (S. 52), Henrich, als er die Molltöne der Orgel hört, und als er seiner glücklichen Kindheit gedenkt (S. 59), beim Tode des Großvaters weint die ganze Familie, bei seiner Beerdigung auch der Pfarrer. Henrich neigt von seinem Charakter her zum Weinen, wie er gelegentlich bekennt (S. 101), auch bei Gelegenheiten, die andere Menschen zornig machen würden, beispielsweise, als man ihm, ohne Gründe zu nennen, seine erste Stelle als Schullehrer kündigt (S. 102), oder als er, wieder in der Schule, keine Disziplin halten kann (S. 107). Wilhelm weint, als sein Sohn nach Hause kommt – diesmal fließen die Tränen vor Freude, aber sie können auch aus Ehrfurcht (S. 115) strömen oder beim Anblick einer schönen Landschaft (S. 119). Der Vater erklärt Henrich, er habe die Neigung zur tränenseligen Empfindsamkeit von der Mutter geerbt (S. 140), und in der Tat wird sie so auch vom Erzähler charakterisiert: „Sie genoß beständig die Wonne der Wehmuth, und ihr zartes Herz schien sich ganz in Thränen zu verwandeln, in Thränen ohne Harm und Kummer. Gieng die Sonne schön auf, so weinte sie [...] Gieng sie unter, so weinte sie." (S. 30) Daß Henrich später als Hauslehrer in Himmelmert von den Hausgenossen verspottet wird, hindert ihn nicht, dieser Neigung weiter nachzugeben.

Man darf in dieser tränenseligen Empfindsamkeit auch eine Äußerung der Melancholie sehen, obwohl das Wort erst in *Henrich Stillings Wanderschaft* fällt. Denn seit der pseudoaristotelischen Schrift *Problemata*, die um die Mitte des dritten Jahrhunderts vor Christo datiert wird, werden Melancholie und Genialität in der Behauptung verbunden, die außergewöhnlichen Politiker, Dichter, Philosophen und Künstler seien Melancholiker. (Hellmut Flashar: Melancholie. In: HWB Bd. V, Sp. 1038–1040) Die Tradition dieser Verbindung reicht über die Renaissance bis ins achtzehnte Jahrhundert; Kant hatte sie 1764 in der Schrift *Beobachtungen über das Gefühl des Schönen und Erhabenen* erneut belebt und die Empfänglichkeit für das Erhabene in der Verbindung mit dem „Gefühl von der Schönheit und Würde der menschlichen Natur" einerseits sowie dem Gefühl für die ästhetische Schönheit anderseits im Zusammenhang gesehen, wobei er einen wesentlichen Unterschied zwischen dem Schönen und Erhabenen sieht: „Das Erhabene rührt, das Schöne reizt." (Kant, Bd. II, S. 827)

Treuherzigkeit und Frische, mit der Jung-Stilling vor allem den ersten Band seiner Lebenserinnerungen erzählt, machen ihren Reiz aus. Goethe, der ihn 1770 kennenlernte, erklärt die Wirkung, die auch von seiner Person ausging, mit seiner pietistischen Erziehung; sie habe „einen Grad von Kultur" hervorgebracht, „der Bewunderung erregen mußte" (DuW., Bd. I, S. 397). Er berichtet dann, wie jener in seiner Vortragsweise einem „Nachtwandler" geglichen habe. Das Bild entspricht Jungs Selbstverständnis. In der späteren Fortsetzung seiner Lebensgeschichte *Henrich Stillings häusliches Leben* (1789) erzählt er, wie es ihm als Arzt in Elberfeld erging. Er hatte von einem Geistlichen ein Manuskript geerbt, in dem Verfahren zur Heilung von Augenleiden beschrieben waren und nach dessen Lektüre er eine Zeitlang als Arzt wirkte:

„Mit Stillings Beruf und Krankenbedienung war es überhaupt eine sonderbare Sache: so lange er unbemerkt, unter den Armen und unter dem gemeinen Volk würkte, so lange that er vortrefliche Curen, fast alles gelung ihm, so bald er aber einen Vornehmen, auf den viele Augen gerichtet waren, zu bedienen bekam, so wollte es auf keinerley Weise fort, daher blieb sein Würkungskreis immer auf Leute, die wenig bezahlen konnten, eingeschränkt." (S. 302)

Goethes Erzählung vom Besuch Jung-Stillings in Frankfurt 1775 und der Behandlung des erblindeten Herrn von Lersner im sechzehnten Buch von *Dichtung und Wahrheit* bestätigt das (DuW., Bd. I, S. 730 f.): die Operation mißlingt, denn einen Nachtwandler darf man nicht wissen lassen, was er tut und welche Folgen es haben kann. Dabei waren, wie Dieter Cunz errechnet hat, 87,5 % von Jung-Stillings Augenoperationen erfolgreich. (Dieter Cunz: Nachwort. In: *Johann Heinrich Stillings Jugend, Jünglingsjahre, Wanderschaft und häusliches Leben*. Stuttgart 1968, S. 372).

Operierte er als Augenarzt „mit gutem Mut und frommer Dreistigkeit" – mit Goethes Worten – so verfuhr er als Schriftsteller nicht anders. Er begann mit natürlicher Spontaneität, die die Straßburger Freunde – neben Goethe waren es Herder, Lenz und Lerse – in ihren Bann zog und ihren Reiz bewahrt hat. Als Goethe den ersten Band zum Druck gab, brauchte er nichts hinzuzufügen, sondern allenfalls einiges zu kürzen. Schon im zweiten Band *Henrich Stillings Jünglings-Jahre*, der nach dem Erfolg des ersten Bandes geschrieben wurde, verblaßt das Bild der nachtwandlerisch sicheren Naturpoesie; die pietistische Neigung, alle Ereignisse und Zufälle als Folgen göttlicher Fügung zu deuten, tritt immer deutlicher hervor. Jung-Stilling hat sie in didaktisch-utopischen Unterhaltungsromanen, die in den folgenden Jahren entstanden, weiter verfolgt *(Die Geschichte des Herrn von Morgenthau*, 1779; *Die Geschichte Florentins von Fahlendorn*, 1781 bis 1783; *Lebensgeschichte der Theodore von der Linden*, 1783).

Eine Naturpoesie mit idyllischen Zügen – der Eindruck, den *Henrich Stillings Jugend* auf den Straßburger Kreis um Goethe machte, ist mit der Struktur des Werkes zu erklären. Sie zeigt romantische Züge. Das Wort wird von Jung-Stilling zur Kennzeichnung urtümlicher, paradiesischer Landschaftsbilder benutzt (z. B. S. 110). Man kann aber auch in dichtungstheoretischem Sinn von romantischen Elementen dieses Romans sprechen. Die von der frühromantischen Poetik geforderte Gattungsmischung wird hier bereits verwirklicht. In die Erzählung werden Romanzen, Gedichte, Sagen und Märchen eingefügt. Drei von ihnen, *Jorinde und Joringel, Der alte Großvater und der Enkel* und *Die alte Bettelfrau* (S. 67 f., S. 85, S. 128 f.) wurden von den Brüdern Grimm in die *Kinder- und Hausmärchen* aufgenommen (Nᵒ69, 78, 160). Henrich wird einmal gebeten, „die Historie von der schönen Melusine" (S. 54 f.) zu erzählen, die Frauengestalten singen Romanzen – Volkslieder oder Dichtungen Jung-Stillings. Auch Sagen, die die Brüder Grimm später in ihre Sammlungen übernahmen, werden erzählt. Die Stimmung, die davon ausgeht, überträgt sich auf die „wahrhafte Geschichte". Sie wird noch verstärkt durch die Abänderung der Ortsnamen, die die vertraute oder nachprüfbare Realität in poetischem Licht erscheinen läßt.

Mehr als zwanzig Jahre vor den theoretisch programmatischen Überlegungen Friedrich Schlegels werden hier dessen romantische Forderungen an die Dichtung verwirklicht: „Die romantische Poesie" hat die „Bestimmung", „alle getrennte Gattungen der Poesie wieder zu vereinigen, und die Poesie mit der Philosophie und Rhetorik in Berührung zu setzen. Sie will, und soll auch Poesie und Prosa, Genialität und Krititk, Kunstpoesie und Naturpoesie bald mischen, bald verschmelzen, die Poesie lebendig und gesellig, und das Leben und die Gesellschaft poetisch machen." (Kritische Friedrich Schlegel-Ausgabe, Bd. II, hg. von Hans Eichner, Darmstadt 1967, S. 182) Daß Jung-Stilling in der Erzählung seines Lebens diese Forderung, ohne ihre Theorie zu kennen, gleichsam nachtwandlerisch verwirklicht, begründet die Wirkung, die das Werk hatte. Es ist eines der sprechendsten Dokumente der Literaturgeschichte der 1770er Jahre, weil sich in ihm nahezu alle Strömungen der Zeit beobachten lassen.

C. Die „Leichenöffnung des Lasters"
Friedrich Schiller: *Der Verbrecher aus verlorener Ehre.*
Eine wahre Geschichte

1. Grundlageninformation

1.1. Text und Materialien

Verbrechen [!] *aus Infamie. Eine wahre Geschichte*, in: Thalia. Herausgegeben von Schiller. Erster Band welcher das I. bis IV. Heft enthält. Leipzig bey Georg Joachim Göschen. 1787. Zweytes Heft. 1786. S. 20–58

Der Verbrecher aus verlorener Ehre. Eine wahre Geschichte. In: Kleinere prosaische Schriften von Schiller. Aus mehrern Zeitschriften vom Verfasser selbst gesammelt und verbessert. Erster Theil. Leipzig 1792. bey Siegfried Lebrecht Crusius. S. 291–345

Der Verbrecher aus verlorener Ehre. Eine wahre Geschichte von Friedrich Schiller. Aufs neue ans Licht geholt und mit Erkundungen zum Dichter- und Räuberleben der republikanischen Freiheit des lesenden Publikums anheimgestellt von Horst Brandstätter, Berlin 1984

Friedrich Schiller: *Verbrecher aus Infamie. Eine wahre Geschichte*, in: Deutsche Erzählungen des 18. Jahrhunderts. Von Gottsched bis Goethe. Hg. und kommentiert von Heide Hollmer, Christine Lubkoll, Albert Meier, Wolfgang Proß und Friedrich Vollhardt. München 1988. S. 118–138

Der Verbrecher aus verlorener Ehre. Eine wahre Geschichte, in: NA, Bd. XVI. Hg, von Hans Heinrich Borcherdt. Weimar 1954, S. 7–29

1.2. Forschungsliteratur

Aurnhammer, Achim: Engagiertes Erzählen: *Der Verbrecher aus verlorener Ehre*, in: Schiller und die höfische Welt, hg. von Achim Aurnhammer, Tübingen 1990, S. 254–270

Bogdal, Klaus-Michael: Geschichte in der Erzählung. Heinrich von Kleist: *Michael Kohlhaas*, Friedrich Schiller: *Der Verbrecher aus verlorener Ehre*, Stuttgart 1986

Freund, Winfried: Die deutsche Kriminalnovelle von Schiller bis Hauptmann. Einzelanalysen unter sozialgeschichtlichen und didaktischen Aspekten, Paderborn 1975, S. 12–21
[Gut lesbare Analyse, die den Konflikt zwischen Ich und Welt behandelt.]

Jakobsen, Roswitha: Die Entscheidung zur Sittlichkeit: Friedrich Schiller, *Der Verbrecher aus verlorener Ehre* (1786), in: Deutsche Novellen: von der Klassik bis zur Gegenwart, hg. von Winfried Freund, München 1993, S. 15–25

Kaiser, Gerhard: Der Held in den Novellen *Eine großmüthige Handlung aus der neuesten Geschichte* und *Der Verbrecher aus verlorener Ehre*, in: Ders.: Von Arkadien nach Elysium. Schiller-Studien, Göttingen 1978, S. 45–58

Kawa, Rainer: Friedrich Schiller, *Der Verbrecher aus verlorener Ehre*, Frankfurt a. M. 1990

Köpf, Gerhard: Friedrich Schiller: Der Verbrecher aus verlorener Ehre. Geschichtlichkeit, Erzählstrategie und „republikanische" Freiheit des Lesers, München 1978

Lau, Viktor: „Hier muß die ganze Gegend aufgeboten werden, als wenn ein Wolf sich hätte blicken lassen." Zur Interaktion von Jurisprudenz und Literatur in der Spätaufklärung am Beispiel von Schillers Erzählung *Der Verbrecher aus verlorener Ehre*, in: Scientia poetica 4 (2000), S. 83–114

Lecke, Bodo: Schillers *Verbrecher aus verlorener Ehre* – Zur Aktualisierung eines Klassikers, in: Projekt Deutschunterricht 9. Literatur der Klassik II – Lyrik/Epik/Ästhetik, hg. von Bodo Lecke und dem Bremer Kollektiv, Stuttgart 1975, S. 113–146
[Beiträge zu einer politisch orientierten Literaturdidaktik.]

Marsch, Edgar: Die Kriminalerzählung. Theorie, Geschichte, Analysen, München 1972
[Informative Darstellung der Gattungsmerkmale.]

Martini, Fritz: Der Erzähler Friedrich Schiller, in: Bernhard Zeller (Hg.): Friedrich Schiller. Reden zum Gedenkjahr 1959, Stuttgart 1961, S. 124–158

McCarthy, John: Die republikanische Freiheit des Lesers. Zum Lesepublikum von Schillers *Der Verbrecher aus verlorener Ehre*, in: Wirkendes Wort 29 (1979), S. 28–43

Neumann, Gerhard: Die Anfänge deutscher Novellistik. Schillers 'Verbrecher aus verlorener Ehre', Goethes 'Unterhaltungen deutscher Ausgewanderten', in: Unser Commercium. Goethes und Schillers Literaturpolitik, hg. von Wilfried Barner, Eberhart Lämmert, Norbert Oellers, Stuttgart 1984, S. 433–460

Oettinger, Klaus: 'Der Verbrecher aus Infamie'. Ein Beitrag zur Rechtsaufklärung der Zeit, in: JbDSG. 16 (1972), S. 266–276

Rautenberg, Hans Hermann/Hoppe, Almut/Dehn, Wilhelm (Hg.): Friedrich Schillers *Der Verbrecher aus verlorener Ehre*. Eine Einführung in rezeptionsästhetische Betrachtungsstrategien. Text- und Arbeitsbuch, Frankfurt a. M. 1982

Schmidt, Michael R.: Schillers *Verbrecher*, Diss. München 1987

1.3. Entstehung

Einzelheiten der Entstehungsgeschichte sind unbekannt. Schiller schickte das fertige Manuskript am 29. November 1785 an den Verleger Göschen. In einem Brief vom 13. Februar 1786 schreibt er ihm, es sei gegen seinen „Wunsch, daß einige Artikel dieses Hefts, wozu ich ausdrüklich fremde Zeichen gebraucht habe, mir positiv zugeschrieben werden, vorzüglich die Geschichte aus dem Wirtembergischen" (NA XXIV, S. 34 f.). Vermutlich befürchtete er ähnliche Folgen, wie sie die sog. Graubünder Affäre anläßlich der *Räuber* gezeigt hatte: dort sagt Spiegelberg zu Razmann in II,3: „reis du ins Graubünder Land, das ist das Athen der heutigen Gauner." Herzog Karl Eugen nahm dies zum Anlaß, Schiller das Dichten von „Komödien" zu verbieten, da er außenpolitische Verwicklungen befürchtete, nachdem sich die Ständeversammlung in Chur mit jener Äußerung befaßt hatte.

1.4. Die historischen Ereignisse

Friedrich Schwahn wird am 4. Juni 1729 in Ebersbach an der Fils als Sohn eines wohlhabenden Metzgers und Gastwirts geboren. Dreizehnjährig verliert er die Mutter; der Vater heiratet im folgenden Jahr wieder. Als Siebzehnjähriger verbüßt er seine erste Zuchthausstrafe: er hat den Eltern Geld entwendet, ist geflohen, dann mehrmals in Ebersbach erschienen und hat Drohreden geführt. Nach der Haft arbeitet er zwei Jahre lang beim Vater als Geselle, dann kommt er abermals für ein halbes Jahr ins Ludwigsburger Zucht- und Arbeitshaus, weil er den Ebersbacher Kreuzwirt verprügelt hat. Nach der Entlassung beginnt er ein Liebesverhältnis mit der mittellosen Bauerstochter Christina Müller. Der Vater versucht erfolglos, die Beziehung zu unterbinden; im April 1750 bekennt Christina, daß sie schwanger ist. Friedrich Schwahn muß eine Geldstrafe von 40 Gulden zahlen, da sein Vater nach wie vor die Heiratserlaubnis verweigert. Die Tochter wird im November geboren, und da sein Vater ihn immer knapper hält, beginnt er zu wildern. Er wird ertappt und wiederum verurteilt, diesmal zu eineinhalb Jahren, denn zum Delikt des Wilderns kommt eine Rauferei mit dem Vater, bei der er ein Messer gezogen und einen Wirtshausgast unbeabsichtigt verletzt hat. Nach weniger als drei Wochen bricht er aus, läßt sich als Soldat anwerben, desertiert, lebt eine Weile als Landstreicher und stellt sich dann in Ebersbach dem Amtmann. Nach weiteren zehn Monaten Haft bricht er wiederum aus, stellt sich aber nach wenigen Tagen den Behörden. Nachdem er seine Strafe verbüßt hat, wird er entlassen und will nun mit Christina Müller nach Pennsylvanien auswandern. Das wird ihm auch erlaubt, aber unter der Bedingung, daß er, wie in solchen Fällen üblich, auf sein Heimat- und Bürgerrecht verzichten soll. Das will er nicht, zudem hört er, daß das Leben in Amerika nicht so leicht sei. Auch heiraten kann er nicht wegen der fehlenden Einwilligung des Vaters, obwohl die Trauung schon zweimal kirchlich abgekündigt wurde. Friedrich bedroht den Pfarrer, er wolle ihn „von der Kanzel herunter" schiessen, wenn er ihn nicht traue. Bald darauf wird bei seinem Vater ein vergoldeter Abendmahlskelch gefunden. Beim Pfarrer ist eingebrochen worden, und Friedrich wird des Diebstahls beschuldigt. Man strengt einen „peinlichen Prozess" an, d. h. ein Verfahren, in dem die Todesstrafe beantragt wird. Das Urteil vom Dezember 1753 lautet auf lebenslänglich. Friedrich Schwahn wird auf der Festung Hohentwiel eingekerkert. Ein Ausbruchsversuch scheitert, der zweite, nach zweijähriger Haft, gelingt. Er geht nun nach Sachsenhausen bei Frankfurt zu einem Onkel als Hausknecht, muß aber nach einer Rauferei fliehen. Er wendet sich wieder in seine Heimat. Auf seine Ergreifung ist eine Belohnung von 20 Reichstalern ausgesetzt. Er wird festgenommen, in Göppingen gefangengehalten und kann, obwohl er an die Wand gekettet ist, mit den Ketten an den Fußgelenken nach einigen Wochen abermals entkommen. Er geht nach Neckarenzlingen zu Christina, die dort als Dienstmagd arbeitet. Mit ihr zusammen will er ins Ausland fliehen. Man sperrt, gleichsam als Geisel, Christina ein. Da man sie, trotz seinen Drohungen, nicht freiläßt, beginnt er sein Räuberleben: nach einigen Einbrüchen und Wilddiebstählen schließt er sich im Frühjahr 1757 einer Gaunerbande an. Sie besteht zu einem großen Teil aus Mitgliedern der Familie Schettinger, von der zwanzig Angehörige hingerichtet worden waren. Mehrmals beteiligt sich Friedrich Schwahn an den Verbrechen der Bande. Im Sommer 1757 schießt man in seinem Heimatort auf ihn, ohne ihn zu treffen, aber er rächt sich an einem der beiden Schützen, indem er ihn beim Wildern ermordet. Er war Witwer und Vater von vier Kindern, die nun Vollwaisen sind. An einem weiteren Mord, den man ihm zur Last legt, ist er unschuldig, aber die auf seine Ergreifung ausgesetzte Belohnung wird auf 150 Gulden erhöht. Er lebt nun mit Christine Schettinger zusammen; gemeinsam verüben sie Diebstähle auf Märkten. Daneben beteiligt er sich weiterhin an Einbrüchen und Raubüberfällen, die er zwar nicht selbst leitet, bei denen er aber „eine durchaus führende Rolle" (Brandstätter, a. a. O., S. 53) spielt. Um den Hausierhandel mit den gestohlenen Waren unauffällig betreiben zu können, legen er und Christine sich Magd und Knecht zu. Die vier werden bei der Einkehr in einem Wirtshaus erkannt, das Dorf wird alarmiert, und als die Bürger in die Gaststube dringen, werden die Frauen mit dem Knecht festgenommen; Friedrich kann entkommen, indem er seinen zweiten Mord begeht und einen Verfolger erschießt. Im folgenden Winter 1759/60 erlebt er einen Tiefpunkt seines Lebens: einsam und unfähig, sich allzu weit von dem Gefängnis zu entfernen, in dem Christine Schettinger sitzt, leidet er unter Kälte und Hunger. Er plant, seinen Landesherrn, den Herzog Karl Eugen, durch einen Fußfall um Gnade zu bitten, aber ein Zufall verhindert das. Am 6. März 1760 wird er in Vaihingen festgenommen: am Stadttor nach seinen Papieren befragt, die zwar echt, aber illegal erworben sind, gerät er in Panik, da er dem Torwächter zum Amtmann folgen soll. Nach einer Nacht im Gefängnis gesteht er dem Oberamtmann Abel seine Identität. Er wird unter strengsten Sicherheitsmaßnahmen gefangen gehalten und legt in Erwartung des nahen Todes ein umfassendes Geständnis ab, wobei er zahlreiche Kumpane seiner Verbrechen denunziert, so daß die Behörden noch mehrere Jahre nach seinem Ende mit Nachforschungen beschäftigt sind. Das Urteil wird am 21. Juli gesprochen und am 30. Juli 1760 vollstreckt: Christine Schettinger und die Magd Katharine Schenk werden vor den Augen Friedrich Schwahns gehängt; dann wird er gerädert, sein „Leichnam alsdann auf ein Rad geflochten und sein Kopf auf einen Spieß gesteckt." (Brandstätter, a. a. O., S. 62)

Schiller lernte den Stoff nicht nur durch Schubarts Erzählung *Zur Geschichte des menschlichen Herzens* kennen, die im Januar 1775 im *Schwäbischen Magazin von Gelehrten Sachen* erschienen war, sondern auch durch mündliche Überlieferung; v. a. vermutlich durch Jakob Friedrich

Abel. Er war der Sohn des Vaihinger Oberamtmannes, der Schwahn festgenommen hatte, und Schillers Lehrer an der Karlsschule.

2. Analyse

Schiller konzentriert die Erzählung auf die Beweggründe des Verbrechers.
Der frühe Tod der Mutter, die Neigung des Vaters zur Stiefmutter – Ereignisse, die wohl die ersten Straftaten anregten – werden ausgeblendet. Statt
dessen erfahren wir, wie das geliebte Mädchen den Jungen „mißhandelte",
daß er häßlich war, und daß ein „Jägerpursche" (NA XVI, S. 10) eifersüch-
tig auf ihn war. Der Gelddiebstahl im Elternhaus wird durch Wilderei
ersetzt. Die Motive des „beleidigten Stolzes" (S. 11), der „Not und Eifersucht" (S. 11) sind ebenso literarisch wie die Zurückweisung des Arbeit-
suchenden durch die „Reichen des Orts" (S. 10). Dies Unverständnis der
Gesellschaft wird von den Richtern geteilt, die sich um die Gesetze mehr
kümmern als um die „Gemütsverfassung des Beklagten" (S. 12). Schiller
unterstreicht auch, wie wenig die Gefängnisstrafe den Verbrecher bessert,
sondern auf seiner Verbrecherlaufbahn fördert; indem sie ihn mit erfahre-
nen Missetätern zusammenbringt, gewinnt er Kenntnisse über kriminelle
Methoden, die er vorher nicht besaß, und durch eine demütigende und
entehrende Behandlung wird er zur Rache statt zur Reue gestimmt. Diesem
psychischen Vorgang gilt das Interesse des Erzählers Schiller vor allem.

Der Verbrecher erlebt dann, nach der Entlassung in scheinbarer Freiheit,
daß er ein Ausgestoßener ist. Ein Ereignis macht ihm das besonders deutlich: da er einem Knaben auf dem Markt ein Geldstück schenkt, wirft der
ihm die Münze ins Gesicht. Und zum Verlust der eigenen Ehre kommt das
gleiche Schicksal seiner früheren Geliebten: sie ist durch „Hunger und
Elend" entstellt und zur „Soldatendirne" (S. 14) hinabgesunken. So ist er
denn seiner Freundin, seiner sozialen Stellung und seines Eigentums ledig:
in dieser Situation, da er über alle Möglichkeiten verfügt – „Die ganze Welt
stand mir offen" (S. 14) – entschließt er sich, sein Schicksal anzunehmen,
das ihn zum Verworfenen gemacht hat. Er wird tatsächlich, willentlich und
bewußt, zum Verbrecher, nachdem er es zuvor nur „aus Notwendigkeit
und Leichtsinn" (S. 15) war.

Diesem ersten Angelpunkt seiner Entwicklung folgt der zweite. Beim Wildern erschießt er aus dem Hinterhalt den Nebenbuhler. Mit diesem Mord
ist die Rückkehr in ein ehrbar bürgerliches Leben abgeschnitten. Er schließt
sich einer Räuberbande an, die ihn alsbald zum Hauptmann wählt. Dieser
Schritt, kaum getan, wird im nachhinein durch ein erotisches Motiv begründet: „Wollust war meine wütendste Neigung; das andere Geschlecht hatte
mir bis jetzt nur Verachtung bewiesen, hier erwarteten mich Gunst und
zügellose Vergnügen." (S. 22) Nachdem er ein Jahr lang mit der Bande gelebt
hat, beginnt die Reue. Seine Erwartungen haben sich nicht erfüllt; er ist

enttäuscht. „Das Laster hatte seinen Unterricht an dem Unglücklichen vollendet" (S. 24), und er richtet drei Bittbriefe an seinen Landesherrn, in denen
er um Gnade bittet und seine Bereitschaft erklärt, als Soldat für ihn im eben
ausgebrochenen Siebenjährigen Krieg zu kämpfen. Diese Gesuche bleiben
unbeantwortet. Er beschließt deshalb, die Bande zu verlassen und außer
Landes zu gehen. Unterwegs, in einer kleinen Landstadt, wird er vom miß-
trauischen Torschreiber verdächtigt und zum Amtshaus gebracht. Er erregt
durch einen Fluchtversuch den Verdacht des Oberamtmanns, wird über
Nacht gefangengehalten, und am anderen Morgen, als der Oberamtmann
seinen Verdacht schon fast aufgegeben hat, gesteht er ihm seine Identität.
Damit endet die Erzählung; über Gefangenschaft, Verhöre und Hinrichtung
des Christian Wolf – so heißt er bei Schiller – erfahren wir nichts mehr.

Die Erzählung steht einerseits in der Tradition der moralischen Erzählungen, wie sie das achtzehnte Jahrhundert ausgebildet hatte. Anders aber
als z. B. die didaktischen Fabeln Gellerts führt Schiller keine moralische
Wahrheit vor, die auch außerhalb seiner Erzählung und allgemein feststün-
de, sondern er untersucht eine „moralische Erscheinung" (S. 9): den Vorgang, der den an sich gut gearteten Helden zum Verbrecher macht. Der
Erzähler sagt das eingangs: es geht ihm um die Darstellung von Affekten,
die, durch „gewaltsame Leidenschaft" verstärkt, um so deutlicher sichtbar
werden. Man hat oft auf Schillers Neigung zur Darstellung kriminalisti-
scher Stoffe und großer Verbrechen hingewiesen; er hat nicht nur den
Verbrecher aus verlorener Ehre geschrieben, sondern auch *Die Räuber*;
später plante er ein Drama *Die Polizey:* „Ein ungeheures, höchst verwik-
keltes, durch viele Familien verschlungenes Verbrechen, welches bei fort-
gehender Nachforschung immer zusammengesezter [!] wird, immer andere
Entdeckungen mit sich bringt, ist der Hauptgegenstand." (NA XII, S. 96),
und 1792 schrieb er ein Vorwort zur deutschen Ausgabe des *Pitaval:* der
französische Jurist François Gayot de Pitaval (1673–1743) hatte 1734 bis
1743 eine Sammlung berühmter Rechtsfälle in zwanzig Bänden vorgelegt
(Causes célèbres et Intéressantes, Avec les jugemens [!] qui les ont décidées),
aus der der Jenaer Pädagoge Friedrich Immanuel Niethammer 1792–1795
eine Auswahl in vierzehn Bänden veröffentlichte.

Dieses Interesse Schillers ist auch medizinisch motiviert. Hatte der Karlsschüler 1778 *Beobachtungen bei der Leichen-Öffnung des Eleve Hillers*
geschrieben (NA XXII, S. 17 f.), so spricht er hier von der „Leichenöffnung
seines Lasters" (S. 9), wobei er die „unveränderliche Struktur der menschlichen Seele" in der Wechselwirkung mit den „veränderlichen Bestimmungen, welche sie von außen bestimmen" (S. 9) erkennen will. Literarisch
entspricht der Metapher „Leichenöffnung" die analytische Erzählstruktur.
Zu Beginn, nach der Einleitung, erfährt der Leser das Ende des Verbrechers. Damit wird das Interesse von der Ermittlung seiner Taten auf die
ihrer Ursachen gelenkt. Daher verzichtet Schiller auch auf die ausführliche
Darstellung der Verbrechen und die Grausamkeiten der Hinrichtung, wie

er sie in den *Räubern* einigen Personen in den Mund gelegt hatte, denn „das bloß Abscheuliche hat nichts Unterrichtendes für den Leser." (S. 23)

Eng verbunden mit dem psychologischen Interesse des Mediziners ist das des Dramatikers an der tragischen Konsequenz eines Lebens, das mit Notwendigkeit zum Verbrechen gezwungen wird, und zwar durch äußere Einflüsse, Vorurteile und Unverständnis der Gesellschaft, der Richter, der Gesetze und des Landesherren, der die Gnadengesuche unbeantwortet läßt. Deshalb läßt Schiller Züge wie die Gewalttätigkeiten des historischen Friedrich Schwahn in seiner Erzählung unerwähnt. Ein moderner Jurist spräche bei der Beurteilung seiner Taten gewiß von beachtlicher krimineller Energie. Die beweisen nicht nur die Ausbruchsversuche, sondern v. a. das Leben in der Räuberbande; man muß sich vor Augen halten, daß es bis zur Wende vom achtzehnten zum neunzehnten Jahrhundert in Deutschland eine gesellschaftliche Schicht gab, die Gauner oder „Jauner", die sich aus Zigeunern, Juden, Landstreichern, entlaufenen Soldaten und verarmten Bauern zusammensetzte. Sie lebten als „Hausierer, Besenbinder, Korbmacher, Kesselflicker und Scherenschleifer" (Brandstätter, a. a. O., S. 108), fanden sich aber auch zu planmäßigen Unternehmungen zusammen, meist zu Einbruchsdiebstählen, bei denen die Hausbewohner gefesselt und gefoltert wurden, um die Verstecke von Geld und Wertsachen preiszugeben.

Indem Schiller diese Umstände in seiner Erzählung wegläßt, tritt er scheinbar für die Helden seiner Erzählung ein, bei genauerem Hinsehen zeigt sich indes: es geht ihm um „Belehrung" und „Bildung" seines Publikums, aber nicht, wie dem Geschichtsschreiber, der immer den ihm zugänglichen Quellen verpflichtet bleibt, und auch nicht wie dem Moritatensänger, der „das Vergnügen an tragischen Gegenständen" – mit der Formulierung von 1792 – wecken will, sondern er wendet sich an die Urteilskraft seiner Leser, an „die republikanische Freiheit des lesenden Publikums" (S. 8). Damit begründet er scheinbar das moderne, durch die Literatur des Sturm und Drang hervorgebrachte Literaturverständnis der Epoche, so wie sein psychologisches Interesse vorausweist in die Zukunft des neunzehnten Jahrhunderts. Die redensartliche „dichterische Freiheit" ist, so gesehen, keine Willkür, sondern einer höheren „Gerichtsbarkeit" – wie Schiller gern sagt – unterworfen: der Erkenntnis der Wahrheit durch ein aufgeklärtes, mündiges Publikum, das die Freiheit hat, durch eigenes Nachdenken über Recht und Unrecht zu entscheiden.

Man darf jedoch nicht verkennen, daß dieser Prozeß der Urteilsbildung beim Leser durch den Erzähler in eine bestimmte Richtung gelenkt wird. Albert Meier macht auf entsprechende Signale in der Erzählung aufmerksam; „Wenn sich z. B. der Sonnenwirt damit rechtfertigen will, daß sein ‚böses Herz' seine ‚Vernunft' angesteckt habe, so dementiert er sich gleichzeitig selbst, indem er von seinen Tränen berichtet – im Widerspruch zur Selbstinterpretation Wolfs ist dessen Herz, d. h. seine angeborene Moralität, noch nicht völlig zerstört."

So werde einerseits zwar an den Leser appelliert, sich ein Urteil zu bilden, andererseits aber würden „die weltanschaulichen bzw. anthropologisch-psychologischen Konsequenzen [...] suggeriert." Die Worte von der „republikanischen Freiheit" seien ein „Etikettenschwindel", wie er mit Brandstätter behauptet, da „eine manipulative Erzählstruktur" das vom Erzähler beabsichtigte Ergebnis nahelege (Albert Meier: Zu Friedrich Schiller *Der Verbrecher aus Infamie*. In: Heide Hollmer u. a. (Hg.) a. a. O., S. 271).

Die Modernität der Erzählung liegt einmal in diesem Verfahren: erschien noch 1779 eine Ausgabe von Wagners Drama *Die Kindermörderin* gleichsam mit erhobenem Zeigefinger unter dem Titel *Evchen Humbrecht oder Ihr Mütter merkts Euch!* und rühmte noch 1781 Boie an Bürgers Ballade *Des Pfarrers Tochter von Taubenhain* die „Moral" – so deutet Schiller diese Moral nur an. Die Rede von der Freiheit des Publikums ist insofern kein „Etikettenschwindel", als der Leser nicht genötigt wird, diese Konsequenzen zu ziehen. Sie werden ihm zwar indirekt nahegelegt, aber nicht aufgedrängt. *Der Verbrecher aus verlorener Ehre* ist die erste psychologisch motivierende Kriminalerzählung der deutschen Literatur. Sie zielt darauf ab, den Leser über die Mitschuld der Gesellschaft und des Staates an den Verbrechen zu unterrichten und ihn über die vielfältigen Wechselwirkungen zwischen Erziehung, Umwelt und angeborener Veranlagung nachdenken zu lassen. Insofern steht *Der Verbrecher aus verlorener Ehre* im Bann der Aufklärung.

Das hat auch Folgen für die Bestimmung der literarischen Gattung dieser Erzählung: man darf sie einen, obschon kurzen Roman nennen, denn es geht Schiller hier nicht um die Darstellung eines Ereignisses, wie es die Novelle erzählt, sondern um die Motive der Handlungen: „An seinen Gedanken liegt uns unendlich mehr als an seinen Taten, und noch weit mehr an den Quellen seiner Gedanken als an den Folgen jener Taten." (S. 8 f.)

D. Die Idylle: Maler Müller und Johann Heinrich Voß

1. Grundlageninformation

1.1. Texte und Materialien

Friedrich Müller, genannt Maler Müller
Bacchidon und Milon, eine Idylle, nebst einem Gesang auf die Geburt des Bacchus.
Von einem jungen Mahler. Frankfurt und Leipzig [richtig: Mannheim] 1775
Die Schaaf-Schur, eine Pfälzische Idylle. Vom Mahler Müller, Mannheim 1775
Der Satyr Mopsus. Eine Idylle in drey Gesängen, Frankfurt a. M., Leipzig 1775
Adams erstes Erwachen und erste seelige Nächte. Vom Mahler Müller, Mannheim
  1778. 2. verbesserte Auflage 1779
Mahler Müllers Werke. Hg. von Anton Georg Batt, J. P. Le Pique, Ludwig Tieck.
  3 Bde. 1811. Faksimiledruck mit einem Nachwort von Gerhard vom Hofe. Hei-
  delberg 1982.
Der Faun Molon. Eine Idylle von Maler Müller. Hg. von Otto Heuer. Leipzig
  1912
Maler Müllers Werke. Hg. von Max Oeser. 2 Bde. Mannheim, Neustadt a. d. Haardt
  1918
Friedrich (Maler) Müller: *Idyllen. Der Faun Molon. Die Schafschur. Das Nuß-*
  kernen. Hg. von Karl Wolfgang Becker. Leipzig 1976
Maler Müller: Idyllen. Nach den Erstdrucken revidierter Text. hg. von Peter-Erich
  Neuser. Stuttgart 1977

Johann Heinrich Voß
Gedichte. Bd. 1. Hamburg: Hoffmann. 1785
Gedichte. Bd. 2. Königsberg: Nicolovius. 1795
Luise. Ein laendliches Gedicht in drei Idyllen. Königsberg: Nicolovius 1795, ^{2}1798,
  ^{3}1800, ^{4}1801
Sämtliche Gedichte. 6 Bde. Königsberg: Nicolovius 1802
Luise. Ein ländliches Gedicht in drei Idyllen. Vollendete Ausgabe. Tübingen: Cotta
  1807
Sämtliche Gedichte. Auswahl der letzten Hand. 4 Bde. Königsberg: Nicolovius
  1825
Sämmtliche poetische Werke. Hg. von Abraham Voß. Leipzig 1835
Voß: Werke in einem Band. Hg. von Hedwig Voegt. Berlin, Weimar 1966 u. ö.
Der Göttinger Hain. Hg. von Alfred Kelletat. Stuttgart 1967 u. ö.
Johann Heinrich Voß: Idyllen. Faksimiledruck nach der Ausgabe von 1801. Heidel-
  berg 1968 (Deutsche Neudrucke. Goethezeit)
Johann Heinrich Voß: *Twee Voerlander Idyllen. Up den Weg na Wansbäk (De*
  Geldhapers) un De Winterawend. Göttingen 1982.
Johann Heinrich Voß: Idyllen und Gedichte. Hg. von Eva D. Becker. Stuttgart 1967.
  Bibliographisch revidierte Ausgabe 1984

1.2. Forschungsliteratur

Alewyn, Richard: Maler Müller und die heidnische Landschaft, in: Neue Schweizer Rundschau 21 (1928), S. 217–219 (erneut in: Ders.: Probleme und Gestalten, Frankfurt a. M. 1974, S. 250–254)

Benning, Ludwig: Voß und seine Idyllen, Diss. Marburg 1916

Bernhard, Klaus: Idylle. Theorie, Geschichte, Darstellung in der Malerei 1750–1850. Zur Anthropologie deutscher Seligkeitsvorstellungen, Köln/Wien 1977

Böschenstein, Renate: Idylle, Stuttgart 1977 (zweite durchgesehene und ergänzte Aufl.)
[Reichhaltige Materialsammlung mit zahlreichen Anregungen künftiger Forschungen.]

Engel-Lanz, Lotte: Vossens *Luise*. Interpretation, Diss. Zürich 1959

Fuhrmann, Manfred: Von Wieland bis Voß. Wie verdeutscht man antike Autoren?, in: Jahrbuch des Freien deutschen Hochstifts (1987), S. 1–22

Hämmerling, Gerhard: Die Idylle von Geßner bis Voß. Theorie, Kritik und allgemeine geschichtliche Bedeutung, Frankfurt a. M./Bern 1981
[Materialreiche und differenzierte Studie zur Gattungsgeschichte in der „Sattelzeit".]

Knögel, Wilhelm: Voßens *Luise* und die Entwicklung der deutschen Idylle bis auf Heinrich Seidel, Frankfurt a. M. 1904

Maler-Müller-Almanach 1980, hg. von Rolf Paulus, Emil Walter Rabold, Wolfgang Schlegel, Landau 1980

Maler-Müller-Almanach 1983, hg. von Rolf Paulus, Emil Walter Rabold, Wolfgang Schlegel, Landau 1983

Maler-Müller-Almanach 1987, hg. von Rolf Paulus, Gerhard Sauder, Emil Walter Rabold, Wolfgang Schlegel, Bad Kreuznach 1987

Maler-Müller-Almanach 1988, hg. von Rolf Paulus, Gerhard Sauder, Emil Walter Rabold, Wolfgang Schlegel, Bad Kreuznach 1988

Maler Müller in neuer Sicht. Studien zum Werk des Schriftstellers und Malers Friedrich Müller (1749–1825), hg. von Rolf Paulus, Gerhard Sauder, Christoph Weiß, St. Ingbert 1990
[U. a. mit Beiträgen von Renate Böschenstein und Verena Ehrlich-Haefi.]

Müller-Seidel, Walter, Preisendanz, Wolfgang (Hg.): Formenwandel. Festschrift zum 65. Geburtstag von Paul Böckmann, Hamburg 1964
[Enthält u. a. Beiträge von H. Meyer und F. Sengle zur Idylle, von V. Lange zum Werther, von W. Müller-Seidel zu Schiller und von K. A. Ott zum Verhältnis Schillers zu Bürger.]

Nuehring, Stanley Paul: The Idylls of Maler Müller: Theory, Society, Reception, Diss. Columbus, Ohio 1979

Schneider, Helmut: Bürgerliche Idylle. Studien zu einer literarischen Gattung des 18. Jahrhunderts am Beispiel von Johann Heinrich Voß, Diss. Bonn 1975

Ders. (Hg.): Deutsche Idyllentheorie im 18. Jahrhundert mit einer Einführung und Erläuterungen, Tübingen 1988

2. Einleitung

Die Gattungsbezeichnung Idylle wurde aufgrund eines fruchtbaren philologischen Irrtums als „kleines Bild" verstanden. Man leitete das Wort etymologisch vom griechischen Eidyllion – Bildchen – her. Renate Böschenstein und andere vor ihr haben darauf aufmerksam gemacht, daß das Stammwort Eidos, dessen Verkleinerungsform Eidyllion ist, nicht nur Bild im Sinne eines Abbildes bedeutet, sondern „innere Form, Wesen, Idee" oder „Art, Gattung". Sie verweist auf einen Brief des jüngeren Plinius, der die Bezeichnung Idyll mit Epigramm, Ekloge (ein kleineres Gedicht in Hexametern mit beliebigem Inhalt) oder einfach mit Poem gleichsetzt, so daß sie die Gattung als „kleines selbständiges Gedicht, das nach Inhalt und Form nicht näher bestimmt ist" (Renate Böschenstein-Schäfer: Idylle, Stuttgart [2]1977, S. 3), definiert. Fruchtbar ist der herkömmliche Irrtum insofern, als er den Charakter des Räumlichen und Zuständlichen betont, der die Idylle bestimmt. Als ihr Begründer gilt der Grieche Theokritos (um 310–250 v. Chr.). Er und Vergil (70–19 v. Chr.) mit den *Bukolika* und den *Eklogen* haben die verbreitete Vorstellung genährt, die Idylle sei ein Hirtengedicht, obwohl mehrere Gedichte Theokrits ein anderes Personal und andere Schauplätze als die Schäferpoesie haben. Noch Gottsched und Sulzer setzen die Gattungen gleich.

Die Idyllendichtung war zur Zeit des Sturm und Drang zunächst von dem Schweizer Salomon Gessner (1730–1788) geprägt, dessen *Idyllen* 1756 erschienen waren: kurze Prosadichtungen in der Tradition Theokrits, der spätantiken Schäferdichtung und der zeitgenössischen Anakreontik. Sie zeigen nahezu alle Merkmale der Gattung: die Idylle ist eine epische Dichtung, die jedoch keine bewegten Handlungen erzählt, sondern einen Zustand in einem eingegrenzten Raum. So gewinnen auch Gessners Idyllen ihren Charakter durch die Geschlossenheit einer behüteten Welt. Dieser Raum wird oft als locus amoenus, als Lustort beschrieben; das ist ein Topos, ein von der antiken Idyllendichtung geprägtes Bild oder ein Zitat (Vgl. hierzu das grundlegende Werk von Ernst Robert Curtius: Europäische Literatur und Lateinisches Mittelalter, Bern/München 1948 u. ö., v. a. S. 202–206). Die Muse der Idylle wird angelockt „durch kühler Bäche rieselndes Gewässer, und durch der heiligen Wälder dunkeln Schatten", sie sucht dort nach Blumen, „und ruht im weichen Gras". Gessner meint, dem vorgegebenen Gattungsmuster am besten zu entsprechen, wenn er „ein goldnes Weltalter, das gewiß einmal dagewesen ist", beschreibt, wie er in einer Vorrede *An den Leser* sagt. Deshalb sind seine Figuren auch nicht Landleute seiner Zeit, seine Idyllen sind bewußt und absichtlich unrealistisch.

„Diese Dichtungs-Art bekömmt daher einen besondern Vor-theil, wenn man die Scenen in ein entferntes Welt-Alter setzt; sie erhalten dadurch einen höhern Grad der Wahrscheinlichkeit, weil sie für unsre Zeiten nicht passen, wo der Landmann mit saurer Arbeit unterthänig seinem Fürsten und den Städten den Überfluß liefern muß, und Unterdrückung und Armuth ihn ungesittet, und schlau und niederträchtig gemacht haben." (Salomon Gessner: Sämtliche Schriften. Band II. Zürich 1972, S. IX f.)

Hier setzt die Kritik Herders an, die er (mit der Jahreszahl 1767) 1766 in Riga erscheinen ließ. Sie führt den Titel *Über die neuere deutsche Literatur. Zwote Sammlung von Fragmenten. Eine Beilage zu den Briefen, die neueste Literatur betreffend.* Im IV. Kapitel *Von der griechischen Literatur in Deutschland* zieht er einen Vergleich zwischen Theokrit und Gessner. Er gelangt zu dem Ergebnis, Theokrit stehe der Natur näher als Gessner; jener sei in höherem Grade ein „Genie", da er „Leidenschaft" und „Empfindung" besitze, wogegen Gessner nur „Kunst und Feinheit" zeige. Man könne das an den Epigonen Gessners deutlicher sehen als an seinen eigenen Werken, die Herder im übrigen ziemlich hoch schätzt. Handelt es sich also in den Idyllen Theokrits um eine aus der Natur geborene Naivität, so bei Gessner um eine von der „idealischen Kunst" geborene. Hat man der Idylle oft die Langeweile vorgeworfen, die sich aus dem Mangel an Bewegung erklärt, so kritisiert Herder die Absichtlichkeit, mit der Gessner die Sitten seiner Zeit ausschließt. Das liege daran, daß er nicht den antiken Quellen folgt, sondern ihrer Vermittlung durch die französischen Theoretiker Fontenelle und Batteux. (Vgl. Herder Bd. I. S. 351–360)

Herders Kritik zeigt, wie nachhaltig sich in den Jahren von 1756 bis 1766 die Maßstäbe literarischer Bewertung veränderten. Die Idyllendichtungen des „Mahlers" Friedrich Müller und von Johann Heinrich Voß zeigen wenig später, wie die Dichtung sich im Jahrzehnt des Sturm und Drang veränderte. Sie folgt nicht mehr einem scheinbar zeitlosen, vorgegebenen Muster, sondern zeigt die geschichtlichen und persönlichen Probleme ihrer Verfasser, so daß sich notwendig auch die literarische Form ändert.

Die in den siebziger Jahren entstandenen Idyllen Müllers sind, wie *Die Leibeigenschaft* von Voß, Dialoge; man könnte sie sich auf einer Bühne vorstellen, zumal Müller auch Regieanweisungen einflicht. Es wäre daher denkbar, auch die beiden *Poetischen Gespräche* (1775) von Johann Anton Leisewitz *Die Pfändung* und *Der Besuch um Mitternacht* zu den Idyllen von Maler Müller und Voß zu stellen. Dagegen aber spricht, daß diese beiden Texte keinen in sich geschlossenen Raum zeigen, sondern von außen die Szene in Frage stellen, im einen der beiden Texte sogar durch eine Geistererscheinung, die dem realistischen Charakter der Idylle des Sturm und Drang weniger als dem der Ballade entspricht.

3. Maler Müller: Der Faun, Der Satyr Mopsus, Bacchidon und Milon, Die Schaaf-Schur

3.1. Entstehung

Friedrich Müller, am 13. Januar 1749 in Kreuznach als Sohn eines Gastwirtes und Bäckers geboren, verlor elfjährig den Vater und mußte deshalb früh den Besuch des Gymnasiums aufgeben. Er begann bald zu malen. Durch Vermittlung von Freunden kam er 1766 oder 1767 nach Zweibrükken zur Ausbildung bei dem Hofmaler v. Mannlich. Er wurde Kupferstecher am Hofe des Herzogs Christian IV. von der Pfalz – Zweibrücken. Als er in Ungnade gefallen war, zog er 1774 nach Mannheim, wo er 1777 kurfürstlicher Kabinettsmaler wurde. Mit einem Stipendium der kurfürstlichen Regierung ging er 1778 nach Rom, wo er, seit 1805 mit einer Pension des bayerischen Königs Ludwigs I., als dessen Hofmaler bis zu seinem Tode am 23. April 1825 lebte. Die vier Idyllen Der Faun, Der Satyr Mopsus, Bacchidon und Milon und Die Schaaf-Schur entstanden in den Zweibrükker Jahren zwischen 1766 oder 1767 und 1774.

3.2. Analyse

Müller hatte in Zweibrücken die Kultur höfischer Geselligkeit kennengelernt; dazu gehörten die Schäferspiele, eine Mode, die man vom französischen Königshof übernommen hatte. Müller soll sich durch die Improvisation solcher Spiele bei Hofe beliebt gemacht haben. Aber schon seine frühen Idyllen, die mit Sicherheit damals entstanden sind, haben mit dieser Mode nichts mehr zu tun. Die geselligen Spiele der Adelsgesellschaft mit galanter Verkleidung und stilisierten Namen sind nur noch hintergründig wahrnehmbar. Das zeitlose Arkadien, geographisch eine unwirtliche Berglandschaft des Peloponnes, literarisch seit Vergil, der es nie gesehen hat, eine mit beblümten Auen, murmelnden Bächen, schattenspendenen Bäumen gezierte, gelegentlich von Schmetterlingen und zwitschernden Vögeln belebte Landschaft, wo die Lämmer – Allegorien der Unschuld und Reinheit – von niedlich bebänderten, kokett lächelnden Schäferinnen zärtlich geleitet werden: diese idealisierte Landschaft verlassen Müllers Idyllen. Sie spielen stattdessen in einer ihm bekannten und vertrauten Welt. Dort gibt es menschliche Nöte und Begierden, der Faun Molon ist ein Bauer, der seine verstorbene Frau beweint, sich mit Wein über den Verlust trösten will, der sich voll Wehmut ihrer Phantasie und Tatkraft erinnert, der nun seine Kinder allein versorgen muß. Der Satyr Mopsus wird von befreundeten Hirten in einem Brombeergesträuch gefunden, übel zugerichtet von der Nymphe Persina, die ihn verschmäht hat: seine Werbung hat er mit grob sinnlichen Schilderungen künftigen Liebesglücks ausgeschmückt, so daß die Weigerung der Nymphe verständlich ist. Auch er ist unverkennbar ein Pfälzer, worauf schon seine Liebe zum Wein verweist. Die Hirten beraten, wie die Nymphe bestraft und gefügig gemacht werden könne; mittels einer List wird sie auch eingefangen, aber sie ist die klügere; durch ihren Gesang bezaubert sie die Hirten und den Satyr, so daß die sie laufen lassen.

Bacchidon und Milon erzählt von der Dichtkunst des Knaben Milon, dem sein dem Gotte Bacchus gewidmetes Gedicht so gut gefällt, daß er es dem Satyr Bacchidon unbedingt vorsingen will. Das gelingt ihm nur unter Schwierigkeiten: Bacchidon muß durch einen Schlauch voll Wein bewogen werden, und den Beginn der Vortrags schiebt er durch seine Redseligkeit und immer erneutes Trinken hinaus; als es endlich dazu kommt, unterbricht er Milon mehrmals. Das Lied gehört ersichtlich in den Bereich des niedrig Komischen und steckt voll Albernheiten; es kennzeichnet den dümmlichen Hirten im Gegensatz zu dem listigen Satyr. Als Milons Gedicht beendet und der Weinschlauch geleert ist, muß auch der Satyr singen; sein Thema ist der leere Weinschlauch. Man hat schon früh in dieser Figur Shakespeares Falstaff, den komischen Helden des zweiteiligen Königsdramas *Heinrich IV.* und der Komödie *Die lustigen Weiber von Windsor* erkannt: einen Tölpel und Schmarotzer, eine Figur, die man eher in der Farce oder dem Schwank als in einem Lustspiel vermuten möchte.

Der Titel der vierten Idylle ist ein literarisches Programm: er sagt deutlich, daß das Schaf kein Objekt zierlicher Gesellschaftsspiele ist, sondern ein Nutztier, das Wolle bringt. *Die Schaafschur* verlegt eine Szene aus dem Leben des Schäfers in die Gegenwart einer Bauernhütte. Dort sind der Schulmeister und Gevatter Schultz zu Gast. Die Tochter Lotte singt ein Liebeslied: sie liebt, ohne Wissen des Vaters, Veitel, und sie ist beklommen, weil Veitel am nächsten Tag fortreisen soll. Die Situation gibt Gelegenheit, auch den Vater Walter singen zu lassen; er ist dabei nicht müßig, sondern schert während der Gespräche und Lieder seine Schafe. Das verdeutlicht die Abkehr von der traditionellen Schäferdichtung: daß Menschen, zumal sozial niedrig gestellte Menschen wie Bauern, bei der Arbeit gezeigt werden, ist neu in der Dichtung des achtzehnten Jahrhunderts.

Nicht nur dieser Zug macht deutlich, wie die Idyllen Maler Müllers eine Erneuerung der Gattung durch die Besinnung auf ihre Anfänge bedeuten. Sie lösen die von Herder erhobene Forderung ein, die „Natur" darzustellen. Sie erscheint hier nicht wie z. B. in Albrecht v. Hallers *Die Alpen* – einem philosophischen Lehrgedicht in Alexandrinern (1729/32) – als moralische und vernünftige Artung des Menschen, sondern als die tatsächliche Lebenswirklichkeit des essenden, trinkenden, liebenden und arbeitenden Menschen der niederen Gesellschaftsschichten zur Zeit des Dichters. Wenn die Personen in diesen Idyllen trinken, dann trinken sie auch über den Durst, und wenn sie lieben, dann ist das weder eine empfindsame Schwärmerei noch eine höfische Tändelei, sondern eine sinnliche, handfeste Liebe, deren Beschreibung Müller den Vorwurf der Laszivität eingetragen hat. In einem *Vorbericht des Herausgebers*, der der Idylle *Bacchidon und Milon* vorangestellt ist, bekennt er, er habe „das Costüm" der traditionellen, als „ein Original eines alten Griechen" ausgegebenen Idylle „mit Fleiß" verletzt, indem er seine Figuren mit „Mützen rheinländischer Bauern" bekleidet habe. Zugleich habe er sie mit mundartlichen und umgangssprachlichen Ausdrücken „um sich werfen" lassen, denn der Bauer dürfe nicht „die nemliche Sprache wie ein Marquis" (S. 45) sprechen.

Müller verwandelt auf diese Weise die literarische Gattung Idylle und verändert zugleich die Funktion des antiken Mythos. Renate Böschenstein macht auf diesen Vorgang aufmerksam: „Gerade bei jenem Dichter [...], bei dem sich die antikisierende Idyllenszenerie am stärksten der außertextualen Realität annähert, dominiert ein mythologisches Raumelement." Neben diesem Raumelement – der Verlegung der Wohnung des Fauns Molon von der bäuerlichen Hütte in die Höhle, wo sich ursprünglich nur Faune und Nymphen aufhalten – sieht sie weitere Entlehnungen von Motiven Vergils in diesen Idyllen. Daß man sie jedoch nicht auf den ersten Blick als Entlehnungen erkennt, liegt an der Verwandlung der antiken Figuren und Situationen. Wird z. B. in Vergils 6. Ekloge der Silen von Knaben gefesselt, so bei Müller im *Satyr Mopsus* die Nymphe, und in ihrem Gesang läßt sich das Lied des Silens „in Genus und Struktur" wiedererkennen. (Renate Böschenstein: Grotte und Kosmos.)

Dahinter steht Herders Forderung nach einer „poetische[n] Heuristik" in der Schrift *Vom neuern Gebrauch der Mythologie* (1767). Heuristik bedeutet Erfindungskunst; er meint damit: „statt daß ihr aus den Alten Allegorien klaubet, oft wo sie gewiß daran nicht gedacht; so lernt von ihnen die Kunst zu *allegorisieren*, vom philosophischen Homer, und vom dichterischen Plato." Eine moderne Dichtung wird ihre eigenen Bilder schaffen, und wo sie auf überkommene mythologische Bilder und Figuren zurückgreift, wird sie sie auf eine neue Weise verstehen und poetisch fruchtbar machen – sie wird „*aus der Bilderwelt* der Alten gleichsam eine neue uns zu finden wissen, das ist leichter; das erhebt über Nachahmer, und zeichnet den Dichter." (Herder, Bd. I, S. 449 f.)

Damit ist der antiken Mythologie eine neue Aufgabe zugewiesen: sie ist nicht mehr eine Vorratssammlung von Stoffen und Motiven mit festgelegten Bedeutungen, sondern ein offenes System, mit dessen Hilfe der Dichter Neues finden kann. An die Stelle der Allegorie – der Veranschaulichung eines Begriffs durch ein rational verständliches Bild – tritt das Symbol: es verweist über sich selbst hinaus auf vielschichtige Zusammenhänge, und es eröffnet unterschiedliche Möglichkeiten des Verständnisses. Das poetische Verfahren Maler Müllers ist insofern Goethes Umgang mit dem Mythos, z. B. in den großen Hymnen der siebziger Jahre, ähnlich.

Die antike Rhetorik unterschied drei Stilarten oder genera dicendi: den niederen (stilus humilis), den mittleren (stilus mediocris) und den hohen

Stil (stilus gravis). Diese Stilarten waren verschiedenen poetischen Gattungen und verschiedenen sozialen Schichten, ihren Tätigkeiten und ihrem Charakter zugeordnet. In dieser Ordnung nimmt der Schäfer den niedrigsten, der Bauer den mittleren und der Feldherr oder Herrscher den höchsten Rang ein. Der Schäferdichtung ist demnach, wie man es von Vergils Eklogen behauptete, der niedere Stil angemessen. Wenn deshalb die Personen in den Idyllen Maler Müllers redens- und mundartlich sprechen, ist das eine Rückkehr zu den Anfängen der literarischen Gattung. Zugleich deutet es einen sehr realistischen Zug an. Eine der zahlreichen und umstrittenen Definitionen des Begriffs Realismus bestimmt ihn als Mimesis (Nachahmung). Die getreue, den eigenen Wahrnehmungen und Beobachtungen folgende Wiedergabe der außerliterarischen Wirklichkeit ist an vielen Stellen der Idyllen zu beobachten. Man kann sogar, wie in der Literatur bemerkt worden ist, aus Anspielungen auf die geographische Lage einiger Schauplätze schließen.

Neben diesen realistischen Merkmalen, die an die Anfänge der Gattung erinnern, finden sich andere, die mit ihren Konventionen brechen. *Die Schaafschur* enthält deutlich satirische Elemente. Gehört es zum herkömmlichen Charakter der Idylle, das vergangene Goldene Zeitalter darzustellen und zu preisen, so bricht Müller auch mit dieser Übereinkunft. Er bringt in diese Idylle eine Satire auf den Beruf des Schulmeisters ein und, wichtiger noch, auf die Realitätsferne der Idyllendichtung seiner unmittelbaren Vorgänger. Der Schulmeister nämlich, der durch seine lächerlich gestelzte und mit Fremdwörtern gespickte Redeweise karikiert wird, will den Bauer Walter mit der Idyllendichtung bekannt machen, aber damit kommt er an den Unrechten. Walter fragt: „wo giebts dann Schäfer wie diese? Was? das Schäfer, das sind mir curiose Leute, die weiß der Henker wie leben, fühlen nicht wie andre Menschen Hitze oder Kälte; hungern oder dursten nicht; leben nur vom Rosenthau und Blumen und was des schönen süßen Zeugs noch mehr ist [...] sein Pack da ist nicht von Herzen lustig, nicht von Herzen traurig, alles im Traume nur, schwätzen wie die Schulmeisters von Großmuth und hundert Sachen, die einen Schäfersmann nichts angehn, und das, Herr, was uns alle Tage vor Augen kommt, und ans Herz geht, davon pipsen sie kein Wort" (S. 70 f.).

Hinter dem Stilideal des Schulmeisters steht die Vorstellung einer Dichtung von Gelehrten und für Gelehrte – „das Geschmackvolle, das Schöne, das Gelehrte" nennt er in einem Atemzug. Anstelle des Gefühls und der Empfindung setzt er die Autorität der „alten Autoren" (S. 87). Seine Schäferdichtung hat es, wie Walter ihm sarkastisch entgegenhält, mit „Myrthen und Rosen", statt mit „Knoblauch und Zwiebel" (S. 86) zu tun: und gemäß dem Stilideal der Natürlichkeit sind die einer Dichtung von Hirten und Bauern angemessener.

Dem entspricht die Ausdrucksweise des Bauern; war es in Goethes *Werther* der Gesandte, der als Sprachkritiker erschien, so ist es hier der Schulmeister, der fast mit denselben Argumenten „die barbarischen Reimen und häufigen Elisionen" (S. 88) kritisiert. Dem Geschmack des Schulmeisters stellt der Bauer Walter die Freude an alten Gesängen entgegen: er selbst singt eingangs ein Frühlingslied, das offenbar absichtlich kunstlos seine Freude am Ende des Winters und an der erwachenden fruchtbaren Natur bekundet; später fordert er seine Tochter Guntel auf, eine alte Romanze vom Pfalzgrafen Friedrich und der von ihm verlassenen Geliebten Cunigunde zu singen, nachdem ihre Schwester Lotte zuvor schon ein Liebeslied gesungen hat. Die kritischen Einwürfe des Schulmeisters hat er mit dem Wort „Esel" erwidert. Die Romanze vom untreuen Pfalzgrafen Friedrich wird durch den Hinweis auf das „Mährgen" „vom braunen Fräulein" (S. 78) ergänzt: dabei handelt es sich um ein Lied Müllers, das ähnlich wie andere Balladen der Zeit die Geschichte eines Mädchens erzählt, das seine Ehre verschlafen hat. Im Volkslied hat die Farbbezeichnung braun eine sexuelle Bedeutung. Die „Braune" ist die weibliche Scham; das „Braune Fräulein" ein Fräulein, das seine Unschuld verloren hat. In dieser Bedeutung gebraucht auch Goethe das Wort in dem Gedicht *Der untreue Knabe* und noch in der Erzählung *Das nußbraune Mädchen* in *Wilhelm Meisters Wanderjahren* (1829). (Vgl. Peter Schmidt: Goethes Farbensymbolik. Untersuchungen zur Verwendung und Bedeutung der Farben in den Dichtungen Goethes, Berlin 1965, S. 163 f.) Solche volksläufigen Motive, aber auch die Freude Walters an der Burgruine und der deutschen Geschichte – er erwähnt Franz von Sickingen (1481–1523), einen freien Reichsritter, der auch in Goethes *Götz von Berlichingen* auftritt – lassen ihn beinahe als einen verfrühten Romantiker erscheinen.

Die Idylle endet glücklich: Lotte bekommt ihren Veitel, und Walter stattet sie mit Vieh und Ackerland aus, so daß sie eine gemeinsame Wirtschaft gründen können, sobald er erfahren hat, daß die beiden ineinander verliebt sind: das natürliche, nicht von den moralischen Geboten der Gesellschaft und ihren Sitten überformte Empfinden lenkt sein Verhalten.

4. *Johann Heinrich Voß: Die Pferdeknechte, Der Ährenkranz, Der siebzigste Geburtstag*

Analyse

Die Pferdeknechte und *Der Ährenkranz*, die bei der Erstveröffentlichung 1775 nebeneinander standen, wurden in späteren Ausgaben voneinander getrennt. Die Ausgabe von Eva D. Becker, auf die sich diese Analyse stützt, bringt den Text der Erstausgabe ohne die späteren Veränderungen und Erweiterungen unter der Überschrift *Die Leibeigenschaft* mit den Teilüberschriften *Erste Idylle. Die Pferdeknechte* und *Zweite Idylle. Der Ährenkranz*.

Obwohl Voß auf den ersten Blick ähnliche Erfahrungen in seiner Kindheit hatte wie Maler Müller, besteht doch ein schwerwiegender Unterschied, den die Überschrift nennt. Die Gutsherrschaft in Ostdeutschland kannte noch im späten achtzehnten Jahrhundert die Leibeigenschaft, die zwar auch in Westdeutschland bestand, aber praktisch kaum eine Rolle spielte. Sie war Voß, dem Enkel eines Leibeigenen, durch eigene Beobachtungen und familiäre Überlieferung vertraut. Da ist einerseits das Gespräch zwischen Michel und Hans. Michel war vom Gutsherren die Freiheit gegen Zahlung von hundert Talern zugesagt worden; nun, da er mit großer Mühe, an der auch die Familie beteiligt war, das Geld zusammengebracht hat, wird ihm zwar die Hochzeit gestattet, die Freiheit aber unter nichtigen Vorwänden verweigert. Die Geldgier beherrscht diesen Herren: er hat im Siebenjährigen Krieg Michels Bruder „an die Preußen verkauft" (S. 6), und der ist seither aufgrund seiner Verwundungen ein Krüppel. Mehrmals wird in dem Gespräch der „Prügel des Vogts" erwähnt. Voß zitiert in einer Anmerkung zu der späteren Idylle *Die Erleichterten* eine Schrift aus dem Jahr 1796, die das Rechtsverhältnis des Gutsherren zu seine Leibeigenen oder Gutspflichtigen beschreibt:

1) „Der Besitzer eines Grundstücks kann die dazugehörigen Menschen
2) willkürlich zu allen Arten ländlicher Arbeit gebrauchen;
3) ihren Lohn an Geld, Naturalien oder Land willkürlich bestimmen;
4) eheliche Verbindungen unter ihnen verhindern;
5) sie willkürlich züchtigen;
6) die vom Landesherrn geforderten Landesausschußleute willkürlich ausheben." (Johann Heinrich Voß: *Idyllen.* Königsberg 1801, S. 339)

In der gleichzeitig mit der *Leibeigenschaft* entstandenen Idylle *Die Freigelassenen* von 1775 erwähnt Voß einige der Praktiken, mit denen Leibeigene bestraft wurden, und erläutert: „In einem benachbarten Gute ist der Keller noch im Gedächtnis, wo der willkürlich bestrafte Leibeigene auf untergelegten Eggen lag. Häufig auch wurden die Unglücklichen, wie abzurichtende Jagdhunde, an Stricken in die Höhe gezogen und gepeitscht oder, nach eingewürgten Salzheringen, bei glühenden Öfen eingesperrt." (a. a. O., S. 347)

Gegenüber diesen Leiden sind die Erfahrungen, die Voß als Hofmeister in Anklam machen mußte und die er in seine Dichtung überträgt, nur beiläufig erwähnenswert: Michel berichtet, daß der „Herr Hofmeister" im Walde geweint habe. Und es ist verständlich, daß Michel, angesichts des Unrechts, das ihm angetan wurde, die Absicht äußert, „dem adligen Räuber" (S. 8) das Schloß anzuzünden. Hans ermahnt ihn, das doch nicht zu tun und beruft sich dabei auf 5. Mose 32, V. 35 „Die Rache ist mein, ich will vergelten" (vgl. Römer 12, V. 19). So wird denn nicht das herrschaftliche Schloß, sondern die Tabakspfeife angezündet, denn „Die Mücken stechen gewaltig!" (S. 10) Die kleine Unbequemlichkeit kann bekämpft, das grundlegende Übel, das das Leben vergiftet, muß in christlicher Demut und der Hoffnung auf ein göttliches Gericht ertragen werden.

Neben Adelsstolz und Verachtung des Bauern, Machtmißbrauch, Ungerechtigkeit und Grausamkeit gibt es aber auch die andere Seite. Das Gegenstück der *Pferdeknechte*, die Idylle *Der Ährenkranz*, ist ein Gespräch zwischen den Verlobten Henning und Sabine, deren Hochzeit unmittelbar bevorsteht. Der Gutsherr hat seinen Leuten „die Freiheit geschenkt" (S. 24), er lebt in patriarchalischer Gemeinschaft mit ihnen und lädt sie zu Tische, wie Henning berichtet (S. 25). Auch dahinter steht eine historische Realität: Graf Hans Rantzau hatte 1739 als erster holsteinischer Gutsherr seinen Leibeigenen die Freiheit und Eigentum zu geben begonnen, so daß sie selbständig wirtschaften konnten. Den Erfolg des Unternehmens beschrieb er 1766 in einer kleinen Schrift: die Bevölkerungszahlen stiegen, „die Menschen werden klüger, fleißiger, vermögender und sittlicher, die Kinder werden besser erzogen; die Felder und Wiesen werden auf eine erstaunende Weise verbessert, neue Wohnungen und Scheuren gebaut" (S. 72).

Das Lied, das Henning für Sabine singt, preist diese Ergebnisse der Bauernbefreiung: Gesundheit und Wohlstand sind so gestiegen, daß die Kinder „dem bleichen Mann, des Sklavendorfes Untertan" (S. 16) ihr Vesperbrot schenken können. Dem Gutsherrn wird als dem „Vater" zur Bestätigung des patriarchalischen Verhältnisses in der letzten Strophe ein Lebehoch gebracht, die „Tyrannen" sind zu „Gespenstern" geworden (S. 17). Die Dichtung des Sturm und Drang ist insofern unpolitisch, als sie nicht für politische Veränderungen eintritt. Das zeigen die beiden Idyllen *Die Pferdeknechte* und *Der Ährenkranz*, die Voß 1775 zusammenstellte: da ist zunächst die christliche Erziehung, zumal im lutherisch geprägten Norddeutschland, die den Gehorsam gegenüber der von Gott gesetzten Obrigkeit verordnete. Da sind aber auch, wie das Beispiel der unterschiedlich ausgeübten Gutsherrschaft zeigt, die starken Unterschiede zwischen den einzelnen Herrschaftsbereichen, die eine breite Volksbewegung, zu der es 1789 in Frankreich kam, verhinderten.

Zeigen die Idyllen *Die Leibeigenschaft* das Leben der Bauern, so führt *Der siebzigste Geburtstag* in die ländliche Häuslichkeit eines Lehrers oder Geistlichen. Die Idylle trägt in der ersten Ausgabe im Musenalmanach für 1781 die Widmung „An Bodmer". Der Züricher Literaturkritiker und -theoretiker Johann Jakob Bodmer (1698–1783) war von Voß wegen seiner Auffassung des griechischen Hexameters kritisiert worden; die Widmung wird als „Versöhnungsangebot" (S. 80) verstanden. Darüber hinaus mag man in ihr einen Bezug auf Bodmers Schrift *Critische Abhandlung von dem Wunderbaren in der Poesie und dessen Verbindung mit dem Wahrscheinlichen* (1740) sehen. Bodmer knüpft dort an das biblische Epos *Paradise Lost* (1667) von John Milton an, dessen „Natürlichkeit" er in der Nachahmung nicht des Wirklichen, sondern des Möglichen sieht. Hinter dem Sichtbaren das nur ihm bekannte Unsichtbare mit seiner Phantasie zu sehen, sei Aufgabe des Dichters. Die Verbindung des äußeren Bildes mit dem inneren, die dem Dichter gelinge, nennt Bodmer „malen". Damit tritt er in Gegensatz zu der rationalen Regelpoetik Gottscheds, die von Phantasie, Inspiration und poetischen Gaben der Musen wenig weiß.

Obwohl Bodmer die Detailfreude von Voß' Idyllen parodierte, kann man die getreulich aufgeführten Bestandteile des Hausrats als poetische Elemente verstehen, die den Charakter der Personen erhellen, so daß diese Dinge nicht als zufällige Attribute erscheinen. Mindestens beleuchtet die „Postille", das christliche Erbauungsbuch, die Samtmütze „mit goldener Troddel" das Wesen des Hausherren; die Möbel, die beschrieben werden, waren Voß aus dem Elternhause seit der Kindheit vertraut (Vgl. Wilhelm Herbst: Johann Heinrich Voß. Bd. I, Leipzig 1872, S. 18).

Das „künstlerische Grundproblem der Idylle", nämlich „die Gefahr der Ermüdung aus Mangel an Bewegung" (R. Böschenstein, a. a. O., S. 9) löst Voß, indem er zwei gegenläufige Handlungen miteinander verbindet: Ruhe und Bewegung. Dem räumlichen, zuständlichen Charakter der Idylle entspricht der Schlaf des Hausherren, wohl vorbereitet durch den Genuß des „alten balsamischen Rheinweins" (S. 35) zur Feier des Geburtstages. Die Forderung nach Handlung und Bewegung, die der epische Charakter der Gattung nahelegt, wird durch die Tätigkeit von Hausfrau und Magd eingelöst. Die Beschreibung der Dinge wird belebt, indem erzählt wird, wie die Hausfrau mit ihnen umgeht. Der Ruhe in der Stube, die beinahe zeitlos ist – die Uhr wird angehalten – der behaglichen Wärme, entsprechen Sturm und Schneetreiben vor dem Fenster. Die Stille und Gemütlichkeit innerhalb des Hauses wird belebt durch die Spannung, ob Sohn und Schwiegertochter tatsächlich kommen werden.

Die Familienleben voller Behagen, Zärtlichkeit und Liebe in der Umgebung alten überlieferten Hausrates, die Achtung vor dem „Greis", die liebevolle Nennung des „Mütterchens": das sind Züge, die dieser kurzen Verserzählung von weniger als hundert Hexametern eine außerordentliche Beliebtheit verschafften. Man darf sie wohl als typisch deutsche und bürgerliche Charakterzüge ansprechen, die das Leben in dem friedlichen Vierteljahrhundert zwischen dem Siebenjährigen Krieg und der Französischen Revolution kennzeichnen.

VII. Kapitel: Statt einer Wirkungsgeschichte

Zur Geschichte des Geniebegriffs

Wandelt sich in der zweiten Hälfte des achtzehnten Jahrhunderts die frühe Neuzeit zu unserer „Präsenzzeit" (R. Koselleck), so vollzieht sich dieser Wandel in der deutschen Literatur während der 1770er Jahre. Die in diesem Buch abgehandelten Texte prägen insgesamt einen modernen Begriff von Dichtung, den sie theoretisch begründen und poetisch verwirklichen. Das Nachdenken über die Dichtung und die schöpferische Verwirklichung dieser Überlegungen ergänzen einander derart, daß sich seit dem Sturm und Drang unsere Vorstellung von Dichtung gegenüber den früheren Jahrzehnten des achtzehnten Jahrhunderts grundlegend verändert hat.

Spricht man von der Literaturtheorie, so kann man diesen Wandel als den Schritt von der normativen oder präskriptiven Poetik zur deskriptiven Ästhetik beschreiben. Richtet man den Blick auf die schöpferische Tätigkeit des Dichters, so findet man ihren Grund nicht in seinem Verstand oder seinen Kenntnissen, sondern in seinem Genie. Dieser Begriff rückt mit dem Sturm und Drang in den Mittelpunkt der kunsttheoretischen Überlegungen und der Dichtungen, die von Künstlern handeln.

Damit beginnt um 1770 eine formgeschichtliche Revolution der deutschsprachigen Dichtung. Man kann, etwas vereinfachend, sagen: richtete sich die Struktur eines poetischen Werkes in der Dichtung der Aufklärung, des Klassizismus und des Rokoko nach einem vorgegebenen Formideal, so orientiert sie sich seit der Dichtung des Sturm und Drang an den individuellen, einmaligen Ansichten des Dichters und an den Erfordernissen seines Werkes.

Vor allem Herders Aufsatz über Shakespeare, der in seiner Bedeutung kaum zu überschätzen ist, zeigt, was seither Dichtung bedeutet: ihr Gegenstand, ihre Problematik, ihr Gehalt und ihre Struktur sind Sache des Dichters. Nicht eine Wahrheit, die außerhalb der Dichtung entstanden, die philosophisch oder theologisch verbürgt, beinahe zum Gemeinplatz geworden ist, wird von der Dichtung des Sturm und Drang dargestellt, sondern das Werk des Dichters ist, mit einem Lieblingswort Goethes, inkommensurabel: nicht meßbar an den Überzeugungen der Gesellschaft, an philosophischen Erkenntnissen, an christlichen Glaubenssätzen, nicht in anderen Worten oder in einer anderen Form auszusprechen. Zum Maßstab des Kunstwerkes und zum Bürgen für seine Wahrheit wird der Dichter, das Genie. Es tritt an die Stelle, die in der Literaturtheorie zuvor die Poetik, die Autorität der klassischen Überlieferung und ein Kanon von Regeln besetzt hatte.

Der Geniebegriff wurde nicht von den Stürmern und Drängern erfunden; er hatte sich in der Ästhetik des achtzehnten Jahrhunderts zunächst in Frankreich und England, dann in Deutschland ausgebreitet. Das Wort selbst ist sehr viel älter; man leitet es vom lateinischen genius und ingenium her. Aber erst in der frühen Neuzeit gewinnt es seine Bedeutung als esprit, caractère, nature, talent, don im Französischen und als characteristic disposition, inclination, bent, turn or temper of the mind im Englischen. Das lateinische genius bedeutet zunächst Schutzgott oder Schutzgeist; ingenium, abgeleitet von gignere, erzeugen, gebären, hervorbringen, bedeutet das Angeborene, also die Fähigkeit, Geisteskraft, Anlage, Begabung und Verstand. Im weiteren Sinne verstand man es im siebzehnten Jahrhundert als die charakterliche oder geistige Anlage des Menschen, dann als Talent oder Begabung, endlich genius als den Träger dieser Gabe , also als Person. Alle Versuche, die Bedeutungen von genius und ingenium – der Wurzel von Ingenieur (frz. ingénieur, engl. engineer) – zu unterscheiden, konnten ihre Vermischung und Verwechslung nicht verhindern.

Durch Übersetzungen aus dem Englischen und Französischen gelangte das Wort nach Deutschland, wo es durch Herder und Goethe seine für die Ästhetik des Sturm und Drang grundlegende Bedeutung bekam. Das geschah in Herders *Shakespeare*-Aufsatz durch die Kritik am Aristoteles-Verständnis der Aufklärung und, ebenso wichtig, durch den nachdrücklichen Hinweis auf einen Künstler, der dem Bild des Genies entsprach, so daß er als Vorbild und Inbegriff des genialen Künstlers gelten konnte.

Diese grundsätzliche Veränderung in der Beurteilung von Kunstwerken wurde während des achtzehnten Jahrhunderts entwickelt; als erster hat Christian Fürchtegott Gellert (1715–1769) in Deutschland den Geniebegriff, zunächst bezogen auf den Wissenschaftler, definiert: „Es ist wahr, der Name eines großen Gelehrten wird nicht durch Studiren, nicht durch Regeln, nicht durch Kunst und Nachtwachen allein erworben; es wird Genie, es wird eine gewisse natürliche Größe und Lebhaftigkeit der Seele erfordert, die den Menschen zu allen großen Unternehmen begeistern muß." *(Von dem Einflusse der schönen Wissenschaften auf das Herz und die Sitten. Eine Rede.* In: Christian Fürchtegott Gellert: Gesammelte Schriften. Hg. von Bernd Witte. Bd. V, Berlin, New York 1994, S. 179) Die Worte, 1751 in seiner Antrittsvorlesung als Professor für Poesie und Rhetorik zu Leipzig in lateinischer Sprache formuliert, deuteten eine Erkenntnis an, die dann um 1770 wirksam wurde: der Rang eines Kunstwerkes ist nicht nach den Regeln zu messen, denen der Künstler folgt, sondern nach seiner Persönlichkeit. Nur ein großer Mensch kann ein großes Werk schaffen. Dazu trat der andere grundlegende Gedanke: die Regeln folgen den Kunstwerken, nicht die Kunstwerke den Regeln. Die Poetik des Aristoteles ist nach den Dramen von Euripides und Sophokles entstanden; er lebte hundert Jahre später.

Sehr viel wichtiger als Gellerts vorläufige Anmerkung wurde Lessing, nicht, weil er den Geniebegriff ausführlich erörtert und begründet hätte, sondern weil er, v. a. in seiner Kritik an Gottsched, zwischen bedeutender und unbedeutender Dichtung unterschied: „Es wäre zu wünschen, daß sich Herr Gottsched, niemals mit dem Theater vermengt hätte. Seine vermeinten Verbesserungen betreffen entweder entbehrliche Kleinigkeiten, oder sind wahre Verschlimmerungen." Er schrieb das 1759 in dem berühmten siebzehnten der *Briefe, die neueste Literatur betreffend* (Lessing, Bd. 4, S. 499), und in der *Hamburgischen Dramaturgie* geht er 1768 noch weiter: Gottsched „galt in seiner Jugend für einen Dichter, weil man damals den Versmacher von dem Dichter noch nicht zu unterscheiden wußte" (Lessing, Bd. 6, S. 586). Daß er jetzt diesen Ruhm verloren habe, führt Lessing darauf zurück, daß er auf einem frühen Punkte seiner Entwicklung stehengeblieben sei: „wenn Gottsched mit dem Jahrhunderte nur hätte fortgehen wollen, wenn sich seine Einsichten und sein Geschmack nur zugleich mit den Einsichten und dem Geschmacke seines Zeitalters hätten verbreiten und läutern wollen: so hätte er vielleicht wirklich aus dem Versmacher ein Dichter werden können." (a. a. O., S. 411) Schon in der Vorrede zur ersten deutschen Theaterzeitschrift *Beiträge zur Historie und Aufnahme des Theaters* lenkt er 1749 den Blick auf die englischen Dramatiker Dryden, Wycherley, Vanbrugh, Cibber, Congreve und, allen voran, Shakespeare (Vgl. Lessing, Bd. III, S. 167). Den Grund dafür nennt er später: es ist Gottsched entgangen, daß der deutschen „Denkungsart" das englische Theater näher liegt als das französische.

In diesen Überlegungen sind drei Gedanken enthalten, die für die Reflexion über künstlerische Produktivität in der Folge grundlegend wurden. Erstens: Dichtung muß dem Charakter der Nation gemäß sein; die Orientierung an fremden Vorbildern führt auf Abwege. Dieser Gedanke war für die ästhetischen Überzeugungen der folgenden Generationen zunehmend von Bedeutung. Er war einer der Gründe für die Beschäftigung Herders, Goethes und der Romantiker mit Volksliedern und Märchen. Seither gehören sie selbstverständlich zur Kultur. Und die Volkspoesie, das neunzehnte und zwanzigste Jahrhundert hindurch bis in die Gegenwart wissenschaftlich betreut und erforscht, hat die sog. Hohe Dichtung immer wieder beeinflußt und bereichert. Man kann das in Werken des poetischen Realismus wie z. B. den Legenden von Gottfried Keller oder dem *Schimmelreiter* von Theodor Storm ebenso beobachten wie in den Werken der Heimatkunst bis hin zur Blut- und Bodendichtung.

Zweitens fordert Lessing vom Dichter den Sinn dafür, was geschichtlich nicht mehr möglich, was veraltet ist und von der Zeit überholt wurde. Diese Forderung an den Künstler wirkt bis ins zwanzigste Jahrhundert. In der *Theorie des Romans* (1914/15) spricht Georg Lukács vom Kunstwerk als der „Sonnenuhr des Geistes" (Georg Lukács: Die Theorie des Romans. Ein geschichtsphilosophischer Versuch über die Formen der großen Epik. Neuwied/Berlin 1963 u. ö., S. 32), und Theodor W. Adorno bezeichnet 1957 „das Gedicht als geschichtsphilosophische Sonnenuhr" (Theodor W.

Adorno: Rede über Lyrik und Gesellschaft. In: T. W. A.: Noten zur Literatur I, Frankfurt a. M. 1958 u. ö. S. 92). Sie zeigt an, was an der Zeit und was von ihr überholt worden ist.

Endlich wird in Lessings Gottsched-Kritik angedeutet, daß der Rang eines Kunstwerkes in der Person des Künstlers begründet ist. Seine geistigen Fähigkeiten, seine Begabung, seine Fähigkeit zu erfinden, sein Witz oder Geist prägen das Kunstwerk. Seine Erfahrungen geben ihm den „Gehalt", wie Goethe gern sagt. Herders *Shakespeare*-Aufsatz und Goethes Essay über Erwin von Steinbach führen diesen Gedanken weiter. Der Genius, der „Gesalbte Gottes", ist der Schöpfer der „wahren" Kunst. Damit wird er nicht nur zum Gegenstand der Verehrung, sondern zum Bürgen für die Wahrheit des Kunstwerkes, dessen Sinn er allein stiftet. Mit der Säkularisation, der Abkehr vom christlichen Glauben, tritt er an die Stelle Gottes.

Für die Geschichte der Kunsttheorie aber ist diese Erhebung des großen Künstlers über allgemeines menschliches Maß von mindestens ebenso großer Bedeutung. Seit dem Beginn der philosophischen Ästhetik in der Antike hatte sich die Ansicht entwickelt und in zahlreichen Äußerungen verfestigt, daß Dichtung von der Vernunft hervorgebracht werde, daß sie dabei vorgegebenen Regeln folge und daß es ihre Aufgabe sei, die Natur nachzuahmen. Mit der Genie-Ästhetik des späten achtzehnten Jahrhunderts wird diese alte und ehrwürdige Überlieferung umgestoßen. Joachim Ritter beschreibt diese Revolution:

„Damit vollendet sich die Emanzipation der schönen Künste aus der 2000jährigen Tradition der Herrschaft der Vernunft, der Beschränkung auf die Nachahmung der Natur und der Anwendung technisch erlernbarer Regeln, sie werden zu dem Organ, durch das die im Gemüt und Herz sich der Aufklärung des Verstandes entgegensetzende Innerlichkeit ausgesagt und dargestellt wird. In dieser Entwicklung erhält ‚Genie' seine epochale Bedeutung: Es wird der Begriff, durch den die sich bildende ästhetische Subjektivität als Ursprung und Grund aller künstlerischen Hervorbringung und der in ihr vermittelten ästhetischen Wahrheit begriffen und aufgefaßt wird. ‚Genie' wird zum Grundbegriff der ästhetischen Kunst." (Joachim Ritter: Genie. In: HWP, Bd. 3, Sp. 285–309)

Die Entthronung der Regelpoetik durch die Genieästhetik zeitigte vielfältige Folgen. Lessing, der vor dem Sturm und Drang als einziger ebenso regelgerechte wie lebendige Dramen schrieb – v. a. mit *Minna von Barnhelm* und *Emilia Galotti* zeigte er, wie meisterhaft er das konnte – sah die erste und nächste Konsequenz schon 1768, als er in der *Hamburgischen Dramaturgie* vom 19. April schrieb:

„Den englischen Stücken fehlten zu augenscheinlich gewisse Regeln, mit welchen uns die Französischen so bekannt gemacht hatten. Was schloß man daraus? Dieses: daß sich auch ohne diese Regeln der Zweck der Tragödie erreichen lasse; ja daß diese Regeln wohl gar Schuld sein könnten, wenn man ihn weniger erreiche. Und das hätte noch hingehen mögen! – aber mit *diesen* Regeln fing man an, *alle* Regeln zu vermengen, und es überhaupt für Pedanterei zu erklären, dem Genie vorzuschreiben, was es tun, und was es nicht tun müsse. Kurz, wir waren auf dem Punkte, uns alle Erfahrungen der vergangenen Zeit mutwillig zu verscherzen; und von den Dichtern lieber zu verlangen, daß jeder die Kunst aufs neue für sich erfinden solle." (Lessing, Bd. 6, S. 686 f.)

Diese Befürchtung trat zunächst nicht ein: die Lebensläufe der Stürmer und Dränger, auch der Romantiker und noch der Dichter des neunzehnten Jahrhunderts zeigen, wie intensiv sie in ihrer Jugend mit den sprachlichen und literarischen, den rhetorischen und religiösen Überlieferungen vertraut wurden, so daß die Gefahr eines Traditionsbruches nicht bestand. Noch ihre Parodien – z. B. Höltys Romanzen *Leander und Hero, Aktäon* und *Apoll und Daphne* oder die Ballade *Piramus und Thisbe* von Lenz – zeigen, wie gegenwärtig ihnen die antiken Dichtungen und Mythen waren. Und die Bemühung um die neu entdeckten Vorbilder verlangte philologische Kenntnisse. Neben Shakespeare waren es Homer und Pindar, auch die mittelhochdeutsche Dichtung. Aber schon die *Briefe über Merkwürdigkeiten der Litteratur*, die Heinrich Wilhelm von Gerstenberg 1766/1767 erscheinen ließ, weisen auf das grundsätzliche Problem der Genieästhetik, indem sie die Wahrheit des Kunstwerkes in der Subjektivität des Künstlers suchen. Im 20. dieser *Briefe*, einem Dialog zwischen dem Erzähler und dem „Bibliothekar von Belvedere", sagt dieser:

„Sie werden mir zugeben, daß diese Kraft, die ich in Beziehung auf uns Trug oder Illusion nenne, diese Kraft, die Natur wie gegenwärtig in der Seele abzubilden, in Beziehung auf den Dichter diejenige entschiedene und hervorstechende Eigenschaft sei, die wir uns unter dem Namen des poetischen Genies [...] denken [...]. Sie kann weder durch Kunst, noch durch Fleiß erreicht werden; kurz, sie ist einigen, und zwar den wenigsten Geistern eigentümlich; kurz, sie ist das Genie. Dies ist keine Definition: aber es ist Erfahrung, es ist Gefühl." Wenige Zeilen zuvor war die „Kraft" als „Die Illusion des gegenwärtigen Gottes – die Inspiration – die vivida vis animi" [die lebendige Kraft des Geistes] umschrieben worden. (Sturm und Drang. Kritische Schriften. Heidelberg ²1963, S. 50)

Wenn das Genie angeboren ist, wenn Fleiß und Kunstfertigkeit nicht mehr den Künstler ausmachen, wenn der Gott – Apoll, der Anführer der Musen – vom „Enthusiasmus" und der „Begeisterung" erfahren wird, wenn das Kunstwerk durch das Gefühl als Werk des Genies erkannt wird statt durch Gelehrsamkeit, wenn man an den Künstler glauben soll wie der Gläubige an Gott: dann ist die Subjektivität des Künstlers und des Kritikers maßgebend für die Entstehung, die Wahrheit und das Verständnis von Kunstwerken. Entsprechend argumentiert Lenz in den *Anmerkungen übers Theater* (1771): „Der Dichter und das Publikum müssen die eine Einheit fühlen aber nicht klassifizieren. Gott ist nur Eins in allen seinen Werken, und der Dichter muß es auch sein, wie groß oder klein sein Wirkungskreis auch immer sein mag." (Lenz, Bd. I, S. 344 f.) Diese Verlagerung der Ästhetik weg von der Vernunft, den überlieferten Regeln und der Orientierung an der Naturnachahmung brachte zunächst die Geniemode der siebziger Jahre hervor, von der Goethe sehr viel später im 1816 entworfenen und 1831 ausgeführten Vierten Teil (19. Buch) von *Dichtung und Wahrheit* berichtet:

„das Wort Genie ward eine allgemeine Losung, und weil man es so oft aussprechen hörte, so dachte man auch, das was es bedeuten sollte, sei gewöhnlich vorhanden. Da nun aber jedermann Genie von anderen zu fordern berechtigt war, so glaubte er es endlich auch selbst besitzen zu müssen. Es war noch lange hin bis zu der Zeit wo ausgesprochen werden konnte, daß Genie diejenige Kraft des Menschen sei, welche durch Handeln und Tun, Gesetze und Regeln gibt, damals manifestierte sich's nur indem es die vorhandenen Gesetze überschritt, die eingeführten Regeln umwarf und sich für grenzenlos erklärte. Daher war es leicht genialisch zu sein, und nichts natürlicher, als daß der Mißbrauch in Wort und Tat alle geregelten Menschen aufrief, sich einem solchen Unwesen zu widersetzen.

Wenn einer zu Fuße, ohne recht zu wissen warum und wohin, in die Welt lief, so hieß dies eine Geniereise, und wenn einer etwas Verkehrtes ohne Zweck und Nutzen unternahm, ein Geniestreich. Jüngere lebhafte, oft wahrhaft begabte Menschen verloren sich ins Grenzenlose; ältere Verständige, vielleicht aber Talent- und Geistlose, wußten dann mit höchster Schadenfreude ein gar mannigfaltiges Mißlingen vor den Augen des Publikums lächerlich darzustellen." (DuW., Bd. I, S. 812)

Schon in den *Leiden des jungen Werthers* kritisierte Goethe dies ausschließliche Vertrauen in die Subjektivität des Künstlers. Er läßt Werther im Brief vom 10. Mai schreiben: „Ich könnte jetzt nicht zeichnen, nicht einen Strich, und bin nie ein größerer Maler gewesen als in diesen Augenblicken." (S. 7) Wie läßt sich diese Überzeugung aber einem Publikum vermitteln? Ist der Künstler ohne Werk überhaupt ein Künstler, oder bildet er sich das nur ein?

Die Epochenbezeichnung Geniezeit ist auf jene Mode zurückzuführen. Und die Inflation des Wortes Genie ist aus der Stimmung und Gemütslage der jungen Generation der 1770er Jahre verständlich; jede Entdeckung kann mißverstanden und mißbraucht werden. Der Arzt und Popularphilosoph Johann Georg Zimmermann (1728–1795) ging noch sehr viel weiter als Goethe:

„Vielleicht hätte die leidige Genieseuche in Deutschland weniger gewütet, wenn sie nicht am meisten unter rohe junge Leute gekommen wäre, die in der Entfernung von allem Weltumgange lebten, in bacchantischer Einsamkeit jene wilden Anfälle von ihrer Selbstheit hatten, und jene jämmerliche [!] Träume von ihrer Kraft." *(Ueber die Einsamkeit.* Von Johann

Georg Zimmermann Königlich Großbritannischen Hofrath und Leibarzt in Hannover. Zweiter Teil. Leipzig, bei Weidmanns Erben und Reich. 1784., S. 10)

Goethe spricht in *Dichtung und Wahrheit* vom Genie als der „Kraft", „Gesetze und Regeln" aufzustellen. Damit knüpft er an die Definition an, die Kant 1790 in der *Critik der Urteilskraft* (§ 46) formuliert hatte: „Genie ist das Talent (Naturgabe), welches der Kunst die Regel gibt. Da das Talent, als angebornes produktives Vermögen des Künstlers, selbst zur Natur gehört, so könnte man sich auch so ausdrücken: Genie ist die angeborne Gemütsanlage (ingenium), durch welche die Natur der Kunst die Regel gibt." (B 180 f.; Kant, Bd. 10, S. 241 f.)

Aus dieser Definition, die immer zitiert wird, wo man vom Wort und der Sache spricht, entwickelt Kant vier Bestandteile des Begriffs: Originalität, Musterhaftigkeit, Unwissenheit über die Quelle der Eingebung und die Begrenzung auf die „schöne Kunst".

Die Originalität des Genies leitet Kant aus diesem Gedanken ab: das Kunstwerk setzt Regeln voraus, die es überhaupt erst ermöglichen. Das Urteil über das Kunstwerk jedoch läßt sich nicht aus Regeln ableiten, und die Kunst kann „sich selbst nicht die Regel ausdenken, nach der sie ihr Produkt zu Stande bringen soll." (a. a. O., S. 242). Deshalb muß das der Natur überlassen sein, denn ohne Regeln läßt sich ein Kunstwerk nicht denken. Wir erwarten von Werken eines Genies, daß ihre Sprache, ihre Form oder ihre Gegenstände neu sein sollen. Dichtungen, die diese Forderung nicht einlösen, werden als uninteressante Nachahmungen verurteilt. Das Genie kann nicht beschreiben, wie es zu seinen schöpferischen Einfällen gelangt ist, wogegen der Wissenschaftler jeden Schritt, der zu seiner Erkenntnis geführt hat, nachvollziehbar beschreiben kann; im folgenden § 47 der *Critik der Urteilskraft* erläutert Kant das am Beispiel Newtons. Auch ein „großer Kopf" sei nicht immer ein Genie. Daher ist der geniale Künstler nicht nur graduell vom Anfänger unterschieden wie in den Wissenschaften, sondern grundsätzlich („spezifisch").

Die zweite Bestimmung des genialen Werkes ist seine Musterhaftigkeit. Das Kunstwerk soll „exemplarisch" sein, d. h. so geartet, daß es als Maßstab zur Beurteilung anderer Werke dienen kann und daß man es nachahmen könnte. Kant begründet die Forderung nach Beispielhaftigkeit mit dem Grundsatz des zu vermeidenden „originalen Unsinn(s)". Schon Goethe versteht dies etwas anders. Er erläutert das durch eine Anekdote. Nach dem Erscheinen des *Götz* habe ihn ein Verleger besucht, „der mit einer heiteren Freimütigkeit, sich ein Dutzend solcher Stücke ausbat, und sie gut zu honorieren versprach. Daß wir uns darüber sehr lustig machten, läßt sich denken". (DuW., Bd. I, S. 618) Ein Genie, das sich selbst wiederholt, würde sein eigener Epigone. Jedes geniale Werk ist die Lösung eines neuen künstlerischen Problems. Es ist von anderen Werken desselben

Dichters inhaltlich oder formal deutlich unterschieden, auch wenn es als sein Werk zu erkennen ist.

Der dritte Bestandteil von Kants Geniebegriff hat zu folgenreichen Mißverständnissen Anlaß gegeben. Zum Genie gehöre, „Daß es, wie es sein Produkt zu Stande bringe, selbst nicht beschreiben oder wissenschaftlich anzeigen könne, sondern daß es als Natur die Regel gebe; und daher der Urheber eines Produkts, welches er seinem Genie verdankt, selbst nicht weiß, wie sich in ihm die Ideen dazu herbei finden, auch es nicht in seiner Gewalt hat, dergleichen nach Belieben oder planmäßig auszudenken, und anderen in solchen Vorschriften mitzuteilen, die sie in Stand setzen, gleichmäßige Produkte hervorzubringen" (Kant, a. a. O., S. 242 f.). Das Genie kann vielleicht sagen, wann und wo ihm seine Inspiration zuteil wurde, aber auf welche Weise das geschah, läßt sich „wissenschaftlich" – also in logisch verbundenen Aussagen, über die sich sinnvoll diskutieren ließe – nicht mitteilen. Deshalb kann man einen Menschen auch nicht zum Genie ausbilden, obwohl man ihn die technischen Fertigkeiten des Künstlerberufs – wie z. B. Versmaße – lehren kann. Man hat später daraus geschlossen, das Genie arbeite „unbewußt". Goethe vor allem hat dieser Ansicht Vorschub geleistet durch die Beschreibung seiner gleichsam nachtwandlerischen Produktionsweise in *Dichtung und Wahrheit* (Vgl. DuW., Bd. I, S. 722). Aber er schreibt selbst in einem Brief an Schiller vom 25. November 1795: „so wenig man mit Bewußtseyn erfindet, so sehr bedarf man des Bewußtseyns besonders bey längeren Arbeiten." (WA IV, 10, S. 338)

Kant bezieht seine Definition des Genies ausdrücklich auf die Kunst: „Daß die Natur durch das Genie nicht der Wissenschaft, sondern der Kunst die Regel vorschreibe; und auch dieser nur, in sofern diese letztere schöne Kunst sein soll." (Kant, a. a. O., S. 243) Auch diese Formulierung könnte mißverständlich sein. Kant meint mit „schöner Kunst" Werke, die „ein uninteressiertes und freies Wohlgefallen" (Kant, a. a. O., S. 123) erregen. Der Sprachgebrauch des 18. Jahrhunderts kannte auch Wörter wie Gartenbaukunst oder Kochkunst. Sie bezeichnen Tätigkeiten, deren Ergebnisse von praktischem Nutzen sind im Unterschied zu den Schönen Künsten, deren einige man im Mittelalter den Freien Künsten (artes liberales) zugezählt hatte. Kant unterscheidet von der schönen Kunst die „mechanische" „als bloße Kunst des Fleißes und der Erlernung" (Kant, a. a. O., S. 245). Wenn sich die Kunst von den Gesetzen einer vermeintlich allen Menschen gemeinsamen aufgeklärten Vernunft befreit hat, braucht sie auch nicht mehr schön zu sein im Sinne des Angenehmen, Erfreulichen oder Harmonischen. Deshalb schreibt Goethe in seinem Aufsatz *Von deutscher Baukunst*: „Die Kunst ist lange bildend, eh sie schön ist, und doch, so wahre, große Kunst, ja, oft wahrer und größer, als die Schöne selbst." Er nennt sie „karackteristische Kunst". (VdAK., S. 102). Sie kann das Häßliche und Kranke, das Widersinnige und Unsinnige aufnehmen. Das zeigt sich schon 1768 im *Ugolino* und 1774 im *Werther*.

Die Genieästhetik des Sturm und Drang zeitigte weitreichende Folgen. Die „Wahrheit" des Kunstwerkes, bisher durch Vernunft, Philosophie, Glauben oder Theologie begründet und bestätigt, hat ihren Grund jetzt in der Subjektivität des empfindenden Ich.

Das ermöglicht zunächst den frühromantischen Kunstenthusiasmus, der wohl am deutlichsten in den *Herzensergießungen eines kunstliebenden Klosterbruders* (1796) von Wilhelm Heinrich Wackenroder (1773–1798) ausgeprägt ist. Die Künstler werden von dem einsam schwärmenden Erzähler an die Stelle der Heiligen gesetzt, sehr viel deutlicher und nachdrücklicher als ein Menschenalter zuvor Erwin von Steinbach oder Shakespeare von Goethe. Bei Wackenroder finden sich Formulierungen wie „die inneren Offenbarungen des Kunstgenies", Raphael werde „wie ein Gott verehrt", ein Maler sucht einen „Weg zur Anbetung der Kunst", da sie „himmlischen Ursprungs" ist; zu den Malern der italienischen Renaissance solle man emporblicken „wie zu Heiligen in der Glorie". Der Künstler ist „göttlich", denn die Kunst ist eine Sprache, in der „die himmlischen Dinge" zum Menschen durch wenige „Auserwählte" reden, so wie Gott durch die Natur. Jene Sprache „zeigt uns das Unsichtbare, [...] alles was edel, groß und göttlich ist in menschlicher Gestalt." Die angemessene Haltung gegenüber dem Kunstwerk ist mehr als Ehrfurcht: „Es ist in der Welt der Künstler gar kein höherer, der Anbetung würdigerer Gegenstand: als – ein ursprünglich Original! – Mit emsigem Fleiße, treuer Nachahmung, klugem Urteil zu arbeiten – ist menschlich; – aber das ganze Wesen der Kunst mit einem ganz neuen Auge zu durchblicken, es gleichsam mit einer ganz neuen Handhabe zu erfassen – ist göttlich." Wackenroders Klosterbruder lebt nicht für die Betrachtung und Erkenntnis Gottes, sondern der Kunst. Die Säkularisation hat den Glauben an Gott und seine Heiligen zurückgedrängt. Den freien Platz nimmt der Künstler ein, auch wenn der Klosterbruder versichert, Gott sei der Schöpfer der Natur. (Wilhelm Heinrich Wackenroder, Werke und Briefe, hg. Von Gerda Heinrich, München, Wien 1984, S. 142, 151, 159, 162, 189, 191, 193, 207 f., 191) Die Gefahr, die in solcher Begeisterung für das Genie liegen kann, schon 1766/67 von Gerstenberg angedeutet, hat Schiller in seiner Abhandlung *Über Anmuth und Würde* 1793 beschrieben:

„Aber wie es der architektonischen Schönheit ergeht, wenn sie nicht zeitig dafür Sorge trägt, sich an der Grazie eine Stütze und eine Stellvertreterin heranzuziehen, eben so ergeht es auch dem Genie, wenn es sich durch Grundsätze, Geschmack und Wissenschaft zu stärken verabsäumt. War seine ganze Ausstattung eine lebhafte und blühende Einbildungskraft (und die Natur kann nicht wohl andre als sinnliche Vorzüge ertheilen) so mag es bey Zeiten darauf denken, sich dieses zweydeutigen Geschenks durch den einzigen Gebrauch zu versichern, wodurch Naturgaben Besitzungen des Geistes werden können; dadurch, meyne ich, daß es der Materie Form ertheilt; denn der Geist kann nichts, als was Form ist, sein eigen nennen. Durch keine verhältnismäßige Kraft der Vernunft beherrscht, wird die wildaufgeschossene üppige Naturkraft über die Freyheit des Verstandes hinauswachsen, und sie eben so ersticken, wie bey der architektonischen Schönheit die Masse endlich die Form unterdrückt." Schiller sagt hier, weshalb er Klassiker geworden ist: das Genie – oder doch sein hervorstechendster Wesenszug, die Phantasie – ist ein „zweydeutig[es] Geschenk" (NAXX, S. 276). Denn das ungebildete Genie wird entarten, ähnlich wie menschliche Schönheit durch Korpulenz „erstickt" wird. Es wird – wovor Kant schon warnt – „originalen Unsinn" hervorbringen oder, ähnlich wie Werther, an der Betrachtung seiner Subjektivität, der Kultivierung seiner Gefühle, zugrundegehen.

Man kann die Geschichte der romantischen Künstler-Romane und Novellen in den folgenden Jahrzehnten als Bestätigung dieser Diagnose schreiben. Kaum eines dieser Werke endet wie die Geniereise von Eichendorffs *Taugenichts* (1826) mit dem Ausruf: „es war alles, alles gut!" (Joseph von Eichendorff: Werke. Bd. II. Romane, Erzählungen, München 1970, S. 647) Nahezu alle Künstler in den Werken Tiecks, Eichendorffs und E. T. A. Hoffmanns sind gefährdete Existenzen, auch wenn sie keinen künstlerischen Beruf ausüben. Sie unterliegen im Kampf mit ihrer eigenen Subjektivität wie Tiecks *Blonder Eckbert*, oder der Dichter erscheint – mit einer Formulierung von M. Thalmann – als „Held, Heiliger, Dämon und Schelm" wie Shakespeare in Tiecks *Dichterleben* (1826/1831), oder er entsagt seinem Dichterberuf wie der Erzähler in der *Geschichte vom braven Kasperl und dem schönen Annerl* (1817) von Clemens Brentano und wie Graf Victor von Hohenstein in dem Roman *Dichter und ihre Gesellen* (1834) von Joseph von Eichendorff. Sucht man nach einer bündigen Formulierung, die die problematische Geschichte der romantischen Künstlerexistenz zusammenfaßt, dann kann man vom „Ruinösen [...] der weltlosen Subjektivität und [...] der Faszination durch den Abgrund der eigenen Innerlichkeit" (Jochen Schmidt: Die Geschichte des Genie-Gedankens in der deutschen Literatur, Philosophie und Politik 1750–1945, Bd. 2, Darmstadt 1988, S. 1) sprechen: eine Formel, die indes die erhebenden Augenblicke reinen Glücks außer acht läßt, die dem begeisterten Künstler in Wackenroders *Herzensergießungen eines kunstliebenden Klosterbruders* (1796) beschieden sind und den langen Weg der Welterfahrung, den Novalis den Helden seines *Heinrich von Ofterdingen* (1802) gehen läßt. Aber noch Georg Büchner, doch nun wirklich kein Romantiker, erzählt in seiner fragmentarischen *Lenz*-Novelle (1839) von dem wahnsinnigen Dichter Jakob Michael Reinhold Lenz. Es wäre indes kaum gerechtfertigt, diese Erzählung als Künstlernovelle zu bezeichnen: Lenz als Dichter interessiert nicht. Der Erzähler läßt ihn auf die Frage nach seinen Dramen erwidern: „belieben Sie, mich nicht danach zu beurtheilen." (Georg Büchner: Sämtliche Werke und Briefe. Hg. von Werner R. Lehmann. Hamburg 1967,

Bd. I, S. 80) Büchner, von Beruf Mediziner, berichtet eine Krankenge-
schichte.

Goethe – so eine verbreitete Meinung der Forschung – hatte die Gefah-
ren der genialen Künstlerexistenz erfahren und durch ihre Verarbeitung im
Werther künstlerisch bewältigt. Weil er sie erkannte, läßt er seinen Wilhelm
Meister, den er ursprünglich zum Künstler bestimmt hatte, Arzt werden.
Die Fortsetzung des Romans, nur lose mit den *Lehrjahren* verbunden, heißt
Wilhelm Meisters Wanderjahre oder die Entsagenden (1821/29). Schien
Wilhelm Meister in der *Theatralischen Sendung* zum Künstler bestimmt,
so hat er in den *Lehrjahren* 1795/96 die Absicht, den Künstlerberuf auf
die allerbreiteste Grundlage zu stellen; in einem Brief an den Jugendfreund
Werner schreibt er: „Daß ich dir's mit Einem Worte sage, mich selbst, ganz
wie ich da bin, auszubilden, das war dunkel von Jugend auf mein Wunsch
und meine Absicht." (WA I, 22, S. 149) Dahinter steht die Erkenntnis des
Sturm und Drang, greifbar vor allem in den Aufsätzen Herders und Goethes über Shakespeare und Erwin von Steinbach, bedeutende Kunst könne
nur von bedeutenden Menschen geschaffen werden. Aber in seinem Alters-
werk führt Goethe seinen Romanhelden zur Entsagung: zum „schmerzli-
chen, aber freiwilligen Verzicht, der aus der Einsicht, daß nur Beschränkung tüchtige Leistung ermöglicht, entsteht." (H. Reiner: Entsagung, in:
HWP., Bd. 2, Sp. 541) Und weil er die Bedrohungen des Genies so deutlich,
vor allem an Heinrich von Kleist, erkannte, formulierte er in *Maximen und
Reflexionen*: „Classisch ist das Gesunde, romantisch das Kranke." (WA. I,
42, S. 246)

Ein Künstler, in dessen Person die Gefahren und Bedrohungen des romantischen Künstlertums besonders deutlich werden, ist der Goldschmied
Cardillac in *Das Fräulein von Scuderi. Erzählung aus dem Zeitalter Ludwig des Vierzehnten* (1819) von E. T. A. Hoffmann. An dieser Figur lassen
sich die äußersten Möglichkeiten des romantischen Bildes vom genialen
Künstler wie die kranken und dunklen Wurzeln seiner Persönlichkeit beispielhaft zeigen. Er ist ein genialer Künstler, „der geschickteste Goldar-
beiter in Paris" und wird mit einer paradoxen Wendung eingeführt: „einer
der kunstreichsten und zugleich sonderbarsten Menschen seiner Zeit"
(S. 22), die an die Charakterisierung des Michael Kohlhaas zu Beginn von
Heinrich von Kleists Erzählung erinnert („einer der rechtschaffensten zugleich und entsetzlichsten Menschen seiner Zeit"). In der Hauptstadt und
am Hofe Ludwigs XIV. ist er „als der rechtlichste Ehrenmann, uneigen-
nützig, offen, ohne Hinterhalt, stets zu helfen bereit, bekannt" (S. 22).
Darüber hinaus genießt er den Ruhm eines Meisters von unvergleichlichen
Fähigkeiten. Die Novelle deckt nun seine zweite Existenz auf: besessen
von der Leidenschaft zu seinen Kunstwerken lauert er den Kunden, in
deren Auftrag er sie angefertigt hat, nächtens auf, um die Schmuckstücke
wieder an sich zu bringen. Hinter dem vordergründigen Bild des bürgerlichen Ehrenmannes verbirgt sich ein Verbrecher, der bei einem seiner

Raubmorde von dem königlichen Offizier Miossens in Notwehr getötet wird. Der „rechtschaffene Cardillac, das Muster aller Frömmigkeit und Tugend" (S. 67) wird das Opfer seiner Besessenheit. Seinem Gehilfen Olivier Brusson, der seine Verbrechen entdeckt hat, gesteht er die Ursache: seine Mutter wurde von einem glänzenden Kavalier geliebt, der ihr nachstellte und ihren anfänglichen Widerstand durch ein Schmuckstück überwand, so daß sie, geblendet vom „Glanz der strahlenden Diamanten" in ihm den „Inbegriff aller Schönheit" (S. 55) sah und seinen Werbungen nachgab, als sie mit Cardillac schwanger ging. Indem er sie umarmt, stirbt er plötzlich, und vor Entsetzen über den Toten in ihren Armen erkrankt sie, so daß man um ihr Leben fürchtet. Wider Erwarten jedoch gesundet sie und bringt Cardillac zur Welt. Er bekennt: „Aber die Schrecken jenes fürchterlichen Augenblicks hatten mich getroffen. Mein böser Stern war aufgegangen und hatte den Funken hinabgeschossen, der in mir eine der seltsamsten und verderblichsten Leidenschaften entzündet." (S. 56)

Cardillac leidet, in der Sprache der modernen Psychiatrie, an den Folgen eines pränatalen Traumas, einer seelischen Erschütterung, die ihn vor der Geburt getroffen hat und die das Geheimnis seines Künstler- wie seines Verbrechertums ist: schon dem kleinen Kind „gingen [...] glänzende Diamanten, goldenes Geschmeide über alles." (S. 56) Erschien er anfangs als kunstreich und sonderbar, so erkennt ihn Olivier nach der Entdeckung seiner psychischen Schädigung als „verruchtesten und zugleich unglücklichsten aller Menschen".

Die Fragwürdigkeit des Geniebegriffs ist hier auf eine äußerste Spitze gebracht. Der geniale Künstler, besessen von der Leidenschaft für sein Werk, kennt keine anderen Verpflichtungen und sittlichen Gebote. Er ist vom Zwang seiner Vorstellungen getrieben. Ist das Genie autonom, sofern es seiner Kunst die Gesetze gibt, so treibt Cardillac seine Autonomie so weit, daß er gegen die bürgerlichen Gesetze verstößt und für seine Kunst zum Verbrecher wird. Mag ihm ein Jurist wie sein Dichter E. T. A. Hoffmann auch mildernde Umstände wegen mangelnder Schuldfähigkeit zusprechen, so zeigt doch gerade die Krankheit, die ihn schon im Mutterleibe befallen hat, die Abgründigkeit seines Künstlertums, die ihn als kranken Verbrecher aus der Gesellschaft hinaustreibt. Das autonome Genie, das sich selbst Gesetze gibt, wird zum wahnsinnigen Verbrecher außerhalb der Gesetze. Weiter läßt sich der Gegensatz des genialen Künstlers zur Gesellschaft nicht mehr entwickeln.

Jochen Schmidt, dessen Buch diese Darstellung viele Anregungen verdankt, deutet die Figur:

„Weil er sein Innerstes in das Werk hineinlegt, es nicht von äußeren Zwecken, Gelegenheiten und Wirkungen her konzipiert, gehört es auch in einem tieferen Sinn nur ihm allein. Das genial-autonome Schaffen ist weltlos und so darf und kann die Welt keinen Anteil daran haben. Sie würde das Kunstwerk, wie Cardillac zu verstehn gibt, entweihen." (Jochen Schmidt, a. a. O., S. 37)

Das wird durch die andere Künstlerfigur der Novelle unterstrichen: das Fräulein von Scuderi ist eine höfische Dichterin; ihr geschichtliches Vorbild Madeleine de Scuderi (1607–1701) schrieb umfangreiche Romane und galante Gedichte; die Literaturgeschichte zählt sie den sog. Preziösen zu. Der Leser lernt nur ein kleines Werkchen aus ihrer Feder kennen: „Un amant, qui craint les Voleurs, / n'est point digne d'amour." (Ein Liebhaber, der die Diebe fürchtet, ist der Liebe nicht wert.) Mit diesem Zweizeiler verharmlost sie das Problem der Erzählung. Die alte Dame dichtet, lange vor der Genie-Ästhetik, für den Sonnenkönig und seinen Hof. Ihre Kunst ist die Kunst des Ancien Régime, unberührt und unangefochten von der Nachtseite der menschlichen Natur. E. T. A. Hoffmann hat sich eingehend mit der psychiatrischen Fachliteratur seiner Zeit beschäftigt, und der Zusammenhang von Genie und Wahnsinn wurde im späteren neunzehnten Jahrhundert auch zum Gegenstand dieses Zweigs der medizinischen Wissenschaft.

In den späteren nachromantischen Jahrzehnten des neunzehnten Jahrhunderts verabschiedet sich die Dichtung vom Geniebegriff und vom Geniekult des Sturm und Drang und der Romantik. In Gottfried Kellers Künstlerroman *Der grüne Heinrich* (1854/55) lassen sich beispielhaft alle Erfahrungen und Argumente erkennen, die nach der Romantik gegen die Originalität, die Inspiration und die Geniemode aufgeboten werden können.

Heinrich Lee, der Sohn eines früh verstorbenen Schweizer Handwerkers, will sich zum Maler ausbilden. Seine Geschichte zeigt, wie dieser Versuch scheitert. Zu den Gründen für den Mißerfolg seiner Bemühungen mag man zunächst den Mangel an Möglichkeiten einer guten künstlerischen Ausbildung zählen. Die Mutter, auf der Suche nach einem Lehrer, der ihren Sohn zum Künstler heranbilden könnte, hört: „Wir haben wohl große Genies, welche sich durch besondere Widerwärtigkeiten endlich emporgeschwungen; allein um zu beurteilen, ob Ihr Sohn hierzu nur die geringsten Hoffnungen biete, dazu besitzen wir in unserer Stadt gar keine berechtigte Person!" (Keller, Bd. I, S. 224). So wird angedeutet, daß in der bürgerlichen Welt der Arbeit und des Erwerbs kein Platz für die Kunst ist. Daher fehlt es auch an fähigen Lehrern, die ihn zum Künstler ausbilden könnten. Stattdessen gelangt er zunächst an einen Unternehmer, der in einem ehemaligen Kloster eine Werkstatt zur Erzeugung von Landschaftsbildern betreibt. Seine technisch-malerischen Fähigkeiten sind beschränkt; Heinrich hat ihm seine Kunstgriffe bald abgeguckt. Der zweite Lehrer oder Mentor ist der Aquarellist Römer, der seinen Stil in Italien gebildet hat und Heinrich unterrichten will. Nach kurzer Zeit stellt sich heraus, daß Römer wahnsinnig ist. Später erfährt man, daß er „in einem französischen Irrenhaus verschollen sei." (a. a. O., S. 434) Dennoch hat er seinem Schüler eine Erkenntnis vermittelt, die man als das Prinzip der nachromantischen realistischen Kunst lesen kann:

„[...] in bezug auf manches, was ich bisher poetisch nannte, lernte ich nun, daß das Unbegreifliche und Unmögliche, das Abenteuerliche und Überschwengliche nicht poetisch sind und daß, wie dort die Ruhe und Stille in der Bewegung, hier nur Schlichtheit und Ehrlichkeit mitten in Glanz und Gestalten herrschen müssen, um etwas Poetisches oder, was gleichbedeutend ist, etwas Lebendiges und Vernünftiges hervorzubringen, mit einem Wort, daß die sogenannte Zwecklosigkeit der Kunst nicht mit Grundlosigkeit verwechselt werden darf." (a. a. O., S. 392)

Für diese „unbedingte Ehrlichkeit, Reinheit und Unbefangenheit des Bewußtseins" (a. a. O., S. 267), die im Roman immer wieder angesprochen werden, findet er später die berühmten Worte von „der Freiheit und Unbescholtenheit unserer Augen." (a. a. O., S. 392; vgl. Wolfgang Binder: Von der Freiheit und Unbescholtenheit unserer Augen. In: W. B.: Aufschlüsse. Studien zur deutschen Literatur, Zürich, München 1976, S. 331–346) Trotz dieser Einsicht gelingt es Heinrich Lee nicht, einen eigenen Stil zu finden, von dem Römer gesagt hat, daß er „nur in dem Werte einer ganzen reichen Erfahrung bestehen kann". (Keller, Bd. I, S. 421) Sein Versuch, in einer deutschen Residenz- und Kunststadt seine Ausbildung zu vollenden, scheitert. Die von der Mutter geschickten Gelder gehen zu Ende; er kann seine Skizzen, Studien und Bilder nicht verkaufen und muß sie endlich bei einem Trödler versetzen. Als er zuletzt seine gesamte Habe veräußert hat, um sein Leben zu fristen, arbeitet er als Anstreicher.

Man könnte in dem Roman des grünen Heinrich die Geschichte einer verfehlten Berufswahl sehen. Nachdem er als Künstler gescheitert, vom Regen durchnäßt und völlig mittellos nach Hause wandert, sieht er die Täuschung, der er erlegen ist, als er Maler werden wollte. Er erkennt, „daß seine geliebte und begeisterte Wahl, der er vom vierzehnten Jahre an bis heute gelebt, nicht viel mehr als ein Zufall, eine durch zufällige Umstände bedingte Ideenverbindung gewesen sei." (a. a. O., S. 567) Aber dies Geschick seines Helden beleuchtet Gottfried Keller, indem er ihm zwei Freunde an die Seite stellt, die, obschon als Künstler erfolgreicher und begabter, ihren Beruf als Maler aufgeben und zwar, anders als der Protagonist, nicht durch Not und Hunger zu verspäteter Einsicht gelangt, sondern freiwillig und zufrieden. Der eine, Erikson, „ein wahrer Riese" ist „gar kein Maler". Er malt einigemale im Jahr „ein Bildchen vom allerkleinsten Maßstabe" (a. a. O., S. 467), das er dann verkauft, um leben zu können. Er täuscht seine Kunden über „die Inhaltslosigkeit und Armut" seiner Erzeugnisse durch eine geschickte Malweise und heiratet eine reiche Witwe, mit deren Geld er das Geschäft seiner Eltern auf die Höhe bringt, so daß er den Vorsatz fassen kann, nie mehr zu malen. Der andere ist Ferdinand Lys, dessen „glänzendes Talent" der Erzähler rühmt. Er entwickelt sich zum Realisten und steigert dabei sein Künstlertum zu großer „Kraft und Tiefe der Empfindung und des Menschlichen". Aber er muß erkennen, daß die alten Meister schon alles geleistet haben, „was in unserm Jahrtausend vielleicht überhaupt erreicht werden konnte." (a. a. O., S. 469) In seiner Wohnung hängen drei bedeutende Gemälde, alle drei sind unvollendet, nur die engsten Freunde bekommen sie zu Gesicht. So zieht auch Lys sich vom Künstlerberuf zurück.

Zwischen diesen Möglichkeiten des Kunsthandwerkes, des Epigonentums und des kranken Künstlers außerhalb der Gesellschaft steht Heinrich Lee. Daß sein Dichter ihn nicht zu einer erfolgreichen oder wenigstens befriedigenden Stellung als Maler gelangen läßt, erlaubt den Schluß: Keller sieht keine überzeugende Möglichkeit für die Bildende Kunst seiner Zeit, die einen großen Stil mit der Wahrheit des Kunstwerkes vereinen und dem Künstler selbst ein erfülltes Leben in der Gesellschaft ermöglichen würde.

Daran ändert auch die Begegnung mit dem Grafen und seiner Adoptivtochter Dortchen Schönfund nichts. Hier, am Ende des Romans, kommen zwar Heinrichs Bilder zu Ehren. Der Graf hat sie bei dem Trödler, wo Heinrich sie versetzte, aufgekauft und schätzt sie so, daß er ihn beauftragt, zwei weitere Werke zu malen. Aber diese Anerkennung bleibt auf die Person des einen Förderers beschränkt, und man kann annehmen, daß Keller seinen Helden auf diese Art mit Anstand wenigstens in die Heimat zurückführen wollte, wo er dann – in der ersten Fassung des Romans – bald stirbt.

Deutlich wird hier wie in anderen Werken Kellers die Absage an den Geniebegriff und den Geniekult. Originalität, die in der Subjektivität begründet ist, lehnt der Erzähler ebenso ab wie das Benehmen der vorgeblich genialen Künstler in Kleidung und Gebaren. Die Romantiker sind ihm verdächtig; er nennt sie „frömmelnd" und spricht von „ihren unkundigen und siechen Schilderungen des Mittelalters" (a. a. O., S. 505). Später, im *Sinngedicht* (1881) stellt er sogar das „Geniewesen" eines Freundeskreises von drei Damen als gefährlich dar; sie werden „die drei Parzen" genannt, „weil sie jeder Sache, deren sie sich annahmen, schließlich den Lebensfaden abschnitten" (Keller, Bd. II, S. 995). Aber schon in *Pankraz der Schmoller* (1856) sagt er sich von dem Urbild und Vorbild der Genies des Sturm und Drang los. Hatte Goethe 1771 geschrieben: „Natur! Natur! Nichts so Natur als Shakespeares Menschen." So nennt Pankraz ihn einen „verführerische[n] falsche[n] Prophet[en]" (a. a. O., S. 40):

„Er schildert nämlich die Welt nach allen Seiten hin durchaus einzig und wahr wie sie ist, aber nur wie sie es in den ganzen Menschen ist, welche im Guten und im Schlechten das Metier ihres Daseins und ihrer Neigungen vollständig und charakteristisch betreiben und dabei durchsichtig wie Kristall, jeder vom reinsten Wasser in seiner Art, so daß wenn schlechte Skribenten die Welt der Mittelmäßigkeit und farblosen Halbheit beherrschen und malen und dadurch Schwachköpfe in die Irre führen und mit tausend unbedeutenden Täuschungen anfüllen, dieser hingegen eben die Welt des Ganzen und Gelungenen in seiner Art, das heißt wie es sein soll, beherrscht und dadurch gute Köpfe in die Irre führt, wenn sie in der Welt dies wesentliche Leben zu sehen und wiederzufinden glauben. Ach, es ist schon in der Welt, aber nur niemals da wo wir eben sind, oder dann wann wir leben." (a. a. O., S. 40)

Dieser Sicht auf Shakespeare in der ersten Novelle der *Leute von Seldwyla* entspricht an die fünfundzwanzig Jahre später in der zweiten Fassung des *Grünen Heinrich* ein Bekenntnis, das Heinrich im Nachlaß seiner Mutter findet. Indem sie dem Wunsch ihres Sohnes, Künstler zu werden, stattgegeben habe, sei sie schuldig geworden: „Damit habe ich mich über meinen Stand erhoben und, indem ich mir einbildete, ein Genie in die Welt gesetzt zu haben, die Bescheidenheit verletzt und das Kind geschädigt, daß es sich vielleicht niemals erholen wird." (Keller, Bd. I, S. 1109) Wird Pankraz von dem Genie Shakespeare in die Irre geleitet, so Heinrichs Mutter von dem Glauben an das Genie im Sohne. Es fragt sich, was Keller an die Stelle der Originalität und der Inspiration setzt.

Man hat das neunzehnte Jahrhundert das bürgerliche Zeitalter genannt. In seinem Verlauf vollzog sich die Entwicklung der alten europäischen Agrar- zu modernen Industriestaaten, der herkömmlichen Handwerks- zur Industrieproduktion, und es bildeten sich die großen Geldvermögen. Keller spricht in einem Brief an Paul Heyse vom „Zeitalter des Fracks und der Eisenbahnen" (27. Juli 1881, Keller, Bd. III, S. 1251). Diese Zeit der Verbürgerlichung und der Technisierung erfährt er als eine Epoche der Mittelmäßigkeit und Farblosigkeit. Ihre künstlerische Darstellung kann sich nicht mehr an der Kunst Shakespeares orientieren, denn sie bringt keine vollständigen und charakteristischen Menschen hervor. Was dem Sturm und Drang oder der Romantik als poetisch galt, ist es nicht mehr. Nicht die außerordentlichen, seltenen Ereignisse, nicht das Verbrechen sind Gegenstände der Dichtung, nicht die originale Eingebung inspiriert sie, sondern die getreue Beobachtung und ihre aufrichtige Darstellung.

So setzt er im *Grünen Heinrich* an die Stelle des romantischen Kunstideals und des „Spiritualismus" – den er als eine Form der „Arbeitsscheu" bezeichnet – das Ethos des Bürgers, die Arbeit: „Das Herausspinnen einer fingierten, künstlichen, allegorischen Welt aus der Erfindungskraft, mit Umgehung der guten Natur, ist eben nichts als jene Arbeitsscheu; und wenn Romantiker und Allegoristen aller Art den ganzen Tag schreiben, dichten, malen und operieren, so ist dies alles nur Trägheit gegenüber derjenigen Tätigkeit, welche nichts andres ist als das notwendige und gesetzliche Wachstum der Dinge. Alles Schaffen aus dem Notwendigen und Wirklichen heraus ist Leben und Mühe, die sich selbst verzehren, wie im Blühen das Vergehen schon herannaht; dies Erblühen ist die wahre Arbeit und der wahre Fleiß; sogar eine simple Rose muß vom Morgen bis zum Abend tapfer dabei sein mit ihrem ganzen Corpus und hat zum Lohne das Welken. Dafür ist sie aber eine wahrhaftige Rose gewesen." (Keller, Bd. I, 477)

Ähnlich klingt der Zweizeiler, den Theodor Fontane, wie Keller 1819 geboren, dem Maler Adolph Menzel gewidmet hat:

Gaben, wer hätte sie nicht? Talente – Spielzeug für Kinder,
Erst der Ernst macht den Mann, Erst der Fleiß das Genie.
(Theodor Fontane: Balladen und Gedichte. Sämtliche Werke, Bd. XX,
München 1962, S. 276)

Neben dieser Absage des Realismus an den Geniebegriff vollzieht sich etwa
gleichzeitig in der Philosophie seine Steigerung und Erweiterung durch
Schopenhauer und Nietzsche.

Schopenhauer charakterisierte seine Philosophie als die Entfaltung eines
einzigen Satzes: „Die Welt ist die Selbsterkenntnis des Willens." Er geht
von der Erkenntnis aus, daß das Menschenleben von Leid, Schmerz, Angst
und Todeserfahrung geprägt ist, und fragt, wie ein menschliches Selbstverständnis beschaffen sein müsse, das frei von diesem Leid sei. Die Erkenntnis
und der Wille sind die Grundlagen, auf denen er zur Antwort gelangt: das
Wesen der Dinge ist nicht, wie es die herrschende philosophische Tradition
will, Geist, sondern Wille. Ihn nennt Schopenhauer das „Ding an sich".
Der Prozeß seiner Erkenntnis ist die Welt, das Ganze alles Seienden. Hinter
allem, was sich erkennen läßt, ist der Wille erkennbar; namentlich der
menschliche Leib ist seine Erscheinung. Seine Erfahrung macht deutlich,
wie die Vorstellung und der Wille getrennt sind. In der Bejahung des Willens entsteht das Leiden, und erst in seiner völligen Ruhe wird es aufgehoben. Zu dieser „Meeresstille des Gemüts" kann der Wille in der „ästhetischen Kontemplation" gelangen, in der Kunst. Hier löst sich das Subjekt
von der üblichen Erkenntnis, die dem Willen gehorcht, denn die ästhetische
Erkenntnis ist frei. In der „ästhetischen Betrachtungsweise" wird das Objekt nicht als vereinzelter Gegenstand, sondern als Platonische Idee erkannt, „als beharrende Form dieser ganzen Gattung von Dingen", und in
dieser ästhetischen Erkenntnis wird das erkennende Bewußtsein vom Willen befreit und selbst zum „reinen, willenlosen Subjekt". Da alles Wollen
„aus Bedürfniß, also Mangel, also aus Leiden" (Schopenhauer, Werke,
Bd. I, S. 265) entspringt, gelangt es nie zur Ruhe, denn jedes gestillte Bedürfnis erzeugt neue Bedürfnisse. In der Betrachtung des Kunstwerkes aber
werden wir aus dem Prozeß des Wollens entrückt und von seiner Herrschaft befreit. Wir gelangen zur „Seeligkeit des willenlosen Anschauens".
(a. a. O., S. 268) Die Kunst ermöglicht diese reine, zweckfreie Anschauung,
und das ist das Werk des Genies; Schopenhauer definiert Genialität als die
„vollkommenste Objektivität", da sie frei ist vom Willen des Subjektes, der
seinen Bedürfnissen unterworfen ist:

„Demnach ist Genialität die Fähigkeit, sich rein anschauend zu verhalten, sich in die Anschauung zu verlieren und die Erkenntniß, welche ursprünglich nur zum Dienste des Willens da ist, diesem Dienste zu entziehen,
d. h. sein Interesse, sein Wollen, seine Zwecke ganz aus den Augen zu
lassen, sonach seiner Persönlichkeit sich auf eine Zeit völlig zu entäußern,
um als rein erkennendes Subjekt, klares Weltauge, übrig zu bleiben: und

dieses nicht auf Augenblicke: sondern so anhaltend und mit so viel Beson-
nenheit, als nöthig ist, um das Aufgefaßte durch überlegte Kunst zu wie-
derholen". (a. a. O., S. 253)

So kann der Genius zum Erlöser werden. „Der gewöhnliche Mensch,
diese Fabrikwaare der Natur" (a. a. O., S. 255), verstrickt in seinen Willen,
ist zu solcher Betrachtung nicht fähig. Die Kunst des Genius jedoch vermag
ihn seinem Leben voller Not und Plage, dem Druck des Mangels und der
Bedürfnisse zu entreißen, indem sie sein Auge auf das Wesen der Dinge an
sich richtet:

„Es ist der schmerzenslose Zustand, den Epikuros als das höchste Gut
und als den Zustand der Götter pries: denn wir sind, für jenen Augenblick,
des schnöden Willensdranges entledigt, wir feiern den Sabbath der Zucht-
hausarbeit des Wollens, das Rad des Ixion steht still." (a. a. O., S. 266)

Jedoch geschieht dies nur für Augenblicke, denn solange wir leben, beansprucht uns der Wille. Schon wenn wir in dem rein und ohne Interesse
angeschauten Kunstwerk einen Bezug auf unseren Willen sehen, nehmen wir
nicht mehr das Ding an sich oder die Platonische Idee wahr, sondern die
Dinge, Glieder einer Kette, von der wir selbst ein Teil sind, und damit sind
wir wieder dem Leiden anheimgegeben. Da das Genie seine Erkenntnis nicht
in den Dienst des Willens stellt, ist es zur verständigen und vernünftigen
Erkenntnis, die dem Wollen unterworfen ist, nicht fähig – mindestens nicht,
während es sich genial erkennend verhält. Man spricht deshalb von Inspiration, vom Wirken eines übermenschlichen Wesens, das vom Individuum
unterschieden ist und den genialen Menschen nur zeitweise beherrscht.

Deutlich stellt Schopenhauer die mögliche Gefährdung des Genies dar.
Anders aber als die klassische Kritik Schillers und Goethes am Geniekult
des Sturm und Drang, die die Gefahr der Substanzlosigkeit einer nur im
Individuum begründeten Kunst sah, sieht Schopenhauer die Freiheit der
genialen Erkenntnis in der Nähe zum Wahnsinn: da das Genie die reine
Erkenntnis erstrebt, neigt es zu Monologen, läuft Gefahr, Geheimnisse aus-
zuplaudern, konzentriert sich auf die Sache statt auf die Person und kann
„überhaupt mehrere Schwächen zeigen, die sich wirklich dem Wahnsinn
nähern." (a. a. O., S. 258) Er erläutert das unter Berufung auf Horaz, Aristoteles, Platon und, vor allem, Goethes *Torquato Tasso*.

An Schopenhauers Erörterung des Geniebegriffs in *Die Welt als Wille
und Vorstellung* knüpft Nietzsche an. Seine Schrift *Die Geburt der Tragödie aus dem Geiste der Musik*, entstanden 1869–1871 (erschienen 1872),
ist Richard Wagner gewidmet. In ihm, den er 1868 persönlich kennengelernt hatte, glaubt er, seinen „erhabenen Vorkämpfer" auf dem Wege zur
Erkenntnis „der Kunst als der höchsten Aufgabe und der eigentlichen me-
taphysischen Tätigkeit dieses Lebens", (Nietzsche, Werke, Bd. I, S. 209) zu
erkennen.

Nietzsche sieht in der griechischen Kunst den „ungeheur[n] Gegensatz"
zweier „verschiedne[r] Triebe", die er mit den Namen Apollo und Diony-

sus „apollinisch" und „dionysisch" nennt. Sie vertreten die „Kunstwelten des Traumes und des Rausches" (a. a. O., S. 210). Apollo ist der Bildner, und Dionysus der Gott der Musik: jener, „die Lichtgottheit", beherrscht die Welt der Phantasie. Er ist der Herr der „maßvollen Begrenzung", der „Freiheit von den wilderen Regungen" (a. a. O., S. 23). Dionysus, der Gott des Weines, ist der Herr jener „Regungen, in deren Steigerung das Subjektive zu völliger Selbstvergessenheit hinschwindet." (a. a. O., S. 24) Bei dieser Beschreibung beruft er sich auf Schopenhauer, der in der *Welt als Wille und Vorstellung* von dem „Grausen" spricht, das den Menschen in Augenblicken ergreift, da er am „principio individuationis" – der Trennung seines Daseins vom Wesen der Welt – irre werde (Schopenhauer, Werke, Bd. I, S. 457). Der philosophische Mensch ahne, daß hinter der Welt, die wir sehen und erfahren, eine andere Wirklichkeit verborgen sei, so daß die Welt in der Tat Schein sei, und Schopenhauer – so Nietzsche – sehe darin, daß dem Menschen bisweilen die Welt als täuschendes Traumbild vorkomme, die philosophische Begabung (vgl. Nietzsche, Werke, Bd. I, S. 22).

Man darf die von Nietzsche beschriebenen Prinzipien des Apollinischen und Dionysischen – des Maßes und der Ungebundenheit, der nüchternen Begrenzung und des begeisterten Enthusiasmus – als Entsprechung zu Schopenhauers Begriffen des Willens und der Vorstellung verstehen. Die Verbindung der beiden Triebe sieht Nietzsche in der griechischen Tragödie. In seiner Zeit sei dies Kunstideal von Richard Wagner verwirklicht worden, vor allem in der Oper *Tristan und Isolde*. Hier habe ein Mensch „das Ohr gleichsam an die Herzkammer des Weltwillens gelegt" (a. a. O., S. 116). Das apollinische Element habe hier den Sieg über das dionysische Urelement der Musik davongetragen, und anderseits sei eine apollinische Täuschung „durchbrochen und vernichtet" (a. a. O., S. 119), denn die Gesamtwirkung gehe über die Täuschung hinaus, das apollinische Drama werde in eine Sphäre gedrängt, „wo es mit dionysischer Weisheit zu reden beginnt" (a. a. O., S. 120), so daß es hier zu einem „Bruderbund" der beiden Kräfte komme.

Seit Sokrates ist Dionysus vergessen. Nietzsche deutet den Philosophen als „Gegner des Dionysus". Er habe die alte attische Tragödie nicht begriffen, auch ihre Aufführungen nicht besucht, mit Ausnahme der Tragödien des Euripides, an dem die alte Tragödie zugrunde gegangen sei (a. a. O., 75). Da er das griechische Wesen verneint habe, sei er „die fragwürdigste Erscheinung des Altertums" (a. a. O., 77). Er wurde als Volksverführer angeklagt und hingerichtet, da auf seinen – und des Euripides – Einfluß zurückzuführen sei, „daß die alte marathonische vierschrötige Tüchtigkeit an Leib und Seele immer mehr einer zweifelhaften Aufklärung, bei fortschreitender Verkümmerung der leiblichen und seelischen Kräfte, zum Opfer falle." (a. a. O., S. 75)

Mit diesen Formulierungen beschreibt Nietzsche, was er später Décadence nannte. Er stellt damit seiner Zeit die Diagnose; durch ihn wurde der Begriff zu einem Schlüsselbegriff der Moderne und bestimmte die Kultur der Zeit um 1900 und des frühen 20. Jahrhunderts. Er erkennt in der Zivilisation des späten neunzehnten Jahrhunderts eine „theoretische Kultur" (a. a. O., S. 101), es ist eine Epoche, die der Aufklärung verwandt ist, vergleichbar dem „tintengleksenden Säkulum" Franz Moors und der von Herder beschriebenen „Letternkultur"; ihr Typus ist „der ewig Hungernde, der *Kritiker* ohne Lust und Kraft, der alexandrinische Mensch, der im Grunde Bibliothekar und Korrektor ist und an Bücherstaub und Druckfehlern elend erblindet." (a. a. O., S. 103) Diese „sokratisch-alexandrinische" Kultur mündet in den Zustand des Historismus, der Beliebigkeit, die im Sumpfe des Möglichen plätschert, und ihr hält Nietzsche den „Glauben an eine noch bevorstehende Wiedergeburt des hellenischen Altertums" (a. a. O., S. 112) entgegen. Sie wird durch das Element des Dionysischen, greifbar in Wagners Gesamtkunstwerk, verkündet. Ihr „Sturmwind" beendet „die Zeit des sokratischen Menschen". (a. a. O., S. 113)

Spätestens 1876 erkennt Nietzsche, daß Wagner, „scheinbar der Siegreichste, in Wahrheit ein morsch gewordener verzweifelnder décadent" (Werke, Bd. II, 1054) sei. Seine Kunst ist „Eine Musik ohne Zukunft" (a. a. O., 1045). Er durchschaut ihn als Schauspieler, schon in den *Unzeitgemäßen Betrachtungen*. Wagner ist nur ein „Schauspieler-Genie" (a. a. O., 919), das die Musik und die Dichtung als Mittel seiner Selbstdarstellung mißbraucht.

Gottfried Keller hatte das schon 1857 erkannt. Er nennt zwar Wagner in Briefen an Hermann Hettner (16. April 1856) und Ludmilla Assing (21. April 1856) einen „geniale[n] und auch gute[n]" Menschen, einen „geniale[n] und kurzweilige[n] Mann", korrigiert dies Urteil jedoch ein Jahr später in einem Brief an Ferdinand Freiligrath: „Dann ist auch Richard Wagner ein sehr begabter Mensch, aber auch etwas Friseur und Charlatan." (30. April 1857).

Nietzsche jedoch verabschiedet sich mit seiner Erkenntnis des „Schauspieler-Genies" nicht allein von Wagner, sondern auch vom Geniebegriff. In den *Nachgelassenen Aufzeichnungen aus der Zeit der Morgenröthe und der fröhlichen Wissenschaft* von 1880–1882 finden sich Notate, die diese Deutung zumindest sehr nahelegen. Aus der Beobachtung, daß die Genies „individuelle Ansichten" gehabt haben, folgert er, der Glaube, sie ständen „dem Wesen der Welt näher", sei „vollkommen falsch" (Gesammelte Werke. Musarionausgabe Bd. XI, München 1924, S. 9). Da ja die individuellen Anschauungen voneinander verschieden seien, könnten sie nicht die Wahrheit enthalten. Daher sei „Das Genie wie ein blinder Seekrebs, der fortwährend nach allen Saiten [!] tastet und gelegentlich etwas fängt: er tastet aber nicht, um zu fangen, sondern weil seine Glieder sich tummeln müssen." (a. a. O., S. 52)

Das ist auf Richard Wagner gemünzt – aber auch andere Genies sind Menschen, die ihrer Begabung folgen und sie verwirklichen wollen. Die

Vorstellung, das Genie sei „ein Sterblicher mit Götterkraft begabt", wie Herder über Shakespeare geschrieben hatte, ist gegen Ende des neunzehnten Jahrhunderts überholt. „Die Theorie der Kunst verlangt nach anderen und neuen Ansätzen." (Joachim Ritter, HWP., Bd. III, Sp. 306)

Trotz der Erkenntnis Nietzsches behält der Geniebegriff auch im zwanzigsten Jahrhundert noch seine Faszination, vielleicht, weil er die Aussicht eröffnet, der einzelne könne sich und seine Gaben verwirklichen. Denn angesichts der Erkenntnis, wie wenig ein Individuum im Zeitalter der Demokratisierung und des Kollektivismus bewirken kann, wächst das Bedürfnis, seine charakteristische Einmaligkeit und Besonderheit zu betonen. Die Kultur des Jugendstils um 1900 ist eine Antwort auf diese Erfahrung; das persönlich Individuelle wird um so stärker unterstrichen, je deutlicher sich das gemeinsam Überpersönliche als maßgeblich erweist; Sensibilität und Ästhetizismus wachsen in gleichem Maße, wie die gesellschaftliche Wirklichkeit das Leben des Einzelnen bestimmt.

Nietzsche hat 1888 in *Der Fall Wagner. Ein Musikanten-Problem* die Décadence beschrieben, die wenig später, angeregt auch von der Kunst Wagners, den Jugendstil bestimmte. Sie kennzeichne sich „Damit, daß das Leben nicht mehr im Ganzen wohnt. Das Wort wird souverän und springt aus dem Satz hinaus, der Satz greift über und verdunkelt den Sinn der Seite, die Seite gewinnt Leben auf Unkosten des Ganzen – das Ganze ist kein Ganzes mehr." (Nietzsche, Werke, Bd. II, 917) Man bemerke daher „die Überlebendigkeit im kleinsten", den „Affekt um jeden Preis; das Raffinement als Ausdruck des verarmten Lebens; immer mehr Nerven an Stelle des Fleisches." (a. a. O., S. 933)

Der Künstler der Jahrhundertwende ist nicht mehr die überragende geniale Persönlichkeit, sondern der empfindsame Ästhet, der Schauspieler und Komödiant, der Einsame, der Leidende, oft unproduktiv und dem Tode verfallen. Seine Werke sind spärlich, sie preisen die Schönheit des Untergangs und betrachten das Leben mit fremden Augen. Seine Kunst ist impressionistisch; sie will den vergänglichen Augenblick voll intensiven Gefühls festhalten. Sie meidet die Wirklichkeit, und wo sie ihr begegnet und sich auf sie einläßt, erleidet sie Demütigung und Spott.

Thomas Mann hat diese Seiten des Künstlertums in seinem Frühwerk wohl in ihren äußersten Möglichkeiten des Scheiterns und der Verirrung dargestellt. Der Roman *Buddenbrooks* (1901) zeigt in Thomas Buddenbrook den Darsteller eines erfolgreichen Mannes, der selbst müde, erschöpft und erfolglos ist; er stirbt früh, und sein Tod zerstört die mühsam gepflegte Maske der bedeutenden, einflußreichen Persönlichkeit. Sein Bruder Christian ist der Histrione, der Komödiant und Spaßmacher, unfähig zu geregelter Arbeit und zu einem bürgerlichen Leben. Er endet in einer Heilanstalt. Der letzte Buddenbrook, der kleine Johann, lebt für die Augenblicke, in denen er am Klavier phantasierend in den Harmonien Wagners schwelgt. Er stirbt sechzehnjährig an Typhus. Schon *Der kleine Herr*

Friedemann (1897) findet ein bescheidenes Glück, indem er Kunst genießt. Da er sich in eine verheiratete Frau verliebt und ihr seine Liebe gesteht, wird er spöttisch zurückgewiesen und sucht den Tod. *Der Bajazzo* (1897) erzählt die Geschichte eines freiwilligen Arbeitslosen, eines Menschen, der von den Zinsen eines ererbten Vermögens lebt und daran leidet, daß er gesellschaftlich isoliert und ohne bestimmte Aufgaben lebt. Im Mittelpunkt der Novelle *Tristan* steht ein Schriftsteller, der außer einem schmalen Buch und zahlreichen Briefen kein Werk vorweisen kann; bezeichnenderweise lebt er freiwillig in einem Sanatorium zwischen absonderlichen und kranken Patienten, seine Tätigkeit erschöpft sich in der Bewunderung schöner Dinge und in der Verehrung einer kranken Frau, die am Ende stirbt; sein Schönheitskult und seine Wagner-Verehrung ergänzen einander. *Das Wunderkind* (1903) beschreibt einen beifallsüchtigen und auf Wirkung bedachten Knaben, der die Rolle des Virtuosen spielt und *Beim Propheten* (1904) die Verstiegenheit und den maßlosen Anspruch eines Künstlers, der sich selbst für ein Genie hält, *Wälsungenblut* (1906) endlich den Inzest, den ein Zwillingspaar nach dem Besuch einer Aufführung von Wagners *Walküre* begeht: eine Metapher für die Sterilität der dekadenten Wagner-Verehrung. Der Inzest führt das Leben nicht in die Zukunft, sondern läßt es gleichsam auf der Stelle treten. Alle diese Figuren sind keine schöpferischen Künstler, schon gar keine Genies, sondern Kunstliebhaber und Erben. Sie genießen das einzelne Werk, den einzelnen Akkord, den Nervenreiz der Klangfarbe, den Zauber der Übergänge und der gebrochenen Farben. Sie sind vom prometheusgleichen Genie des Sturm und Drang so weit entfernt wie der kleine Johann Buddenbrook von seinem Urgroßvater, dem die Familie einst ihren Reichtum verdankte.

Dem gesellschaftlichen, wirtschaftlichen und biologisch-genetischen Epigonentum entspricht das künstlerische: die Mittel, mit denen Klassik, Romantik und Realismus ihre Kunstwerke schufen, scheinen den müden Erben der Jahrhundertwende verbraucht und erschöpft. Sie werden deshalb von Thomas Mann ironisiert und parodiert. Nicht nur einige seiner Figuren wie z. B. Christian Buddenbrook und der Prinz Klaus Heinrich in *Königliche Hoheit* sind Darsteller einer unrealen, nur mehr eingebildeten Wirklichkeit, sondern auch ihre Dichter. Seine Ironie ist Ausdruck einer Skepsis nicht nur gegenüber den beschränkten Erscheinungsweisen des Bürgers und seiner Wirklichkeit, sondern auch gegenüber den Stilen und Formen der Kunst. Deshalb hat sich Thomas Mann in dem „Dreigestirn" Schopenhauer, Nietzsche und Wagner wiedererkannt. Sein Pessimismus, sein Bewußtsein, der décadence anzugehören, und seine Kunst, die der großen Form verpflichtet ist, lassen sich bis in seine späten Jahre nach dem Zweiten Weltkrieg verfolgen.

Es gibt für Thomas Mann keine andere Möglichkeit, als diese geschichtliche Gegebenheit anzunehmen und mit ihr zu leben. Die Alternative dazu wäre der Pakt mit dem Teufel, den der geniale Musiker Adrian Leverkühn in dem Roman *Doktor Faustus* schließt und der ihm den „Durchbruch" durch die Sterilität einer Situation ermöglicht, in der alle Mittel der Kunst als verbraucht erscheinen. Im XXV. Kapitel des Romans wird dem syphilitischen Künstler vom Teufel verheißen:

„Nicht genug, daß du die lähmenden Schwierigkeiten der Zeit durchbrechen wirst, – die Zeit selber, die Kulturepoche, will sagen, die Epoche der Kultur und ihres Kultus wirst du durchbrechen und dich der Barbarei erdreisten, die's zweimal ist, weil sie nach der Humanität [...] und bürgerlichen Verfeinerung kommt." (Thomas Mann, Werke, Bd. VI, S. 324)

Dem Genie stellt Thomas Mann den bürgerlich-humanistisch gebildeten Freund Serenus Zeitblom an die Seite, der noch in der herkömmlichen Vorstellung des Begriffs befangen ist und ihn in romantischem Sinne gebraucht, indem er ihn mit der Krankheit in Verbindung bringt: „Genie ist eine in der Krankheit tief erfahrene, aus ihr schöpfende und durch sie schöpferische Form der Lebenskraft" (a. a. O., S. 472). Denn in der Tat ist Leverkühns Genie ein Ergebnis der enthemmenden syphilitischen Infektion, es ist die „prangende Unbedenklichkeit" (a. a. O., S. 316), und die „ist nur mit dem Teufel, dem wahren Herrn des Enthusiasmus möglich." (a. a. O., S. 317)

Dieser literarischen Darstellung des durch Krankheit enthemmten und in seiner Kunst bedenkenlosen Künstlers entspricht in der Geschichte die historische Person Hitler, die den Roman wesentlich angeregt hat.

Schon der junge arbeitslose Postkartenabmaler empfand sich als Künstler. Er hatte sich früh für Richard Wagner begeistert, nicht nur für den Musiker; „vielmehr hat er dessen von frühen Enttäuschungen und verbissenem Berufungsglauben erfülltes, am Ende ,in Weltruhmesglanz mündendes Leben' als Vorbild seiner eigenen Lebensvision angesehen. Die Nachfolge machte die Verführung durch den romantischen Geniebegriff deutlich, der in dem Bayreuther Meister seine Erfüllung und gleichzeitige Entgleisung gefunden hatte." Hitler sah in Wagner „die größte Prophetengestalt, die das deutsche Volk besessen" habe (Joachim Fest: Hitler. Eine Biographie, Frankfurt a. M., Berlin, Wien 1973, S. 73 ff.). Nach außen sichtbar wird die Verwandtschaft in dem Stil der Massenveranstaltungen des Dritten Reiches, der Aufmärsche und Staatsbegräbnisse, der Heldengedenk- und Reichsparteitage, dieser auf Wirkung und Verführung berechneten Inszenierungen ohne Scheu vor dem Banalen mit ihrer Hintertreppenromantik, die sich an dunkle, unausgesprochene und unaussprechliche Empfindungen und trübe Instinkte wandten.

Spätestens die Verbrechen und das Ende des Dritten Reiches zeigten die Leere und Nichtigkeit dessen, was hinter diesen Aufführungen lag; das „Genie" des Staatsmannes und „größten Feldherrn aller Zeiten" erwies sich als maß- und gehaltloser Schwindel, zugleich als Vorwand für Verbrechen ohnegleichen. Der Glaube an diesen Schwindel führte in die Katastrophe. Damit ist um die Mitte des zwanzigsten Jahrhunderts der Geniebegriff – wie es aussieht: endgültig – als Täuschung entlarvt und geschichtlich widerlegt.

Die Entwertung des Wortes durch seinen heutigen Gebrauch zeigt an, daß es das Genie, wie es der Sturm und Drang in Shakespeare und Prometheus gesehen hatte, nicht mehr gibt. Die Entscheidungen über Fragen der Politik, der Gesellschaft und bisweilen auch der Kunst werden kaum von Einzelnen getroffen, sondern von Gremien, Parlamenten, Wahlen und Plebisziten. Und der Abstieg des Geniebegriffs aus den Höhen der philosophischen Ästhetik in die alltägliche Umgangssprache bestätigt es. Wenn an einem Schwarzen Brett der Giessener Universität im Sommer 1999 ein Mitbewohner für eine „geniale Wohngemeinschaft" gesucht wird, verfällt kaum jemand auf den phantastischen Gedanken, hier werde der Wunsch einiger Stürmer und Dränger wieder belebt, die in Weimar um die Mitte der 1770er Jahre eine Genie-Kommune gründen wollten. Von den vier Elementen, mit denen Kant 1790 in der *Critik der Urteilskraft* den Geniebegriff definierte – Originalität, Beispielhaftigkeit, Unwissenheit über die Quelle der Inspiration und Beschränkung auf die Kunst – ist in der Ästhetik und Kunstkritik nur die Forderung der Originalität übriggeblieben, mit der wir moderne Kunstwerke beurteilen.

Bibliographie zum Siebten Kapitel

Abel, Jakob Friedrich: Rede über das Genie, Stuttgart 1776 (Neudruck hg. von Walter Müller-Seidel, Marbach 1955)

Adorno, Theodor W.: Rede über Lyrik und Gesellschaft, in: Ders.: Noten zur Literatur I, Frankfurt a. M. 1958, S. 73–104

Bergsten, Gunilla: Thomas Manns Doktor Faustus. Untersuchungen zu den Quellen und zur Struktur des Romans, Tübingen ²1974
[Wichtiger Beitrag v. a. zu den Quellen des Romans, die, soweit damals bekannt, lückenlos aufgeführt werden.]

Binder, Wolfgang: Von der Freiheit und Unbescholtenheit unserer Augen, in: Ders.: Aufschlüsse. Studien zur deutschen Literatur, Zürich, München 1976, S. 331–346

Boeschenstein, Hermann: Gottfried Keller, Stuttgart 1969 (= Sammlung Metzler N° 84)

Böschenstein, Renate: Pankraz und sein Tier. Zur Darstellung psychischer Prozesse um die Mitte des 19. Jahrhunderts, in: Jörg Thunecke (Hg.): Formen realistischer Erzählkunst. Festschrift für Charlotte Jolles, Nottingham 1979, S. 146–158

Büchner, Georg: *Lenz*, in: Ders.: Sämtliche Werke und Briefe, hg. von Werner R. Lehmann, Bd. I, Hamburg 1967

Dierks, Manfred: Studien zu Mythos und Psychologie bei Thomas Mann, Bern/München 1972 (= Thomas Mann-Studien, Bd. 2)
[Außerordentlich reich an neuen Erkenntnissen, wichtig für die Thomas Mann – Forschung.]

Eichendorff, Joseph von: Werke, Bd. II: Romane, Erzählungen, München 1970

Fabian, Bernhard/Ritter, Joachim: Genie, in: HWP., Bd. 3, Darmstadt 1974, Sp. 279–309

Joachim C. Fest: Hitler. Eine Biographie, Frankfurt a. M., Berlin, Wien 1973

Fontane, Theodor: Balladen und Gedichte, München 1962 (= Gesammelte Werke, Bd. XX)

Gadamer, Hans-Georg: Wahrheit und Methode, Tübingen [3]1972

Gellert, Christian Fürchtegott: Gesammelte Schriften, hg. von Bernd Witte, Bd. V, Berlin, New York 1994

Grappin, Pierre: La théorie du génie dans le préclassicisme allemand, Paris 1952

Hildebrand, Rudolf: Genie, in: DWb., Bd. V, Sp. 3396–3450 (Vgl. auch: Genieblick, Geniedrang usf., a. a. O., Sp. 3450 f.)

Hoffmann, E. T. A.: *Die Serapions-Brüder*. Mit einem Nachwort von Walter Müller-Seidel und Anmerkungen von Wulf Segebrecht, Darmstadt 1978

Ders.: *Das Fräulein von Scuderi*. Erzählung aus dem Zeitalter Ludwig des Vierzehnten, Stuttgart 1980 u. ö.

Kaiser, Gerhard: Gottfried Keller. Das gedichtete Leben, Frankfurt a. M. 1981
[Tiefenpsychologische Interpretationen des Gesamtwerkes.]

Keller, Gottfried: Sämtliche Werke und ausgewählte Briefe, hg. von Clemens Heselhaus, 3 Bde., Darmstadt 1969

Koppen, Erwin: Dekadenter Wagnerismus, Berlin 1973
[Materialreiche Untersuchung der Wirkung Wagners auf die literarische Décadence.]

Koopmann, Helmut (Hg.): Thomas – Mann – Handbuch, Stuttgart 1990

Kunne-Ibsch, Elrun: Die Stellung Nietzsches in der modernen Literaturwissenschaft, Tübingen 1972
[Stellt Nietzsches Gedanken zu literarischen Fragen in einen systematischen Zusammenhang.]

Laufhütte, Hartmut: Wirklichkeit und Kunst in Gottfried Kellers Roman *Der grüne Heinrich*, Bonn 1969
[Die anregende Arbeit formuliert zahlreiche, seinerzeit neue und überzeugende Einsichten.]

Lindken, Hans-Ulrich: Erläuterungen und Dokumente. E. T. A. Hoffmann. *Das Fräulein von Scuderi*, Stuttgart 1978

Lukács, Georg: Die Theorie des Romans. Ein geschichtsphilosophischer Versuch über die Formen der großen Epik, Neuwied/Berlin 1963
[Vielleicht die berühmteste Schrift des Philosophen und Literaturtheoretikers.]

Mann, Thomas: Gesammelte Werke in dreizehn Bänden, Frankfurt a. M., [2]1974

Müller-Lauter, Wolfgang: Nietzsche. Seine Philosophie der Gegensätze und die Gegensätze seiner Philosophie, Berlin/New York 1971

Nietzsche, Friedrich: Werke in 3 Bdn., hg. von Karl Schlechta, München [2]1960

Preisendanz, Wolfgang: Gottfried Keller, in: Ders.: Wege des Realismus. Zur Poetik und Erzählkunst im 19. Jahrhundert, München 1977, S. 127–180
[Grundlegende Interpretation.]

Pütz, Peter: Kunst und Künstlerexistenz bei Nietzsche und Thomas Mann, Bonn 1963
[Wichtige Untersuchung.]

Ders.: Friedrich Nietzsche, Stuttgart 1967 (= Sammlung Metzler N°62)
[Sehr nützliche Zusammenstellung des Materials.]

Reiner, H.: Entsagung, in: HWP., Bd. II, Darmstadt 1972, Sp. 541

Rosenthal, B.: Der Geniebegriff des Aufklärungszeitalters (Lessing und die Popularphilosophen), Berlin 1933

Schiller, Friedrich: *Die sentimentalischen Dichter*, in: Die Horen. Eine Monatsschrift, 1. Jahrgang, Bd. 4: Zwölftes Stück, Tübingen 1795 (Fotomechanischer Nachdruck Darmstadt 1959)

Schings, Hans-Jürgen: Melancholie und Aufklärung, Stuttgart 1977
[Sehr materialreiche und durchdachte Arbeit.]

Schmidt, Jochen: Die Geschichte des Genie-Gedankens in der deutschen Literatur, Philosophie und Politik 1750–1945, Bd. I: Von der Aufklärung bis zum Idealismus, Bd. II: Von der Romantik bis zum Ende des Dritten Reichs, Darmstadt 1985, ²1988
[Grundlegende geistesgeschichtliche Arbeit.]

Schmidt-Dengler, Wendelin: Genius: Zur Wirkungsgeschichte antiker Mythologeme in der Goethezeit, München 1978
[Zuverlässige und repräsentative Aufarbeitung des Materials.]

Schopenhauer, Arthur: Werke in 5 Bdn., hg. von Ludger Lütkehaus, Zürich 1988

Wackenroder, Wilhelm Heinrich: Werke und Briefe, hg. von Gerda Heinrich, München/Wien 1984

Young, Edward: *Gedanken über die Original-Werke*. Aus dem Englischen von H. E. Teubern, Faksimiledruck der Ausgabe von 1760, hg. von Gerhard Sauder, Heidelberg 1977

Zimmermann, Johann Georg: Über die Einsamkeit, 4 Bde., Leipzig 1784–1785

Gesamtbibliographie

Werkausgaben

1. Johann Georg Hamann

Ausgewählte Schriften, hg. von Hans Eichner; Köln 1994

Briefwechsel, 7. Bde., hg. von Walter Ziesemer und Arthur Henkel, Frankfurt a. M. 1979

Johann Georg Hamann. Magus des Nordens. Hauptschriften, hg. von Otto Mann, Leipzig 1937

Johann Georg Hamann. Auswahl aus seinen Briefen und Schriften, eingel. und erl. von Carl Franklin Arnold, Gotha 1888

Leben und Schriften, hg. von C. H. Gildemeister, 6 Bde., Gotha 1857–1873

Sämtliche Werke. Hist.-krit- Ausgabe, hg. von Josef Nadler, 6 Bde., Wien 1949–1957

[Maßgebliche Ausgabe, trotz kritischer Einwände gegen die Editionsmethoden.]

Schriften. Johann Georg Hamann. Ausgew. und hg. von Karl Widmaier, Leipzig 1921

Schriften und Briefe, hg. von Friedrich Roth, 7 Bde., Berlin 1821–1825

Schriften und Briefe. Zu leichterem Verständniß im Zusammenhange seines Lebens erl. und hg. von Moritz Petri, 2 Teile, Hannover 1872

2. Johann Gottfried Herder

Briefe, Gesamtausgabe 1763–1803. Unter Leitung von Karl-Heinz Hahn hg. von den Nationalen Forschungs- und Gedenkstätten der klassischen deutschen Literatur in Weimar, Weimar 1977–1984

[Maßgebliche Ausgabe mit zahlreichen zuvor ungedruckten Briefen]

Briefe in einem Band. Ausgewählt und erläutert von Regine Otto, Berlin/Weimar ^{2}1983

Herder. Ein Lesebuch für unsere Zeit. Auswahl von Günter Mieth und Ingeborg Schmidt. Einleitung von Walter Dietze, Berlin/Weimar ^{10}1978

Herder, Johann Gottfried: Herder-Lesebuch: zum 250. Geburtstag, hg. von Siegfried Hartmut Sunnus, Frankfurt a. M. 1994

Sämtliche Werke, hg. von Bernhard Suphan, 33 Bde., Hildesheim 1967–1968 (Nachdruck der Ausgabe Berlin 1877 ff.)

[Grundlegende Werkausgabe.]

Werke in 2 Bdn., hg. von Karl Gustav Gerold, München 1953

Werke in 5 Bdn. Ausgewählt und eingeleitet von Wilhelm Dobbek, Weimar 1963

Werke, hg. von Wolfgang Pross, 3 Bde. München/Wien 1984 ff.

Werke in 10 Bdn., hg. von Martin Bollacher, Jürgen Brummack, Ulrich Gaier, Gunter

E. Grimm, Hans Dietrich Irmscher, Rudolf Smend, Johannes Wallmann, Frankfurt a. M. 1985 ff.
[Moderne Edition mit ausführlichen und gründlichen Kommentaren. Korrigiert Fehler und ergänzt Lücken früherer Ausgaben.]

3. Johann Wolfgang Goethe

Briefe. Hamburger Ausgabe in 4 Bdn., hg. von Karl Robert Mandelkow und Bodo Morawe, Hamburg 1962–1967
[Annähernd repräsentative Auswahl mit Kommentaren und Erläuterungen.]
Der junge Goethe, hg. von Max Morris, 6 Bde., Leipzig 1909–1912 (Neu bearbeitete Ausgabe in fünf Bänden. Hg. von Hanna Fischer-Lamberg. Berlin 1963–1964)
[Die Ausgabe ergänzt die früheren Auflagen des Werkes und modernisiert die Anmerkungen. Zahlreiche Verweise erschließen die Zusammenhänge der Texte.]
Gedenkausgabe der Werke, Briefe und Gespräche zum 28. August 1949, hg. von Ernst Beutler, 24 Bde. und 3 Erg.-Bde., Zürich 1948–1971 („Artemis-Ausgabe" oder „Gedenkausgabe")
Goethes Sämtliche Werke. Briefe, Tagebücher und Gespräche in 40 Bdn., hg. von Dieter Borchmeyer, Frankfurt a. M. 1985 ff.
[Vorzüglich kommentierte moderne Studienausgabe.]
Goethes Sämtliche Werke. Jubiläumsausgabe, hg. von Eduard von der Hellen, 40 Bde. und 1 Erg. Bd., Stuttgart/Berlin 1902–1912
Goethes Werke, hg. im Auftrag der Großherzogin Sophie von Sachsen, 133 Bde., Weimar 1887–1919 („Weimarer Ausgabe" oder „Sophien-Ausgabe")
[Die vollständigste Ausgabe, „Mutter aller Goethe-Ausgaben."]
Goethes Werke. Hamburger Ausgabe in 14 Bdn., hg. von Erich Trunz, Hamburg 1948–1964 (München 1968 f.), Neuaufl. 1981
[Repräsentative Auswahl, gründlich kommentierte Studienausgabe.]
Goethes Dichtungen in 16 Bdn., hg. von H. G. Gräf, K. Jahn, M. Hecker, F. Bergemann, Leipzig 1921–1923
Johann Wolfgang Goethe: Werke. Vollständige Ausgabe letzter Hand, 40 Bde., Stuttgart/Tübingen 1827–1830
Sämtliche Werke nach Epochen seines Schaffens, Münchner Ausgabe, hg. von H. G. Göpfert, N. Miller und G. Sauder, München 1985 ff.
Werke Goethes, hg. von der Deutschen Akademie der Wissenschaften zu Berlin unter Leitung von Ernst Grumach, Berlin-Ost 1952 ff. („Akademie-Ausgabe", hist.-krit. Werkausgabe ohne Bandzählung)

4. Heinrich Wilhelm von Gerstenberg

Ausgewählte Schriften von H. W. von Gerstenberg, in: „Familien-Bibliothek der deutschen Classiker. Eine Anthologie in 100 Bdn.", Bd. 16, Hildburghausen/Amsterdam 1841
Gerstenberg, Heinrich Wilhelm von: Briefe über die Merkwürdigkeiten der Literatur. Erste und zweite Sammlung, Schleswig/Leipzig 1766; dritte Sammlung 1767 (Faks. repr. Hildesheim 1971)
Gerstenbergs Vermischte Schriften, von ihm selbst gesammelt und mit Verbesserun-

gen und Zusätzen hg., 3 Bde., Altona 1815–1816 (Faksimiledruck Frankfurt
a. M. 1971)
Tändeleyen, Faks.-Dr. nach der 3. Aufl. von 1765 mit den Lesarten der Erstausg.
von 1759, Nachwort von A. Anger, Stuttgart 1966

5. Jakob Michael Reinhold Lenz

Briefe von und an J. M. R. Lenz. Gesammelt und hg. von Karl Freye und Wolfgang
Stammler, 2 Bde., Leipzig 1918
Dramatischer Nachlass von J. M. R. Lenz. Zum ersten Mal hg. und eingeleitet von
Karl Weinhold, Frankfurt a. M. 1884
Gesammelte Schriften von J. M. R. Lenz, hg. von Ludwig Tieck, 3 Bde., Berlin 1828
Gesammelte Schriften, hg. von Franz Blei, 5 Bde., München/Leipzig 1909–1913
Gesammelte Schriften von Jakob Michael Reinhold Lenz, hg. von Ernst Lewy,
4 Bde., Berlin 1909
Gesammelte Werke in 4 Bdn., hg. von Richard Daunicht, München 1967
[Mit verläßlichen und gut dokumentierten Anmerkungen zur Textgeschichte und
mit Erläuterungen.]
Werke in einem Band, hg. und kommentiert von Karen Lauer; Nachwort von Ger-
hard Sauder, München 1992
Werke und Briefe in 3 Bdn., hg. von Sigrid Damm, Leipzig/München 1987
Werke und Schriften, hg. von Britta Titel und Hellmut Haug, 2 Bde., Stuttgart
1966–1967
[Gut kommentierte repräsentative Auswahl.]

6. Friedrich Maximilian Klinger

Briefbuch zu Friedrich Maximilian Klinger. Sein Leben und seine Werke. II., hg. von
Max Rieger, Darmstadt 1896
Friedrich Maximilian Klingers Werke in 12 Bdn., Königsberg, 1809–1816
Sämtliche Werke. 12 Teile in 4 Bdn., Stuttgart/Tübingen 1842 (Nachdruck Hildes-
heim/New York 1976)
Werke, 8 Bde., Stuttgart 1878–1880
Werke, hist.-krit. Gesamtausg., hg. von Sander L. Gilman u. a., Tübingen 1978 ff.
[Textkritische, an den Erstdrucken orientierte, gut lesbare Ausgabe.]
Dramatische Jugendwerke, hg. von Hans Berendt und Kurt Wolff, 3 Bde., Leipzig
1912–1913
Klingers Werke in 2 Bdn., hg. und eingeleitet von Hans Jürgen Geerdts, Berlin/Wei-
mar ²1964
Sämtliche Werke. 12 Teile in 4 Bdn., Stuttgart/Tübingen 1842 (Nachdruck Hildes-
heim/New York 1976)

7. Heinrich Leopold Wagner

Die Kindermörderin, hg. von Erich Schmidt, Heilbronn 1883 (Neudruck Nendeln
1968)
Die Kindermörderin, hg. von Jörg-Ulrich Fechner, Stuttgart 1969
Gesammelte Werke in 5 Bdn., hg. von Leopold Hirschberg, Potsdam 1923 (Ersch.

nur Bd. 1: Dramen I: *Prometheus, Deukalion und seine Recensenten; Der Wohl-
thätige Unbekannte; Die Reue nach der That; Der Schubkarn des Eßighändlers)*
Theaterstücke von Heinrich Leopold Wagner, hg. von Johann Gottlieb Garbe,
Frankfurt a. M. 1779

8. Friedrich Schiller

Sämtliche Werke. Säkular-Ausgabe in 16 Bdn., hg. von Eduard von der Hellen u. a.,
Stuttgart/Berlin 1904–1905 („Säkularausgabe")
Sämtliche Werke. Historisch-kritische Ausgabe in 20 Teilen, hg. von O. Güntter,
G. Wittkowski u. a., Leipzig 1910–1911 (^{2}1925)
Sämtliche Werke, hg. von Herbert G. Göpfert, in Verbindung mit Herbert Stuben-
rauch, 5 Bde., München 1958–1959 u. ö. („Hanser-Ausgabe")
Sämtliche Werke in 5 Bdn., Einf. von Benno von Wiese, Anm. Helmut Koopmann,
München 1990 („Winkler-Ausgabe")
Schillers Briefe, hg. und mit Anm. von Fritz Jonas. Kritische Gesamtausgabe, 7 Bde.,
Stuttgart u. a. 1892–1896
Schiller, Friedrich von: Sämtliche Gedichte, Frankfurt a. M./Leipzig 1991
Schillers Werke. Nationalausgabe, begr. von Julius Petersen, fortgef. von Lieselotte
Blumenthal und Benno von Wiese, hg. von Norbert Oellers und Siegfried Seidel,
Weimar 1943 ff.
[Die maßgebliche Ausgabe; enthält textkritische Anmerkungen und Kommenta-
re.]
Werke und Briefe in 12 Bdn., hg. von O. Daun, K. H. Hilzinger, W. Hirdt u. a.,
Frankfurt a. M. 1988 ff. („Frankfurter Ausgabe")
Sämtliche Werke in 10 Bdn., hg. von Hans-Günther Thalheim u. a., Berlin 2005
(„Berliner Ausgabe")

9. Johann Heinrich Jung-Stilling

Briefe Jung-Stillings an seine Freunde, hg. von A. Vömel, Berlin 1905
Frühe Schriften, Frankfurt a. M. 1773
Johann Heinrich Jung's, genannt Stilling, sämtliche Schriften, zum ersten Mal voll-
ständig ges. und hg. von Verwandten, Freunden und Verehrern des Verewigten,
Ausg. in div. Heften, Stuttgart 1835–1838
Johann Heinrich Jungs, genannt Stilling Lebensgeschichte, oder dessen Jugend, Jüng-
lingsjahre, Wanderschaft, Lehrjahre, häusliches Leben und Alter, vollst. Text nach
den Erstdrucken, mit einem Nachwort hg. von Wolfgang Pfeiffer-Belli, München
1968
Johann Heinrich Jung-Stillings Lebensgeschichte, mit Anm. hg. von Gustav Adolf
Benrath, Darmstadt 1976 (mit einer Bibliographie) ^{2}1984
Heinrich Stillings Jugend, Jünglingsjahre und Wanderschaft, hg. und mit einem
Nachwort von G. Drews, mit Illustrationen der Erstausg., München/Leipzig/Wei-
mar 1982
Lebensgeschichte: *Jugend* (1777), *Jünglingsjahre* (1778), *Wanderschaft* (1778),
Häusliches Leben (1789), *Lehrjahre* (1807), *Alter* (1817), hg. von Jung Stillings
Enkel, Pfarrer Dr. Wilhelm Schwarz, Leipzig 1908

10. Maler Müller

Dichtungen vom Maler Müller, hg. von Hermann Hettner, 2 Bde., Leipzig 1868
(Nachdruck Bern 1968)
Müller, Friedrich (gen. Maler Müller): Werke und Briefe, hg. von Leuschner, Ulri-
ke/Paulus, Rolf/Sauder, Gerhard, Heidelberg 1996 ff.
Idyllen. Vollständige Ausgabe in drei Bänden unter Benutzung des handschriftlichen
Nachlasses, hg. und eingeleitet von Otto Heuer, Leipzig 1914
Idyllen. Nach den Erstdrucken revidierter Text, hg. von Peter-Erich Neuser, Stuttgart
1977
[Mit Editionsbericht, Anmerkungen, Erläuterungen, Literaturhinweisen, Zeitta-
fel, Urteilen von Zeitgenossen und Nachwort.]

11. Johann Heinrich Voß

Ausgewählte Werke, hg. von Adrian Hummel, Göttingen 1996
[„Die bisher seriöseste Voß-Ausgabe" (L. L. Albertsen), interessant v. a. durch
den Briefwechsel mit Klopstock über die deutsche Syntax.]
Briefe nebst erläuternden Beilagen, 3 Bde., hg. von A. Voß, Halberstadt 1833 (Nach-
druck Hildesheim 1971)
Briefe an Goeckingk 1775–1786, hg. von Gerhard Hay, München 1976
Gedichte, Bd. 1, Hamburg 1785; Bd. 2, Königsberg 1795
Idyllen, Faksimiledruck nach der Ausgabe von 1801, hg. und mit einem Nachwort
von Ernst Theodor Voß, Heidelberg 1968
Idyllen und Gedichte, hg. von Eva Dorothea Becker, Stuttgart 1967 (mit aktualisier-
ter Bibliographie erneuert 1984)
Sämtliche Gedichte, 6 Bde., Königsberg 1802
Sämtliche Gedichte. Auswahl der letzten Hand, 4 Bde., Königsberg 1825
Sämtliche poetische Werke, hg. von A. Voß, Leipzig 1835
Werke in einem Band, Auswahl und Einleitung von Hedwig Voegt, Berlin/Weimar
1966, [4]1983

12. Über Johann Georg Hamann

Alexander, William M.: Johann Georg Hamann. Philosophy and Faith, Den Haag 1966
[Theologiegeschichtlich interessierte, differenzierte und begrifflich reflektierte
Darstellung.]
Bayer, Oswald: Zeitgenosse im Widerspruch. Johann Georg Hamann als radikaler
Aufklärer, München 1988
[Ein „Markstein" (B. Gajek) der H.-Forschung.]
Blanke, Fritz: Hamann-Studien, Zürich 1956
Büchsel, Elfriede: Geschärfte Aufmerksamkeit. Hamannliteratur seit 1972, in: DVjs.
60 (1986), S. 375–425
Gajek, Bernhard (Hg.): Johann Georg Hamann. Acta des Internationalen Hamann-
Colloquiums in Lüneburg 1976, mit einem Vorwort von Arthur Henkel, Frank-
furt a. M. 1979
[Mit Beiträgen u. a. von J.-U. Fechner, X. Tilliette, J. Simon, K. Hammacher,
R. Knoll. Repräsentativ für die H.-Forschung.]

Hilpert, Walter: Hamann als Kritiker der deutschen Literatur, Diss. Königsberg 1933

Hoffmann, Volker: Johann Georg Hamanns Philologie. Hamanns Philologie zwischen enzyklopädischer Mikrologie und Hermeneutik, Stuttgart 1972
[Stellt „philologische Figuren" – Zitat, Anmerkung, Note u. a. – als strukturbildend in H.s Schriften dar.]

Jørgensen, Sven-Aage: Johann Georg Hamann, Stuttgart 1976
[Sehr übersichtliche Darstellung der H.-Forschung seit Nadler.]

Knoll, Renate (Hg.): Johann Georg Hamann 1730–1788. Quellen und Forschungen, Bonn 1988

Koepp, Wilhelm: Der Magier unter den Masken. Versuch eines neuen Hamann-Bildes, Göttingen 1965

Kracht, Thomas: Erkenntnisfragen beim jungen Hamann, Frankfurt a. M. 1981

Mannack, Eberhard: Mystik und Luthertum bei Johann Georg Hamann, Diss. Berlin 1953

Metzke, Erwin: Johann Georg Hamanns Stellung in der Philosophie des 18. Jahrhunderts, Halle 1934

O'Flaherty, James C.: Unity and Language. A Study in the Philosophy of Johann Georg Hamann, Chapel Hill 1952

Unger, Rudolf: Hamann und die Aufklärung. Studien zur Vorgeschichte des romantischen Geistes im 18. Jahrhundert, Halle 1911
[Grundlegendes geistesgeschichtliches Werk.]

Vom Magus im Norden und der Verwegenheit des Geistes. Ein Hamann-Brevier. Mit einem Nachwort, einer Zeittafel und einer Bibliographie hg. von Stefan Majetschak, München 1988

Wild, Reiner (Hg.): Johann Georg Hamann, Darmstadt 1978
[Mit Beiträgen von Karl Rosenkranz, Wilhelm Dilthey, Rudolf Rocholl, Fritz Lieb, Fritz Blanke, Rudolf Unger, Josef Nadler, Elfriede Büchsel, Erwin Metzke, Karlfried Gründer, Arthur Henkel, Martin Seils, Willi Oelmüller, Sven-Aage Jørgensen, Josef Simon, Reiner Wild (= Wege der Forschung, Bd. 511)]

13. *Über Johann Gottfried Herder*

Adler, Emil: Herder und die deutsche Aufklärung, Wien/Frankfurt a. M./Zürich 1968
[Erschien 1965 als erste polnische Monographie über H. in Warschau (Herder i Oswiecenie niemieckie; ins Deutsche übertr. Von Irena Fischer). Leidet unter Übersetzungsmängeln.]

Arnold, Günter: Johann Gottfried Herder, Leipzig 1979

Bückeburger Gespräche über Johann Gottfried Herder 1979, Rinteln 1980

Baur, Ernst: Johann Gottfried Herder. Leben und Werk, Stuttgart 1960

Dobbek, Wilhelm: Johann Gottfried Herders Weltbild. Versuch einer Deutung, Köln/Wien 1969
[Erörtert die zentralen Denkmotive H.s, ohne sie unzulässig zu systematisieren.]

Gillies, Alexander: Herder, Oxford 1945

Haym, Rudolf: Herder, 1877 (Nachdruck mit einer Einleitung von Wolfgang Harich, Berlin 1958, 2 Bde.)
[Standardwerk des literaturwissenschaftlichen Positivismus im besten Sinne.]

Irmscher, Hans Dietrich: Bildung, Sprache und Dichtung im Denken Herders, Diss. Göttingen 1955

Ders.: Herder, Stuttgart 2001

[Stellt „in gedrängter Form das umfangreiche Werk mit seinen komplexen historischen Voraussetzungen in den wesentlichen Aspekten" dar.]

Kelletat, Andreas F.: Herder und die Weltliteratur. Zur Geschichte des Übersetzens im 18. Jahrhundert, Frankfurt a. M. 1984

[Stellt H.s Leistung für die komparatistische Literaturbetrachtung auf breiter Materialbasis dar.]

Keyser, Erich: Im Geiste Herders. Gesammelte Aufsätze, Kitzingen 1953

Reisiger, Hans (Hg.): Johann Gottfried Herder. Sein Leben in Selbstzeugnissen, Briefen und Berichten, Berlin 1942 (Mit einem Vorwort zum Neudruck von Ulrich K. Dreikandt, Darmstadt 1970)

Richter, Lutz (Hg.): Johann Gottfried Herder im Spiegel seiner Zeitgenossen. Briefe und Selbstzeugnisse, Göttingen 1978

[Sammlung von etwa 240 Texten, die sich auf H. beziehen.]

Sauder, Gerhard (Hg.): Johann Gottfried Herder 1744–1803, Hamburg 1987

[29 Vorträge, die während der 9. Jahrestagung der Deutschen Gesellschaft für die Erforschung des 18. Jahrhunderts vom 21.–23. November 1984 in der Universität des Saarlandes in Saarbrücken gehalten wurden.]

Weber, Hanna: Herders Sprachphilosophie. Eine Interpretation im Hinblick auf die moderne Sprachphilosophie, Berlin 1939 (Nachdruck Nendeln/Liechtenstein 1967)

14. *Über Johann Wolfgang Goethe*

Arnold, Heinz Ludwig (Hg.): Johann Wolfgang von Goethe, München 1982

Boyd, James: Goethe und Shakespeare, Köln 1962

[Stellt Beziehungen von *Macbeth* und *Antonius und Cleopatra* zu *Götz von Berlichingen* her.]

Boyle, Nicholas: Goethe. Der Dichter in seiner Zeit, Bd. 1: 1749–1790, München 1995 (aus dem Englischen übersetzt von Holger Fliessbach)

[Umfassende Gesamtdarstellung von Goethes Leben, seinen Werken, des geschichtlichen und kulturgeschichtlichen Umfeldes. Ein glänzend geschriebenes Standardwerk.]

Braun, Julius W.: Goethe im Urtheile seiner Zeitgenossen, 3 Bde., Berlin 1883–1885 (Nachdr. Hildesheim 1969)

Braungart, Wolfgang: Naturverhältnisse. Zur poetischen Reflexion eines Aufklärungsproblems beim jungen Goethe, in: Christoph Jamme – Gerhard Kurz (Hg.): Idealismus und Aufklärung. Kontinuität und Kritik der Aufklärung in Philosophie und Poesie um 1800, Stuttgart 1988, S. 13–34

Conrady, Karl Otto: Goethe. Leben und Werk, 2 Bde., Königstein/Ts. 1982–1985 (zweite Auflage Frankfurt a. M. 1988)

[Gut lesbare, sehr informative Einführung auf hohem Niveau.]

Eissler, Kurt Robert: Goethe. Eine psychoanalytische Studie 1775–1786. In Verbindung mit Wolfram Mauser und Johannes Cremerius, hg. von Rüdiger Scholz, aus dem Amerikanischen übersetzt von Peter Fischer, Bd. 1 und Rüdiger Scholz, Bd. 2, Basel/Frankfurt a. M., 1983–1985

[Sehr kenntnisreiche, behutsam argumentierende psychoanalytische Biographie. Vgl. die ausführliche Rezension von Jutta Osinski u. d. T. Psychoanalyse in der Literaturwissenschaft in GJb, 105 (1988), S. 358–365.]

Flemming, Willi: Goethe und das Theater seiner Zeit, Stuttgart 1968
[Stellt Goethes Leistung als Schöpfer einer klassischen Musterbühne dar.]

Friedenthal, Richard: Goethe. Sein Leben und seine Zeit, München 1963
[Gut geschriebene Einführung, die bei ihrem Erscheinen in Deutschland eine lebhafte Diskussion auslöste, da sie auf die herkömmliche Heroisierung G.s verzichtet.]

Goedeke, Karl: Goethes Leben und Schriften, Stuttgart 1874

Goethes Erzählwerk. Interpretationen, hg. von Paul Michael Lützeler und James E. McLeod, Stuttgart 1985

Götting, Franz: Chronik von Goethes Leben, Leipzig 1953
[Bietet zuverlässige Orientierung.]

Gräf, Hans Gerhard: Goethe über seine Dichtungen, 9 Bde., Frankfurt a.M. 1901–1914

Gundolf, Friedrich: Goethe, Berlin 1916
[Geistesgeschichtliche Darstellung unter dem Einfluß von Wilhelm Dilthey.]

Kimpel, Dieter: Allerhand Goethe. Seine wissenschaftliche Sendung, Bern 1985

Kommerell, Max: Goethe. Der Wanderer und seine Gesellen. Lavater, Jacobi, Stolberg, in: Ders. (Hg.): Der Dichter als Führer in der deutschen Klassik, Berlin 1982, S. 111–149
[Ein „geistesgeschichtliches Dokument" aus dem Geist Georges, 54 Jahre nach der Erstauflage neu aufgelegt.]

Lange, Victor: Johann Wolfgang Goethe, in: Deutsche Dichter, hg. von Gunter E. Grimm und Frank Rainer Max, Bd. 4, Stuttgart 1989, S. 106–164

Lukács, Georg: Goethe und seine Zeit, Bern 1947
[Behandelt unter marxistischen Gesichtspunkten *Werther*, *Wilhelm Meister*, den Briefwechsel zwischen Goethe und Schiller, Schillers Literaturtheorie und Hölderlins *Hyperion*.]

Mandelkow, Karl R. (Hg.): Goethe im Urteil seiner Kritiker, 4 Bde., München 1975–1984
[Umfangreiche Materialsammlung zur Goethe-Rezeption im 19. und 20. Jahrhundert]

Maurer, Friedrich: Die Sprache Goethes, Erlangen 1932
[Sprachgeschichtlich interessierte Studie.]

Mommsen, Momme (Hg.): Die Entstehung von Goethes Werken in Dokumenten, 2 Bde., Berlin-Ost 1958

Rosenkranz, Karl: Goethe und seine Werke, Königstein-Ts. 1847
[Eine der frühesten literaturwissenschaftlichen und -theoretischen Arbeiten über Goethe.]

Scherer, Wilhelm: Aufsätze über Goethe, Berlin 1886
[Dokumente des literarhistorischen Positivismus.]

Schmidt, Heinrich: Goethe-Taschenlexikon, Leipzig 1912 (neu bearb. von K. J. Obenauer, Stuttgart 1955)
[Nicht immer zuverlässiges Informationsinstrument.]

Sengle, Friedrich: Das Genie und sein Fürst: Die Geschichte der Lebensgemeinschaft Goethes mit dem Großherzog Carl August von Sachsen-Weimar-Eisenach; ein Beitrag zum Spätfeudalismus und zu einem vernachlässigten Thema der Goetheforschung, Stuttgart u. a., 1993

[Sehr informative Darstellung, die die Rolle des Herzogs betont und die Legende von der unverbrüchlichen Freundschaft zwischen ihm und Goethe in Frage stellt.]

Staiger, Emil: Goethe. Bd. I. 1749–1786, Zürich/ Freiburg i. Br. [3]1960
[Bedeutendes Dokument der sog. „textimmanenten" Literaturwissenschaft.]

Viehoff, Heinrich: Goethes Leben, 4 Bde., Stuttgart 1847–1857

Vietor, Karl: Der junge Goethe, Leipzig 1930

Wiese, Benno von: Goethe und Schiller im wechselseitigen Vor-Urteil, Köln 1967
[Stellt die herkömmlichen Beschreibungsmuster in Frage.]

Wittkowski, Wolfgang (Hg.): Goethe im Kontext. Kunst und Humanität, Naturwissenschaft und Politik von der Aufklärung bis zur Restauration, Tübingen 1984
[21 Beiträge und eine Einleitung des Herausgebers zu den im Untertitel genannten Themen.]

Zimmermann, Rolf Christian: Das Weltbild des jungen Goethe, München 1968
[Stellt Goethes „Privatreligion" als systematisch entwickelte Philosophie dar.]

15. Über Heinrich Wilhelm von Gerstenberg

Gereck, Anne-Bitt: Transkulturalität als literarisches Programm. Heinrich Wilhelm von Gerstenbergs Poetik und Poesie. Göttingen 2002
[Charakterisiert Gerstenberg als exemplarischen Grenzgänger zwischen zwei Sprachen, der in einer vermeintlich gemeinsamen germanischen Vorzeit die ursprüngliche Poesie findet.]

Gerth, Klaus: Studien zu Gerstenbergs Poetik. Ein Beitrag zur Umschichtung der ästhetischen und poetischen Grundbegriffe im 18. Jahrhundert, Göttingen 1960
[Stellt Gerstenberg als bereits vollgültigen Vertreter des Sturm und Drang dar und rückt seinen Naturbegriff in den Mittelpunkt.]

Wagner, Albert Malte: Heinrich Wilhelm von Gerstenberg und der Sturm und Drang, 2 Bde., Heidelberg 1920–1924
[Die materialreichste, immer noch grundlegende Monographie zu Gerstenberg.]

16. Über Jakob Michael Reinhold Lenz

Boetius, Henning: Der verlorene Lenz. Auf der Suche nach dem inneren Kontinent, Frankfurt a. M. 1985
[Versuch einer Revision der bisherigen Lenz-Forschung; befreit das Werk von den Schematisierungen unangemesser Begrifflichkeit.]

Dwenger, Heinz: Der Lyriker Lenz: Seine Stellung zwischen petrarkistischer Formensprache und Goethescher Erlebniskunst, Diss. Hamburg 1961
[Stellt die Lyrik von Lenz im Übergang von der Aufklärung zum Sturm und Drang dar.]

Friedrich, Theodor: Die Anmerkungen übers Theater des Dichters J. M. R. Lenz, Diss. Leipzig 1908

Genton, Elisabeth: Jacob Michael Reinhold Lenz et la scène allemande, Paris 1966
[Grundlegende Arbeit zur Wirkungsgeschichte.]

Hohoff, Curt: J. M. R. Lenz in Selbstzeugnissen und Bilddokumenten, Reinbek 1977, [4]1993
[Als Einführung geeignete, informationsreiche Darstellung.]

Jakob Michael Reinhold Lenz. Studien zum Gesamtwerk, hg. von David Hill, Opladen 1994

Lenz-Jahrbuch. Sturm-und-Drang-Studien, hg. von Matthias Luserke, Christoph Weiß u. a., St. Ingbert 1991 ff.

Martin, Ariane: Die kranke Jugend. J. M. R. Lenz und Goethes *Werther* in der Rezeption des Sturm und Drang bis zu Naturalismus, Würzburg 2002
[Angeregt von der Vermischung des realen Dichters Lenz mit dem fiktiven Werther stellt die Arbeit dar, wie sich die Rezeption v. a. an den Problemen „Wahnsinn" und „Selbstmord" orientiert.]

Müller, Peter/Stötzer, Jürgen (Hg.): Jakob Michael Reinhold Lenz im Urteil dreier Jahrhunderte. Texte der Rezeption von Werk und Persönlichkeit. 18.–20. Jahrhundert, Tl. 1: Einleitung, 18. Jahrhundert, Tl. 2: 19. Jahrhundert, Tl. 3: 20. Jahrhundert, Quellenverzeichnis, Personenregister, Bern 1995
[Umfassende, kommentierte Dokumentation, leider nicht immer ganz zuverlässig.]

Rozanov, Matvej: J. M. R. Lenz, der Dichter der Sturm-und-Drang-Periode. Sein Leben und seine Werke, Leipzig 1909: Nachdruck Hildesheim 2001
[Informative Darstellung auf breiter Materialbasis. „Ein historischer Markstein der Lenz-Forschung"]

Rudolf, Ottomar: Jakob Michael Reinhold Lenz. Moralist und Aufklärer, Bad Homburg/Berlin/Zürich 1970
[Wichtig v. a. für L.s Stellung zum Pietismus.]

Stephan, Inge/Winter, Hans-Gerd: „Ein vorübergehender Meteor"? J. M. R. Lenz und seine Rezeption in Deutschland, Stuttgart 1984
[Umfassende Monographie zur Wirkung von L. v. a. in Literaturgeschichte und Dichtung.]

Winter, Hans-Gerd: Jakob Michael Reinhold Lenz, Stuttgart 1987, 2. Aufl. 2000 (= Sammlung Metzler Bd. 233)
[Geht über den neutralen Forschungsbericht hinaus und stellt L. als Vertreter einer „Gegenposition zur Klassik" dar.]

17. Über Friedrich Maximilian Klinger

Alexander, Wolfgang: F. M. Klingers Verhältnis zu Rousseau, Diss. Breslau 1925

Brahm, Otto: Zu Klinger, in: Archiv für Litteraturgeschichte, hg. von Franz Schnorr von Carolsfeld, Bd. 11, Leipzig 1882

Dirking, Paul: F. M. Klinger als politischer Schrifsteller, Diss. Münster 1926

Hering, Christoph: Der Weltmann als Dichter, Berlin 1966
[Standardwerk mit ausführlichen Werkbeschreibungen.]

Jakobowski, Ludwig: Klinger und Shakespeare, Diss. Freiburg 1891

Lieb, Adolf: Die geistesgeschichtliche Stellung der Betrachtungen und Gedanken Friedrich Maximilian Klingers, Diss. Freiburg i. B., 1951

Kleinstück, Erwin: Friedrich Maximilian Klinger 1752–1831, Frankfurt a. M. 1960
[Informative Monographie.]

Milch, Werner: Christoph Kaufmann, Frauenfeld/Leipzig 1932
[Biographische Studie zu einer Randfigur des Sturm und Drang.]

Rieger, Max: Klinger in der Sturm- und Drangperiode, Darmstadt 1880
[Grundlegendes Standardwerk zur Biographie.]

Ders.: Klinger in seiner Reife, Darmstadt 1896
[Stellt die Entwicklung K.s nach 1780, dem Jahr der Übersiedlung nach Rußland, dar.]

18. Über Heinrich Leopold Wagner

Froitzheim, Johannes: Goethe und Heinrich Leopold Wagner. Ein Wort der Kritik
an unsere Goethe-Forscher, in: Beiträge zur Landes- und Volkskunde von Elsaß-
Lothringen, Bd. 2, Straßburg 1889
[Von wissenschaftsgeschichtlichem Interesse.]
Genton, Elisabeth: La vie et les opinions de Heinrich Léopold Wagner (1747–1779),
Frankfurt a. M. u. a. 1981
[Grundlegende Abhandlung, die die seit Erich Schmidt überlieferten Klischees
aufgrund umfangreicher Quellenforschungen revidiert.]
Kaarsberg-Wallach, Martha: Emilia und ihre Schwestern: das seltsame Verschwinden
der Mutter und die geopferte Tochter; Lessing ,Emilia Galotti‘, Lenz ,Hofmeister‘,
,Soldaten‘, H. L. Wagner ,Kindermörderin‘, Schiller ,Kabale und Liebe‘, Goethe
,Faust‘, ,Egmont‘ in: Helga Kraft und Elke Liebs (Hg.): Mütter – Töchter –
Frauen. Weiblichkeitsbilder in der Literatur, Stuttgart 1993, S. 53–73
Schmidt, Erich: Heinrich Leopold Wagner. Goethes Jugendgenosse, 2. völlig umge-
arbeitete Aufl., Jena 1879
[Monographie aus dem Geiste des Positivismus, die seit der Arbeit von Elisabeth
Genton als überholt gelten darf.]

19. Über Friedrich Schiller

Abusch, Alexander: Schiller. Größe und Tragik eines deutschen Genius, Berlin/Ost
1955, [2]1966
[Marxistisch orientierte Abhandlung.]
Alt, Peter André: Schiller. Leben Werk – Zeit. Bde. I u. II, München 2000
[Umfassende Gesamtdarstellung von Schillers Leben und seines geschichtlichen,
kulturellen und gesellschaftlichen Umfeldes. Enthält darüber hinaus eingehende
Werkanalysen. Standardwerk]
Aurnhammer, Achim (Hg.): Schiller und die höfische Welt, Tübingen 1990
Berghahn, Klaus L./Grimm, Reinhold (Hg.): Schiller. Zur Theorie und Praxis der
Dramen, Darmstadt 1972
[Mit Beiträgen von Paul Böckmann, Walter Rehm, Klaus Ziegler, Walter Müller-
Seidel, Kurt Wölfel, Oskar Seidlin, Wolfgang Binder, Günter Rohrmoser, Friedrich
Sengle, Ilse Graham, Fritz Martini, Wolfgang Wittkowski, Peter Szondi, Klaus
L. Berghahn (= Wege der Forschung, Bd. 323)]
Brandt, Helmut (Hg.): Friedrich Schiller. Angebot und Diskurs, Berlin/Weimar 1987
[40 Vorträge, die auf einer internationalen Konferenz zu Schillers 225. Geburtstag
1984 in Jena gehalten wurden.]
Grathoff, Dirk/Leibfried Erwin (Hg.): Schiller. Vorträge aus Anlaß seines 225. Ge-
burtstages, Frankfurt a. M./Bern/New York/Paris 1991
[= Gießener Arbeiten zur Neueren Deutschen Literatur und Literaturwissenschaft,
Bd. 8, mit Beiträgen von Klaus L. Berghahn, Lieselotte Blumenthal, Wolfgang
Braune-Steininger, Thomas Clasen, Klaus Inderthal, Ulrich Karthaus, Erwin Leibfried, Irmgard Müller, Jörn Rüsen, Gert Sautermeister]

Koopmann, Helmut: Schiller-Forschung. 1979–1980. Ein Bericht, Marbach 1982

Ders.: Friedrich Schiller I: 1759–1794, Stuttgart 1966 (= Sammlung Metzler, Bd. 50)
[Ein auf Schillers Werk konzentrierter Forschungsbericht nach den bewährten Grundsätzen der Sammlung Metzler.]

Leibfried, Erwin: Schiller. Notizen zum heutigen Verständnis seiner Dramen. Aus Anlaß des 225. Geburtstages gedruckt, Frankfurt a. M./Bern/New York 1985
[Eingehende Deutung des dramatischen Werks vor dem Hintergrund des Dramas in Barock und Aufklärung.]

Linder, Jutta: Schillers Dramen. Bauprinzip und Wirkungsstrategie, Bonn 1989

Luserke-Jaqui, Matthias: Friedrich Schiller. Tübingen/Basel 2005
[Ein „Werkkommentar", der sich v. a. auf die Dramen konzentriert.]

May, Kurt: Friedrich Schiller. Idee und Wirklichkeit im Drama, Göttingen 1948

Mayer, Hans: Schiller und die Nation, Düsseldorf 1959
[Stellt Schiller als „Realist" in marxistischem Sinne dar.]

Middell, Eike: Friedrich Schiller. Leben und Werk, Leipzig [2]1982
[Eine brauchbare Übersicht, die Schillers Werk von der Französischen Revolution her interpretiert.]

Oellers, Norbert (Hg.): Schiller – Zeitgenosse aller Epochen. Dokumente zur Wirkungsgeschichte Schillers in Deutschland. Eingeleitet und kommentiert von Norbert Oellers. Teil 1: 1782–1859, Frankfurt a. M. 1970; Teil 2: 1860–1966, München 1976
[Gründlich und zuverlässig kommentierte Quellenedition; die Einleitungen sind „eine faszinierende Darstellung deutscher Geistesgeschichte".]

Ders.: Schiller: Elend der Geschichte, Glanz der Kunst, Stuttgart 2005
[Wichtiges und überzeugendes Standardwerk]

Riedel, Wolfgang: Die Anthropologie des jungen Schiller. Zur Ideengeschichte der medizinischen Schriften und der *Philosophischen Briefe*, Würzburg 1985
[Lebendige und differenzierende Darstellung der philosophischen Positionen des jungen Schiller und der physiologisch-anthropologischen Grundpositionen der deutschen Aufklärung.]

Rudloff-Hille, Gertrud: Schiller auf der deutschen Bühne seiner Zeit, Berlin/Weimar 1969
[Theatergeschichtlich bedeutsame Sammlung von Dokumenten, wichtig v. a. durch zahlreiche kundig kommentierte Abbildungen.]

Safranski, Rüdiger: Schiller oder die Erfindung des Deutschen Idealismus, München 2004
[Biographie und Werkmonographie, die Schiller in den Kontext seiner Zeit stellt.]

Schillers Leben und Werk in Daten und Bildern, ausgew. und erl. von Bernhard Zeller und Walter Scheffler, Frankfurt a. M. 1974
[Vorzüglich erläuterter biographischer Bildband, ursprünglich als Ergänzung zur Werkausgabe des Insel-Verlages konzipiert.]

Staiger, Emil: Friedrich Schiller, Zürich 1967
[Bedeutendes Zeugnis der sog. „textimmanenten" Literaturdeutung.]

Storz, Gerhard: Der Dichter Friedrich Schiller, Stuttgart 1959
[Auf das Werk konzentrierte Darstellung, die v. a. Schillers künstlerische Fortschritte als „Macher" würdigt.]

Wertheim, Ursula: Schiller-Studien. 5 Problemstudien zum Werk Friedrich Schillers. Versuche aus drei Jahrzehnten, Jena 1984

Wiese, Benno von: Friedrich Schiller, Stuttgart 1959 u. ö.
[Wichtig v. a. die Darstellung von Schillers Herkunft aus dem schwäbischen Pietismus und der Aufklärung. Standardwerk.]
Wittkowski, Wolfgang (Hg.): Friedrich Schiller. Kunst, Humanität und Politik in der späten Aufklärung. Ein Symposium, Tübingen 1982
[U. a. mit Beiträgen von Hans-Jürgen Schings (Schillers *Räuber*: Ein Experiment des Universalhasses), Bruce Duncan ("An Worte läßt sich trefflich glauben". Die Sprache der Luise Millerin) und Hiltrud Herbst (Zur Sprache des Sonnenwirts in Schillers Erzählung *Der Verbrecher aus verlorener Ehre*).]

20. Über Johann Heinrich Jung-Stilling

Benrath, Gustav Adolf (Hg.): Johann Heinrich Jung-Stilling: Lebensgeschichte, Darmstadt 1976
Geiger, Max: Johann Heinrich Jung-Stilling. Christlicher Glaube zwischen Orthodoxie und Moderne. Historisch-theologische Meditation anläßlich des 150. Todestages, Zürich 1968
Gütling, Wilhelm: Jung-Stilling in den Augen seiner Zeitgenossen, Siegen 1970
Günther, Hans Richard Gerhard: Jung Stilling, ein Beitrag zur Psychologie des deutschen Pietismus, 1928 (München 1948)
Hahn, Otto W.: Jung-Stilling zwischen Pietismus und Aufklärung, Diss. Mainz 1987
Ders.: Johann Heinrich Jung-Stilling, Wuppertal 1990
Krüsselberg, Hans-Günter, Lück, Wolfgang (Hg.): Jung-Stillings Welt: Das Lebenswerk eines Universalgelehrten in interdisziplinären Perspektiven, Krefeld 1992, S. 172–195
Stadler, Ulrich: Die theuren Dinge. Studien zu Bunyan, Jung-Stilling und Novalis, Berlin 1980
[Soziologisch und komparatistisch orientierte, gründliche Studie zur Soziogenese bürgerlicher Innerlichkeit.]
Stecher, Gottfried: Jung-Stilling als Schriftsteller, Berlin 1913
Willert, Albrecht: Religiöse Existenz und Literarische Produktion; Jung-Stillings Autobiographie und seine frühen Romane, Frankfurt a. M./Bern 1982
Wörster, Peter: Zwischen Straßburg und Petersburg. Vorträge aus Anlaß des 250. Geburtstages von Johann Heinrich Jung-Stilling, Siegen 1992

21. Über Johann Heinrich Voß

Abriß meines Lebens, 1818 (Nachdruck Eschborn 1993)
Häntzschel, Günter: Johann Heinrich Voß. Seine Homer-Übersetzungen als sprachschöpferische Leistung, München 1977
[Akkurate Detailuntersuchungen und faktenreiche Darstellung der sprach- und dichtungsgeschichtlichen Situation der deutschen Klassik.]
Herbst, Wilhelm: Johann Heinrich Voss, 2. Bde., Leipzig 1874 (Neudruck: Bern 1970)
[Grundlegendes Standardwerk.]

22. Über Maler Müller

Denk, Ferdinand: Friedrich Müller. Der Malerdichter und Dichtermaler, Speyer 1930

Faul, Eckhard/Paulus, Rolf: Maler – Müller – Bibliographie, Heidelberg 2000 [„Fundgrube auch für recht entlegenes Material mit erheblichem internationalen Zuschnitt"]

Maler Müller (1749–1825). Schriftsteller und Maler, hg. von Christoph Weiß, Saarbrücken 1988 (Ausstellungskatalog)

Mathern, Willy: Maler Müller. Der Bad Kreuznacher Maler und Dichter. Seine Bildkunst und Dichtung, Bad Kreuznach 1974

Oeser, Willy: Maler Müller. Neuwertung seines Schaffens, Mannheim 1928

Paulus, Rolf/Rabold, Emil Walter/Schlegel, Wolfgang (Hg.): Maler-Müller-Almanach 1980 [Enthält eine Bibliographie der Werke und der Forschungsliteratur.]

Sauder, Gerhard, Paulus, Rolf, Weiß, Christoph (Hg.): Maler Müller in neuer Sicht. Studien zum Werk des Schriftstellers und Malers Friedrich Müller (1749–1825), St. Ingbert 1990

Sattel-Bernadini, Ingrid, Schlegel, Wolfgang (Hg.): Friedrich Müller (1749–1825). Der Maler, Landau 1986

23. Anthologien und Textsammlungen

Braungart, Wolfgang (Hg.): Bänkelsang. Texte – Bilder – Kommentare, Stuttgart 1985

Deutsche Nationalliteratur hg. von Joseph Kürschner, Bde. 79–81: Stürmer und Dränger, Stuttgart 1885

Dramen des Sturm und Drang, hg. und mit einem Nachwort versehen von Erich Unglaub, München/Zürich 1988

Karthaus, Ulrich (Hg.): Sturm und Drang und Empfindsamkeit, Stuttgart 1976 u. ö.

Kelletat, Alfred (Hg.): Der Göttinger Hain, Stuttgart 1967

Kindermann, Heinz (Hg.): Deutsche Literatur. Sammlung literarischer Kunst- und Kulturdenkmäler in Entwicklungsreihen, Reihe: Deutsche Selbstzeugnisse, Bd. 9: Empfindsamkeit und Sturm und Drang, Leipzig 1936

Sauder, Gerhard (Hg.): Theorie der Empfindsamkeit und des Sturm und Drang, Stuttgart 2003

Stellmacher, Wolfgang (Hg.): Komödien und Satiren des Sturm und Drang. Goethe, Lenz, Klinger, Wagner, Maler Müller, Schiller, Leizig 1976

Sturm und Drang. Prosa, Lyrik, Drama, hg. von Karl Hoppe, Leipzig o. J.

Sturm und Drang. Ein Lesebuch für unsere Zeit, hg. von Peter Müller, Berlin 1992

Sturm und Drang. Weltanschauliche und ästhetische Schriften, hg. von Peter Müller, 2 Bde., Berlin/Weimar 1978

Sturm und Drang. Kritische Schriften, hg. von Erich Löwenthal, Heidelberg 1949; ²1962

Sturm und Drang. Dramatische Schriften, hg. von Erich Löwenthal und Lambert Schneider, 2 Bde., Heidelberg 1958

Sturm und Drang. Dichtungen und theoretische Schriften in 2 Bdn., hg. von Heinz Nicolai, München 1971

Sturm und Drang. Werke in 3 Bdn., Zürich 1966 (Auf Grund der von Karl Freyse bes. Ausg. neu bearb. von René Strasser, 1: Göttinger Hain; 2: H. W. von Gerstenberg, H. L. Wagner, J. A. Leisewitz, F. M. Klinger; 3: M. Müller, J. M. R. Lenz)

Sturm und Drang. Lyrik, Auswahl d. Texte und Materialien von Friedrich Burkhardt, in: Dietrich Steinbach (Hg.): Editionen für den Literaturunterricht, Stuttgart 1979

Treichler, Hans-Peter (Hg.): Deutsche Balladen: Volks- und Kunstballaden, Bänkelsang, Moritaten, Zürich 1993

24. *Übergreifende Darstellungen und Sammelbände*

Anger, Alfred: Literarisches Rokoko, Stuttgart 1962
[Grundlegend für die literaturhistorische Begriffsbildung.]

Arntzen, Helmut: Die ernste Komödie. Das deutsche Lustspiel von Lessing bis Kleist, München 1968
[Stellt dar, daß sich die Komödie an ihrer Gesellschaft orientieren müsse, der Dichter aber an der Utopie.]

Beck, Adolf: Griechisch-Deutsche Begegnung. Das deutsche Griechenerlebnis im Sturm und Drang, Stuttgart 1947

Blackall, Eric A.: Die Entwicklung des Deutschen zur Literatursprache 1700–1775. Mit einem Bericht über neue Forschungsergebnisse 1955–1964 von Dieter Kimpel, übersetzt von Hans G. Schürmann, Stuttgart 1966 (zuerst unter dem Titel 'The Emergence of German as a Literary Language 1700–1775', Cambridge 1959)
[Eine der bedeutendsten Darstellungen der deutschen Sprachgeschichte des 18. Jahrhunderts, die geistesgeschichtliche Fragen mit einbezieht.]

Böckmann, Paul: Formgeschichte der deutschen Dichtung, Bd. 1, Hamburg 1949
[Mehr nicht erschienen.]

Böhm, Michael: Zur Dialektik von philosophisch-weltanschaulichem Gehalt, ästhetischen Anschauungen und bürgerlichem Emanzipationsbestreben in der geistigen Kultur des Sturm und Drang, Diss. Jena 1989

Braemer, Edith: Goethes Prometheus und die Grundpositionen des Sturm und Drang, Weimar 1959
[Stellt den Sturm und Drang als Phase der bürgerlichen Emanzipationsbestrebungen dar, methodisch dem dialektischen und historischen Materialismus verpflichtet.]

Brahm, Otto: Das deutsche Ritterdrama des 18. Jahrhunderts, Straßburg 1880
[Grundlegende Arbeit.]

Braunreuther, Kurt: Die Bedeutung der physiokratischen Bewegung in Deutschland in der zweiten Hälfte des 18. Jahrhunderts. Ein geschichtlicher, politischer, ökonomischer Beitrag zur „Sturm und Drang-Zeit", Berlin-Ost, o. J. [Diss. 1954]

Brown, Robert H.: Nature's hidden terror: Violent nature imagery in eighteenth century Germany, Columbia SC 1991
[U. a. zu Gerstenberg, *Ugolino*, Goethe, *Werther*, Schiller, *Die Räuber*.]

Bürger, Christa/Bürger, Peter/Schulte-Sasse, Jochen (Hg.): Aufklärung und literarische Öffentlichkeit, Frankfurt a. M. 1980 (= Hefte für kritische Literaturwissenschaft. 2)
[Versteht sich als Diskussionsbeitrag zur kritischen materialistischen und historisch-soziologischen Literaturwissenschaft.]

Dedert, Hartmut: Die Erzählung im Sturm und Drang: Studien zur Prosa des 18. Jahrhunderts, Stuttgart u. a. 1990
[Ausführliche inhaltliche und formale Interpretationen u. a. zu Lenz und Schiller.]
Dosenheimer, Elise: Das deutsche soziale Drama von Lessing bis Sternheim, Konstanz 1949 (Nachdruck: Darmstadt 1967)
[Grundlegende Arbeit.]
Durzak, Manfred: Das bürgerliche Trauerspiel als Spiegel der bürgerlichen Gesellschaft, in: Propyläen Geschichte der Literatur, Bd. 4: Aufklärung und Romantik 1700–1830, Berlin 1983, S. 118–139
[Wohl fundierte Einführung.]
Eibl, Karl: Die Entstehung der Poesie, Frankfurt a. M./Leipzig 1995
[Zwischen Philosophie, Soziologie und Literaturwissenschaft angesiedelte Überlegungen zur Frage nach dem Poetischen als Funktion bestimmter gesellschaftlicher Konstellationen.]
Garbe, Ulrike: Beiträge zur Ethik der Sturm- und Drang-Dichtung, Weida 1916
Genée, Rudolf: Geschichte der Shakespeare'schen Dramen in Deutschland, Leipzig 1870
[Grundlegende Abhandlung.]
Genton, Elisabeth: Lenz – Klinger – Wagner. Studien über die rationalistischen Elemente im Denken des Sturm und Drang, Diss. Berlin 1955
[Stellt die Verbindung der Aufklärung mit dem Sturm und Drang dar.]
Grathoff, Dirk (Hg.): Studien zur Ästhetik und Literaturgeschichte der Kunstperiode, Frankfurt a. M./Bern 1985 (= Giessener Arbeiten zur neueren deutschen Literatur und Literaturwissenschaft 1)
Grieger, Astrid: „Etwas zu dem Ruhm und Nutzen meines Vaterlandes beyzutragen": die politische Dimension der bürgerlichen Kunstkonzeptionen in der Sturm-und-Drang-Zeit, Würzburg 1993
[Behauptet die Priorität der bildenden Künste im Prozeß der Verbürgerlichung im 18. Jh. Verwertet zahlreiche wenig bekannte Quellen.]
Grimm, Gunter E. (Hg.): Gedichte und Interpretationen. Deutsche Balladen, Stuttgart 1988
[U. a. mit Beiträgen von Gerhard Kaiser (Johann Gottfried Herder), Gunter E. Grimm (Gottfried August Bürger) und Gert Ueding (Johann Wolfgang Goethe).]
Grimm, Gunter E./Max, Frank Rainer (Hg.): Deutsche Dichter. Leben und Werk deutschsprachiger Autoren, Bd. 4: Sturm und Drang, Klassik, Stuttgart 1989
[Mit Beiträgen u. a. von Oswald Bayer, Ulrich Karthaus, Martin Bollacher, Helmut Scheuer, Günter Häntzschel, Alfred Kelletat, Ulrike Leuschner, Victor Lange, Henning Boetius, Gerhard Hay, Gert Ueding, Norbert Oellers]
Gundolf, Friedrich: Shakespeare und der deutsche Geist, Berlin 1911
[Zu ihrer Zeit viel gerühmte geisteswissenschaftliche Arbeit.]
Hammer, Klaus: Die Dramentheorie des Sturm und Drang, Diss. Halle 1967
Hauser, Arnold: Sozialgeschichte der Kunst und Literatur, München 1953
[Übergreifende Gesamtdarstellung.]
Hettner, Hermann: Geschichte der deutschen Literatur im 18. Jahrhundert, Braunschweig 1860, [6]1879, Neuaufl. Berlin-Ost/Weimar [2]1979
[Immer noch lesenswerte Darstellung auf umfangreicher Materialgrundlage. Standardwerk.]
Hinck, Walter (Hg.): Sturm und Drang. Ein lit. wiss. Studienbuch, Königstein-Ts.

1978 [mit Beiträgen von Walter Hinck, Christoph Siegrist, Ralph-Rainer Wuthenow, Klaus Gerth, Jörn Stückrath, Karl Otto Conrady, Ute Druvins, Annelen Kranefuss, Gerhard Sauder, Jörg-Ulrich Fechner, Jürgen Schröder, Leo Kreutzer und Walter Hinderer]

Hirschenauer, Rupert/Weber, Albrecht (Hg.): Wege zum Gedicht. München/Zürich Bd. I 1956, Bd. II. Interpretation von Balladen, 1963
[Bd. I u. a. mit Beiträgen von Gerhard Storz (Goethe), Michael Scherer (Goethe), Albrecht Weber (Goethe), Wilhelm Grenzmann (Goethe), Romano Guardini (Goethe). Paul Stöcklein (Goethe), Friedrich-Wilhelm Wentzlaff-Eggebert (Schiller) und Hermann Glaser (Schiller), Bd. II u. a. mit Beiträgen von Erich Hock (Herder), Herbert Schmidt-Kaspar (Bürger), Werner Ross (Goethe) und Werner Zimmermann (Goethe).]

Holmsten, Georg: Voltaire mit Selbstzeugnissen und Bilddokumenten, Reinbek [12]1996
[Zur Einführung geeigneter Überblick.]

Huyssen, Andreas: Drama des Sturm und Drang. Kommentar zu einer Epoche, München 1980
[Betont die Differenz des Sturm und Drang zur Aufklärung, die sich in den Dramen und der Dramentheorie der Epoche zeigt. Kenntnisreiche und reflektierte Arbeit.]

Interpretationen. Dramen des Sturm und Drang, Stuttgart 1987
[Mit Beiträgen von Rainer Nägele, Barbara Becker-Cantarino, Helmut Scheuer, Ulrich Karthaus, Paul Michael Lützeler, Klaus R. Scherpe.]

Jentzsch, Rudolf: Der deutsch-lateinische Büchermarkt nach den Leipziger Ostermeßkatalogen von 1740, 1770 und 1800 in seiner Gliederung und Wandlung, Leipzig 1912
[Statistische Aufarbeitung des Materials. Grundlegend für die Erforschung der Lesekultur des 18. Jh.s.]

Käser, Rudolf: Die Schwierigkeit, Ich zu sagen. Rhetorik der Selbstdarstellung in Texten des 'Sturm und Drang'; Herder – Goethe – Lenz, Bern/Frankfurt/New York 1987
[Auf kommunikationstheoretischen und psychoanalytischen Theoremen fußende Interpretation u. a. von Herders *Journal*, Goethes *Götz* und des *Werther*.]

Kästner, Erich: Friedrich der Große und die deutsche Literatur. Die Erwiderungen auf seine Schrift *De la littérature allemande*, Stuttgart/Berlin/Köln/Mainz 1972 (zuerst Diss. Leipzig 1925)
[Vermittelt einen umfassenden Überblick und formuliert abgewogene Urteile.]

Kaiser, Gerhard: Geschichte der deutschen Literatur von der Aufklärung bis zum Sturm und Drang 1730–1785, München 1966 u. ö.
[Prägnante und reichhaltige Darstellung des Zusammenhangs von Aufklärung und Sturm und Drang.]

Ders.: Pietismus und Patriotismus im literarischen Deutschland. Ein Beitrag zum Problem der Säkularisation, Wiesbaden 1961
[Weist die Übertragung von Inhalten und Formen pietistischen Empfindens und Denkens auf politische Überzeugungen des Nationalismus nach.]

Kliess, Werner: Sturm und Drang, Hannover 1966
[Knappe Lebensabrisse und Interpretationen der wichtigsten Werke von Gerstenberg, Lenz, Klinger, Leisewitz, Wagner und Maler Müller.]

Klotz, Volker: Geschlossene und offene Form im Drama, München 1960
[Poetologische Arbeit, die dramatische Strukturen wie Handlung, Zeit, Raum, Personen, Komposition und Sprache an Beispielen aus dem 17. Bis 20. Jahrhundert untersucht.]

Kollektiv für Literaturgeschichte im Volkseigenen Verlag Volk und Wissen (Hg.): Sturm und Drang. Erläuterungen zur deutschen Literatur. Berlin-Ost ⁵1978
[Materialreiche Einführung unter marxistischen Gesichtspunkten.]

Köster, Albert: Die allgemeinen Tendenzen der Geniebewegung im 18. Jahrhundert, in: Ders.: Die deutsche Literatur der Aufklärungszeit, Heidelberg 1925

Koopmann, Helmut (Hg.): Handbuch des deutschen Romans, Düsseldorf 1983
[U. a. mit Beiträgen von Rudolf Allerdissen (Der empfindsame Roman des 18. Jahrhunderts), Gerhard Buhr (Goethe: Die Leiden des jungen Werthers und der Roman des Sturm und Drang) und Peter Pütz (Der Roman der Klassik).]

Kopfermann, Thomas: Bürgerliches Selbstverständnis: Jakob Michael Reinhold Lenz: *Der Hofmeister*; Gotthold Ephraim Lessing: *Emilia Galotti*; Friedrich Schiller: *Kabale und Liebe*, Stuttgart 1988

Korff, Hermann August: Geist der Goethezeit. 5 Bde., Leipzig 1923–1957
[Umfassend informierende Standardwerke auf breiter Materialgrundlage.]

Krüger, Renate: Das Zeitalter der Empfindsamkeit. Kunst und Kultur des späten 18. Jahrhunderts in Deutschland, Wien, München 1972

Lange, Victor: Das klassische Zeitalter der deutschen Literatur 1740–1815, München 1982
[Flüssig geschriebene, konzentrierte und materialreiche Darstellung. Standardwerk.]

Langen, August: Der Wortschatz des deutschen Pietismus, Tübingen 1954, ²1968
[Untersucht den sprachgeschichtlichen Säkularisierungsvorgang.]

Luserke, Matthias/Marx, Reiner: Sturm und Drang. Autoren – Texte – Themen, Stuttgart 1997
[Nach Autoren und Themen geordneter Überblick.]

Martens, Wolfgang: Die Botschaft der Tugend. Die Aufklärung im Spiegel der deutschen Moralischen Wochenschriften, Stuttgart 1968
[Das gesamte Material einbeziehende Untersuchung, unentbehrlich für die Beschäftigung mit der Literatur des. 18. Jh.s.]

Matt, Peter von: Das Schicksal der Phantasie. Studien zur deutschen Literatur, München/Wien 1994
[Sammlung von 24 Aufsätzen des Verfassers, u. a. zur Dramaturgie der Sterbeszene, zum Selbstmord auf der Bühne, zu J. M. R. Lenz und zur Goethe-Deutung Thomas Manns.]

Mattenklott, Gert, Scherpe, Klaus R. (Hg.): Literatur der bürgerlichen Emanzipation im 18. Jahrhundert. Literatur im historischen Prozeß. Ansätze materialistischer Literaturwissenschaft. Analysen, Materialien, Studienmodelle, Kronberg 1973
[Sammlung von theoretisch und didaktisch orientierten Aufsätzen, methodisch dem Materialismus verpflichtet.]

May, Kurt: Form und Bedeutung. Interpretation deutscher Dichtung des 18. und 19. Jahrhunderts, Stuttgart 1957

Möller, Helmut: Die kleinbürgerliche Familie im 18. Jahrhundert. Verhalten und Gruppenkultur, Berlin 1969
[Volkskundlich und sozialgeschichtlich interessierte Arbeit, die eine Fülle von Material erschließt.]

Newald, Richard: Von Klopstock bis zu Goethes Tod (1750–1832). Erster Teil. Ende der Aufklärung und Vorbereitung der Klassik, in: Helmut de Boor, Richard Newald (Hg.): Geschichte der deutschen Literatur. Von den Anfängen bis zur Gegenwart, Bd. 6/1, München 1957
[Sehr materialreicher und informativer Überblick.]

Pascal, Roy: The German *Sturm und Drang*, Manchester 1953 (übersetzt von Dieter Zeitz, Kurt Mayer: Der Sturm und Drang, Stuttgart 1963)
[Umfassende Gesamtdarstellung, die den Sturm und Drang nicht als Übergangszeit, sondern als selbständige Epoche sieht.]

Pikulik, Lothar: *Bürgerliches Trauerspiel* und Empfindsamkeit, Köln/Graz 1966
[Analysiert die Anfänge der Gattung im „Drama der Gottschedzeit" (etwa 1730–1755).]

Ders.: Leistungsethik contra Gefühlskult. Über das Verhältnis von Bürgerlichkeit und Empfindsamkeit in Deutschland, Göttingen 1984
[Sieht die Empfindsamkeit als eine im wesentlichen unbürgerliche Strömung. Differenzierende, z. T. auf selten genutzten Quellen fußende Studie.]

Plachta, Bodo/Woesler, Winfried (Hg.): Sturm und Drang. Geistiger Aufbruch 1770–1790 im Spiegel der Literatur, Tübingen 1997
[Mit Beiträgen von Hans Reiss, Anne Saada, Peter Skrine, Lothar Jordan, Sven-Aage Jørgensen, Wolfgang Braune-Steininger, Heinrich Mohr, Winfried Woesler, Wolfgang Martens, Bodo Plachta, Volkmar Hansen, Paola Barbon, Peter Altena, Renate Stauf, Ortrun Niethammer, Hans-Dietrich Dahnke, Henning Buck und Jean Moes]

Price, Lawrence Marsden: Die Aufnahme englischer Literatur in Deutschland 1500–1960, Bern/München 1961 (Übers. von Maxwell E. Knight; zuerst u. d. T. English Literature in Germany, Berkeley, Los Angeles 1953)
[Standardwerk mit den Schwerpunkten Shakespeare-Rezeption und 18. Jahrhundert.]

Prokop, Ulrike: Frauen in der Epoche des Sturm und Drang, in: Sturm und Drang (1988), S. 350–369

Pütz, Peter: Die deutsche Aufklärung, Darmstadt 1978
[Sehr nützlicher Forschungsbericht, versteht die Aufklärung als universale Bewegung über das 18. Jahrhundert hinaus.]

Ders.: Erforschung der deutschen Aufklärung, Königstein/Ts. 1980
[Enthält zahlreiche wichtige Texte zur Aufklärung als übergreifendem Prozeß, als Epochenbegriff und zu literarischen Gattungen der Epoche.]

Rameckers, Jan Matthias: Der Kindsmord in der Literatur der Sturm-und-Drang-Periode. Ein Beitrag zur Kultur- und Literatur-Geschichte des 18. Jahrhunderts, Rotterdam 1927
[Wertet zahlreiche wenig bekannte Texte aus und präsentiert eine umfassende Darstellung des Problems. Standardwerk.]

Rasch, Wolfdietrich: Freundschaftskult und Freundschaftsdichtung im deutschen Schrifttum des 18. Jahrhunderts. Vom Ausgang des Barock bis zu Klopstock, Halle 1936
[Geistesgeschichtliche Abhandlung.]

Reinert, Werner: Das Wort „Herz" und seine Bedeutung im Sturm und Drang, Diss. Freiburg 1949

Richter, Karl (Hg.): Gedichte und Interpretationen. Bd. 2. Aufklärung und Sturm und Drang, Stuttgart 1983

[U. a. mit Beiträgen von Hans Dietrich Irmscher (Johann Gottfried Herder), August Stahl (Ludwig Christoph Heinrich Hölty), Günter Häntzschel (Johann Heinrich Voß), Hartmut Laufhütte (Gottfried August Bürger), Gerhard Sauder (Johann Wolfgang Goethe), Horst Thomé (Johann Wolfgang Goethe), Walter Müller-Seidel (Johann Wolfgang Goethe) und Wolfgang Düsing (Friedrich Schiller).]

Rieck, Werner/Krohn, Paul Günter/Reuter, Hans-Heinrich/Otto, Regine: Geschichte der deutschen Literatur. Vom Ausgang des 17. Jahrhunderts bis 1789, Berlin-Ost 1979
[Repräsentative Literaturgeschichte der DDR, sehr materialreiche, dabei dogmatische Darstellung.]

Ruppert, Hans: Die Darstellung der Leidenschaften und Affekte im Drama des Sturm und Drang, Diss. Bonn 1941

Sauder, Gerhard: Empfindsamkeit. Bd. 1: Voraussetzungen und Elemente, Stuttgart 1974
[Versteht die Empfindsamkeit als „Tendenz" des 18. Jh.s wie Aufklärung oder Sturm und Drang und als bürgerliche Bewegung.]

Ders.: Empfindsamkeit. Bd. 3: Quellen und Dokumente, Stuttgart 1980
[Umfangreiche Sammlung von Quellen aus Pädagogik, Popularphilosophie, Seelenkunde, Rechtsprechung, Ästhetik, Gartenkunst, Gebrauchstexten und Briefen.]

Sauder, Gerhard/Schlobach, Jochen (Hg.): Aufklärungen. Frankreich und Deutschland im 18. Jahrhundert, Bd. 1, Heidelberg 1986

Scherpe, Klaus R.: Gattungspoetik im 18. Jahrhundert. Historische Entwicklung von Gottsched bis Herder, Stuttgart 1968
[Perspektivenreiche, terminologisch klare Arbeit zur poetologischen Begriffsbildung.]

Schings, Hans-Jürgen: Melancholie und Aufklärung. Melancholiker und ihre Kritiker in Erfahrungsseelenkunde und Literatur des 18. Jahrhunderts, Stuttgart 1977
[Materialreiches, reflektiertes Standardwerk.]

Schmidt-Neubauer, Joachim: Die Bedeutung des Glückseligkeitsbegriffs für die Dramentheorie und -praxis des Sturm und Drang, Bern/Frankfurt a. M./Las Vegas 1982

Schmiedt, Helmut/Schneider, Helmut J. (Hg.): Aufklärung als Form. Beiträge zu einem historischen und aktuellen Problem, Würzburg 1997
[Mit Beiträgen von Terence James Reed, Dorothea von Mücke, Helmut J. Schneider, Jürgen Fohrmann, Lothar Pikulik, Gerd Neumann, Brigitta von Wolff-Metternich, David E. Wellbery, Bernhard Sorg, Eberhart Lämmert]

Schöffler, Herbert: Deutscher Geist im 18. Jahrhundert. Essays zur Geistes- und Religionsgeschichte, Göttingen 1956
[Darin u. a. vom Verf.: Bürgers Lenore, Shakespeare und der junge Goethe, Ossian. Hergang und Sinn eines großen Betruges, Die Leiden des jungen Werther.]

Segebrecht, Wulf: Das Gelegenheitsgedicht. Ein Beitrag zur Geschichte und Poetik der deutschen Lyrik, Stuttgart 1977
[Sieht die Auseinandersetzung um die Gelegenheitslyrik als Wurzel der „Dichotomie einer ‚echten' und einer ‚trivialen' Lyrik". Grundlegend für die Geschichte der Lyrik.]

Sowinski, Bernhard/Schuster, Dagmar: Gedichte der Empfindsamkeit und des Sturm und Drang: Interpretationen, München 1992

Vaughan, Larry: The historical constellation of the Sturm und Drang, Bern/Frankfurt a. M. 1985

[Stellt die grundlegenden Faktoren der Epoche dar. Zur Einführung geeignet.]

Wacker, Manfred (Hg.): Sturm und Drang, Darmstadt 1978
[Mit Beiträgen von Manfred Wacker, Wilhelm Scherer, Roy Pascal, Werner Krauss, Wolfdietrich Rasch, Wolfgang Stellmacher, Werner Rieck, James C. O'Flaherty, Herman Wolf, Clemens Lugowski, Eric A. Blackall, Fritz Martini, Klaus R. Scherpe, Gerhard Kaiser, Arnold Hirsch, Katharina Mommsen, Hermann Hettner, darin eine Auswahlbibliographie (= Wege der Forschung, Bd. 559).]

Walz, John A.: The Phrase *Sturm und Drang*, in: Modern Language Notes 20 (1905), S. 48 f.

Walzel, Oskar: Das Prometheussymbol von Shaftesbury zu Goethe, München [2]1932 (Reprogr. Nachdruck Darmstadt 1968)
[Immer noch lesenswerte motivgeschichtliche Untersuchung.]

Wenzel, Stefanie: Das Motiv der feindlichen Brüder im Drama des Sturm und Drang, Frankfurt a. M./Berlin u. a. 1993

Wiese, Benno von (Hg.): Deutsche Dichter des 18. Jahrhunderts. Ihr Leben und Werk. Unter Mitarbeit zahlreicher Fachgelehrter, Berlin 1977
[U. a. mit Beiträgen von Bernhard Gajek (Johann Georg Hamann), Klaus Gerth (Heinrich Wilhelm von Gerstenberg), Dieter Gutzen (Johann Heinrich Jung-Stilling), Hans Dietrich Irmscher (Johann Gottfried Herder), Gerhard Kluge (Gottfried August Bürger), Adalbert Elschenbroich (Ludwig Christoph Heinrich Hölty), Renate Böschenstein (Maler Müller), Vincent J. Günther (Johann Wolfgang von Goethe), Eckart Oehlenschläger (Jacob Michael Reinhold Lenz), Helmut J. Schneider (Johann Heinrich Voß), Fritz Martini (Friedrich Maximilian Klinger) und Helmut Koopmann (Friedrich Schiller).]

Ders.: Die deutsche Tragödie von Lessing bis Hebbel. Erster Teil: Tragödie und Theodizee. Zweiter Teil: Tragödie und Nihilismus, Hamburg [3]1955
[Groß angelegtes geistesgeschichtliches Werk.]

Wittkowski, Wolfgang: Verlorene Klassik? Ein Symposium, Tübingen 1986
[U. a. mit Beiträgen von Ferdinand van Ingen (Aporien der Freiheit: Goethes *Götz von Berlichingen*), Hans Rudolf Vaget (Goethe als erotischer Dichter), Martha Woodmansee (Die poetologische Debatte um Bürgers *Lenore*) und Helmut Koopmann (*Kabale und Liebe* als Drama der Aufklärung).]

Zeißig, Gottfried: Die Überwindung der Rede im Drama. Vergleichende Untersuchung des dramatischen Sprachstils in den Tragödien Gottscheds, Lessings und der Stürmer und Dränger, hg. von Hans H. Hiebel.
[Mit einer wissenschafts-geschichtlichen Studie des Herausgebers, Bielefeld 1990. Nachdruck der Diss. Leipzig 1930; darin: Hans H. Hiebel, Auktoriales und personales Drama: eine wissenschafts-geschichtliche Studie zur Theorie des Aufklärungs- und Sturm-und-Drang-Dramas mit besonderer Berücksichtigung Gottfried Zeißigs.]

Zemann, Herbert: Die deutsche anakreontische Dichtung. Ein Versuch zur Erfassung ihrer ästhetischen literarhistorischen Erscheinungsformen im 18. Jahrhundert, Stuttgart 1962
[Grundlegend für die Geschichte der Lyrik im 18. Jahrhundert.]

Zimmer, Reinhold: Dramatischer Dialog und außersprachlicher Kontext. Dialogformen in deutschen Dramen des 17. bis 20. Jahrhunderts, Göttingen 1982
[Die Arbeit leidet an der widersprüchlichen Absicht, exemplarisch und zugleich historisch vorzugehen.]

Namenregister